Ehe als Lernprozeß

Zu diesem Buch:

Das vorliegende Buch geht von der begründeten Feststellung aus, daß die Verbindung zweier Menschen heute wie früher eine vollgültige und positive Lebensform ist. Dennoch übersieht es nicht, daß viele Ehen krank sind; ja, es ist entstanden aus der Notwendigkeit, die Ursachen dieser Krankheit aufzudecken und eine Therapie zu suchen, mit deren Hilfe aus einem zermürbenden und unfruchtbaren Gegeneinander eine für die Partner gültige und funktionierende Lebensgemeinschaft entstehen kann. Der Abbau von falschen Vorstellungen ist dabei ebenso wichtig wie die Einsicht, daß eine enge, dauerhafte Partnerbeziehung auf dem Ineinandergreifen von Verhaltensweisen beruht, daß alles Empfangene die Antwort auf Gegebenes ist.
Antiquierte Ansichten zu korrigieren, zu neuen Einstellungen zu verhelfen und Möglichkeiten für eine zeitgemäße und fruchtbare Ehe aufzuzeigen ist die Absicht des Buches, das aus der Praxis für die Praxis geschrieben ist.

Autoren: William J. Lederer, *1910 in New York City. Promotion 1936 in Philosophie. Mitglied des Aufsichtsrates des »Mental Research Institute« in Palo Alto, Kalifornien; korrespondierendes Mitglied der Harvard University. Bücher u. a.: »Der häßliche Amerikaner« (The UGLY American), »A Nation of Sheep«, »Our Own Worst Enemy«.
Don D. Jackson, *1920, Dr. med. Als Begründer und Direktor des »Mental Research Institute« in Palo Alto, Kalifornien, in Fachkreisen weltbekannt; Professor für Psychiatrie an »Stanford University«. Bücher u. a.: »Myths of Madness«, »Pragmatics of Human Communication«. Anfang 1968, kurz nach Vollendung des Manuskripts von »Ehe als Lernprozeß« (The Mirages of Marriage) ist D. D. Jackson gestorben.

William J. Lederer / Don D. Jackson

Ehe als Lernprozeß

Wie Partnerschaft gelingt

Mit einem Geleitwort
von Karl Herbert Mandel

Verlag J. Pfeiffer · München

Die amerikanische Originalausgabe ist unter dem Titel
The Mirages of Marriage
im Verlag W. W. Norton & Company, Inc., New York, erschienen.

Mit Erlaubnis des Lizenzgebers wurde in der deutschen Ausgabe auf Stellen verzichtet, die nur für Leser in den USA von Interesse sind, wie spezielle statistische Angaben, wie die Vorschriften für Eheberater in Kalifornien u. a.

Deutsche Übersetzung von
Birgit Weidinger

Mitglied der »verlagsgruppe engagement«

3. Auflage 1976
10.–12. Tausend

Nr. 5
Reihe »Leben lernen«
herausgegeben von
Lorenz Wachinger und Karl Herbert Mandel

Printed in Germany
Druck: H. Mühlberger, Augsburg
Umschlagentwurf: Hermann Wernhard

ISBN 3-7904-0063-7

Geleitwort

von Karl Herbert Mandel

Ein Ehebuch, das innerhalb von drei Jahren acht Auflagen erforderlich macht, muß ungewöhnliche Perspektiven haben. Die beiden berühmten amerikanischen Ehetherapeuten William Lederer und Don Jackson haben das Kunststück zuwege gebracht, aus der gewöhnlichen Misere des durchschnittlichen Ehealltags recht ungewöhnliche Schlüsse für ein befriedigenderes Zusammenleben abzuleiten. Was aber in der Praxis Erfolg hat, spricht sich unter den Betroffenen rasch herum!

Ehehandbücher und Ehetraktate für den Laien, wie sie bisher von deutschen Autoren überwiegend verfaßt worden sind, bestanden entweder in platten, oberflächlichen Rezeptsammlungen, in denen nicht selten betulich bis allwissend die herkömmlichen Rollenverteilungen von Mann und Frau fixiert und die Bildung kritischer Fähigkeiten (die gegenseitige Beziehung in ihrer Problematik klarer zu erkennen) verhindert wurden. Oder aber sie waren von einer idealistisch hohen Warte aus konzipiert, zeichneten ein Idealbild von der Ehe und den erforderlichen Einstellungen bei Mann und Frau, ohne dem Leser zu verraten, wie man das denn in die konkreten alltäglichen Situationen übersetzen, wie man schwerere und leichtere Konflikte denn nun ganz praktisch lösen könne. Diese Bücher hinterlassen gerade bei solchen Ehepaaren, die durchaus dafür engagiert sind, das Beste aus ihrer Ehe zu machen, nicht selten erhebliche Schuldgefühle und Resignation, weil sie an diesen Idealen ohne konkrete Hilfe leicht scheitern können. Rezeptbücher andererseits verführen manchen Leser dazu, den Partner zu »behandeln« und damit eine Beziehung der Offenheit und des Vertrauens zu verhindern.

Lederer und Jackson setzen sich zunächst mit unrealistischen Erwartungshaltungen auseinander; damit können sie vielen Ehen unnötige Enttäuschungen ersparen. So meinen z. B. viele unerfahrene, vor allem jungverheiratete Paare, ein häßlicher Streit bedeute, daß die Liebe zueinander gestorben sei. Eheberater wissen, daß auch in sehr glücklichen Ehen diese Art von Streit vorkommt, ja daß ein solcher Streit den

Anstoß für eine notwendige Auflockerung festgefahrener Positionen bilden kann.

Anschließend analysieren die Autoren in einer ebenso anschaulichen wie amüsanten Weise die am häufigsten anzutreffenden Taktiken, welche eine Beziehung im Lauf der Zeit zerstören können. LEDERER und JACKSON belassen es aber nicht bei ihrer aufregenden Anatomie unproduktiver Ehekriege bzw. bei der Desillusionierung romantischer Erwartungen. Das Kernstück ihres Buches stellt dar, wie man eine befriedigende Partnerbeziehung erreichen kann. In zahlreichen, präzise beschriebenen Kommunikationsübungen geben sie dem Laien eine Anleitung nicht nur zur Selbsthilfe in Krisensituationen, sondern vor allem auch zur Vorbeugung gegen schleichende Entwicklungen, die eine Ehe im Lauf der Zeit absterben lassen oder zerstören. Das geschieht so konkret, daß sich mancher gebildete Leser in seiner »abendländischen Seele« verletzt fühlen könnte, wenn da beispielsweise von der Notwendigkeit die Rede ist, immer wieder Dinge »auszuhandeln« (d. h., die beiderseitigen Interessen aufeinander abzustimmen) und eine Inspektion der eigenen Ehe vorzunehmen. Eine selbstkritische Erprobung der Übungen von LEDERER und JACKSON wird diesem Leser jedoch zeigen, daß sich eine Partnerschaft (und keineswegs die anspruchsloseste) ohne Aushandeln und Inspektion gar nicht verwirklichen läßt.

Sehr wahrscheinlich besteht bei den jungen Ehepaaren unserer Zeit und auch hierzulande ein großes Bedürfnis nach Büchern wie diesem, das die Wirklichkeit erfaßt und hilft, sie spürbar Schritt für Schritt zu verändern. Es vermag wie nur wenige Bücher die Erfahrung zu vermitteln, daß zwischenmenschliche Beziehungen verbessert werden können und daß eheliche Partnerschaft als eine höchst befriedigende Lebensform bewußt gestaltet werden kann.

Einen weiteren Dienst könnte dieser amerikanische Bestseller mit seiner einfühlsamen deutschen Übersetzung tun: Er enthält konkrete Hinweise und Anleitungen, mit deren Hilfe sich ein befreundetes Paar klarer werden kann, ob eine dauernde Bindung, ob die Gründung einer Familie sinnvoll ist oder ob die getroffene Partnerwahl bereits den Keim zu späteren Dauerkrisen in sich trägt.

Wer dieses Buch liest, dem könnte der Gedanke kommen, wie

verlassen die letzten Elterngenerationen seit Auflösung tradierter Rollenvorschriften in ihren Eheproblemen gewesen sind. Die Lernhilfe, die hier geboten wird, kann nicht nur die Entwicklung zu glücklicheren Ehen stimulieren: mittelbar wird sie eine nicht unbeträchtliche Auswirkung auf das Glück und die freiere Entfaltungsmöglichkeit der Kinder in diesen Ehen haben.

Einleitung

In den Vereinigten Staaten werden jährlich etwa 400 000 Ehen geschieden. Manche Bundesstaaten weisen Scheidungsquoten bis zu 70 Prozent auf. Doch diese Zahlen zeigen nicht die ganze Misere auf, in der sich der Ehestand befindet. Viel öfter als es die Ehepartner zugeben, läuft ihre Ehe auf jahrelange Abneigung und gegenseitige Zerstörung hinaus – anstelle von Zuneigung und gegenseitiger Förderung. Interviews mit Hunderten von Durchschnittsehepaaren beweisen, daß annähernd 80 Prozent der Partner zu diesem oder jenem Zeitpunkt eine Scheidung in Erwägung gezogen haben und daß viele immer noch häufig daran denken. Oft wird diese Entscheidung nur durch Kinder, durch finanzielles Risiko, durch religiöse Motive oder durch den Mangel an Mut blockiert.
Es ist also ein ganz klarer Tatbestand, daß die Ehe in den Vereinigten Staaten krank ist. Das vorliegende Werk ist aus der Notwendigkeit heraus entstanden, die Ursachen dieser Krankheit aufzudecken und eine Therapie zu suchen. Es hat sich vier Punkte zum Ziel gesetzt: die Krankheit der Ehe zu diagnostizieren; auf Mittel hinzuweisen, die eigenen Probleme zu erkennen oder auf diagnostische Hilfe von anderer Seite aufmerksam zu machen; Methoden zur Heilung kranker Ehen vorzuschlagen; und, wenn es für eine Heilung zu spät ist, Kriterien dafür zu geben, damit die Sache mit Anstand und Würde im Rahmen der gängigen Gesetze und religiösen Überzeugungen bereinigt wird.
Um es deutlich zu sagen: Wir sind *für* die Ehe. Wir sind aber *gegen* zerstörerische Beziehungen und gegen Mißstände, die nur deshalb weiterhin existieren, um antiquierten gesellschaftlichen Erwartungen zu genügen. Wir werden versuchen, allgemein verbreitete Denkfehler und irrige Annahmen im Hinblick auf die Ehe in unserer heutigen Kultur zu entlarven – Märchen und Illusionen, die eine Ehe schon vor ihrem Beginn zum Scheitern verurteilen können. Wir sind *für* Ehepaare, die über die Ehe Erfahrungen sammeln und die sich selbständig eine für sie gültige und funktionierende Verbindung schaffen. Wir sind auch für geschickte, kluge, gut ausge-

bildete Eheberater. Wir wehren uns aber gegen die sehr, sehr zahlreichen, ungenügend ausgebildeten Therapeuten und die gutwilligen, aber schlecht informierten Wohltäter, die sich den Ehepaaren aufdrängen und Gebrauchsanweisungen zur Verbesserung schlechter Ehegemeinschaften anbieten. Zu den zerstörerischen Kräften unserer heutigen Kultur gehört der veraltete Eheberater, der einseitig – nur mit einem der beiden Ehepartner – arbeitet. Er vernachlässigt damit den wichtigsten Auslösefaktor einer Ehekrise, das Interaktionsmuster, in dem die Gatten mit Angriff und Gegenangriff aufeinandertreffen. Manche Psychiater bezeichnen ein solches Muster als »Spiel«. Spiele dieser Art haben nichts mit Erholung oder Vergnügen zu tun. Es sind oft Formen des Konfliktes und der Konkurrenz, Verhaltensweisen von Paaren, die übereinander Macht gewinnen wollen. Das unvermeidliche Ergebnis ist gegenseitige Schwächung und Erniedrigung.

In diesem Buch werden wir beweisen, wie notwendig »Gleichheit« für die Ehe ist. Gleichheit, die nicht auf dem absurden Glauben basiert, daß Ehepartner den gleichen Intelligenzquotienten haben, sich für dieselben Dinge interessieren oder gleich schwere Arbeit verrichten müssen. Sie gründet vielmehr auf der subtileren Annahme, daß enge, dauerhafte Partnerbeziehungen durch eine Wechselwirkung im Verhaltensrepertoire leben, die jedem ganz deutlich zeigt: Alles, was ich bekomme, ist die Antwort auf etwas, das ich gegeben habe. Ein solches Quid-pro-Quo-Übereinkommen, das auf der Grundlage gegenseitigen Gebens und Nehmens beruht, bedeutet: Um in praktikabler Harmonie miteinander leben zu können, handeln die Ehepartner mit Rücksicht auf ihr Verhalten und ihre Verantwortlichkeiten. Vielleicht erscheint diese Art der Beziehung selbstsüchtig und unromantisch, doch ist sie unserer Ansicht nach der wichtigste und am meisten übersehene Faktor einer Ehe. Es zeigt sich recht deutlich, daß die meisten Amerikaner »Liebe« und »Romantik« samt vielen Trivialitäten für das Wichtigste zur Gewinnung des Eheglücks halten. Zu oft beginnen sie die Ehegemeinschaft mit lächelnden Wahnvorstellungen darüber, was das Eheleben sein soll. Aus dieser Verkennung resultiert unsere Ehemisere auf breiter Ebene. Wie wir zeigen werden, stellt die Frage, wer das Recht hat, was wann wem zu tun, die dauernde und unerbittliche Problematik dar, die von jedem

Paar immer von neuem bewältigt werden muß, denn sie stellt sich täglich. Eine Reihe von Regeln für die Partnerbeziehung muß ausgearbeitet werden. In der Formulierung dieser Regeln muß jeder der Beteiligten das Gefühl haben, daß es ein gleiches Entscheidungsrecht für beide gibt. Wenn sich jemand kontrolliert und in den Rechten vernünftiger Selbstbestimmung beschnitten fühlt, wird er offen oder versteckt darum kämpfen, wieder die Oberhand zu bekommen. Die Geschichte (der Ehe wie der Nationen) hat immer wieder gezeigt, daß Systeme auf der Grundlage ungleicher Machtverteilung früher oder später scheitern. Um ein System zu erhalten, sind beiderseitige Verantwortlichkeit, Belohnung, Sicherheit und Würde notwendig.

Wenn die Voraussetzungen, Wertvorstellungen, Bedürfnisse, die Mann und Frau mitbringen, so unterschiedlich und starr sind, daß eine Quid-pro-Quo-Basis unmöglich scheint, ist das Scheitern der Beziehung in den meisten Fällen unvermeidlich. Es kann die Form von Krankheit, dauernden Querelen, Einsamkeit, einem Dahinsiechen der Ehe, verursacht durch Nicht-Miteinander-Reden, von Ehescheidung, ja sogar von Mord annehmen.

Wir sind *gegen* die meisten der Bücher, Zeitschriften und Zeitungsartikel, die sich mit der Ehe befassen und dabei häufig irgendwelche unsinnigen Lösungen versprechen, die für Ratsuchende keinerlei Hilfe bedeuten. Man zeigt dem Fragesteller wohl, was *er* tun muß, übersieht dabei aber den zentralen Ausgangspunkt jeder Ehe – die Partnerbeziehung.

Wir sind kurz auf die *offensichtlichen* Gründe für die weitverbreitete Ehemisere eingegangen – das Unvermögen, einen richtigen Partner zu wählen, und das Unvermögen, sich dem gewählten anzupassen. Das Grundübel besteht darin, daß die amerikanischen Denkmuster und überkommenen Werte, die die Ehe betreffen, wurmstichig, morbid und veraltet sind. Wenn in der zweiten Hälfte des zwanzigsten Jahrhunderts eine Ehe gut funktionieren soll, müssen die künstlich festgesetzten Rollen von Mann und Frau (die sich während des Mittelalters entwickelt haben) beseitigt und ersetzt werden. Die starre, vom Mann diktierte Ehestruktur des elften und zwölften Jahrhunderts kann im heutigen Klima ebensowenig funktionieren wie der übertriebene weibliche Traum von der Frauenherrschaft. Die moderne Ehe er-

fordert Gleichheit, ebenso wie die Weltgeschichte einen Trend zur Gleichheit zwischen den Völkern, ungeachtet von Rasse, Geschlecht oder Weltanschauung, zeigt.
Um diese Gleichheit zu erreichen, muß jeder Ehegatte die Rollen spielen, für die er sich am besten eignet – *und zwar ohne Rücksicht auf Konvention oder Tradition.* Die Kultur entscheidet, welches die angemessenen ehelichen Rollenverteilungen sind, aber in einer egalitären Kultur wie der der Vereinigten Staaten ist ein großes Maß an Flexibilität möglich. Eine der befriedigendsten Ehe, die wir kennen, ist die zwischen dem Besitzer einer Eisenwarenhandlung und einer außergewöhnlich hübschen, sanften Frau der oberen Klasse mit bester Ausbildung und Bildung, aktiv tätig beim Roten Kreuz und bei den Pfadfinderinnen. Das Ehepaar hat drei Kinder. Diese glücklichen Leute haben sich für eine ungewöhnliche Rollenverteilung entschieden: Am späten Nachmittag bereitet der Mann das Abendessen vor, während seine Frau im Garten arbeitet oder Reparaturarbeiten im Haus erledigt. Er hat nichts für Gartenarbeit übrig und möchte am Abend kein Werkzeug mehr sehen. Dafür ist er ein guter Küchenchef, und es macht ihm sehr viel Spaß, exquisite Mahlzeiten zu kochen. Sie dagegen ist nur eine mittelmäßige Köchin, versteht dafür viel von der Gärtnerei und ist praktisch veranlagt.
Wenn die moderne Ehe erfolgreich sein soll, müssen nicht nur die übliche Rollenverteilung, sondern auch andere herkömmliche Einstellungen und Konventionen verändert werden. Beispielsweise werden Mann und Frau sehr häufig zu zerstörerischen Interaktionen getrieben, weil sie viele Verhaltensweisen verleugnen oder vermeiden müssen, die Gesellschaft und Tradition als »ungehörig« verdammen: dazu gehört, daß man in Wut gerät und dies zeigt. In Wirklichkeit können sich solche »ungehörigen« Reaktionen als Stärken der Ehe erweisen. Wir werden beschreiben, wie man aus sogenanntem schlechtem Benehmen Nutzen ziehen kann. Wir werden auch die wirklich zerstörerischen Elemente in der Ehe identifizieren und Möglichkeiten vorschlagen, wie Eheleute mit ihnen fertig werden können. Schließlich werden wir angeben, wann und in welchem Stadium die Partner einer destruktiven Beziehung einen fachmännischen Berater aufsuchen sollten und wie sie den richtigen finden können. Unsere

Hauptanstrengung wird darin bestehen, ein zeitgemäßes Konzept der Ehe zu finden, Strukturen und Prozesse persönlicher Partnerbeziehungen aufzuzeigen. Künftig werden vielleicht Schüler und Studenten Kurse im Fach »Partnerbeziehung« besuchen, so wie sie heute Mathematik und Englisch studieren. Die heutigen Erwachsenen haben keine solche Vorbildung. Sie kennen nur das, was sie in der Ehe ihrer eigenen Eltern beobachtet haben und wissen nur wenig oder überhaupt nicht Bescheid, wie man gut funktionierende Regeln für Partnerbeziehungen entwickeln kann. Deshalb müssen solche Leute hart arbeiten, um von den alten zerstörerischen Ideen loszukommen, und müssen von der Pike auf lernen, wie Wachstum und Gedeihen einer Ehe beschaffen sein können. Dieses Buch bietet *eine* der Möglichkeiten für einen solchen Anfang an.

Wir behaupten nicht, daß schlechte Ehen im Handumdrehen in wunderbare, ekstatische, himmlische Liebesbeziehungen verwandelt werden können. Wir behaupten nicht, daß die Ehe frei sein kann oder frei sein sollte von Spannungen und Problemen. Was wir aber behaupten, ist, daß in vielen Fällen Unstimmigkeiten in der Ehe ausgeglichen und daß dissonante Ehen in funktionierende, befriedigende Beziehungen umgewandelt werden können.

Wir haben gesagt, daß die Ehe, so wie sie heute praktiziert wird, in vieler Beziehung eine archaische, funktionsunfähige Institution ist, doch bietet auch die Alternative nicht sehr große Attraktionen. Es ist eine Tatsache, daß die Ehe in den meisten zivilisierten Gegenden der Welt ebenso zu finden ist wie in großen Teilen der unzivilisierten Welt. Die Einehe ist nicht wesentlich für die Existenz der Familie, doch haben sich die Alternativen (Vielmännerei und Vielweiberei) im allgemeinen als funktionsunfähig erwiesen – ausgenommen in sehr kleinen Gemeinschaften wie den Tivs in Nigeria. Die Ehe ist also ein Arrangement, ein Kontrakt, den die meisten Leute der zivilisierten Welt eingehen (auch wenn es nicht logisch ist). Wenn man einräumt, daß es in dieser Ehe so etwas wie Vollkommenheit nicht geben kann, was läßt sich dann tun, um sie besser zu machen und die größtmögliche Befriedigung für alle Beteiligten zu gewährleisten?

Ehepartner, die sich mit Scheidungsabsichten tragen, sollten versuchen, die Ehe als einen Prozeß, ein System zu sehen.

Sie sollten die zerstörerische Wirkung der weit verbreiteten Vorurteile und Mythen erkennen lernen, die die Unterschiede zwischen Mann und Frau betreffen, die Unvermeidlichkeit des Kampfes zwischen den Geschlechtern. Wenn man einmal den Glauben an solche Märchen und Vorurteile angenommen hat, werden alle Schritte, die zu einer Ehe (oder einer Scheidung) führen, schwieriger, denn sie basieren auf irrealen Grundlagen.

Ehegatten, die die Scheidung erwägen, *müssen* erkennen, daß es für die Partnerwahl unbewußte Motive gibt; und es ist – außer in Zivilisationen, in denen Ehen durch Dritte gestiftet werden – nicht selten, daß einer, der den anderen eben ein paar Tage kennt, ihn unbewußt als den ersehnten Partner erwählt hat. Wenn ein Mann, der in einer Ehekrise steckt, behauptet, seine Frau sei ein Biest, sei dies und jenes, kann er stundenlang damit weitermachen, ohne sich daran zu erinnern, daß es sich *um die Frau seiner Wahl* handelt.

In sämtlichen Ehesituationen, die wir jemals angetroffen haben, hat jeder Partner zu den Eigenschaften wie den Abhängigkeiten beigetragen. Es nützt gar nichts, dem anderen die Schuld zu geben. Doch kennen wir Kaffeekränzchen, in Palo Alto, in Honolulu, in Cambridge, wo sich Frauen bereits morgens versammeln, um auf ihre Männer zu schimpfen; diese Männer setzen sich vor dem Heimweg auf einen Drink zusammen und schimpfen dann ebenso auf ihre Frauen. Diese Art der Kollektivbeschimpfung entwickelt sich zu einem sehr gängigen und zerstörerischen Phänomen. Die Teilnehmer an solchen Unterhaltungen vergessen vollkommen, daß sie der Ehegemeinschaft einst mit vollem Bewußtsein und weitgeöffneten Augen zustimmten.

Obwohl viele davon reden, daß ihnen ihre Ehe viel zu schaffen mache, ist der Arbeits-, Zeit- und Kraftaufwand für eine schlechte Ehe wohl ebenso groß wie der für eine gute. Der Unterschied liegt einfach darin, *wie* die Energie eingesetzt wird, nicht im Gesamtbetrag der verbrauchten Energie.

Nehmen wir einmal an, man könne sich für tausend Dollar entweder einen Chevrolet, Jahrgang 1935, mit 150 000 km kaufen oder aber einen nagelneuen Cadillac. Weshalb sollte man den Chevrolet nehmen, wenn man den Cadillac haben kann? Die gleiche Frage läßt sich auf die Ehe übertragen. Wenn man schon ebensoviel Energie auf schlechte wie auf

glückliche, zufriedenstellende, erfolgreiche Ehen verwenden muß, weshalb gibt es dann überhaupt unglückliche?
Wir glauben, daß Mann und Frau in einer gestörten Ehe selbst ein Großteil der Therapie übernehmen können. Es gibt keinen Arzt oder Ratgeber, der – gegen Bezahlung – ein Soforthilfeprogramm bieten könnte. Die beteiligten Partner müssen sich selbst an die Arbeit machen. Berater können sie nur über ihre Verhaltensmuster besser aufklären und Möglichkeiten zur Änderung vorschlagen.

I. Teil

Ehen werden nicht im Himmel geschlossen

1. Die Desintegration der Ehe in der heutigen Zeit

Die Institution der Ehe hat sich nicht in genügendem Maß den Bedürfnissen der Zeit anzupassen vermocht. Der dauernde Konflikt zwischen den Geschlechtern, die familiären Streitigkeiten, die heute oft gang und gäbe sind, stellen einen Beweis für die blinden Bemühungen einzelner dar, ihre traditionellen Rollenvorstellungen mit der Gegenwart in Einklang zu bringen. Mit nur wenig Hilfe von seiten der Gesellschaft kämpfen Männer und Frauen einen einsamen Kampf, um sich ihren Platz an der Sonne zu erringen. Geprägt von Schuldgefühlen und Unsicherheit mühen sie sich ab, ihre Identität zu finden und sind doch unfähig, sich selbst zu *akzeptieren*, wenn sie endlich etwas von ihren wahren Nöten, Wünschen und Zielen aufdecken können. Denn was sie da erahnen, entspricht nicht dem, was man sie zu glauben lehrte und was für sie seither als »gut« oder »richtig« gilt, entsprechend den überholten Wertvorstellungen, deren Grundlagen bereits zur Zeit der industriellen Revolution hinfällig waren.

Der Mann, der aufgrund seiner Erziehung und Ausbildung seine größte Befriedigung durch Lesen oder Kunststudium, durch Frisurenentwürfe oder als Gelehrter findet statt in athletischer oder geschäftlicher Konkurrenz, muß auf Mittel sinnen, wie er seine Neigungen mit den verbreiteten uralten Vorstellungen von »Männlichkeit« in Einklang bringen kann. Die Frau mit Universitätsausbildung, die Glück und Selbstachtung im Beruf findet, muß ihre »gelehrten« Bedürfnisse und Wünsche mit dem Bild der »Weiblichkeit« zur Deckung bringen, das immer noch aus häuslichen und mütterlichen Tugenden zusammengesetzt ist.

Heute können beide Geschlechter den Großteil der sozialen Funktionen gleich gut ausüben, und der erbitterte gesellschaftliche Widerstand gegenüber der Verwischung der Rollen wird für alle, die außerhalb der definierten Grenzen dieser Rollen ihre Selbstbestätigung suchen, zu einer echten Enttäuschung.

Mitglieder der jüngeren Generation schockieren heute oft ihre Eltern durch ihre offensichtliche Entschlossenheit, die herkömmlichen Rollengrenzen zu durchbrechen. Es ist eine

Hauptaufgabe für diese und künftige Generationen, Lösungen für diese Problematik zu finden, die ihre Eltern nicht gefunden haben. Die extremen Auswirkungen dessen, was die Älteren als Extreme der Rollenverteilung betrachten, beispielsweise, daß sich Jungen ähnlich kleiden wie Mädchen und daß die Homosexualität zunimmt, erschreckt die ältere Generation, denn sie kann sich die Zukunft nicht anders vorstellen als die Vergangenheit, in der sie gelebt hat. Die industrielle Revolution zeigt als eine ihrer Begleiterscheinungen die Entwicklung der Gleichberechtigung. Das bedeutet keineswegs, daß die biologischen Unterschiede zwischen den Geschlechtern nicht mehr existieren oder daß nun möglicherweise die Homosexualität die Folge dieser Entwicklung sein wird. Wir vergessen zu leicht, daß *ein Unterschied existiert zwischen sozialen Rollen und den Darstellern dieser Rollen.* So kann eine Mutter die Vaterrolle spielen, wenn sie die Erziehung der Kinder übernimmt, ohne daß dies heißt, daß sie deshalb männlicher ist. Untersuchungen in Familien, deren Väter mindestens zwei Kriegsjahre in Übersee waren, zeigen, daß die Kinder sofort nach der Rückkehr des Vaters die gleiche Haltung wie früher einnahmen, unter der Voraussetzung, daß die Mutter ein klares und von der Liebe zu ihrem Mann bestimmtes Bild bewahrte. Und doch hatte sie während der Abwesenheit ihres Gatten die Rollen beider Elternteile übernommen.

Es ist jedoch durchaus möglich, daß sich die grundlegende Auffassung einer Rolle ändert. Viele der wichtigen Rollen in unserer Gesellschaft sind abhängig von der Intelligenz, der technischen Geschicklichkeit, der Kommunikationsfähigkeit oder der Begabung, bestimmte Spezialkenntnisse einzusetzen, wie zum Beispiel die mathematische Physik. Mann und Frau besitzen diese Fähigkeiten. Die Unterschiede zwischen den Rollen beruhen also mehr auf der Funktion als auf dem Geschlecht. Es wäre für den Durchschnittsamerikaner schwierig, die Situation in Rußland zu akzeptieren, wo zwei Drittel aller Ärzte Frauen sind, und doch müßte ein Aufenthalt von wenigen Jahren in einer solchen Gesellschaft genügen, um wenigstens teilweise unser gesellschaftliches Vorurteil zu zerstören, daß männliche Ärzte überlegen sind.

Manche der Jungen von heute, die heftig gegen die Ehe argumentieren, kämpfen in Wirklichkeit darum, neue Haltungen zu finden, um neuen gesellschaftlichen Wirklichkeiten entsprechen zu können. Die Erfüllung dieses Zieles wird in der Ehegemeinschaft und in der Struktur der Familie weitgehende Veränderungen nach sich ziehen.

Zusammenfassend läßt sich sagen, daß die Ehe früher eine Einrichtung für das physische Überleben und das Wohlergehen zweier Leute und ihres Nachwuchses darstellte. Diese Funktion zog eine ganz besondere, von Regeln bestimmte, der Situation angepaßte Form nach sich. Heute erfordert der Existenzkampf in der Industriegesellschaft keine primär physischen Kräfte, ausgenommen in Zeiten von Krieg oder Katastrophen. Statt dessen führen wir den Kampf um das *psychologische* und *emotionelle* Überleben. Der Familienverband ist die natürliche Zelle für das menschliche Überleben, gleichgültig was auf dem Spiel steht. Aber bisher gab es zu wenige und zu unsystematische Veränderungen in Struktur, Form und Gestaltung der Ehegemeinschaft, als daß sie für die Bewältigung der neuen psychologischen und emotionellen Probleme ausgereicht hätten. Unsere heutige Form der Ehe ist immer noch ein Anachronismus aus den Zeiten des Dschungelkrieges oder zumindest aus der Epoche bäuerlichen und kleinindustriellen Lebens.

Scheidung, Ehekonflikt, Verlassenheit, körperliche und seelische Krankheit – so heißen einige der Symptome, die charakteristisch sind für das Nachhinken der Ehe in unserer Zeit, und es hat den Anschein, als vermehrten sie sich noch. Wir können nicht zum »einfachen« Leben einer ländlichen oder primitiven Gemeinschaft zurückkehren; wir müssen unsere veralteten Haltungen, Einstellungen und Institutionen den heute gültigen sozialen Realitäten anpassen.

Die Ehe ist nach wie vor eine notwendige Einrichtung. Aber sie muß sich den sozialen und wirtschaftlichen Gegebenheiten stellen, und vor allem gilt es, die neuen Rollenverteilungen und die neuen Beziehungen zwischen Mann und Frau zu erkennen. Es kann nicht überraschen, daß eine anachronistische soziale Institution nicht funktioniert; dennoch ist es tragisch, daß so viele Ehen scheitern und daß so wenig dagegen getan wird.

2. Die falschen Vorstellungen von der Ehe

Individuelle Erfahrung wie statistische Erhebungen ergeben, daß Enttäuschungen nach einigen Ehemonaten an der Tagesordnung sind. Eine Untersuchung, die mit durchschnittlich ein Jahr verheirateten Ehepaaren durchgeführt wurde, zeigte, daß ihre Erwartungen von der Ehe den Tatsachen keineswegs entsprachen. So sagte eine junge Frau: »Die Ehe ist ganz anders als ich dachte. Eine Hoffnung nach der anderen brach zusammen. Ich will an meiner Ehe arbeiten, ich will, daß sie funktioniert, doch wird dies große Anstrengungen und viel Anpassung erfordern. Die Ehe – das ist etwa so, wie wenn man ein Flugzeug nach Florida nimmt, um einen entspannenden Urlaub im Januar zu genießen, und man stellt bei der Landung fest, daß man in den Schweizer Alpen angekommen ist. Da gibt es Kälte und Schnee anstelle von Wärme, Meer und Sonne. Nun kann man wahrscheinlich in den Schweizer Alpen ebensogut Urlaub machen wie in Florida; man muß sich nur erst Winterkleidung kaufen, Skifahren und die Sprache lernen. Aber ich kann Ihnen sagen, Doktor, es ist eine verteufelte Überraschung, wenn man aus dem ›Eheflugzeug‹ steigt und entdeckt, daß alles so ganz anders ist, als man dachte.«
Diese gewitzte, realistische junge Frau ist heute in ihrer Ehe glücklich. Aber sie mußte dafür zwei Jahre geduldig arbeiten und sich umstellen und außerdem teure gemeinsame Besuche bei einem guten Eheberater bezahlen. Sie lernte, daß die Institution der modernen Ehe auf vielen irrigen Annahmen und unwahren Voraussetzungen beruht.
Und immer dann, wenn eine Entscheidung oder ein System auf falschen Voraussetzungen beruht, scheitern sie fast zwangsläufig. Wir sind der Ansicht, daß die Scheidungsquote in den Vereinigten Staaten erheblich sinken würde, wenn Männer und Frauen besser darüber Bescheid wüßten, was eine Ehe eigentlich ist, ehe sie sie eingehen, und wenn sie die einmal erkannte Wahrheit akzeptierten.
Um die richtigen Voraussetzungen für die Ehegemeinschaft zu begreifen, muß man erst über die falschen Bescheid wissen. In den folgenden Kapiteln befassen wir uns mit sieben der häufigsten falschen Vorstellungen über die Ehe.

3. Falsche Vorstellung Nr. 1

Man heiratet, weil man einander liebt

Dieser erste Irrtum besteht in der Annahme, daß Leute die Ehe eingehen, weil sie »verliebt sind«. Den Begriff »Liebe« befriedigend zu definieren ist außerordentlich schwierig. Psychiater und Psychologen, die sich auf Eheprobleme spezialisiert haben, können es normalerweise nicht. Wenn ein Patient sie danach fragt, weichen sie gewöhnlich mit der Gegenfrage aus: »Was heißt ›Liebe‹ *Ihrer* Meinung nach?«
Die Definition der vollkommenen Liebe, die in der westlichen Welt am meisten geachtet ist, stammt aus dem 13. Kapitel des Ersten Korintherbriefes des Apostels Paulus. Auch wenn es eine christliche Definition ist, ist sie doch so allgemeingültig, daß ihr ein fast identisches Äquivalent von Muslim, Hindus, Buddhisten und Juden entspricht:
»Die Liebe ist langmütig, gütig ist die Liebe, nicht eifersüchtig ist die Liebe; sie prunkt nicht, sie überhebt sich nicht, sie verstellt sich nicht; sie sucht nicht das Ihre, sie wird nicht verbittert, sie hält Böses nicht nach. Sie freut sich nicht am Unrecht, aber an der Wahrheit hat sie helle Freude. Alles deckt sie zu, alles glaubt sie, alles hofft sie, alles duldet sie. Die Liebe hört niemals auf ...«
Wir haben noch nie einen Menschen getroffen, der so innig liebt, wie es der Definition des heiligen Paulus entspricht. Zwar kennen wir viele integre, gute Leute; doch auch sie lieben nicht vorbehaltlos in diesem biblischen Sinne. Unserer Meinung nach ist es für Eheleute zu schwierig, die Beziehung, so wie sie Paulus predigt, zu praktizieren – außer es handelt sich um Heilige.
Eine leichter zu verwirklichende Definition der Liebe stammt vom großen amerikanischen Psychiater Harry Stack Sullivan: »Wenn die Zufriedenheit oder die Sicherheit eines anderen für mich ebenso bedeutsam wird wie meine eigene Zufriedenheit oder Sicherheit, dann ist dies der Zustand der Liebe.«[1]

1 Harry Stack Sullivan, »Conceptions of Modern Psychiatry«, New York 1953.

Die Liebe, wie sie Sullivan beschreibt, ist in der Ehe sehr wohl möglich – aber wenige Eheleute sind darauf vorbereitet oder können sie gleich nach der Eheschließung erfahren. Wenn sie sich überhaupt entwickelt, so nur als Glücksfall oder als Ergebnis jahrelanger Arbeit und Geduld – dies hoffen wir, im folgenden zeigen zu können. Die Beobachtung vieler Ehepaare lehrt, daß sehr wenige die Liebe wirklich erfahren.

Es ist eine falsche Annahme, daß man aus Liebe heiratet. Man gaukelt sich zwar gerne vor, daß man liebe, aber so und so oft wird die Regung, die man für Liebe hält, mit anderen Regungen verwechselt: mit dem Geschlechtstrieb, mit der Angst oder Sehnsucht nach Anerkennung.

Wenn man also nicht wirklich liebt, was treibt die Menschen dann zur Heirat? Es gibt dafür mehrere Gründe.

Während der Werbungszeit lassen sich die meisten Leute nicht vom Verstand leiten. Wer sich verliebt glaubt, beschreibt sein Gefühl als Überschwang, »Ekstase« (vom griechischen »ekstasis«), was soviel bedeutet wie »Verwirrung«, »außer sich sein«, spricht von einem Zustand jenseits von Verstand und Selbstkontrolle.

Wenn sie in dieser Art werben, scheinen Mann und Frau jedes Gefühl der Balance und den Sinn für die Realitäten zu verlieren, die sie normalerweise besitzen.

Die Werbung – Zeit der ekstatischen Gelähmtheit – wurde von der Natur klugerweise dazu bestimmt, die Spezies Mensch zur Fortpflanzung zu locken. Die Werbungszeit ist eine machtvolle Manifestation sexueller Erregung. In der westlichen Kultur hat sie ihre wohldefinierten Rituale; es sind einfache Schritte, die zum endgültigen Ziel – der legalisierten Fortpflanzung – führen. Mann und Frau befinden sich in Trance. Durch die Zauberkraft der Natur sind sie füreinander wunderbar anziehend geworden.

Es ist erstaunlich zu beobachten, wie skrupellos und schlau die Natur in ihrer Sorge für das Bestehen der Arten ist. Die Menschen sind in einem solch verwirrten Zustand, daß sie sorglos und leichtsinnig werden. Sie ziehen die Probleme der Ehe überhaupt nicht in Betracht. Ernüchternde Scheidungsstatistiken bedeuten nichts; offensichtlich sind schlechte Ehen – wie der Tod – nur für andere bestimmt ... Häufig wissen die künftigen Partner, daß sie den Falschen heiraten, aber in ihnen brennt eine solche Leidenschaft, und sie werden durch den Beifall der Gesellschaft so angetrieben, daß sie gar nicht anders können. Vielleicht merken sie, daß der Mann, so wie er jetzt ist, keinesfalls den Lebensunterhalt verdienen kann oder daß die Frau nicht die nötigen Fähigkeiten besitzt, den Haushalt zu führen, oder daß beide grundverschiedene Geschmacksrichtungen und Wertanschauungen haben. Diese und andere Hindernisse für eine gute Ehe bedeuten im Stadium der Leidenschaft gar nichts, und die beiden haben nur eine Sehnsucht: einander anzugehören. Die Gesellschaft gebietet, daß diese Vereinigung durch eine Zeremonie sanktioniert wird. Obwohl in der größeren Zahl der Ehen die magische und wunderbare Anziehungskraft der Werbung innerhalb kurzer Zeit nach den Flitterwochen abnimmt (und oft gänzlich schwindet), verlockt ganz offensichtlich der Geschlechtstrieb (der irrtümlicherweise Liebe genannt wird) sehr viele Menschen zur Ehe.

Man heiratet oft, weil die Gesellschaft es von einem erwartet. In unserer Gesellschaft wird eine ledige Frau oft als unattraktives Fehlprodukt betrachtet, und ein Junggeselle mittleren Alters gilt schnell als homosexuell oder mit einem Mutterkomplex behaftet. Die Gesellschaft fördert die Ehe in vieler Hinsicht und aus vielerlei Gründen. Beispielsweise gilt der Ehestand – kraß ausgedrückt – als »gut fürs Geschäft«. Er schafft Arbeit für Geistliche, Friedensrichter, Möbelfabrikanten, Architekten, Hausbesitzer, Geburtshelfer. Bei jeder Heirat klingeln hundert Registrierkassen. Deshalb lächeln und applaudieren die Mitglieder einer auf Profit eingestellten Gesellschaft – häufig in ehrlicher Billigung. Diese Billigung nährt das Märchen, daß jede Heirat etwas Gutes habe; sie trägt dem jungen Paar in den Augen der Gesellschaft Prestige ein. Für den Klerus ist die Ehe ein Macht- und Kontrollmittel, eine Möglichkeit, die Treue zur Kirche durch Kinder fortzupflanzen. Manche historischen Notwendigkeiten, die heute vielleicht gar nicht mehr bestehen, spiegeln sich auch in den gesellschaftlichen Einstellungen wider. Beispielsweise bedeutete in früheren Epochen mit hoher Sterberate eine »große Familie« mehr Leute für die Gemeinde und deshalb bessere Überlebenschancen; und die Ehe war die Vorbedingung für den Aufbau einer Großfamilie. Obwohl sich die Bedingungen heute geändert haben, ist diese Einschätzung der Ehe die gleiche geblieben. Kurz, fast alle Bereiche der Gesellschaft favorisieren die Ehe im Gegensatz zum Ledigenstand. Diese allgemein übliche Haltung verführt Leute, die sich verliebt glauben, dazu, ungeduldig, hastig und sorglos in die Ehe hineinzurennen. Heirat, so lehrte man sie, sei eine »gute Sache«.

Pressionen und Manöver der Eltern stoßen ihre Kinder oft in verfrühte und überstürzte Ehen. Eltern manövrieren, manipulieren und mischen sich ein. Vater und Mutter erheben den Anspruch, dies geschehe zum Wohl ihres Kindes. Die Wahrheit sieht anders aus: Oft betrachten es die Eltern als Mißerfolg oder Schande, wenn ihre Kinder nicht im üblichen Alter verheiratet sind. Und Eltern üben, was ihre eigene Beziehung angeht, ihren Kindern gegenüber selten die Tugend der Ehrlichkeit. Deshalb glauben die meisten jungen Leute, daß ihre Eltern auch verliebt sind oder es zumindest waren und daß man ihnen darin nacheifern müsse.

Eine gefühlsduselige Literatur und Tradition sowie gesellschaftliche Hysterie haben der Ehe falsche Werte angehängt, die die in Ekstase befindlichen Männer und Frauen oft als echt ansehen. Sie verheiraten sich und erwarten von diesem Augenblick an ein Höchstmaß an dauernder Freude. Obwohl sie einander geloben, sich in guten wie in bösen Zeiten zu lieben und zu ehren, erwarten sie solche bösen Zeiten im Grunde gar nicht. Man hat ihnen eingeredet, daß die Liebe (die sie nicht einmal definieren können) automatisch die Lösung aller Probleme bringe.

Auch Einsamkeit treibt viele Leute in die Ehe. Manche können einfach das Alleinsein nicht ertragen. Sie langweilen sich und sind ruhelos und glauben, daß ein Partner anderen Geschlechts ihrem Unglück ein Ende bereiten kann. Also heiraten sie aus Verzweiflung, nicht aus Liebe.

Viele haben Angst vor ihrer wirtschaftlichen Zukunft. Männer glauben möglicherweise, daß die Verantwortung, Frau und Kinder zu erhalten, automatisch einen Antrieb zu größerer Produktivität darstelle. Frauen denken oft, daß sie durch die Ehe finanzielle Sicherheit erlangen, ganz gleich, ob die gegenwärtige finanzielle Lage ihrer zukünftigen Ehemänner dieser Erwartung entspricht oder nicht.

Andere heiraten, weil sie eine unbewußte Sehnsucht nach einer Steigerung ihres Eigenwertes haben. Fast jedes menschliche Wesen hat ein Bild dessen vor Augen, was es gerne sein möchte. In Wirklichkeit entwickelt sich der einzelne selten zu diesem Idealwesen. Wenn er aber einen andersgeschlechtlichen Partner trifft, der Qualitäten besitzt, die er selbst gerne hätte, verfällt er in einen weiteren Irrtum: Er schließt daraus unbewußt, daß er in einer Ehe ohne Mühe die ersehnten fehlenden Eigenschaften oder Talente erwerben könne. Deshalb fühlt sich ein Trinker oft zu einem Abstinenzler hingezogen; ein notorischer Lügner nähert sich einem einfachen, leicht durchschaubaren Menschen, ein Mann von schwacher physischer Konstitution heiratet oft eine schlanke, athletische Frau, ein völlig Unmusikalischer einen Hochmusikalischen und so weiter. Nach der Heirat erfahren die Ehegatten, daß die Vertrautheit keineswegs die ersehnte Verbesserung bringt. Jeder tadelt den anderen, und die Zwietracht beginnt.

Viele Ehen sind motiviert durch Neurosen. Manche wählen Partner, die es ihnen ermöglichen, ihre Neurosen zu pflegen. Diese Leute wollen kein Glück im üblichen Sinn. Wenn sie das Leiden genießen, wählen sie unbewußt solche Partner, mit denen sie kämpfen, die sie schlechtmachen oder erniedrigen können. Manche dieser Ehen dauern eine beträchtliche Zeit, denn die Partner schöpfen aus ihrer Zwietracht Freude, doch kann diese Art der Perversion kaum als Ausdruck der Liebe gewertet werden.

Manche Leute vermissen ihre Eltern und können nicht ohne Elternersatz auskommen. Deshalb suchen und heiraten sie jemand, der die Elternrolle spielt.

Alles in allem läßt sich also sagen, daß man im allgemeinen eine Ehe schließt im Glauben, einander zu lieben und sofortiges Glück geschenkt zu bekommen, das alle Probleme löse. In der Tat werden die Leute in den meisten Fällen auf einer Welle falscher Romantik in die Ehe getragen. Romantik ist gewöhnlich schnell vergänglich; sie ist selbstsüchtig. Romantische »Liebende« sind verwirrt und unglücklich, wenn man sie trennt, und dieses Unglück entsteht durch eine Selbstsucht der egozentrischsten Art. Der »Liebende« tut sich selbst leid und grämt sich über seinen Verlust an Freude und Intimität. Dieser Zustand hängt eng zusammen mit einer anderen selbstsüchtigen Regung: der Eifersucht. Romanzen sind aufregend – aber sie haben nichts mit wirklicher Liebe zu tun, nichts mit jener großzügigen Anteilnahme für einen anderen, die Harry Stack Sullivan als Liebe definiert. Die meisten Leute sind der Ansicht, sie heiraten aus Liebe. Dies ist eine falsche Annahme und ein höchst gefährlicher Irrtum.

4. Falsche Vorstellung Nr. 2

Die meisten Eheleute lieben einander

Sowohl unsere eigenen Erhebungen wie das Studium von Publikationen vieler Sozialwissenschaftler haben uns zu der Erkenntnis geführt, daß Ehegatten, die drei oder vier Jahre verheiratet sind, kaum jemals einem Interviewer gegenüber ihre Liebe spontan äußern. Sie sprechen darüber vielmehr in einem nüchternen, geschäftsmäßigen Ton oder machen einseitige Feststellungen wie »John ist ein guter Mann, er versorgt uns gut« oder »Jane ist unseren Kindern eine gute Mutter«. Doch glaubt in vielen Ehen, besonders in schlechten, jeder Partner hartnäckig und uneinsichtig daran, daß er liebt – und daß er intensiver liebt als sein Partner. Jeder ist fest davon überzeugt, daß er mit Mut und Selbstaufopferung die Ehe aufrechterhält; und wenn Spannungen entstehen, so ist der andere daran schuld. Jeder kann mit charakteristischen Beispielen dafür aufwarten, daß er liebevoll, geduldig und gut ist (der andere dagegen selbstsüchtig, mürrisch und unvernünftig).

In vielen Fällen belügen sich die Partner, die sich für großzügig und liebevoll halten, unwissentlich selbst. Ein großer Prozentsatz dessen, was sie als selbstlose Handlungen ansehen, besteht in Wirklichkeit in zerstörerischen Akten, ist Ausdruck einer unbewußten Scheinheiligkeit. Sie sind sich normalerweise nicht darüber im klaren, daß sie ihre Ehe damit töten und ihren Partner unter dem Vorwand der Liebe zerfleischen.

Kurz gesagt gibt es da folgendes Muster: Gatte A glaubt (bewußt), daß er sich dem Gatten B gegenüber liebevoll und gütig verhält. In Wirklichkeit verhält sich A in einer den anderen verletzenden Weise. Wenn B diese Haltung A's aber als schädigend und nicht als wohltuend charakterisiert, ist A verletzt und antwortet: »Ich wollte nur helfen.« Hier beginnen Anklage, Mißverständnis und Konflikt. Dafür drei Beispiele:

1. Michael Young (er war bis zu seinem 32. Lebensjahr Junggeselle) ist ein wunderbarer Koch und ein guter Haushälter. Seine Frau Martha versteht vom Haushalt so gut wie gar nichts. Sie hat die meiste Zeit ihres Lebens im Ausland verbracht. Ihre Familie hatte Bedienstete für alle Arten von Alltagsarbeit. Michael ist über Marthas schlechte Kochkünste und Haushaltsführung unglücklich.

»Ich bringe dir's bei«, sagt er. An Wochenenden liefert Michael brillante Beweise seines Könnens. Er reinigt das Haus schnell und gründlich und bereitet flink Mahlzeiten für Gourmets. Dies tut er besonders dann, wenn Gäste anwesend sind (»In solchen Fällen«, so sagt er, »brauchst du am meisten Hilfe«), und er erinnert Martha oft daran, daß er ihr hilft.

In Wirklichkeit stellt er sie bloß, gibt ihr noch mehr das Gefühl, hilflos und unfähig zu sein. Er flößt ihr Angst vor dem Lernversuch ein und überzeugt sie, daß sie, egal welche Anstrengungen sie auch unternimmt, niemals mit der Leistung ihres Mannes konkurrieren und ihn zufriedenstellen kann. Dennoch sagt – und glaubt – er, daß er ihr hilft und daß er sie liebt.

2. Joan Dalrymple ist eine hervorragende Köchin. Sie gibt regelmäßig große Dinnerparties mit der Absicht, ihre Liebe zu Howard vor aller Welt zu demonstrieren und ihm eine Hilfe für seine geschäftlichen Beziehungen zu sein. Dabei vergißt sie, wie sehr sie das Lob ihrer Gäste und die Bitten um Rezepte genießt.

Howard wird dicker. Sein Cholesterinspiegel steigt ständig; der Arzt verschreibt Gewichtsabnahme. Aber Howards gesundheitliche Bedürfnisse können nicht die Überhand gewinnen über Joans Entschlossenheit, ihr Selbstwertgefühl dadurch zu fördern, daß sie anderen mit ihren Kochkünsten imponieren und als rücksichtsvolle, liebende Ehefrau dastehen will, ebensowenig wie sie ihre Wünsche verdrängen kann, Howard durch ihre Reklame beruflich weiterzuhelfen.

Howard ißt also in müder Verzweiflung weiterhin üppige Mahlzeiten und hofft auf andere Abmagerungsmittel. Paradoxerweise glaubt er, er liebe seine Frau, wenn er das tue, denn er will Joans Gefühle nicht verletzen – besonders nicht vor den Gästen. Dadurch fördert er die Einbildung seiner Frau und ihr destruktives Verhalten. Nicht nur, daß er Joans »liebevolle« Handlungen und Einstellungen bis zur Selbstzerstörung beim alten beläßt – er hilft ihr sogar dabei.

3. Joe, seit über drei Jahren verheiratet, arbeitet hart in seiner Anzeigenagentur. Wenn er abends heimkommt, ist er rechtschaffen müde. Kaum ist er zur Haustür herein, begrüßt ihn seine Frau mit überströmender Herzlichkeit und besteht darauf, daß er »sich entspannt und daß sie ihn betreut«. Während des Sommers eilt sie ihm schon an der Gartentür entgegen, küßt ihn zärtlich, legt die Arme um ihn und führt ihn zur Liege, die im Schatten des Apfelbaumes auf ihn wartet. Dort steht bereits ein Glas frisch zubereiteter Limonade, zwei Aspirintabletten liegen daneben.

»Aber, Marie, ich möchte kein ...«

»Doch, Liebling, du bist erschöpft und nervös. Ich weiß schließlich, was gut für dich ist. Dies ist mein einziger Lebenszweck: daß ich für dich da sein darf ...«

Objektiv betrachtet, klingt dieser Dialog wie ein Akt aus einer Komischen Oper, aber sie wird in Tausenden von Varianten täglich in Tausenden von Haushalten aufgeführt. Joe fühlt sich vielleicht geschmeichelt; in jedem Fall fühlt er sich aber auch gestört. Er selbst hätte nämlich gern einen Martini, ein heißes Bad und ungefähr eine halbe Stunde Entspannung. Aber Marie bleibt hartnäckig, und normalerweise gibt Joe nach. Dabei ärgert er sich jeden Abend auf dem Heimweg, wenn er an den Empfang denkt, den ihm seine Frau bereiten wird. Das geht manchmal so weit, daß er sie totwünscht. »Wenn sie nicht da wäre, käme ich ohne Belästigung ins Haus.« Dieser Gedanke wird schließlich so übermächtig, daß Joe glaubt, er verliere den Verstand, und einen Psychiater aufsucht.

Der Psychiater interviewt sie beide.

Hier ein Zwischenbericht: »Marie ist eine ›süße‹ Person, die ganz ausgeprägte Vorstellungen davon hat, was eine Ehefrau für ihren Gatten sein und tun sollte. Wenn ihre hartnäckige Güte die Vorstellungen ihres Mannes über den Haufen wirft, widersetzt er sich und bittet sie, einzuhalten. Darauf reagiert Marie mit Tränenausbrüchen, hängt sich an Joe und schluchzt pathetisch darüber, daß er sie verstoße und sie nicht liebe.«

Und nach ein paar Jahren dieser »Güte« stößt sie Joe auch wirklich zurück und ist so weit, daß er sie verabscheut. Marie hat ihn in eine häßliche Scheidung »hineingeliebt«.

Joes Freunde sind schockiert. Wie kann er nur eine so liebevolle Frau sitzenlassen? Joe schüttelt den Kopf mit der unverkennbaren Resignation eines mißverstandenen Mannes. »Ja«, kann er nach einigen Monaten psychiatrischer Behandlung feststellen, »ja, Marie hat sich sehr angestrengt, eine gute Ehe zu führen. Sie hat sich so sehr bemüht, daß sie *mich* als Individuum dabei vergaß.«

Es gibt viele andere Beispiele für Verhaltensformen, die scheinbar liebevoll, in Wirklichkeit aber sehr selbstsüchtig sind. Nehmen wir zum Beispiel den Partner, der den anderen so sehr »liebt«, daß er sich bei jeder Trennung aufregt, telefoniert, telegrafiert, schreibt. Oder nehmen wir den Fall eines Mannes, der glaubt, er müsse den anderen stolz auf sich machen, aber in Wirklichkeit mit seiner eigenen Intelligenz und seinen Talenten Exhibitionismus betreibt. In einer Gesellschaft, in der er sich gemeinsam mit dem Partner befindet, will er die gesamte Unterhaltung bestimmen, immer in der Haltung eines Unterstützenden und Hilfreichen, eines Menschen, der sich um das Ansehen seiner selbst und seines Partners sorgt.

Der Mann, der ein neues Auto aussucht und es seiner Frau als Überraschung zum Geburtstag schenkt, ist voller Stolz auf seine Großzügigkeit und sein liebevolles Verhalten. Er freut sich auf das Vergnügen, das ihr Gesicht erhellen wird, wenn sie das Auto, versehen mit ihren Initialen, in der Garage warten sieht. Aber dieser Wunsch nach einer freudigen Antwort, einem Blick glücklicher Überraschung, ist selbstsüchtig – er nährt sein eigenes Selbstgefühl.

Wären Glück und Stolz seiner Frau für ihn so wichtig wie seine eigenen entsprechenden Gefühle, hätte er sie das Auto aussuchen lassen, das sie sich wünscht, er hätte ihr die Freude gemacht, Machart, Modell, Ausführung und Farbe selbst zu wählen. Oder er hätte vorgeschlagen, das Auto gemeinsam auszusuchen. Wenn wir dieses Beispiel wählen, so heißt das nicht, daß gelegentliche spontane Geschenke, die sich Eheleute gegenseitig machen, schaden.

Die allgemeine Empfehlung, »liebevoll« zu sein, die Ratgeber auf den Lippen tragen, ist zu vage, als daß sie Hilfe bieten könnte, und hinterläßt sehr oft beim Partner ein Schuldgefühl darüber, daß er mit menschlichen Schwächen behaftet und oft gar nicht liebevoll ist. Und wenn die Gabe spontan statt gezwungen ist, bereitet dies dem Geber wie dem Empfänger Freude. Wenn ein Eheberater einen »liebevollen« Akt, eine »liebevolle« Geste empfiehlt, die einer der Partner (ohne Diskussion und gegenseitiges Einvernehmen) ausführen soll, berät er ihn damit schlecht. Der »liebende« Partner entscheidet damit nämlich einseitig. Dieses Verhalten muß Schwierigkeiten ergeben. Und doch wird es von vielen Autoren in Zeitungen, Zeitschriften und Büchern empfohlen, ebenso wie von vielen Eheberatern. Sie sagen etwa folgendes: »Wenn Sie Ihre Frau glücklich machen wollen, dann schenken Sie ihr einmal pro Woche Rosen.« Es kann aber durchaus sein, daß der Frau die wöchentliche Ausgabe einer größeren Summe für Blumen mißfällt. Sie würde das Geld lieber für eine Kosmetikbehandlung oder für ein neues Kleid anlegen. Betrachten wir die folgenden, frei wiedergegebenen Anweisungen eines diplomierten Eheberaters für eine Frau, die die richtige Einstellung ihrem Mann gegenüber sucht, unmittelbar nachdem sie erfahren hat, daß ein Verhältnis mit einer anderen Frau besteht:

»Sehr verehrte gnädige Frau, ganz offensichtlich haben Sie Ihrem Gatten zu Hause nicht den nötigen erotischen Anreiz zu bieten vermocht. Wie lange ist es her, daß Sie zum letztenmal bei der Dauerwelle waren? Tragen Sie beim Frühstück einen schmutzigen Morgenmantel? Und auf dem Kopf Lokkenwickler? Ich schlage vor, Sie sprechen Ihren Mann nicht auf die gegenwärtige Lage an. Machen Sie es sich einfach zur Gewohnheit, jeden Tag eine halbe Stunde eher aufzustehen als er und dem Tagesablauf einen guten Start zu geben, indem Sie sich ihm als charmante, attraktive Frau zeigen.«

Es geht aus diesen Anweisungen nicht hervor, weshalb der Experte die äußere Erscheinung als den wichtigsten Ansatzpunkt für seine Therapie verwendet – jedenfalls behandelt er die Situation so, als hätte sie sich die Frau ausschließlich selbst zuzuschreiben. Es gibt viele Gründe dafür, weshalb sein Rat schlecht – ja sogar schädlich – ist; ein paar ganz offensichtliche zählen wir im folgenden auf:

1. Die Leidenschaft des Mannes für seine Freundin muß keiner sexuellen Unzufriedenheit entspringen, sondern kann

Sehnsucht nach intellektueller Partnerschaft sein; er fühlt vielleicht, daß seine Frau zu bequem ist, und mißbilligt ihr mangelndes Interesse an intellektueller Aktivität. Der Ratschlag, den der Fachmann oben gegeben hat, wird in diesem Fall das Problem nur noch vergrößern.

2. Wenn die Frau plötzlich »liebevoll« und charmant wird, und wenn der Mann Schuldgefühle bekommt, weil er sich falsch benommen hat, was wird er dann von dem veränderten Verhalten seiner Frau denken? Er wird schnell zu dem Schluß kommen, daß sie einfach ihre Zeit abwartet, bis sie zuschlägt – indem sie insgeheim gesetzliche Vorkehrungen für eine Trennung oder Scheidung trifft. In der Zwischenzeit gibt es keine wirkliche Offenheit mehr zwischen den Partnern; sein Verdacht und Schuldgefühl und ihr Argwohn und Ärger werden sie einander nur noch weiter entfremden.

3. Der Haupteinwand: Wie kann der obige Rat dem Ehepaar helfen, seine Beziehung insgesamt auf ihre Funktion hin zu prüfen – was schließlich den Schlüssel für die Ursachen von Untreue jeglicher Art liefern würde?

So kann also ein Verhalten, das *scheinbar* sehr liebevoll ist, in Wirklichkeit eine Form von Gefallsucht, Egoismus und Mangel an Einfühlungsvermögen sein. Selbsttäuschung und Täuschung anderer ist zerstörerisch und beschleunigt den Zerfall einer Ehe.

Jeder ist manchmal einseitig und selbstsüchtig. Das muß nicht immer gleich schlecht sein; manchmal kann es nützen, wenn der Beteiligte weiß, was da geschieht. Aber unter keinen Umständen dürfen diese Handlungen als »Liebe« betrachtet werden, ebenso wie die Grundvoraussetzung für eine funktionierende Ehe darin besteht, so zu leben und Kommunikation zu üben, wie es der Realität entspricht und nicht veralteten und auf Selbsttäuschung beruhenden Traditionen.

5. Falsche Vorstellung Nr. 3

Liebe ist die unabdingbare Grundlage für eine gute Ehe

Auch wenn es die Gesellschaft nur widerstrebend zugibt: Die meisten Männer und Frauen sind von ihrer Ehe enttäuscht. Überwältigendes Beweismaterial bestätigt dies.

Wenigstens einer von drei Ehekandidaten wird innerhalb von zehn Jahren geschieden. Viele lassen sich auf die legale Polygamie ein: Das heißt, sie heiraten verschiedene Male und lassen sich verschiedene Male scheiden. Insgesamt beträgt die Scheidungsrate in den USA 41 Prozent.

Die Ehe ist eine so ungestüme und für Diskussionen offene Angelegenheit, daß es in fast jeder Ausgabe von Familienzeitschriften und -magazinen Artikel gibt mit Überschriften »Wie man seinen Mann glücklich macht« oder »Wie man eine Frau mit Liebe verwöhnt«. Statistiken zeigen, daß diese Art von Beiträgen häufig mehr Leser anzieht als irgend etwas anderes im Blatt. Diese Artikel erscheinen aufgrund der allgemeinen Notlage, entstanden durch die Millionen unglücklicher, verwirrter oder unzufriedener Ehepaare. Offensichtlich werden die erträumten Ehen sehr selten Wirklichkeit. Unzulänglichkeiten, Zank, Hader, Mißverständnisse stellen sich unvermutet ein. Die meisten Paare sind irgendwie konfus, aggressiv und enttäuscht.

Fast jeder Bereich der Zivilisation einschließlich der Werbung macht Aussagen über die Verbesserung der Paar-Beziehung. Kino, Theater, Fernsehen, Rundfunk wählen Spannungen zwischen Mann und Frau häufiger als jedes andere Thema.

Die Büros von Eheberatern, die Sprechstunden von Psychologen und Psychiatern sind überlaufen von Klienten, die hauptsächlich mit Eheproblemen zu schaffen haben und die 25 bis 50 Dollar für eine Therapiestunde ausgeben. Aber diese gequälten Leute können ihre Probleme meist nicht identifizieren, noch schlimmer – sie bemühen sich gar nicht ernsthaft darum. Im Grunde wollen sie nur eine Bestätigung dafür, daß sie korrekt und richtig handeln und daß der Ehepartner derjenige ist, dem man den Schwarzen Peter zuschieben muß!

Ein Grund für diese eheliche Desillusionierung ist das Vorherrschen der irrigen Annahme, daß Liebe unbedingt für eine befriedigende und funktionierende Ehe nötig sei. Im Zusammenhang mit dem Wort »Liebe« denkt man meist an schwärmerische Leidenschaft, ekstatische Gemütszustände, die man während der Werbungszeit erlebt. Solche Leidenschaften und die Liebe sind aber zwei ganz verschiedene Dinge. Die romantische Gefühlserfahrung bedeutet normalerweise nur eine oberflächliche Kenntnis des anderen (die sich meist auf die Tatsache beschränkt, daß das Zusammensein mit ihm eine wunderbare, beseligende, reizvolle Erfahrung ist). Sie besteht darin, dem anderen blindlings, hoffnungsfroh, aber ohne viel Berechtigung die Qualitäten zuzuschreiben, die man sich von ihm *wünscht*, obwohl sie in Wirklichkeit nicht einmal wünschenswert zu sein brauchen. Die meisten Leute, die eine Bindung aufgrund unterstellter Qualitäten eingehen, sehen sich später enttäuscht, wenn diese Qualitäten gar nicht vorhanden sind oder wenn sie entdecken, daß sie die Auswirkungen ersehnter Eigenschaften gar nicht ertragen können. Zum Beispiel mag jener Mann, der hingerissen ist von den Reizen und dem Sex seiner Verlobten, nach der Heirat angstvolle Stunden mit qualvollen Gedanken darüber verbringen, wie andere Männer auf ihre Qualitäten reagieren. Dies ist eine Traum-Beziehung, eine unrealistische Beziehung mit einer Traumfigur, geboren aus den eigenen Bedürfnissen.

Romantische Leidenschaften sind ihrem Wesen nach selbstsüchtig, auch wenn sie sich in Tönen höchsten Gefühls und großzügiger Versprechungen äußern, Versprechungen, die allerdings meist nicht in Erfüllung gehen. (»Ich bin der glücklichste Mann der Welt, mein ganzes Leben lang.« »Ich werde dir die beste Ehefrau sein, die je ein Mann sein eigen nannte.«) Romantische Leidenschaft, *die die meisten Paare als Liebe mißverstehen,* ist für eine gute Ehe nicht nötig. Wohl aber kann man jenen Glanz Liebe nennen, den manche Paare ihrer zufriedenen Ehe geben und der auf echter Freude an der Gegenwart und der sexuellen Anziehungskraft des anderen beruht, des Partners, so wie er wirklich ist.

Wenn romantische Leidenschaft und Liebe so ganz verschieden voneinander sind, was heißt denn dann »Liebe« wirklich? Am besten bleiben wir wieder bei der Definition von Harry Stack Sullivan: »Wenn die Zufriedenheit oder die Sicherheit des anderen für mich ebenso wichtig ist wie meine eigene Zufriedenheit oder Sicherheit, dann kann man von Liebe sprechen.« In diesem Sinn besteht Liebe aus einer Hingabe an und dem Respekt für den anderen, die der Eigenliebe gleichkommen.

Wir haben bereits gezeigt, daß viele Leute gewöhnlich auf einer Woge von Schwärmerei in die Ehe getragen werden, die nichts mit Liebe zu tun hat.

Wenn der Durchschnittsamerikaner (bald nach der Trauung) mit der Gattin die alltägliche Vertrautheit von Mundgeruch am Morgen wegen zu starken Rauchens und anderer ärgerlicher, vorher nicht bekannter Gewohnheiten kennenlernt, wenn er durch die Grenzen eines zu kleinen Einkommens beengt wird (die er sich nach dem großzügigen Lebensstil der Flitterwochen wieder ziehen muß), oder wenn er sich der unerwarteten Nervosität seiner Frau vor der Regelblutung gegenübersieht, wenn er Ärger im Geschäft und Müdigkeit mit nach Hause bringt, dann setzt eine Veränderung der Einstellung ein. Die vorher in romantischen Träumen schwelgenden Beteiligten beginnen daran zu zweifeln, ob die herrlichen Eigenschaften, die sie einander so blindlings verliehen haben, auch wirklich so herrlich sind.

Diese Zweifel wirken besonders zu Beginn der Ehe sehr irritierend. Schließlich hat der Partner vor nicht allzu langer Zeit geglaubt, daß die »Liebe«, als die er seine Leidenschaft mißverstand, himmlisch, allumfassend, unveränderlich sei und daß die wunderbare Beziehung sich *freiwillig und spontan* entwickelt habe. Jetzt aber, wo Zweifel und Kritik immer mehr den ausgeträumten Traum zudecken, beginnen die Grundlagen zu wanken. Dem zweifelnden Mann oder der zweifelnden Frau scheinen diese Zweifel der Beweis dafür, daß der andere falsch handelt oder daß man ihm nicht trauen kann. Dieses Mißtrauen führt dazu, daß die Beziehung unversehens unter Boshaftigkeit zu leiden beginnt.

Wenn man mit einem anderen im Zustand der von Sullivan definierten Liebe leben will, so sieht das ganz anders aus als ein Herumwirbeln im Sturm der Leidenschaft. Eine liebende Verbindung zeigt sich vielleicht am deutlichsten bei älteren Paaren, die lange Zeit verheiratet sind. Ihre Kinder haben das Haus verlassen, der wirtschaftliche und gesellschaftliche Leistungszwang besteht nicht mehr in so starkem Maß wie

ehedem, das Phänomen des Todes ist nicht mehr weit. Diese älteren Paare respektieren die gegenseitigen Eigenheiten. Sie brauchen und pflegen die Gemeinschaft. Meinungsverschiedenheiten haben sie akzeptiert oder beiseite geräumt; sie wirken nicht mehr als zerstörerische Elemente. Jetzt hat jeder ein ebenso großes Interesse für die Zufriedenheit und die Sicherheit des anderen wie für seine eigene. Eine wahrhafte Symbiose ist entstanden, eine Verbindung, in der man in gegenseitigem Einverständnis voneinander zehrt. Und gemeinsames Geben bedeutet gemeinsames Leben!

Dennoch kann eine wirksame und gute Ehe ohne Liebe (auch wenn sie zu wünschen ist) und ohne Romantik bestehen. Es gibt Ehen, die gutgehen, trotz Kritik und Zweifel am Partner und trotz gelegentlicher Scheidungsgedanken. Mann oder Frau können sich dabei durchaus einen netten Flirt mit einem attraktiven Nachbarn vorstellen. Derlei Wünsche müssen für die Ehe nicht zerstörerisch wirken. *In vielen funktionierenden Ehen beziehen beide Gatten ein gut Teil Antriebsenergie aus ihrer Phantasie.*

Wie also läßt sich eine solche funktionierende Verbindung beschreiben, die beiden Partnern Zufriedenheit und Sicherheit in vernünftigen Maßen bringen kann? Sie besteht aus vier Hauptelementen: Aus Toleranz, Respekt, Ehrlichkeit und dem Wunsch, zum beiderseitigen Vorteil die Gemeinschaft aufrechtzuerhalten. Man kann sehr wohl die Gesellschaft des Gatten der aller anderen vorziehen und in seiner Abwesenheit sogar sehr einsam sein, ohne die wilde Leidenschaft einer Romanze oder die gänzlich selbstlose Hingabe für ihn zu hegen, die die Grundlage wahrer Liebe ist.

In einer vernünftigen Ehe sind beide Teile zusammen besser dran, als wenn sie alleine wirtschaften würden. Sie müssen in ihrer Verbindung keine ekstatischen Glücksgefühle erleben und auch nicht »verliebt« sein, aber sie sind nicht einsam und haben Bereiche gemeinsamer Befriedigung. Sie fühlen sich mit dem Grad ihrer persönlichen und gemeinsamen Verwirklichung recht einverstanden. Sie können diese Segnungen aufzählen und philosophisch konstatieren, daß nichts vollkommen ist.

Noch einmal kehren wir zur Bedeutung des Wortes »Liebe« zurück, denn kein anderes enthält mehr mißverständliche Implikationen. Im folgenden erzählen wir ein wahres Beispiel dafür, wie sich die Denkweisen von Leuten verzerren können, die sich im Zustand der Liebe wähnen.

Eine junge Frau und ihr Verlobter besuchten einen Eheberater. Sie machten einen interpersonalen Vergleichstest, der viel über ihr Verhalten und ihre Ansichten übereinander aussagte. Der Berater fragte die Frau, nach dem Studium der Angaben, weshalb sie den Mann heiraten wollte, da er doch ein erklärter Alkoholiker sei. Sie sagte, sie habe die Hilfe eines Fachmannes gesucht, weil sie Zweifel an der Richtigkeit ihrer Entscheidung verspürte. Ihr erster Mann, von dem sie sich kürzlich habe scheiden lassen, sei schwach und passiv gewesen. Nun suche sie nach einem anderen, der stark genug sei, für sie zu sorgen.

Der Eheberater zeigte sich erstaunt darüber, daß sie einen Alkoholiker wählen wolle – ganz offensichtlich einen schwachen Mann, der sich nicht um sie kümmern würde. Im Gegenteil: *sie* würde für ihn sorgen müssen. Der Verlobte saß in passiver Haltung dabei und beteiligte sich nicht am Gespräch.

Noch einmal fragte der Berater: »Warum wollen Sie diesen Mann heiraten, der ganz offensichtlich das Gegenteil dessen ist, was Sie sich wünschen und was Sie brauchen?« Die junge Frau zuckte die Achseln, lächelte glücklich und sagte mit felsenfester Überzeugung: »Weil ich ihn liebe.«

Ihr Verlobter lächelte ebenfalls und nickte zur Bekräftigung dieser unhaltbaren Äußerung.

Ganz offensichtlich wußte diese Frau nicht, was ihre Aussage bedeutete. Sie wußte nicht einmal über ihre wahren Gefühle Bescheid. Aufgrund komplexer neurotischer Bedürfnisse hatte sie Sehnsucht nach diesem Mann – und wahrscheinlich ließ sich leicht feststellen, daß dies eine einseitige und gänzlich selbstsüchtige Sehnsucht war. Ihre Entscheidung, diesen Gefährten »zu lieben«, bedeutete keineswegs Aussichten auf eine brauchbare und befriedigende Ehe. Das Wort »Liebe« diente als Deckmantel für ein Gefühlsdurcheinander, das sie nicht verstand.

Oft ist das »ich liebe dich« eine unbewußte Entschuldigung für diese oder jene Form seelischer Zerstörung. Manchmal dient es als Tarnung für einen Statuskampf, der sogar nach der Scheidung weitergehen kann. Ein Partner, der verlassen worden ist, mag (besonders wenn dies wegen eines anderen geschehen ist) insgeheim oder unbewußt den Wunsch hegen, als guter und treuer Gefährte identifiziert und belobigt zu werden. Er, der Getäuschte, nimmt ein tugendhaftes, frömmelndes Betragen an – vor allem in der Öffentlichkeit – und tut jedermann kund, daß er den anderen immer noch »liebe« und daß er in Liebe und Geduld stets darauf warten werde, daß der Irregeführte wieder zur Vernunft komme. Dies kann er mit opernhaftem Pomp glaubhaft machen und dabei gleichzeitig eine gut getarnte Affäre mit der Frau (oder dem Mann) eines anderen haben; und später kann dieser offensichtliche Widerspruch folgendermaßen wegargumentiert werden: »Nach Johns (oder Marys) Weggang war eine solche Lücke in meinem Leben, daß ich einfach irgend etwas tun mußte, um nicht verrückt zu werden. Wäre ich zusammengebrochen, so hätte ich damit den Kindern sehr geschadet. Aber mein Verhalten ändert gar nichts daran, daß ich ihn (sie) liebe . . .«

Diese Art der »Liebe« zeigt sich besonders häufig dann, wenn einer der Gatten glaubt, er sei vom anderen schon einige Jahre vor der Scheidung schlecht behandelt worden. Der »verletzte« Gatte (denn als solcher betrachtet er sich, egal, wie viel an Verletzung und Zerstörung er selbst beim anderen bewirkt hat) wird stets voller Schmerz behaupten: »Ich liebe ihn immer noch!« Es ist nur wenig berufliche Erfahrung oder psychologisches Geschick vonnöten, um zu erkennen, daß hinter einer solchen Behauptung verletzter Stolz und Wut darüber stecken, daß man selbst der Verlassene war und nicht der, der zuerst gegangen ist.

»Liebe« kann auch als Entschuldigung für Herrsch- und Kontrollsucht dienen. Die Aussage »Ich liebe dich« hat einen solch unverrückbaren Platz in unserer Zivilisation, daß sie als Entschuldigung für alles dienen kann, einschließlich Egoismus und Bosheit. Wer kann gegen etwas protestieren, das »aus Liebe« geschah – besonders wenn diese Beteuerung mit schauspielerischem Geschick und in überaus aufrichtigem Tonfall gemacht wird? Das Opfer mag zwar intuitiv erkennen, daß es mißbraucht wird. Und doch findet es oft kaum die Möglichkeit, sich zu wehren.

Sullivans Definition der Liebe ist sehr wichtig. Sie beschreibt keinen einseitigen Prozeß, sondern eine zweispurige Straße, auf der zwei Individuen als gleichberechtigte Partner gehen.

Ihre gemeinsamen Verhaltensweisen verbinden sich zu einer komplexen Struktur aus gegenseitigem Respekt und gegenseitiger Achtung. Einer allein kann diese Beziehung nicht herstellen. Beide müssen gleichermaßen dazu beitragen. Die Notwendigkeit gegenseitigen Gebens ist einer der Gründe dafür, daß eine Ehe auf der Basis gegenseitiger Liebe so selten ist. Natürlich wünschen sich alle, in glücklicher Ehe mit einem liebenden Partner zu leben. Aber ohne die Kenntnis der Anatomie der Ehe plus viel Geduld, Arbeit und Glück ist diese Verbindung nur schwer zu schaffen.

Vielen gelingt es nicht, der Tatsache ins Auge zu sehen, daß sie nicht die nötigen Vorbedingungen und Voraussetzungen haben, sich selbst einen richtigen Partner zu wählen, wenn die Ehe ihrer Eltern unglücklich oder ihre Kindheit von Neurosen bestimmt war. Wo konnten sie denn ein gutes Vorbild einer Ehe studieren? Wie können sie überhaupt wissen, wie eine auf Liebe aufgebaute Ehe aussieht und welche Elemente dafür nötig sind?

Die meisten gehen in ihre Ehe in der Erwartung, Liebe zu empfangen und ohne sich jemals die Frage gestellt zu haben: Bin ich liebenswert? Darauf folgt ganz dicht die nächste Frage: Wenn ich nicht liebenswert bin, ist es dann nicht wahrscheinlich, daß mein Ehepartner mich nicht liebt? Es gibt noch einen weiteren Mißbrauch des Wortes »Liebe«. Manche glauben, daß sie uneigennützig lieben können, selbst wenn das für sie ein Märtyrerdasein bedeutet. Sie sind der Ansicht, daß sie ihren Lohn dafür nicht auf Erden, sondern im Himmel erhalten werden oder auf eine andere, ungewöhnliche, geheimnisvolle Art und Weise. Sie leiden mit Glück und Genuß und bringen gerne Opfer, während sie ihre Liebe an den anderen verströmen. Je weniger er sie verdient, desto mehr muß er davon bekommen.

Diese Situation ist trügerisch. Märtyrertum ist in Wirklichkeit eine der dreistesten Formen der Selbstbezogenheit. Niemand ist schwerer zu behandeln als Menschen, deren Güte Einbahnstraßen entspricht, auf denen sie hektisch, eifrig und feurig helfen wollen und scheinbar gar nichts für sich selbst erwarten.

Die meisten Beobachter von glücklichen Ehepaaren, die glückliche und gesunde Kinder haben, stimmen darin überein, daß Partnerschaft und Respekt für den anderen die Schlüs-

selworte im Ehelexikon solcher Paare sind. Ein Gatte, der zu den Befragten zählte, sagte: »Verliebt? Nun ja, ich glaube, darüber habe ich eigentlich nicht so nachgedacht. Wahrscheinlich hätte ich es getan, wenn Martha und ich Schwierigkeiten gehabt hätten. Die Chinesen sagen: Eine Hand wäscht die andere. Das beschreibt irgendwie unser Verhältnis, aber ich weiß nicht, ob Sie so etwas unter ›Liebe‹ verstehen?«
Die glückliche, funktionierende, produktive Ehe benötigt keine Liebe, wie sie in diesem Buch beschrieben wird, ebensowenig wie sie nach dem Goldenen Schnitt praktiziert werden muß. Eine auf dauernder Liebe aufgebaute Verbindung ist für die meisten Leute nicht möglich – wie es ebenso unmöglich ist, daß sie dauernd im Zustand schwärmerischer Leidenschaft leben. Normale Leute sollten nicht verängstigt oder enttäuscht sein, wenn sie nicht in diesem *Dauer*-Zustand von Liebe leben. Wenn sie zehn Prozent ihres Ehelebens die Freuden der Liebe erfahren (oder zu erfahren glauben), wenn sie versuchen, einander mit soviel Höflichkeit zu behandeln wie sie sie auch geachteten Unbekannten entgegenbringen, wenn sie schließlich versuchen, aus ihrer Ehe eine funktionierende Sache zu machen, eine, die für beide Teile praktische Vorzüge und Befriedigung bietet – dann sind die Chancen größer, daß die Ehe länger Bestand hat und haltbarer ist als die sogenannten »Liebes-Heiraten«.

6. Falsche Vorstellung Nr. 4

Zwischen Mann und Frau bestehen angeborene Verhaltens- und Einstellungsunterschiede, die der Grund für die meisten Schwierigkeiten in der Ehe sind

Seit es die ersten historischen (meist von Männern verfaßten) Aufzeichnungen gibt, haben Mann und Frau in zivilisierten Gesellschaften ihr Verhalten auf einer unbeweisbaren Annahme aufgebaut: Ihre gegenseitigen Beziehungen gründen auf dem Glauben, daß sie emotionell, intellektuell und geistig ganz verschiedene Wesen sind. Man betrachtet sich gegenseitig fast als verschiedene Ausgaben des homo sapiens.
Dieses Märchen schlägt sich in vielen falschen Anschauungen

nieder (manche gelten nur für Männer, manche nur für Frauen). Hier einige Beispiele:
1. Frauen sind gefühlsbetonter als Männer;
2. Männer können besser abstrakt denken als Frauen;
3. Frauen haben mehr Intuition als Männer;
4. Männer haben mehr praktisches Geschick als Frauen;
5. Frauen sind größere Hypochonder als Männer; Männer sind im Grund ihres Herzens kleine Jungen, besonders wenn sie krank sind;
6. Fast immer ist der Mann der Treulose, der die Ehe bricht;
7. Gleichgeschlechtliche Beziehungen werden mehr von Männern als von Frauen gepflegt;
8. Die Frau bezirzt gewöhnlich den Mann;
9. Frauen sind schlauer und listiger als Männer;
10. Männer sind mutiger, physisch stärker, kühner als Frauen;
11. Frauen lieben inbrünstiger als Männer.

Die Anhänger solcher Fehlurteile versuchen ihre Ansichten oft durch Fragen wie die folgenden zu unterstützen: Weshalb hat es niemals berühmte Schauspielerinnen gegeben? Weshalb existieren so wenige große Mathematiker, Komponisten, Geiger, bildende Künstler weiblichen Geschlechts? Weshalb sind Männer wahre Bestien der Untreue, während Frauen in den meisten Fällen treu und integer sind? Weshalb haben Männer mehr Magengeschwüre als Frauen? Weshalb bleiben mehr Männer ihr Leben lang emotionell unreif? Weshalb beginnen Männer Kriege? Es wird als selbstverständlich betrachtet, daß diese Beobachtungen sich durch die Unterschiede zwischen den Geschlechtern erklären lassen.
Der große französische Philosoph Rousseau schrieb: »Die Frau ist besonders dafür ausgerüstet, den Männern zu gefallen ... ihnen zu nützen, sich von ihnen lieben und ehren zu lassen, sie zu erziehen in der Jugend, für sie zu sorgen als Erwachsene, ihnen zu raten, sie zu trösten, ihnen das Leben süß und angenehm zu machen – dies waren zu allen Zeiten die Pflichten der Frau, und man sollte sie diese von Kindheit an lehren.«
Eine Autorin aus dem England des 19. Jahrhunderts, die sich als »Dame von Rang« bezeichnete, sagte: »Der absolute und unangefochtene Glaube an die Überlegenheit des männ-

lichen Geschlechts und der strikte Gehorsam in der Erfüllung aller seiner Wünsche – dies ist das Betragen, das nicht nur den größten Erfolg, sondern auch die größte Befriedigung gewährleisten wird . . .«

Der Jurist Blackstone meinte in seinen berühmten »Kommentaren«: ». . . Das Sein und die gesetzliche Existenz der Frau wird verkörpert und vervollkommnet durch die des Mannes; unter seinem Schutz und Schirm vollbringt sie alles.« Ähnliches sagen Milton und Aristoteles.

Sogar die christlichen Kirchen erniedrigten und schematisierten die Frau. »Was ist die Frau anderes als eine Feindin für die Freundschaft, eine unvermeidliche Strafe, ein notwendiges Übel, eine Versuchung der Natur – ein böses Werk der Schöpfung, überzogen mit glänzender Tünche . . .«, schrieb Johannes Chrysostomus. Ein kanonischer Beschluß verbot den Frauen den Zutritt zum Altar oder den Dienst für den Priester.

Alle diese Äußerungen stammen aus den letzten zweitausendvierhundert Jahren, aus einer Zeit also, in der der Mann in den meisten zivilisierten Ländern dominierte. Während dieser Epoche war die Rollenverteilung tatsächlich so, daß er als der Klügere, Stärkere, Überlegenere erschien.

Es gibt einige Erklärungen für dieses Vorherrschen männlicher Überlegenheit.

Da ist zuerst die Tatsache, daß in der Vergangenheit die beiden Geschlechter verschiedene soziale Rollen hatten. Diese Rollen hinterließen den Eindruck, daß die Arbeit, die der einzelne tat, ebenso wie seine gesellschaftliche Stellung Rückschlüsse auf Charakter und Talente zuließen. Lange Zeit war der Mann den Umständen entsprechend der Jäger; deshalb galt er als klüger und mutiger. Die Frau war durch Schwangerschaft, Kindererziehung und die zugehörigen Arbeiten ans Haus gebunden; weil sie aus biologischen Gründen diese Rolle spielte, betrachtete man sie als von Natur aus passiv und behandelte sie dementsprechend. Und sie glaubte an die Richtigkeit dieser Annahme und stellte sich unbewußt so darauf ein, daß ihr Glaube bald den Tatsachen entsprach.

Weil Gesetz und Tradition dem Mann Macht, Besitz und Autorität zuerkannten, sah die Frau, daß ihre einzigen Überlebenschancen in Geduld, List und sexueller Anziehung bestanden. So begann sie denn diese Eigenschaften »auszustellen«, sich ihrer zu rühmen, auch wenn sie sie gar nicht in größerem Maß besaß als der Mann. Die Frauen hatten fast überhaupt keine Gelegenheit, ihre physischen Kräfte, ihre Kreativität und Erfindungsgabe zu zeigen – Fähigkeiten, die man üblicherweise einzig dem Mann zuschrieb. Deshalb galt die Frau auf diesen Gebieten als unbegabt.

Es gibt Anzeichen dafür, daß in vorgeschichtlicher Zeit (die viel länger ist als die historisch registrierten Epochen) die Gesellschaft matriarchalisch war – beherrscht von der Frau. Ackerbau, Spinnen, Weben, Töpferei – alle Tätigkeiten außer der Kriegführung und der Jagd – gehörten zum Aufgabenbereich der Frau. Damals galten die Frauen als die erfinderischen, die abstrakten Denker, die aus der Notwendigkeit heraus Werkzeuge schufen, um Pflanzenfasern zu Garn, das Garn zu Tuch zu machen, die so komplizierte Prozesse wie Backen und die Umwandlung von Lehm in Töpferware bewerkstelligten, die die ersten noch rohen Utensilien zum Nähen, zur Errichtung von Schutzhütten und so weiter erdachten. Die grundlegenden Erfindungen, die den Menschen aus einem halbtierischen Höhlenwesen zu einem zivilisierten Geschöpf machten, sind den Frauen zuzuschreiben, denn die Technik fiel in ihren Kompetenzbereich. Männer wie Frauen haben sich lange gegen die Vorstellung von der Frau als politischer Führerin gewehrt. Und doch gibt es viele erfolgreiche Beispiele dafür.

Der Druck der Gesellschaft bestimmt in erster Linie, welche Rollen, Einstellungen und Verhaltensweisen die Geschlechter einnehmen. Diese Rollen, Einstellungen und Verhaltensweisen sind vom Geschlecht unabhängig – viele Männer aber weigern sich, diese Tatsache anzuerkennen.

Wie die gesellschaftliche Rollenverteilung den Status des einzelnen beeinflußt, ist sehr leicht festzustellen. In Hawaii wird beispielsweise ein Einberufener als gesellschaftlich minderwertig betrachtet. Wenn eine junge Dame mit einem Soldaten ausgeht, runzeln die Freunde schnell die Stirn, denn der Soldat gilt allgemein als trinkfreudig und nicht sehr gebildet. Und, sein einziger Grund mit einem Mädchen des Ortes auszugehen, so heißt es, ist, mit ihr zu schlafen.

Man beobachte einmal den Schützen John Smith genauer: Er nimmt zwar, militärisch betrachtet, einen völlig unbedeutenden Rang ein, stammt aber wie viele andere Einberufene auch aus einer guten Familie, ist Collegeabsolvent, hat einen scharfen Verstand und ist eine integere, vorwärtsstrebende Persönlichkeit. Sobald man diesen Schützen Smith mit all seinen Talenten und hervorragenden Eigenschaften in seiner Uniform die Straße hinuntergehen sieht, schreibt man ihm ohne weiteres jene unerwünschten Verhaltenstendenzen zu, die traditionellerweise dem Soldaten angelastet werden.

Und entsprechend wird John Smith behandelt.

Wenn nun aber Smith plötzlich zum Leutnant befördert wird, steigt er allein durch diese Tatsache im gesellschaftlichen Aussehen. Seine Rolle wandelt sich. Jetzt gilt er als anständiger, besser erzogen und gebildeter als jener John Smith, der noch wenige Tage zuvor eine andere Uniform trug, das heißt also, eine andere Rolle spielte. Weder vorher noch jetzt haben die Beobachter irgendwelche näheren Informationen über Smith. Sie schätzen ihn einfach ein nach der Rolle, die er spielt, und gehen dabei von traditionellen anachronistischen Werten aus. John Smiths Möglichkeiten, während seines Wehrdienstes seine Talente zu zeigen, sind in bestimmtem Maß begrenzt durch die gesellschaftliche Haltung, mit der man an Soldaten herantritt. Sogar die Frau seiner Wahl wird dadurch beeinflußt, ob er ein Rangabzeichen trägt oder nicht.

Die gleiche Methode, bestehend in der Annahme, daß die Beschaffenheit einer Rolle die charakteristischen Eigenschaften des Rollenträgers widerspiegele, wurde bei der Beurteilung der Qualitäten von Mann und Frau angewandt. Ihre ganz einfach als richtig betrachtete große Verschiedenheit beruht darauf, daß sie im Lauf der Geschichte verschiedene Pflichten in der Gesellschaft ausübten. Man erkennt nicht so leicht, daß bei einer Vertauschung der männlichen und weiblichen Rollen jeder viele der Eigenheiten und Persönlichkeitszüge annimmt, die man sonst dem anderen zuschreibt. In manchen Gegenden Griechenlands blieben während der Naziinvasion keine körperlich kräftigen Männer übrig. Die griechischen Frauen bekämpften die Deutschen hart und unerbittlich, mit Gewehren, Schwertern und Beilen. Die alten Leute blieben zu Hause, kümmerten sich um die Kinder und übernahmen die Rollen der Frau. Auch am Beispiel junger israelischer Frauen, die tapfer im Krieg kämpfen, zeigt sich das Ergebnis der Rollenumkehrung: Sie haben ihr Haar ganz

kurzgeschnitten und graben Seite an Seite mit den Männern Schutzwälle. Die Geschichte berichtet von vielen ähnlichen Vorkommnissen.
Ein anderer Faktor, der den Glauben an die großen Unterschiede zwischen den Geschlechtern aufrechterhält, ist der Einfluß wissenschaftlicher Publikationen, in denen Fachleute, meist Männer, unbewußt ihre eigenen Experimente so interpretierten, daß sie sich mit ihrer vorgefaßten Meinung über die Inferiorität der Frau deckten. Ihr Vorurteil schuf eine Verdrehung, die jener ähnelt, wenn Negerkinder durch Prüfer aus dem Süden auf ihren Intelligenzquotienten hin untersucht werden: Ihr IQ liegt niedriger als der einer von Prüfern aus dem Norden examinierten Gruppe. Erst seit kurzer Zeit wissen wir, daß Experimente durch Vorurteile des Experimentators und durch die Umgebung beeinflußt werden, in der das Experiment stattfindet. Der Experimentator beeinflußt das Verhalten der Testpersonen unwissentlich. Oft geht dieser Einfluß so weit, daß die Antwort der Testperson fast vollständig durch die vorgefaßte Meinung des Prüfers bestimmt wird. Man weiß zum Beispiel sehr gut, daß die Halluzinationen von Testpersonen, die LSD nahmen, je nach Person und Ansichten des Experimentators wechseln und daß sie auch von der Umgebung bestimmt werden, in der sie stattfinden.
Das gleiche gilt, wenn jemand Halluzinationen bekommt als Folge sensorischer Entzugserscheinungen; wenn beispielsweise die Testperson mit geschlossenen Augen und Ohren in einem dunklen und völlig ruhigen Raum sitzt ohne Möglichkeit, irgendwelche äußeren Reize und Erscheinungen wahrnehmen zu können. In solchen Fällen variieren die Halluzinationen entsprechend den Erwartungen, die man der Testperson vorher suggeriert hat.
Ganz offensichtlich existieren natürlich physische Unterschiede zwischen Mann und Frau. Es gibt ebenso psychische Unterschiede; doch die kann man nur schwer definieren, geschweige denn exakt messen. Die geringen hormonellen Unterschiede beziehen sich hauptsächlich auf die sexuellen Funktionen. Was geschieht aber, wenn die Geschlechtshormone beeinflußt werden? Bedeutet das ein totales Versagen in der bisherigen gesellschaftlichen Rolle, nimmt es die Möglichkeit, den sozialen Status aufrechtzuerhalten, oder verändert es

das sexuelle Verhalten? Nichts von alldem ist der Fall.
Man weiß sehr wohl, daß männliche wie weibliche Kastraten (denen die Geschlechtsorgane aus medizinischen Gründen entfernt werden mußten) in angemessener Weise ihre gesellschaftlichen Rollen ausüben, wenn sie vorher integriert werden. Sie können zur sexuellen Befriedigung, sogar zum Orgasmus kommen. Am überzeugendsten in dieser Hinsicht sind vielleicht Studien, die an der John Hopkins Universität mit Hermaphroditenkindern durchgeführt wurden. Wie man festgestellt hat, richtet sich das Zwitterwesen mehr nach dem Geschlecht, mit dem es seine Eltern identifiziert haben als nach dem, das ihm biologisch verwandter ist. Beipielsweise kann ein solches Kind funktionierende Eierstöcke und nur rudimentär ausgebildete Hoden haben. In diesem Fall kann durch eine hormonelle und chirurgische Behandlung ein biologisch – das heißt physisch – weibliches Kind entstehen; schlimm wird es dann, wenn die Eltern das Kind wie einen Jungen behandelt und es sich als Jungen gewünscht haben. Dann gibt es Unannehmlichkeiten: Das Kind kann unter Umständen homosexuell werden. *Der psychologische Einfluß, den die Eltern in solchen Fällen ausüben, ist von größerer Bedeutung als die anatomischen Gegebenheiten.*
Die Anthropologin Margaret Mead zeigt in ihren Werken »Male und Female« und »Sex and Temperament in Three Primitive Societies«, daß männliches und weibliches Verhalten durch die Einstellung der Gesellschaft bestimmt wird. In »Sex und Temperament in drei primitiven Gesellschaften« diskutiert sie ihre Beobachtungen dreier Stämme: ». . . Diese drei Situationen (bei drei verschiedenen Stämmen) führen zu einem sehr eindeutigen Schluß: Wenn die Eigenschaften, die wir traditionellerweise als weiblich betrachten – wie Passivität, Abhängigkeit und Kinderliebe –, in einem Fall so leicht als männliche Verhaltensweisen dargestellt, in einem anderen Stamm dagegen von der Mehrheit der Männer verachtet werden, haben wir keinerlei zwingenden Grund mehr für die Annahme, solche Verhaltensmuster seien geschlechtsspezifisch. Dieser Schluß verstärkt sich noch, wenn wir die beim dritten Stamm, den Tchambuli, tatsächlich vorliegende Umkehrung der Rollenverteilung wahrnehmen, trotz der Existenz formal patriarchalischer Institutionen (in denen die Kinder den Namen des Vaters tragen).«

In unserer heutigen Kultur haben wir unsere eigenen Stammesgesetze für die Rollen der Geschlechter angenommen. Schon früh übertragen die Eltern, bewußt und unbewußt, die entsprechenden kulturellen Muster auf ihr Kind, indem sie sagen: »Ein Junge weint nicht«, »Mädchen streiten nicht«, indem Väter ihre Söhne anflehen: »Um Himmels willen, laßt euch von den Frauen bloß nicht unterkriegen . . .«
Später, wenn die Zeit der Freundschaften kommt, geben die Mütter ihre Ansichten über das andere Geschlecht an ihre Töchter, die Väter an ihre Söhne weiter. So tragen sie zur Bewahrung des Trugschlusses über die Verschiedenheit der Geschlechter bei.
Fassen wir zusammen: Es ist ein verhängnisvoller Irrtum zu glauben, daß weitreichende Unterschiede zwischen Mann und Frau bestehen und daß diese den Hauptanteil an Schwierigkeiten in der Ehe stiften. Es gibt keine großen angeborenen Unterschiede. Die Verhaltensmuster, Einstellungen, das Temperament von Mann und Frau sind nicht in sich starr. Trotz der Gewohnheiten und der formenden Kraft der Gesellschaft können Mann und Frau selbst entscheiden, welche Rolle sie beide in ihrer Ehe spielen wollen. Wenn sie dazu nicht in der Lage sind, wird die Ehe entweder scheitern oder zu einer stumpfen Routineangelegenheit degradiert. Schwierigkeiten werden nicht durch weitreichende Unterschiede verursacht, die es überhaupt nicht gibt, *sondern durch die Unfähigkeit, die wünschenswerte oder notwendige Rolle zu wählen und auszufüllen.*

7. Falsche Vorstellung Nr. 5

Die Ankunft von Kindern verbessert automatisch eine Ehe, die für Zwistigkeiten anfällig oder unausgefüllt ist

Dieses Buch befaßt sich mit der Ehe, nicht mit der Familie; doch hieße es der Institution Ehe Ungerechtigkeit widerfahren lassen, wollte man sagen, daß Kinder bei Eheschließung oder Ehescheidung keine Rolle spielen. Der Wunsch nach Kindern ist einer der Gründe für die Heirat; in einigen religiösen Gemeinschaften dient der Geschlechtsverkehr zwischen den Ehegatten erklärtermaßen ausschließlich dem Zweck der Fortpflanzung. Man beobachtet häufig, daß manche Gatten gänzlich aufs Kind hin orientiert sind: Sie leben für ihren Nachwuchs. Dafür halten die Kinder die Ehe lebendig, liefern ihren Eltern einen Existenzgrund für die Ehe und tragen dazu bei, emotionelle und physische Entfremdung zwischen den Partnern zu verdecken mit dem Erfolg, daß Spannung und Brüche zwischen ihnen auf ein Minimum reduziert bleiben. Wenn die Kinder von zu Hause weggehen, geraten diese Ehen typischerweise in Schwierigkeiten – es sei denn, die Eltern haben inzwischen eine glückliche Hand darin bewiesen, genügend Interessengebiete von außen her zu entwickeln, die die schützende Distanz zwischen ihnen aufrechterhalten können.

Gewisse grundlegende Fragen, Beobachtungen und Vorschläge, die den Einfluß der Kinder auf die Ehe ihrer Eltern betreffen, verdienen besondere Beachtung. Erwägen wir zuerst, ob kinderlose Ehen weniger erfolgreich sind als Ehen mit Kindern. Dies ist in der Tat ein Fall von Ja und Nein, trotz der allgemeinen Überzeugung, daß Ehen mit Kindern glücklicher sind. Beispielsweise haben Eheleute, die relativ spät geheiratet haben, oft keine Kinder, und doch scheinen ihre Ehen so und so oft besser zu funktionieren als Ehen jüngerer Paare. Dabei hat die Tatsache, daß sie mit dem Heiraten länger warten als andere, den Hauptanteil am späteren Gelingen der Ehe; daß sie keine Kinder haben, ist zweitrangig. Mehrere Studien zeigen auch, daß berufstätige Frauen, die später heiraten als ihre Geschlechtsgenossinnen und auf Kinder verzichten, bessere Ehen führen als ihre ehemaligen Schulkameradinnen. Erfolgreiche Frauen im Beruf, die später heiraten als ihre Kolleginnen auf dem College, haben gewöhnlich zufriedenstellende, gut bezahlte Posten; sie stürzen sich nicht aus finanziellen Gründen in die Ehe und haben nicht das Gefühl, sie müßten zum Teil nur deshalb Kinder bekommen, um ihre Männer bei der Stange zu halten. In den ärmeren Klassen mag ein Vater seine Familie verlassen, wenn er unter dem Eindruck wankt, wie viele Münder er zu stopfen hat. Hier ist die Existenz von Kindern eine schwere Belastung. So kann man also nicht mit Sicherheit verallgemeinern, daß Kinder eine Ehe stützen oder hemmen. Die Frage gewinnt nur dann Bedeutung, wenn bestimmte Typen ehelicher Verhaltensmuster in unterschiedlichen ethnischen und sozio-ökonomischen Gruppen betrachtet werden. Es ist beispielsweise offensichtlich, daß Bewohner der Mittelklasse in ländlichen Gegenden des Mittelwestens die Ehe als eine für das ganze Leben gegründete Institution sehen und auch Kinder als selbstverständlich betrachten – weil eben ihre Wertvorstellungen so und nicht anders sind. Auch hier kann man nicht sagen, daß solche Ehen erfolgreicher sind als die anderer Gruppen, weil in den allermeisten Fällen Kinder da sind; Nachwuchs gehört einfach in ihr kulturelles Wertsystem. Eine andere häufige Beobachtung ist die, daß Jungverheiratete besser ein bis zwei Jahre warten sollten, ehe sie eine Familie gründen. Diese Feststellung ist – eine ganze Anzahl von Gründen beweist das – fast einstimmig zu begrüßen. Jetzt, wo wir die Pille haben, sollte die Familienplanung ebenso freimütig diskutiert werden wie das Haushaltsbudget und sollte mit ebensoviel Bedachtheit und System ausgeführt werden wie der Kauf eines Fernsehapparates.

Junge Leute, die heirateten, weil das Mädchen schwanger war, sind oft dazu verdammt, sich vor dem Scheidungsrichter oder vor einer Annullierung zu sehen. Ehen, in denen die Frau während der Flitterwochen schwanger wird, haben mehr Aussicht auf Erfolg als eine überstürzte Heirat. Doch stimmen Eheexperten darin überein, daß trotz des Fehlens überzeugender statistischer Ergebnisse auch diese Paare sich häufiger scheiden lassen als jene, die die Schwangerschaft auf einen späteren Zeitpunkt verschieben; frühe Schwangerschaft zerstört (oder verkürzt zumindest empfindlich) die wichtige Phase des gegenseitigen Kennenlernens, die ungefähr das erste Ehejahr bestimmt.

Oft resultieren ernste Probleme aus den rein finanziellen oder physischen Aspekten früher Schwangerschaft. Der Mann muß vielleicht seine Ausbildung abkürzen und einen Job annehmen, weil ein unerwarteter Mund mehr zu füttern ist. Auch die Frau, die durch die Erwartung eines Kindes gezwungen ist, eine Beschäftigung aufzugeben, die ihr sehr große Befriedigung einbringt, hat wohl sehr gemischte Gefühle im Hinblick auf ihre neue Mutterrolle. Die Schwangerschaft kann eine beginnende sexuelle Partnerschaft aus dem Lot bringen, denn das Mädchen mag ihm nachtragen, »was er ihm da angetan hat«, während der junge Gatte sich in der Falle fühlt, weil »sie es hat geschehen lassen«. Wie steht es mit Paaren, die bereits längere Zeit verheiratet sind? Kann eine Beziehung zwischen den Chancen für ihren ehelichen Erfolg und der Zahl ihres Nachwuchses hergestellt werden? In Puerto Rico, Indien und anderen Ländern, wo seit mehr als fünf Jahren schwangerschaftsverhütende Maßnahmen durchgeführt werden, sind jetzt Statistiken zugänglich. Sie zeigen an, daß die meisten Paare sich *keine* großen Familien wünschen und daß es unter kinderlosen Ehepaaren einen höheren Prozentsatz von glücklichen, produktiven Ehen gibt. Jüngere Untersuchungen weisen darauf hin, daß die gleiche Situation auch in den Vereinigten Staaten vorliegt und daß die Eltern von fünf oder mehr Kindern, die sich so stolz ihrer großen Kinderschar brüsten, vielleicht die Begeisterung nur vorspiegeln. In Ländern, wo neue empfängnisverhütende Mittel benutzt werden, häufen sich Anzeichen dafür, daß auch Leute mit herkömmlich großen Familien – wie Katholiken, Neger und Arme – nicht unbedingt sehr viele Kinder wollen. In den Vereinigten Staaten war der Unterschied der Familiengröße zwischen Armen und Wohlhabenden beträchtlich. Jetzt geht er schnell zurück.

Unsere Vorstellung von der glücklichen (armen und barfüßigen) Großfamilie gründet auf einer Fehlannahme. Statt dessen scheint es, daß die Fälle, in denen Väter ihre Familien verlassen, abnehmen, wenn die Familiengröße unter Kontrolle steht – wenn also die Größe der Familie den Vater nicht in die Flucht jagt.

Diese Tatsachen bedeuten keineswegs, daß die Existenz von Kindern die Erfolgschancen einer bestimmten Ehe reduziert. Es ist jedoch ganz klar, daß Kinder kein Zaubermittel sind, die eine schon wankende Ehe zusammenkitten; statt dessen tragen sie zur weiteren Zerstörung bei.

Ein Aspekt der Fehlannahme, daß Kinder automatisch eine Ehe verbessern, resultiert aus dem unbewußten (manchmal sogar bewußten) Glauben der Eltern, daß sie durch ihre Kinder jene Dinge bekommen könnten, die ihnen in ihrer Kindheit verweigert waren oder wo sie scheiterten. Ein Mann, der sich im geheimen der hausbackenen Kleidung seiner Frau schämt, arbeitet vielleicht extra hart, um Geld für eine attraktive Ausstattung seiner kleinen Tochter zu verdienen. Er ist stolz auf die Kommentare der Nachbarn, ebenso wie seine Frau seinen Enthusiasmus für ihr »schickes kleines Mädchen« teilen mag, aber sie liest doch (oft unbewußt) ihres Mannes Meinung heraus, daß sie selbst hausbacken sei – auch wenn er es ihr nicht direkt sagt.

Kinderlose Ehepaare können manchmal eheliche Differenzen dadurch bereinigen, daß sie Zwietracht ignorieren, daß sie so tun, als gäbe es sie nicht. Sie können lindernde Kompensationen anderswo finden, vielleicht in ihrer Arbeit – es ist einfach für beide, sich irgendeine Beschäftigung zuzulegen. Wenn aber ein Kind da ist, wird eine solche Verlagerung unmöglich, und das Kind wird der lebendige Beweis für die Unzufriedenheit in der ehelichen Gemeinschaft.

Kinder können durch ihre Gegenwart eine schon unglückliche Ehe verschlechtern durch die Rolle, die sie im Kampf der Geschlechter einnehmen. Der Machtkampf zwischen den Geschlechtern konzentriert sich oft auf die Frage, wer – Mann oder Frau – die wichtigere Arbeit leistet. Sollte der Mann bestimmte Vorrechte haben, weil er das Geld heimbringt? Sollte die Frau, die zu Hause die Routinearbeit verrichtet und nicht jeden Tag andere Leute trifft wie ihr Mann, dafür eine ausgleichende Belohnung erhalten? Sollte er sie oft ausführen, öfter mit ihr ins Kino gehen oder Bridge mit ihr und ihren Freundinnen spielen? Indem sie irgendeine kleinere Funktion entdeckt, die der Vater logischerweise für das Kind erfüllen sollte, mag die Frau ihrem Mann andeuten, daß er damit einen wichtigen Teil *seiner* Verpflichtungen vernachlässigt und daß er, auch wenn er das Geld heimbringt und in seinem Büro sehr wichtig ist, keineswegs mehr wert ist als sie. Entsprechend kann der Mann, der seiner Frau »eins auswischen« will, immer ein Beispiel für die Vernachlässigung des Kindes finden, besonders wenn es quengelig wird oder krank.

Es ist klar, daß ein Opfern oder eine Einschränkung persönlicher Wünsche zugunsten der Bedürfnisse und Wünsche eines anderen ein Gefühl der Entbehrung mit sich bringen kann, das sich in jeder Beziehung ungünstig auswirkt. Kinder brauchen sehr viel Sorge und Beachtung, die oft mit Wünschen und Bedürfnissen der Eltern in Konflikt geraten. Doch können Vater und Mutter in unserer Zivilisation dies nicht ohne weiteres zugeben. Deshalb beschuldigen sie sich schließlich selbst, weil sie sich nicht schuldig dafür fühlen dürfen, daß sie Kinder in die Welt gesetzt haben.

Wenn ein Kind kommt und wenn es die Hoffnung der Eltern ist, daß dadurch ihre angebrochene Ehe gekittet werden kann, mag die Enttäuschung quälend und schmerzlich sein. Die Anwesenheit des Kindes in einer gestörten ehelichen Beziehung wird dann neuen Streit erzeugen, und die Ehe wird noch schlechter, als sie schon war.

Zum Beispiel glaubt eine junge Frau, ihr Mann, der zu amourösen Eskapaden neigt, werde sich durch eine Vaterschaft »beruhigen«. Nach einem Jahr bringt sie ein Mädchen zur Welt. Ihr Mann ist stolz und glücklich über das kleine weibliche Wesen, gießt einen Großteil seiner Zuneigung über es aus und stößt seine Frau dadurch vor den Kopf. Die Mutter wendet sich immer mehr ab vom Kind, beginnt es schließlich zu hassen: Zunächst hält sie es für recht raffiniert, wenn die Kleine (mit 18 Monaten) ihr nicht gehorchen und auf Daddy warten will, der zwischen ihr und ihrer Mamie vermitteln soll. Der Spaß hört auf, wenn sie schließlich eine geschickte kleine Schauspielerin wird, die gut im Tränenvergießen ist. Wenn ihre Mutter hart bleibt, erzählt die inzwischen Vierjährige anderen Erwachsenen dramatisch, wie schlecht ihre Mamie sei und daß sie und Daddy anderswohin ziehen würden. Der Vater fühlt sich schnell geschmeichelt und mischt sich selten ein. Gelegentlich bringt ihn die Situation in Verlegenheit, ängstigt ihn sogar, und in einem Wutanfall straft er das Kind. Hier greift nun die Mutter ein, versucht ihre Tochter zu schützen, und schon wieder sind die Eltern in der Falle zerstörerischen Verhaltens gefangen.

In einer anderen Situation, die in Ehen der weißen Mittelklasse häufig vorkommt, benutzt die Frau die Kinder, um die Autorität und Macht des Mannes zu untergraben. Es gelingt ihr, indem sie die Kinder ermutigt oder unterstützt, Regeln nicht einzuhalten, die der Vater gesetzt hat in seinem Bemühen, »der Verantwortliche« zu sein.

Da fährt der Vater aus der Garage und sieht in der Einfahrt Kinderspielzeug liegen. Er steigt aus, räumt Fahrräder, Rollschuhe, Spielzeug und Baseballschläger aus dem Weg, stürzt in die Küche und schreit: »Verdammt noch mal, Martha, sag den Kindern, sie sollen ihr Zeug gefälligst im Spielzimmer aufräumen; das nächste Mal, wenn etwas draußen liegen bleibt, gibt es Zimmerarrest.« Abends kommt er spät zum Essen heim. Als er in die Garage biegt, hört er das Knirschen der Räder, die über ein Fahrrad fahren. Er stürmt ins Haus. Seine Familie hat bereits mit dem Essen angefangen. Martha schaut frisch, sauber und entspannt aus. Er schreit: »Martha, wer hat denn nun schon wieder die Spielsachen in der Garage gelassen? Heute früh . . .«

Martha antwortet: »Oh, Liebling, daran bin ich wahrscheinlich schuld. Ich habe die Zwillinge ins Bad gejagt und darüber Fahrrad und Spielzeug vergessen. Ist das denn so ein fürchterliches Verbrechen, Liebling?« Ihr Mann dreht sich auf dem Absatz um und verläßt das Haus mit lautem Zuschlagen der Hintertür.

Wieder hat eine verheerende Schlacht begonnen mit der üblichen ersten Runde, »der Niederlage des Vaters«. Solche Beispiele zeigen, wie falsch das Märchen ist, daß Kinder Eheprobleme lösen können. Natürlich werden sich Eltern über ihren Nachwuchs freuen, aber die Existenz der Kinder muß keineswegs bestehende Schwierigkeiten ausräumen. Die Erwachsenen müssen selbst Lösungen finden. Unglücklicherweise kann das Kind die Probleme sogar vergrößern.

Die Wahrheit dieser Beobachtung wird deutlich, wenn man bedenkt, daß eine Familie ein System ist, in dem jedes Mitglied eine gleich wichtige Funktion hat.

Gerade hat Martha John senior einen seiner gelegentlichen Temperamentsausbrüche verziehen, da macht John junior eine Szene, die Martha mit seinem Vater in Verbindung bringt, und der Ärger mit ihrem Gatten geht wieder von vorne los. Wenn John senior dann abends heimkommt und sich auf Sympathie und einen ruhigen Abend freut, attackiert ihn seine Frau wegen seiner Temperamentsausbrüche; er fühlt sich unschuldig – »ich habe doch gar nichts getan« – und reagiert mit einem Wutanfall. John junior, der diesen Ausbruch beobachtet, sieht sein Verhalten durch seinen Vater bestätigt. Die drei Personen sind in einem System gefangen, das immer das gleiche bleibt, und Marthas Ärger über John seniors Ungestüm – oder auch Johns Nörgeleien über Marthas allmonatliche Menstruationsbeschwerden – verschleiern nur die Natur dieses Systems, in dem sie gefangen sind.

8. Falsche Vorstellung Nr. 6

Einsamkeit kann durch die Ehe beseitigt werden

Es gab einmal ein Fernsehspiel mit dem Titel »Marty« (später lief es auch als Film), das Riesenerfolge hatte. Der Zuschauer erfuhr hier am Ende ein Gefühl der Befriedigung und des allgemeinen Wohlbefindens, das gleiche Gefühl, das sich nach der Lektüre eines Märchens einstellt, sei es »Schneewittchen und die sieben Zwerge« oder »Rotkäppchen«.
Die Geschichte von Marty handelt von einem einsamen kleinen Jungen, der ein einsames, furchtsames kleines Mädchen findet oder sich von ihm finden läßt. Ihre Nöte sind die gleichen, und so entschließen sie sich zu heiraten, und leben fortan, wie man glauben darf, glücklich bis an ihr Lebensende. Es wäre wunderbar, wenn sich solche Geschichten im Leben einsamer Menschen öfters ereigneten. Doch leider spielt sich Martys Schicksal für die meisten nur in der Phantasie ab. Einsame Menschen, die heiraten, um ihrer Situation zu entfliehen, müssen meist entdecken, daß die schlimmste und peinigendste Einsamkeit die ist, die man mit jemandem teilen muß.

Die Einsamkeit läßt sich in verschiedene Kategorien aufgliedern.

Da ist zunächst die Einsamkeit jener, die nur ein begrenztes Verhaltensrepertoire ihr eigen nennen. »Verhaltensrepertoire« heißt die Anhäufung von Verhaltensweisen, die sie von Geburt an gelernt und derer sie sich seither bedient haben. Menschen, die unter dieser Art der Einsamkeit leiden, fühlen sich in einer überdurchschnittlich großen Zahl von menschlichen Beziehungen als Fremde. Sie sehnen sich nach einer aktiven, konkurrierenden oder kooperierenden Kommunikationsbasis mit anderen. Dabei haben sie aber Schwierigkeiten, denn ihr Verhaltensrepertoire ist begrenzt, und deshalb verstehen sie in vielen Fällen andere Leute nicht und werden auch selbst nicht verstanden. Sie bleiben fremd – und einsam. Wenn solche einsame Menschen heiraten, stellt jeder an den Gatten Erwartungen, und keiner erkennt, daß er durch seine Grenzen eingeengt ist. Keiner kann dem anderen viel geben, es sei denn, sein Repertoire erweitert und entwickelt sich. Wenn einsame Partner dieses Problem erkennen, besteht für sie die Chance einer gut funktionierenden Ehe; dann können sie ein Team bilden und ihr Verhaltensrepertoire langsam und mühsam erweitern. Meist aber erwartet jeder vom anderen das, was er nicht geben kann. Schließlich enden beide in noch größerer Einsamkeit als vorher. Und zu dieser Einsamkeit kommt häufig Bitterkeit. Denn jeder ist leicht verletzlich, und wenn ihm der andere nicht das erwartete Verhalten bieten kann, glaubt er, er habe eine Zurückweisung erhalten. Dabei handelt es sich gar nicht um eine Zurückweisung, sondern um das Zutagetreten sozialer Unzulänglichkeit. Der »Zurückgewiesene« macht seinerseits einen Rückzieher, stößt damit den anderen zurück, und so vergrößern beide die Entfernung voneinander.

Ein extremes Beispiel für die Auswirkung eines limitierten Verhaltensrepertoires auf die Ehe liefert ein den Autoren bekanntes Ehepaar. Die im folgenden beschriebene Situation hält sich an die Tatsachen. Eine zurückhaltende, schüchterne junge Frau heiratete einen schüchternen jungen Mann. Mutter und Schwester hatten ihn wie eine Gewächshauspflanze herangezüchtet. Einige Jahre nach der Heirat freundet sich die Frau mit einer jungen Nachbarin an. Von ihr erfährt sie, daß in einer Ehe normalerweise Geschlechtsverkehr stattfindet. Sie und ihr Gatte wußten so wenig darüber Bescheid, daß sie sich lediglich umarmten und küßten. Keiner war tapfer genug, die Frage nach der Herkunft der Kinder zu stellen.

Als die junge Frau die Tatsachen über die Sexualität erfuhr, fühlte sie sich erniedrigt und gedemütigt. Sie beschimpfte ihren überraschten Gatten, schob ihm die Schuld in die Schuhe, und das Ergebnis war ein Ehekrieg von Ausmaßen, die die Hilfe eines Psychiaters erforderlich machten.

Eines der Rätsel an dieser Situation besteht darin, daß die junge Frau nicht erkannte, daß sie ebensowenig informiert war wie ihr Mann und weshalb sie dieser nicht darauf hinwies.

Eine zweite Kategorie von Einsamkeit (die mehr bei Männern als bei Frauen auftritt) charakterisiert oft Menschen, die ihre Mutter sehr früh verloren haben. Solche Typen haben als Kind nicht genügend Liebe erfahren und suchen unbewußt den »Triumph« über andere als Liebesersatz. Sie können mit niemandem auf die Dauer auskommen, über den sie nicht irgendwie triumphieren, ausgenommen jene seltenen Fälle, in denen sie sich mit anderen zusammentun, um sich der Gesellschaft gegenüber aufspielen zu können.

Zu dieser Kategorie zählen viele sogenannte »Cracks« auf dem Gebiet der Künste, des Geschäftslebens und der Industrie. Es sind dies die Perfektionisten, die Erfolgsbesessenen, die unbedingt Champions, Erneuerer oder Pioniere sein wollen. Solche Leute haben eine beschränkte Gefühlsskala. Meist sind sie nur zu denen freundlich, liebevoll und rücksichtsvoll, die ihnen nützen; Nützlichkeit definieren sie gemäß ihrem Hang zur Perfektion oder zum Erfolg. Solchen Leuten ist in der Ehe nichts von dem, was der Gatte tut, gut genug. Ständig kritisieren sie sein Verhalten, trauen ihm keine große Leistungen zu. Sie vermuten, daß fast jeder ihrem Galopp zum Erfolg in die Zügel fallen will. Sie verlangen, daß alles sich um sie dreht, und da dies im Eheleben nur selten der Fall ist, ziehen sie von einer Ehe zur anderen, immer auf der Suche nach dem Unmöglichen, immer mißtrauischer und einsamer.

Die dritte Kategorie der Einsamkeit ist vielleicht die am schwersten erträgliche und schmerzhafteste. Am häufigsten müssen sie Menschen erfahren, die eine intelligente, dominierende Mutter und einen passiven Vater haben, der sich so verhält, als sei er seiner Frau unterlegen. Diese Personen sind besessen vom Wunsch, allgemein beliebt und gut angesehen zu sein. Sie tragen eine strahlende Persönlichkeit und gut entwickelte gesellschaftliche Umgangsformen zur Schau. Häufig sind sie gewandte Redner, geschickte Unterhalter, tanzen gern und verstehen sich zu kleiden. Oft sind sie in der Werbebranche tätig oder als ausgezeichnete Vertreter und Organisatoren gesellschaftlicher Veranstaltungen; außerdem neigen sie zur Geschwätzigkeit. Durch Klatsch (d. h. Vermittlung boshafter Informationen über andere) beschwatzen sie die Leute, sie »gut zu finden«. Ein hoher Prozentsatz dieser Menschen tut so, als flirte er gern und sei gern sexy. In Wirklichkeit aber sind sie auf sexuellem Gebiet ungeschickt, gehemmt, oft frigid, obwohl sie Leidenschaft vorgeben und vielleicht eine größere Zahl amouröser Affären haben. Dieser Typ findet es schwer, ein wirkliches Vertrauensverhältnis zu schaffen, es sei denn, das Verhalten läuft darauf hinaus, daß er im Mittelpunkt der Beachtung steht. Das kann er nur erreichen, wenn er eine passive Persönlichkeit heiratet, die ihm vielleicht unterlegen ist. Tatsache bleibt, daß die Einsamkeit – in der Ehe wie in Beziehungen allgemeinerer Art – andauert, auch wenn man sich den Anschein großer Geselligkeit und Aufgeschlossenheit gibt, außer es gelingt, sich die auf Gleichgestelltsein basierenden Verhaltensmuster zueigen zu machen.

Einsamkeit läßt sich nicht durch die Ehe kurieren. Einsamkeit ist besser von denen zu ertragen, die allein leben; sie haben keine Erwartungen, und deshalb können sie auch nicht enttäuscht werden. Einsame Leute, die ein gemeinsames Leben führen, haben ungefähr die gleichen Chancen für die Realisierung ihrer Erwartungen wie der Gastgeber, der darauf besteht, daß sich auf seiner Party jeder amüsieren müsse.

9. Falsche Vorstellung Nr. 7

Wenn man seinem Partner sagt, er solle dahin gehen, wo der Pfeffer wächst, führt man eine schlechte Ehe

Die meisten Leute sind Diplomatie, Anstand und die Kunst der Selbstbeherrschung gelehrt worden. Viele Männer und Frauen halten Höflichkeit und Besonnenheit in der Ehe für wichtig, und da sie keine Enttäuschung erleben wollen, versuchen sie, diese Fertigkeiten ohne Einschränkung zu üben.

Wenn Eheleute bei jeder Gelegenheit aufeinander Rücksicht nehmen, ist die Ehe aller Wahrscheinlichkeit nach krank. Selbstverständlich haben beide einander widersprechende Meinungen und Einstellungen – verschiedene Interessen, verschiedene Hobbies, unterschiedliche körperliche Veranlagungen –, und sie können nicht in einem fort die gleichen Wünsche, Bedürfnisse und Sehnsüchte hegen – und dies alles auch noch zur gleichen Zeit! Das Problem ist also folgendes: Was tun sie, wenn Konflikte entstehen?

Es gibt einige mögliche Antworten; die wichtigste aber lautet: Jeder sollte das tun, was er in diesem speziellen Augenblick *glaubt, tun zu müssen,* und er sollte sich der Standfestigkeit der Ehe sicher genug sein, um auch zeitweisen Affront von seiten des anderen zu ertragen. Entstünden solche Konflikte niemals, müßte man daraus entweder schließen, daß die Partner besonderes Glück in der Wahl hatten, daß sich ihre Geschmäcker, Wertvorstellungen und Bedürfnisse gleichen oder daß einer der beiden insgeheim leidet und es dem anderen unwissentlich eines Tages zurückzahlen wird.

Dies mag nach Explosionsstoff klingen. Aber die Alternative ist eine Ehe, in der der Gatte so wenig vom anderen hält, daß er ihm keine unabhängige Handlung erlauben kann, die ihm vielleicht eine Zeitlang mißfällt. Wie können Partner einander vertrauen, die niemals Meinungsverschiedenheiten auszutragen hatten? Wie kann der eine wissen, was der andere wirklich denkt und meint, wenn er die ganze Zeit nur rücksichtsvoll und entgegenkommend ist? Nach allem, was man sagen kann, wird so ein Partner insgeheim den anderen nicht ausstehen können.

Tom Henderson war ein erfolgreicher Versicherungsangestellter mit einer ganz außergewöhnlichen Leidenschaft für das Golfspiel. Seit geraumer Zeit schon plante er, an einem Golfkurs teilzunehmen, den einer der von ihm meist geschätzten Profis in Concord, Massachusetts, abhielt. Er war nicht nur darüber höchst erfreut, daß er mit seinem Favoriten spielen konnte, er wußte auch, daß die geographische Lage des Gebietes für Frau und Kinder sich gut eignete; man könnte, so dachte er, ein hübsches altes Haus mieten, in einem nahegelegenen See zum Baden gehen und außerdem viele angenehme Ablenkungen des Stadtlebens genießen. Seine Frau Mary war anfangs etwas skeptisch, besonders, weil sie den Osten nicht sehr gut kannte und nicht genau wußte, worauf sie sich da einließ. Doch war Toms Begeisterung stärker als ihre Vorbehalte, und die Kinder freuten sich wie immer auf die Ferien.

Und dennoch setzte in den nächsten Monaten eine unterschwellige Propagandakampagne gegen Tom Henderson ein. Sie kam aus allen Richtungen. Beispielsweise hatte Mrs. Smythe, Marys Mutter, ein Appartement in Honolulu, ganz nahe an der Küste, gemietet. Sie schrieb ihrer Tochter, sie wünsche sehnlichst, daß die ganze Familie sie besuche und schilderte die Zeit, die die Kinder hier haben könnten, in den schönsten Farben. Von da an standen die Vorteile für die Kinder im Mittelpunkt von Marys Kampagne. Am Kaf-

feetisch, gelegentlich auch auf dem Schreibtisch, lagen auf einmal Prospekte mit Abbildungen knusprig brauner kleiner Wellenreiter. Da sie natürlich auch Toms Golfbegeisterung nicht vergaß, las ihm Mary eines Tages einen Artikel über ein Golf-Match im Waialae Country Club vor. Sie erwähnte mit schüchternem Lächeln, daß ihre in Honolulu lebende Freundin Nancy erzählt habe, Golffans betrachteten ein Spiel auf dem Gelände des dortigen Oahu Country Clubs als eines der größten Golfereignisse aller Zeiten. Während Mary sprach, las Tom hastig seine Post durch und trank seinen letzten Schluck Kaffee. Erst im Büro kam ihm plötzlich mit Staunen zum Bewußtsein: »Woher nur kommt Marys unvermitteltes Interesse am Golfspiel?«
»Nun ja.« Er wandte sich den Aufgaben des Tages zu. Sein schneller Gedanke blieb unbeachtet und verschwand aus seinem Gedächtnis.
Als die älteste Tochter Jane im Mai ihren Geburtstag feierte, schenkte Mary ihr eine Ukulele und ein Buch mit zwölf einfachen Übungslektionen.
Nun hatte die Propagandakampagne ein Stadium erreicht, das sogar Tom auffallen mußte. Eines Abends sprach er seine Frau daraufhin an. »Darling«, sagte er, »ich dachte, wir waren uns einig darüber, heuer in Concord Ferien zu machen. Jetzt scheint mir, du bist für Honolulu ...«
Mary schaute ihn aus ihren großen unglaublich blauen Augen an wie einen Marsmenschen, der urplötzlich in ihr Schlafzimmer eingedrungen war. »Ja, aber, Tom, was meinst du denn? Ich weiß, wie viel dir an Concord liegt, und den Kindern und mir macht es im Grund gar nichts aus, wohin wir fahren.«
Tom nickte geistesabwesend und ging ins Badezimmer, um sich die Zähne zu putzen. Er fühlte sich ein wenig dumm, weil er die Frage überhaupt gestellt hatte, aber irgend etwas nagte weiter an ihm, und er war nicht zufrieden. Als er im Bett lag, schlief er sofort ein, ohne Mary noch einmal zu umarmen. Mary schlief diese Nacht nicht gut – die Hand, die nach der Macht greift, zittert stets ein wenig.
Als die Tage vergingen, wurde Tom von den beiden Kindern daran erinnert, welch wundervolles Fleckchen Erde Hawaii doch sei. Er vermutete, Mary habe dies veranlaßt, aber wo war der Beweis? Jane schien ihr Interesse für Hula ent-

deckt zu haben, Tom junior sprach voller Bewunderung über die Tricks des Wellenreitens. Dann brachte Mary Tom eines Tages einen Art Bittbrief von ihrer Mutter, in dem sie den Wunsch aussprach, sie alle zu sehen, und der die Feststellung enthielt, daß für den Monat August ein günstig gelegenes Appartement zu mieten sei – just für jenen Monat, den sie in Concord verbringen wollten. Jetzt war Tom nicht länger in Zweifel. Er erkannte die Natur des Feindes, aber fast ebenso schnell, wie er sich dem Angriff stellte, sah er, daß sein Widerstand dahinschwinden mußte. Welcher Vater mochte schon gerne seinen Kindern einen Wunsch abschlagen? Welcher Gatte mochte seine Frau getrennt sehen von ihrer alten Mutter (die sie vielleicht nie mehr in ihrem Leben wieder treffen würde) und von Schulfreunden, die sie schon jahrelang nicht mehr gesprochen hatte? Wer konnte die Schönheit Hawaiis und seiner hervorragenden Golfplätze ableugnen? Und so gab Tom nach und errichtete am Ort der Niederlage, die er in dieser Schlacht um Concord erlitten hatte, ein Heiligtum, das er täglich anbetete: Das Bildnis von Tom Henderson, dem gütigen Familienvater.

Marys Mutter erwartete die Familie am Flughafen in Honolulu. Obwohl man die Hendersons während des Fluges mit Essen und Trinken überladen hatte, nahmen alle gerne Großmutters großzügige Gastfreundschaft an, als sie sie zum Mittagessen in den Outrigger Club führte. Während Tom sich im Sessel zurücklehnte und auf den glitzernden Pazifik hinaussah, schlürfte er sein Lieblingsbier und hoffte, daß er endlich etwas Appetit bekäme, um nicht als einziger in der Verlegenheit zu sein, nichts zu essen. Er hörte mit halbem Ohr der fröhlichen Unterhaltung zu, als Großmutter den Kindern erzählte, welche Wunder sie bald mit eigenen Augen sehen würden. Mary unterbrach, schaltete sich abwechselnd ein und aus, dirigierte das Gespräch hierhin und dorthin mit Fragen, die Tom als »typisch Frau« betrachtete: »Wo bekommt man dies? Wo kauft man das am besten?«

Seit dem Einstieg ins Flugzeug hatte Tom beobachtet, wie sich langsam ein Klumpen in seinem Magen bildete; jetzt fühlte er, daß er sich ausdehnte. Er hatte während des Fluges zwei Wodka-Martini zu sich genommen, desgleichen eine halbe Flasche Chablis, aber der Alkohol hatte den Kloß in seinem Inneren nicht auflösen können. Er hatte nur die um-

gebenden Gebiete betäubt. Tom saß da und begann – zu seinem eigenen Schrecken – plötzlich Haß zu verspüren, nicht gegen die Kinder, nicht auf seine Schwiegermutter – nein, gegen Mary. Plötzlich und zum erstenmal während der monatelangen Propaganda und seit er wußte, daß er hereingelegt worden war, rührte sich in ihm der Widerstand. Er setzte sich aufrechter hin und schluckte sein Bier in großen Zügen, anstatt es im Mund herumzuschieben wie Zahnputzwasser.
Er faßte einen Plan, aber er sagte nichts darüber. Er ließ zu, daß seine Schwiegermutter das Essen bezahlte und traf Vorkehrungen, das riesige Gepäck in die Wohnung bringen zu lassen. Er tat alles dazu, daß die Familie schnell unter Dach und Fach kam, begleitete Mary sogar in den Supermarkt, um einen Nahrungsmittelvorrat anzulegen. Er hatte Zeit; sein Flugzeug startete nicht vor Mitternacht.
Mrs. Smythe hatte sie zum Abendessen eingeladen. Tom beantwortete routinemäßig bedeutungslose Fragen über seine Arbeit und sein Golfspiel und machte anschließend ein »Alles-über-Hawaii-Spiel« mit den Kindern. Schließlich verabschiedeten sich die Hendersons von ihrer Großmutter. Als sie ihre eigene Behausung erreicht hatten, rief Tom seine Familie in dem kleinen Wohnzimmer zusammen und kündigte so leidenschaftslos und freundlich, wie er nur eben konnte, an, daß er mit dem Mitternachtsflugzeug nach San Francisco fliegen werde, daß er das Glück gehabt habe, gleich auch einen Anschlußflug nach New York zu buchen. Als seine Frau mit weißem, erschrockenem Gesicht den Mund aufmachen wollte, erhob Tom seine Hand und sagte in einem lauteren Ton als gewöhnlich: »Laß mich zuende reden!« Er wandte sich an die Kinder, damit Mary zuhören konnte, ohne sich in der vordersten Angriffslinie fühlen zu müssen, und erklärte ihnen, daß er keineswegs seine Familie verlassen wolle, sondern etwas tue, was er glaube tun zu müssen. Er gab zu, daß sein Entschluß teuer sei, daß er den Rest der Familie verwirre, daß er ihn in den Augen seiner Schwiegermutter für immer ruinieren werde. In zwei Wochen, so sagte er, komme er zurück, und dann sei er sehr traurig, wenn sie über ihn so verärgert seien, daß sie ihn nicht wiedersehen wollten; doch dies sei ein Risiko, das er auf sich nehmen müsse. Er habe mit seinem Golfurlaub seit langem gerechnet und – ohne einen Anflug von Märtyrertum erinnerte er daran – es sei viele,

viele Jahre her, seit er Ferien nach seinem Wunsch gemacht habe. Er bekannte sich zu der Meinung, daß es zeitweise nötig sei, drastische Maßnahmen zu ergreifen, um festgefahrene Verhaltensmuster zu durchbrechen, und daß dieses bestimmte Muster nicht nur seine Ehe, sondern die ganze Familie in ihren Beziehungen zueinander zu verhärten drohe.

Dann sagte er, daß er keine Diskussion über die Angelegenheit dulden wolle, da sein Entschluß unwiderruflich sei. Darin handelte er weise, denn es gibt nichts Nutzloseres als gegen ein ›fait accompli‹ mit hoffnungslosen Argumenten anzurennen. Die Antwort seiner Frau bestand darin, daß sie weinend aus dem Zimmer lief. Tom hatte dies erwartet; es konnte seinen Entschluß nicht ändern. Er küßte seine Kinder und ging die Treppe hinunter, traurig aber aufrecht.

Dies alles geschah vor zehn Jahren. Die Hendersons sind immer noch verheiratet und begegnen sich in gegenseitiger Achtung, die früher nicht da war. Während der Abwesenheit ihres Mannes erkannte Mary, daß sie sich ähnlich betragen hatte wie ein verzogenes Kind. Sie erinnerte sich, daß ihr eigener Vater selten seinen Willen gehabt und kaum jemals darum gekämpft hatte. Das Ergebnis: Mrs. Smythe hatte sich zusehends zu einer geschickten Manipulatorin und Diktatorin entwickelt, die oft den Vorwand gebrauchte, dieses oder jenes »sei für Mary am besten«, um ihre eigenen Wünsche durchzusetzen. Die Parallele erschien Mary nun sehr deutlich, und sie respektierte an Tom, daß er diese Normen durchbrochen hatte. Sie einigten sich schließlich dahingehend, daß das einzig funktionierende System für sie darin bestehe, abwechselnd Entscheidungen zu fällen, da dies die Taktik des versteckten Manövrierens und Propagandamachens unter Benutzung der Kinder ausschließen könne.

Die Honolulu-Episode erwies sich auch in anderer Hinsicht als nützlich. Während der beiden Wochen, die Tom in Concord verbrachte, ging es Mary hervorragend. Zu ihrer eigenen Überraschung entdeckte sie, daß ihr Ärger über ihren Mann ihr die Kraft gab, ihre Kinder so zu genießen, wie sie das vorher niemals getan hatte. Es hätte nicht viel gefehlt, und die Geschichte der Hendersons hätte ein anderes Ende genommen. Aber große Möglichkeiten hängen von dem Einsatz ab, den man zu ihrer Verwirklichung wagt.

II. Teil

Die Anatomie der Ehe

1. Kommunikation in der Ehe

Alles Verhalten beruht auf Kommunikation

Die Kommunikation in der Ehe bedeutet einen ständigen Austausch an Information – an Botschaften zwischen den Ehepartnern durch Gespräch, schriftliche und telefonische Mitteilung, durch Gestik oder Mimik und anderes mehr. Die Information kann direkt erfolgen, durch Worte übermittelt werden (ich hätte gerne eine Tasse Kaffee; es fängt an zu regnen; hier hast du fünf Dollar) oder kann durch Tonfall, Stimme und Gestik die Beschaffenheit der Beziehung charakterisieren. Der Empfang einer Botschaft ist nicht nur eine Sache des Verstehens gesprochener Worte; das Klappern von Töpfen in der Küche oder das Zuschlagen einer Tür signalisiert ebenso die Laune des Partners.

Wenn die Ehegatten in ihren Betten liegen und schlafen, befinden sie sich weder in einer Konfliktsituation noch befassen sie sich miteinander. Sobald sie wach sind, beginnen die Interaktionen, denn nun können sie einander hören und beobachten.

In unserer Gesellschaft gelten Wort und Schrift als die wichtigsten Informationsmittel. Diese Ansicht beruht auf einem Irrtum. Wissenschaftler haben gezeigt, daß *in jeder Sekunde* bis zu hundert Informationseinheiten zwischen Personen ausgetauscht werden, die eine aktive Kommunikation pflegen. Alles, was einer in der Beziehung zum anderen tut, stellt eine Art Mitteilung dar. *Es gibt keine Nicht-Kommunikation. Auch Schweigen ist Kommunikation.*

Wenn die Frau ihren Mann fragt: »Woran denkst du gerade?« kann die Antwort sein, daß er sie zärtlich anschaut und lächelt. Die Mitteilung bedeutet: »Ich denke an dich, Liebling!« Der zärtliche Blick und das Lächeln sind eindringlicher als Worte.

Seine Antwort kann auch Schweigen und ein leerer Blick sein. Dann fragt seine Frau noch einmal: »Hast du mich gehört? Ich habe dich gefragt, woran du gerade denkst!« und er sagt: »Ich habe schon gehört«, worauf er wieder in sein Schweigen und Vor-sich-hin-Starren verfällt. Was bedeutet das? Er zeigt ihr zum mindesten an, daß es etwas gibt, das er nicht mit ihr teilen will; schlimmstenfalls sagt er: »Laß mich

doch endlich in Ruhe und hör auf, mich zu belästigen.«
Wenn ein Ehemann zu spät zum Essen nach Hause kommt, geht seine Frau vielleicht wortlos darüber hinweg. Doch kann ihr Schweigen schlimmer sein als eine ärgerliche Bemerkung darüber, daß seine Verspätung schuld an verbrannten Steaks oder einem zusammengefallenen Soufflé sei. Aus ihrem Schweigen hört er die Botschaft heraus: »Warum hast du mich nicht angerufen? Wann wirst du endlich lernen, mehr Rücksicht zu nehmen?«
Ein Heben der Brauen, ein Stirnrunzeln, ein Blumenstrauß, ein Lieblingsgericht, ein Händedruck, eine säuerliche Miene, eine unvermutete Berührung, ein Kuß – das alles sind Beispiele wortloser Kommunikation.
Oft findet Kommunikation auf verschiedenen Ebenen gleichzeitig statt. Jede Botschaft enthält zumindest drei Aspekte: den des Inhaltes, den der Beziehung und den des Kontextes, in dem sie steht.
Der Inhalts-Aspekt betrifft den Inhalt dessen, was gesagt oder geschrieben ist, die buchstäbliche Bedeutung der Worte, den Inhalt der Botschaft.
Der Beziehungs-Aspekt dient dazu, Art und Bedeutung der Mitteilung zu definieren, anzuzeigen, wie man sie aufnehmen soll, wie der Absender die Natur der Beziehung beeinflussen will. Die Absichten des Absenders können durch den Tonfall, die Lautstärke, die Sprechgeschwindigkeit angedeutet werden oder durch Gesten und Blicke. Wenn einer mit grollender Stimme und drohendem Blick sagt: »Scher dich zum Teufel«, verstärken sich die Inhalts- und die Beziehungs-Komponente. Eine ganz andere Botschaft ist es, wenn das »Scher dich zum Teufel« mit einem Lächeln gesprochen wird. In diesem Fall lassen sich Aussage und Absicht sehr leicht unterscheiden.
Der Kontext-Aspekt bestimmt sich durch die spezifische Situation zwischen den beiden in Kommunikation befindlichen Partnern. Wenn beispielsweise der Retter dem Ertrinkenden zuschreit: »Ich komme«, kann der ertrinkende Junge mit Sicherheit annehmen, daß er aus dem Wasser gezogen wird. Wenn eine kleine alte Dame, die in der katholischen Mission arbeitet, sagt: »Ich werde Sie retten«, kann der Hörer vermuten, daß sie ihn zu einem aufrechten Christen bekehren will.

Oft gibt es bei der Übermittlung von Botschaften Konflikte. Der Absender kann Worte benutzen, die absichtlich den wörtlichen Inhalt verdunkeln, zum Beispiel: »Ich hätte deine Mutter schrecklich gerne besucht, aber ich weiß einfach nicht, wie ich das mit meiner knappen Zeit vereinbaren soll.« Das gesprochene Wort bedeutet eines, Gesten, Verhalten, Antworten sagen etwas anderes. Eine treulose Frau erzählt ihrem Gatten, sie habe den Abend mit einer Gemeindeschwester verbracht, war aber in Wirklichkeit mit einem Freund in einem Motel. Wenn der Mann sie fragt, kann sie Details des Treffens erfinden, und sein Verstand glaubt ihr auch. Gleichzeitig ist es aber möglich und wahrscheinlich, daß er eine Reihe anderer Botschaften empfängt: aufgeregtes Gehabe, außergewöhnliche Fürsorge, ungewöhnlich aufgemachtes Äußeres, Interesse an Dingen, für die seine Frau früher nichts übrig hatte ... Zunächst versteht er vielleicht nicht, registriert diese Zeichen nicht. Aber sie werden gesendet, und einmal kommen sie auch an. *Es gibt viele Beispiele dafür, daß die empfangene Botschaft nicht der gesendeten entspricht.*

Diese mißverständliche Kommunikation ist eine der Hauptgründe für Konflikte in sonst funktionierenden Ehen. Mag sein, daß eine Frau einen harten Arbeitstag hinter sich hat und todmüde ist, wenn sie und ihr Mann sich schlafen legen. Wenn er nun zärtlich werden möchte und sie zu liebkosen beginnt, dreht sie sich wahrscheinlich weg und gähnt. Damit will sie sagen: Ich bin schrecklich müde, macht es dir etwas aus, wenn wir heute gleich schlafen? Der Mann kann daraus aber auch eine andere Botschaft lesen, nämlich die der Zurückweisung.

So besteht also eine der größten Schwierigkeiten in der Kommunikation zwischen verschiedenen Personen darin zu erkennen, was denn der andere nun wirklich meint. Dafür gibt es kein unfehlbares Rezept. Sogar der Lügendetektor kann getäuscht werden, und deshalb sind mit seiner Hilfe ermittelte Sachverhalte vor Gericht nicht stichhaltig. Freud hat demonstriert, daß Motivationen durch unbewußte Faktoren determiniert werden. Man könnte auch anders sagen: Ein Mensch reagiert auf eine Kommunikation entsprechend der Wahrnehmung, die er von der Natur dieser Kommunikation hat. Da die meisten Botschaften nicht sehr deutlich sind, scheinen die meisten Antworten »unbewußten Motivationen« zu entspringen, da weder Aktion noch Reaktion von beiden Parteien klar verstanden werden. Oft wird die Mitteilung mißverstanden, weil sie Sender und Empfänger – wie der verliebte Ehemann und seine müde Frau – in ganz verschiedenen Zusammenhängen interpretieren.

Freuds Theorie über die unbewußten Motivationen hat eine große Zahl selbsternannter Motivations-Jäger aus dem Boden schießen lassen, die glauben, sie könnten ihre Beute im Unterbewußtsein des anderen jagen und in die Tasche stekken, indem sie ankündigen: »Du meinst doch etwas ganz anderes als du sagst. In Wirklichkeit möchtest du sagen, daß ...« Oder: »Ach, das sagst du doch nur so, aber ich glaube nicht, daß es deiner Meinung entspricht, im Unterbewußtsein denkst du genau das Gegenteil!«

Wenn wir einmal die Idee akzeptiert haben, daß wir niemals auch nur annähernd genau erraten können, was der andere meint, dann wird ganz selbstverständlich, daß wir uns auf sein *Verhalten* konzentrieren müssen. Vor Jahrhunderten lernten die Menschen, einander die Hand zu schütteln, denn wenn sie dadurch auch nicht die Absichten des anderen erfuhren, so konnten sie durch diesen Test doch »exakt« feststellen, daß die Schwerthand leer war. Das Verhalten besteht aus mehr als nur einem einzigen Akt oder auch einer Anzahl von Akten. Unsere Handlungen unterscheiden sich, und nur Beobachtungen über längere Zeit hin enthüllen unsere wahren Absichten.

Im Pazifik gibt es eine Art tropischer Fische, die dafür bekannt ist, daß sie nahe der seitlichen Rückenflosse einen intensiv gefärbten Fleck hat. Bei manchen dieser wunderschönen, vielfarbigen Geschöpfe enthält der Fleck einen Giftstachel, bei anderen einen scharfen, der Verteidigung dienenden Sporn. Schließlich gibt es eine weitere Sorte mit den strahlendsten und hervorstechendsten Farbflecken, die *überhaupt keinen Stachel oder Sporn* hat. Doch auch so bleiben andere Fische in sicherer Distanz. Die Botschaft, die diese Fische erhalten, bedeutet, daß sie sich vor den leuchtenden Flecken in acht nehmen sollen. Die Tatsache, daß der Sporn bei bestimmten Arten nicht existiert, kann den anderen Fischen nicht bekannt sein, solange sie die Richtigkeit dieser Tatsache nicht durch einen Kampf getestet haben. Da sie aber solchen offenen Kontroversen aus dem Weg gehen, erfahren sie nie, welche Arten Sporen haben und welche keine. Die Moral dieser Geschichte für Ehepaare: Erst teste, dann urteile!

Es ist unvermeidlich, daß bei Ehepaaren gelegentlich – manchmal sogar bis zu 20 Prozent – Mißverständnisse auftreten. Wenn aber das Maß der schlechten Kommunikation das der gelungenen zu überdecken beginnt, gerät die Ehe in Schwierigkeiten, und diese Schwierigkeiten nehmen aller Wahrscheinlichkeit nach immer mehr zu. Schlechte Kommunikation zieht noch schlechtere nach sich.

Zwischen solchen Ehepaaren gibt es keine wirklich klare Kommunikation. Statt dessen attackieren sie einander mit scheinheiligen Botschaften, die etwas ganz anderes bedeuten, als sie dem Wort nach aussagen. Diese Botschaften werden in sich wiederholenden Mustern gesendet, die wiederum Doppeldeutigkeit und zerstörerische Antworten vom anderen Partner herausfordern.

»Alles wäre gut gelaufen, wenn du mich nicht durcheinander gebracht hättest.«

»Zum Teufel mit dem, was du sagst – du kümmerst dich ja doch keinen Deut um meine Gefühle!«

Dies ist eine übliche Art von Rede und Gegenrede; sie kann durch lauten Wortwechsel, durch ärgerliche Blicke oder durch verletztes Schweigen signalisiert werden. Doch, wie bereits angedeutet, der Zusammenbruch des Kommunikationssystems zwischen Ehepaaren ist normalerweise nicht das Ergebnis gegenseitiger Täuschung. Die Hauptursache liegt in den milieubedingten Gegebenheiten, die Informationen für einen Ehepartner oft ebenso verständlich machen, wie sie für den anderen ein Buch mit sieben Siegeln darstellen.

Die Herkunft der Partner ist meist verschieden; deshalb haben sie sich daran gewöhnt, Dinge verschieden zu beurteilen. Beispielsweise klaffen ihre Definitionen dessen, was »gutes« oder »schlechtes« Benehmen bedeutet, weit auseinander. Dem schüchternen, puritanischen Ehemann erscheint seine gesellige Frau unmoralisch, wenn sie Männer küßt, die sie von Parties her kennt. Und die Frau, deren Familie ihr Frühstück in der Küche aß, mag ihren Mann für einen unvernünftigen Snob halten, wenn er darauf besteht, daß ihm sein Frühstück auf weißem Leinen im Speisezimmer serviert wird.

Zuzeiten kann der Standpunkt eines Partners – der Kontext, in dem er denkt und handelt, der seine Kategorien bestimmt – sehr unterschiedlich von dem des anderen sein, und deshalb wird die gesendete Botschaft nicht richtig verstanden. So, wenn der gut aufgelegte Ehemann seiner melancholischen Frau Witze erzählt im Glauben, sie dadurch aufzuheitern, und wenn sie daraus schließt, daß er sie lächerlich machen will.

Besonders, wenn schon eine ganze Zeit brennende Probleme im Raum stehen wie zum Beispiel die Frage, ob der Partner wirklich treu ist oder ob die Frau den Mann nicht durch Schläue übertrumpft oder ob die Ehe nur zustande kam, weil sie schwanger war und nicht, weil sie einander liebten, wird jeder Informationsaustausch leicht im Hinblick auf die schwelende, ungeklärte Frage interpretiert.

Hatte ein Mann vor seiner Ehe Affären, kann sich seine Frau auch weiterhin mit der Möglichkeit, daß er Seitensprünge macht, in Unruhe versetzen, selbst wenn ihr Mann ganz treu ist. Deshalb sind ihre Diskussionen über eine Geschäftsreise durch Mißverständnisse getrübt. Die Frau sagt vielleicht, sie möchte ihn begleiten, um sich um ihn zu kümmern – während sie ihn in Wirklichkeit kontrollieren will. Er denkt gar nicht daran, untreu zu sein und vermutet nichts von den wahren Absichten seiner Frau. Er weiß, daß er bei einer zweitägigen Geschäftsreise ihre Fürsorge nicht braucht.

Seine Gesellschaft sorgt für ein Zimmer in einem guten Hotel, für die Fahrt und die Verpflegung; außerdem halten ihn seine Verpflichtungen von morgens bis Mitternacht in Atem. So dankt er seiner Frau für ihr Angebot und sagt ihr, wie gerne er sie um sich hätte – aber dann erklärt er weiter, daß sie unmöglich mitkommen könne. Die Gesellschaft bezahle ihre Reisespesen nicht; sie selbst könnten sich die Ausgabe nicht leisten; auch sei es nicht angebracht, wenn sie bei seinen laufenden Besprechungen und Konferenzen dabei säße. Außer im Flugzeug hätten sie also kaum etwas voneinander. Deshalb halte er es für besser, wenn sie nicht mitkäme.

Es ist ganz klar, daß über diese Frage eine ganze Anzahl falsch adressierter Botschaften hin und her gehen und daß jede der zerstörerischen Mitteilungen zu wieder neuen führt. Dabei glaubt jeder, daß seine eigene Mitteilung wahr und gut, daß die Botschaft des anderen unwahr und schlecht ist.

Kommunikation ist eine erlernbare Kunst. Es gibt einfache

Techniken, die garantieren, daß der Absender die Botschaft in gleicher Weise versteht wie der Empfänger. Diese Techniken werden wir später besprechen.

2. Das Vertrauen in der Ehe

Einer der notwendigen Bestandteile einer funktionierenden Ehe ist das gegenseitige Vertrauen – »Vertrauen«, definiert als »Sicherheit über und Verläßlichkeit auf bestimmte Qualitäten oder Eigenschaften einer Person oder Sache oder auf die Wahrheit einer Aussage«. Man versteht darunter Glaubwürdigkeit, Zuverlässigkeit, Loyalität, Redlichkeit.
Unmittelbar anzuwenden auf die Ehe sind die Definitionen des Verbums »vertrauen«: »Zuversicht oder Zutrauen haben, daß etwas Ersehntes Tatsache ist oder sein wird«; und »jemand mit einer Verpflichtung beauftragen, etwas der Sorge oder der Verfügungsgewalt eines anderen anheimstellen«.
Der Haken an all diesen Definitionen ist der, daß Vertrauen einseitig sein kann, so, wenn das Kind seiner Mutter vertraut, weil es winzig und sie groß ist und weil es keine andere Wahl hat. Vertrauen in einer Ehe ist etwas anderes. Es entwickelt sich auf der Grundlage eines konstanten Austausches von Verhaltensweisen (und daher auch von Informationen) zwischen den Gatten. Wenn die Kommunikation zwischen den Partnern klar ist, gibt es auf dieser Ebene keinen »Krach«; dann existiert Vertrauen, weil das gegenseitige Verständnis da ist. Jeder der beiden versteht und akzeptiert die Bedeutungen, Absichten, Werte und Meinungen aus dem Verhaltensrepertoire des anderen, und wenn es irgendeinen Zweifel gibt, fühlt er sich in der Lage, die Angelegenheit sofort zu klären.
Vertrauen ist nicht etwas, das der eine oder der andere als persönliche Qualität oder als Charaktereigenschaft mitbringt; es bildet sich zwischen den beiden heraus, wenn es durch ihr Kommunikationssystem gewährleistet ist. Natürlich kann sich während Streßsituationen, undeutlicher Kommunikation oder unter schwierigen äußeren Umständen das bestehende Vertrauensverhältnis zeitweise trüben, aber auf lange Sicht

stärkt die Erfahrung den Glauben in das Vertrauen, wenn die Partner die Situation erfolgreich in den Griff bekommen. Ist das Verhalten des Partners A normalerweise zuverlässig und einsichtig, wird B Vertrauen zu ihm haben, denn die Erfahrung hat ihn in der Zuverlässigkeit des anderen bestärkt. Wenn zwei einander vertrauen, können sie ruhig sein, denn sie wissen, welche Verhaltensweisen sie vom anderen zu erwarten haben; das beiderseitige Vertrauen verstärkt sich.

Vertrauen bedeutet etwas anderes als ein »Etikettieren« des anderen mit bestimmten Eigenschaften. Wenn einer seinen Partner als engstirnig und unfreundlich abstempelt, kann man sagen, er »vertraue« darauf, daß er immer selbstsüchtig und unfreundlich handelt. Diese Haltung des negativen Vertrauens stellt eine große Hürde für den einen oder anderen Partner dar, der versucht, sein Verhalten zu verbessern oder zu ändern. Im Gegensatz zum oben diskutierten positiven Vertrauen basiert diese negative Art nicht auf wirklicher Kommunikation.

»... Einander lieben, ehren und gehorchen, bis daß der Tod euch scheidet ...«, heißt eines der unrealistischen Gebote des christlichen Ehegelöbnisses – unrealistisch deshalb, weil es Vertrauen als statische Angelegenheit festsetzt. Partner glauben, durch ihr Jawort einen starren und unveränderlichen Pakt geschlossen zu haben und *erwarten* deshalb gegenseitiges Vertrauen. Vertrauen entsteht aber nicht durch Erwartung. Es entwickelt sich als ein Ergebnis gegenseitig mitgeteilter Erfahrung, die für beide einsichtig ist. Das christliche Ehegelöbnis basiert auf der Täuschung, daß sich nichts ändert. Vertrauen in der Ehe bedeutet aber *nicht:* »Ich bin mir sicher, daß du, mein geliebter Partner, immer der gleiche bleiben wirst wie der, den ich am Hochzeitstag vor mir hatte.« Vertrauen ist das Ergebnis eines flexiblen, entwicklungsfähigen Vertrages zwischen Partnern, der Bestand hat, weil er Veränderungen absorbieren kann.

Das Wort »trust« (»Vertrauen«) stammt aus dem Skandinavischen und hieß ursprünglich »trösten«, »ermutigen«, »sich verlassen auf jemanden«. Es ist vermutlich im neunten oder zehnten Jahrhundert in einer Gesellschaft entstanden, in der Mann und Frau in relativer Gleichberechtigung einen harten Überlebenskampf führten. »Vertrauen« bedeutete damals, wenn nötig, Trost und Ermutigung zu spenden. Es hatte

nichts mit der Einschätzung von Verhaltensweisen zu tun. Diese ursprüngliche Definition ist der erste Schritt auf die Definition der Liebe zu, wie sie Sullivan gibt.
Die moderne Bedeutung des Wortes unterscheidet sich von der ursprünglichen. Heute haben Partner, die einander vertrauen, gelernt, sich auf das gegenseitige Verhalten zu verlassen, weil sie die Erfahrung gelehrt hat, daß ihre Beziehung klar und durchschaubar ist. Aber sie zeigen dabei nicht unbedingt tröstende oder aufmunternde Reaktionen, einfach deshalb, weil dieses Verhaltensmuster ihrer Mentalität und Wertskala, ihren Erwartungen und Erfahrungen fremd sein kann.
Wenn eine Frau Ehebruch begeht und ihr Mann darüber Aufklärung erhalten will, soll sie dann lügen und ihn weiter hintergehen? Oder soll sie den Ehebruch zugeben, soll offen Umstände und Ursachen erklären, ihm sagen, ob es sich um eine einzige Zufallsbegegnung handelt oder ob dabei Gefühle im Spiel sind, die den Fortbestand der ehelichen Beziehung nicht wünschenswert machen? Wenn beide eine positive Entfaltung ihrer Beziehung wünschen, ist es wesentlich, daß sie einander ehrlich begegnen, auch wenn dies das Risiko schmerzlicher Szenen oder Zornesausbrüche einschließt. Entscheidungen über die Fortsetzung der Beziehung können nur gemeinsam getroffen werden und nur dann, wenn beide ihre wahre Situation erkennen. Jemand, der aus Existenzgründen beim Partner bleibt, wie zum Beispiel eine Mutter mit fünf Kindern, die den Ernährer braucht, weil für sie keine Hoffnung auf eine einträgliche Stellung besteht, wird vielleicht in dieser Situation zur Erhaltung der bestehenden Verbindung lügen. Andere aber, die ihre Ehe verbessern wollen, müssen ihre Angst vor der Ehrlichkeit überwinden, denn eine Lüge zieht weitere Lügen nach sich. Es ist immer notwendig, eine Täuschung mit einer zweiten zuzudecken, und doch sind in einer intimen Verbindung Täuschungsmanöver meist ohne Erfolg, denn der andere läßt sich nur hinters Licht führen, wenn einer der beiden es *so möchte*.
Ehrlichkeit und klare Kommunikation in der Ehe zahlen sich normalerweise durch eine Extradividende aus, denn sie machen Mut zu noch mehr Großzügigkeit, Unterstützung und Verständnis. Wenn es beispielsweise der Mann fertigbringt, Angst vor beruflichem Fehlschlag zuzugeben anstatt seine

Frau wegen Verschwendungssucht zu attackieren, sind gegenseitiges Verstehen und Hilfe möglich.
Die Paare, die einander Vertrauen schenken und es genießen, gehören wohl zu den glücklichsten Menschen auf der Welt. Wohlgemerkt – wir sagen »Paare«, nicht »Einzelpersonen«. Denn selbstverständlich müssen *beide* vollkommen aufrichtig und wahrhaftig miteinander sein, wenn ein Vertrauensverhältnis existieren soll. Das ist sehr schwer. In unserer Zivilisation wird die Lüge von Kindheit an gelehrt, offen oder indirekt. Kinder lernen, daß die Wahrheit (beispielsweise Kommentare zu allem, was sie beobachten, wie das Verhalten von Erwachsenen) mit Zurückweisung oder Strafe belegt wird. Unsere Gesellschaft erwartet die Unehrlichkeit so weitgehend, daß die Gerichte Zeugen »unter Eid« aussagen lassen. Psychiater wissen, daß viele ihrer Patienten sie anlügen – und für dieses Vorrecht zahlen. Die Steuerprüfung wurde eingeführt wegen falscher Steuerangaben. Und weil wir mit der Unehrlichkeit erzogen werden (vor allem der Unehrlichkeit, Dinge nicht auszusprechen, den sogenannten Formen der Höflichkeit oder der Diplomatie), ist eine vollkommene Ehrlichkeit höchst ungewöhnlich.
Unglücklicherweise ist die Ehrlichkeit eine noch weit komplexere und schwierigere Angelegenheit als die Wahrhaftigkeit der Rede. Wenn ein Mann seiner Frau versichert, er liebe sie, und dann in seinem alltäglichen Verhalten nur Selbstsucht, Mangel an Rücksicht, Gereiztheit zeigt – wie soll die Frau lernen können, ihm zu vertrauen? Er kann in der festen Überzeugung leben, sie zu lieben und darüber die Wahrheit zu sagen, aber sein *Verhalten* straft seine Worte Lügen. Wenn eine Frau ihrem Mann erzählt, sie habe volles Vertrauen in seine Fürsorge für sie, aber jeden Tag in die Welt hinausposaunt, welche finanziellen und sonstigen Probleme sie hätten – soll der Mann dann den Versicherungen seiner Frau *vertrauen*, daß sie ihm *vertraue?*
Ehrlichkeit wird durch die Tatsache kompliziert, daß Botschaften durch Wort und Verhalten weitergegeben werden. Wenn jemands Worte nicht durch sein Verhalten unterstützt werden, gibt es kein Vertrauen, auch wenn der Sprecher glaubt, seine Sprache gäbe sein wahres Gefühl wieder.
Hier ein Beispiel aus der Praxis. Der ratsuchende Ehemann äußerte wiederholt, er traue seiner Frau nicht. Sie konnte den

Grund nicht verstehen, denn sie glaubte an die Ehrlichkeit und versuchte, niemals zu lügen. In einer der Sitzungen schälte sich das Problem heraus: Der Mann stellte fest, daß er seine Frau deshalb nicht sehr schätzen könnte, weil sie ihn dauernd kritisierte. Die Frau widersprach und wurde daraufhin vom Therapeuten angewiesen, für den Rest der Sitzung – etwa eine Viertelstunde – keine Einwände zu erheben. Nachdem sie dies versprochen hatte, wandte sie sich mit breitem Lächeln an ihren Mann und schlug vor, sie sollten am kommenden Wochenende ein Gruppentraining besuchen, wo yogaähnliche Übungen ausgeführt und persönliche Probleme diskutiert wurden. Der Therapeut wußte von früheren Sitzungen her, daß die Frau dieses Training ebenso liebte wie ihr Mann es verabscheute. Auf die Frage, weshalb sie nun gerade dies vorgeschlagen habe, wo sie doch die Abneigung ihres Mannes kenne, entgegnete sie ärgerlich, sie wisse das wohl, sei aber der Ansicht, er könne aus dem Training Nutzen ziehen und müsse lernen, anderen gegenüber offener zu sein. Indem sie ihm diese scheinbar so freundliche Aufforderung überbrachte, hatte sie ihren Gatten wieder kritisiert – unmittelbar nach dem Versprechen, es zu unterlassen –, sie setzte einfach voraus, er habe solche Aktivitäten zu schätzen und es sei eine Art Mangel, wenn dies nicht geschehe. Der Mann konnte schließlich die Gründe für sein fehlendes Vertrauen in Worte fassen: *So und so oft strafe das Verhalten seiner Frau ihre Reden Lüge.* Er erinnerte sich da an eine Zeit der Krankheit, während der sie ihn in der Klinik besuchte. Damals hatte sie von ihrer großen Liebe zu ihm gesprochen, doch obwohl er vier Tage im Krankenhaus bleiben mußte, besuchte sie ihn nur einmal. Sie war sich »ehrlich« nicht bewußt geworden, daß sie wiederholt doppelsinnige Botschaften übermittelt hatte, indem sie ein Ding sagte und ein anderes tat.

Ehrlichkeit bedeutet also nicht einfach das In-Worte-Fassen dessen, was man glaubt, sondern die entsprechende Tat, die der Aussage folgen muß. Sie verlangt Beständigkeit. Vertrauen ist dann möglich, wenn Sprache und Handeln übereinstimmen, und wenn die Mitteilungen deutlich sind. Dies heißt keineswegs, daß man sich niemals ändern darf. Jemand, der fünfzig Jahre lang immer der gleiche bleibt, bringt auch den sanftmütigsten Gatten zur Verzweiflung. Es bedeutet aber sehr wohl, daß Entfaltung und Veränderung, Revidierung von Meinungen, Ansichten und Wünschen, die im menschlichen Leben unvermeidlich sind, dem anderen, so wie sie kommen, ehrlich auseinandergesetzt werden, so daß das veränderte Verhalten verständlich wird, daß man sich ihm anpassen oder darüber sprechen kann. Nur dann können Veränderungen ohne Furcht vor dem Unbekannten erwartet werden.

Damit kommen wir zu einer weiteren Voraussetzung für das Vertrauen in der Ehe: Beide Partner müssen Realisten sein, müssen die Tatsache akzeptieren, daß sich jeder im Lauf der Zeit und mit dem Wechsel der Umstände ändert. Sie dürfen unvermeidliche Veränderungen nicht als Vertrauensverrat interpretieren. Wird einer der Partner durch einen Unfall zum Krüppel, oder erkrankt er an Krebs, so nimmt man dieses Schicksal hin, ohne normalerweise Rückschlüsse auf die Gefühle des Betroffenen für seinen Partner zu ziehen. Doch sind nur wenige darauf vorbereitet, die subtileren Veränderungen zu begreifen, die die Zeit und die wechselnden Lebensbedingungen bringen. Solche Veränderungen, seien sie erfreulich oder nicht, sollte man ebenso wie eine unerfreuliche körperliche Krankheit als möglich ansehen und akzeptieren. Doch ist die uneingeschränkte Anerkennung der wirklichen Verhältnisse in den meisten Ehen nur allzu selten. Statt dessen spielen beide einander etwas vor, oder der eine ist »offen«, der andere »schweigt«. Einseitiges Vertrauen ist aber reiner Unsinn. Einem Menschen gegenüber, der behauptet, »ich vertraue *dir*«, sollte man immer argwöhnisch sein. Wie die Liebe muß Vertrauen auf Gegenseitigkeit beruhen, kann es nicht alleiniger Besitz eines der Partner sein.

Wenn sich zwei Eheleute vertrauen, könnte die Bedeutung ihres Versprechens etwa so formuliert werden: Wir sind freiwillig übereingekommen, eine eheliche Partnerschaft einzugehen zu unser beider Nutzen. Wir sind Menschen, die mit dem Alter und den Umständen anders werden. Keiner von uns ist vollkommen. Wir haben keine Angst vor unseren Schwächen und sind deshalb ehrlich und offen miteinander und lassen uns über unsere Veränderungen und Nachteile nicht im unklaren; wir zeigen die verborgenen Dinge, wenn sie unerwartet aus dem Unterbewußtsein oder aus der Vergangenheit auftauchen. Wenn fröhliche Ereignisse eintreten

(was unserer Hoffnung nach sehr oft der Fall ist), genießen wir dieses Glück. Wenn aber Schmerzliches oder Schlimmes geschieht, nehmen wir es auch als Tatsache an. Anstelle von Enttäuschung und gegenseitigem Zorn spenden wir Trost und Ermutigung, besprechen realistisch, was geschieht und wie es uns betrifft, und in gleichberechtigter Entscheidung bestimmen wir, was zu tun ist. Wir diskutieren auch, wenn nötig, wie wir uns beide zu unserem gegenseitigen Wohl ändern oder anpassen können. Wichtiger als unser Eigenwohl ist unser gemeinsames Wohl.
Vertrauen ist also nicht als Teil der Mitgift garantiert und ist keine Klausel des Ehevertrages, sondern etwas, das erarbeitet und entwickelt wird durch die gemeinsame bewußte Anstrengung, oft indem der Weg zwei Schritte zurück und einen vorwärts geht. Doch der Lohn ist groß und entschädigt reichlich für die Anstrengung.

3. Die Sexualität in der Ehe

Welche Rolle spielt die Sexualität im Eheleben? Wie jedes andere Element der Beziehung geht sie beide an. Das Echo des Partners ist unterschiedlich, entsprechend seiner Laune, seiner körperlichen Verfassung und der Atmosphäre der Beziehung.
Setzt man die übliche physiologische und anatomische Beschaffenheit und ein bescheidenes Maß an Kenntnis über sexuelle Techniken voraus, werden die Partner den Geschlechtsakt genießen, vorausgesetzt, *sie wollen beide aktiv daran mitwirken.*
Aktive Mitwirkung bedeutet, daß jeder etwas zum Geschlechtsakt beiträgt, ihn nicht einfach geschehen läßt. Auch wenn sie nur körperliche Befriedigung suchen, können die Partner im Geschlechtsverkehr Entspannung finden und damit Genuß, besonders, wenn sie sich über die Art ihrer Erwartung einig sind; aber wahrscheinlich finden sie so weniger Erfüllung und werden leichter enttäuscht, vor allem dann, wenn einer der Partner andere Bedürfnisse hat, die unerfüllt bleiben.

Über den Geschlechtsakt – eine relativ einfache Sache – sind Unmengen von Tinte verspritzt, Unmengen von Reden gehalten worden, vor allem über seine Funktion in der Ehe. Hier ist die größte Verwirrung angerichtet worden. Dafür gibt es die verschiedensten Gründe.

Zunächst ist da die zivilisationsbedingte Angst, daß die Sexualität ihren für die Gesellschaftsstruktur effektiven Status verlieren könnte. Diese Angst ist wenigstens so alt wie die Aussage des Alten Testamentes, daß »der Mann ... seinem Weib anhangen soll«. Die Verletzung dieses Gebotes, so glaubt man, bedeute, daß die Gattung nicht ihrer Verpflichtung zur Fortpflanzung in einer Familien- oder Schutzgemeinschaft nachkommen könne.

Zweitens spielt die Angst vor dem Verlassenwerden und der Einsamkeit eine Rolle. In unserer Gesellschaft gilt diese Angst mehr für die Frauen als für die Männer. Frauen sind durch Schwangerschaft und Geburt gebunden, brauchen physische und psychische Hilfe. Als Antwort auf diese Angst und als Gegenwaffe hat sich die Ansicht entwickelt, daß einen der Mann nicht verläßt, wenn man ihm nur genügend Sex bieten kann. Ergebnis: Übertriebene Betonung der Sexualität, um die persönliche Sicherheit in der Ehe zu gewährleisten oder um den Mann in die Ehe hineinzulocken. Wenn andererseits eine Frau wieder zu »sexy« ist, läuft sie Gefahr, gegen die herkömmliche Einstellung zu verstoßen, und handelt auch falsch.

Hinzu kommt drittens, daß Frauen sexuelle Lust simulieren. Um den Geschlechtsakt vollziehen zu können, muß der Mann die Erektion erreichen. Ist er sexuell desinteressiert, oder hat er Angst vor der Sexualität, bringt er sie nicht zustande.

Dagegen hat die Frau keine offensichtlichen physiologischen Indikationen spontaner sexueller Bereitschaft. Sie kann also diese Bereitschaft vortäuschen, und der Mann merkt es – wenigstens eine Zeitlang – nicht. Sie kann dieses Vortäuschen sexueller Lust auch auf Bereiche ausdehnen, die indirekt mit der Sexualität zu tun haben: Sie färbt ihr Haar, trägt Perücken, cremt sich, parfümiert sich, schnürt sich, trägt hohe Absätze. Diese Lockmittel schmeicheln: Schau, ich bin sexy, bin begehrenswert und attraktiv. Mag das nun stimmen oder nicht – wahrscheinlich empfinden die Frauen ihr Bedürfnis, sich anpreisen zu müssen, als lästig und würden es

vorziehen, so akzeptiert zu werden, wie sie in Wirklichkeit sind. Die Männer andererseits mißbilligen die Simulierung sexueller Lust, auch wenn sie sie fördern.
Die wirtschaftlichen Kräfte unserer Zivilisation erhalten und nähren diese scheinheiligen Aktionen. Jeder Versuch, solche Verhaltensmuster zu ändern, bedeutet Widerstand gegen Werbung und andere Verkaufstechniken, die von millionenschweren Unternehmen benutzt werden, um die falsche weibliche Sexualität zu ködern. Frauen, die versuchen, ihre natürliche Erscheinung beizubehalten, die ihr Haar nicht den Künsten des Friseurs anvertrauen, kein Make-up benutzen und auf andere Verschönerungsmittel verzichten, sind in der Minderzahl und werden oft von anderen Männern und von ihren Geschlechtsgenossinnen als Sonderlinge betrachtet. Die meisten Leute, die sich vielleicht gegen diese Art sexueller Mechanismen auflehnen würden, befürchten eine Abwertung und scheuen den Einfluß gängiger Werturteile.
Darüber hinaus ist die Wichtigkeit, die man den tausend weiblichen Kleinigkeiten beimißt, eine Tradition, die mit dem Klassendenken verbunden ist. Früher trugen meist die Herrschenden das Make-up, Mieder oder Korsetts, und bis heute existiert der Trend, den Drang nach oben mit der Nachahmung der Elite zu demonstrieren. Auch heute noch trifft es zu, daß Ehepaare, je reicher sie sind, desto mehr den Unterschied zwischen den Geschlechtern übertreiben. Sie trägt elegante Kleider, gewaltige Frisuren, glitzernden Schmuck, teure Pelze, benutzt kostbares Parfüm. Er hat eine Vorliebe für dunkle Maßanzüge, Homburger und dicke, handgemachte englische Schuhe mit massiven Sohlen.
Viertens besteht der Irrglaube, daß unbefriedigende sexuelle Beziehungen die Hauptursache für schlechte Ehen seien. Der Trugschluß ist klar: Unbefriedigende sexuelle Beziehungen sind das Symptom für eheliche Zwistigkeiten, nicht die Ursache. Dies ist für die Beteiligten schwer zu erkennen wegen der massiven Werbung für die Sexualität, der sie Tag und Nacht, auf der Straße, zu Hause, bei der Arbeit ausgesetzt sind. So absurd sind die Auswüchse, daß sogar Mundwasser und Desinfektionsseifen dem sexuellen Bereich zugeordnet werden.
John Jones, um ein Beispiel zu nennen, ist mit seiner Ehe unzufrieden. Auf dem Weg zum Büro sieht er eine Reklame

mit dem Bild einer fast nackten wunderschönen Frau, die für eine Strumpfmarke wirbt. Sie reizt John, und er sagt sich: »Junge, Junge, mit so einer hätte ich gerne ein Verhältnis.« Er weiß, daß dies ein Wunschtraum ist, und erkennt vielleicht sogar, daß das schöne Modell für ihn unerreichbar sein wird. Er erwacht aus seinem Tagtraum, und seine Gedanken kehren zu seiner Frau zurück. Aber die Anregung, die ihm das Reklame-Mädchen geboten hat, beeinflußt seine Gedanken, und er sagt sich: »Eigentlich könnten Marys Beine in solchen Strümpfen auch mehr gleichsehen.« Im Grund heißt das: »Wenn Mary mehr Sex hätte, wäre unsere Ehe glücklicher.« Er befindet sich in einem doppelten Irrtum: Das Aussehen von Marys Beinen hat nichts zu tun mit sexuellen Bedürfnissen und ihrer Befriedigung, und außerdem hat er vergessen, daß *er selbst* eine Funktion hat, um diese Befriedigung zu erreichen.

Solche Vorgänge können sich im Lauf eines Tages öfters wiederholen, denn John kommt der Werbung niemals aus, und die suggeriert, daß Sex der Schlüssel zum Glück sei. Doch gibt es gewichtige Gründe für die Annahme, daß der *Stellenwert,* den der einzelne den sexuellen Beziehungen beimißt, mehr zur ehelichen Befriedigung beiträgt als der Geschlechtsakt an sich.

In einer an der Universität von Ohio durchgeführten Untersuchung zeigten Befragungen von mehreren Hunderten von Ehepaaren, daß überwiegend jene, die ihre Ehe als »befriedigend« beurteilten, die Häufigkeit ihres Geschlechtsverkehrs mit zweimal pro Woche angaben. Auch andere, die ihre Ehe als »unbefriedigend« bezeichneten, nannten die gleiche Zahl, doch sagten die Männer dieser Ehen aus, es sei mehr, als ihre Frauen wünschten, und die Frauen gaben an, es sei weniger, als ihre Männer im Grund wollten, für sie persönlich aber gerade richtig. Die »glücklichen« Männer und Frauen sagten aus, daß ihre sexuelle Praxis für beide Teile zufriedenstellend sei. Mit anderen Worten: Das Problem bestand in der Kommunikation zwischen den Gatten und nicht in der tatsächlichen Häufigkeit ihrer Beziehungen.

Während man die Schuld an ehelichen Schwierigkeiten oft sexuellen Problemen zuschiebt, betrachtet man selten die Kehrseite der Medaille: Sexuelle Beziehungen können manche Ehen aufrechterhalten, stellen buchstäblich oft den einzigen Kontakt zwischen den Ehegatten dar. Psychiater und andere Fachleute, die sich mit Eheproblemen befassen, wissen, daß manche Paare erfolgreiche sexuelle Beziehungen haben, sonst aber in keinem Bereich ihrer Verbindung harmonieren. Viele solcher Paare wissen, daß sie nachts aufwachen und Geschlechtsverkehr haben, ohne daß sich einer bewußt war, die Initiative ergriffen zu haben.

Fünftens spielen die Unterschiede zwischen Mann und Frau eine Rolle. Die physischen Unterschiede machen einen Teil der Spannung und des Abenteuers der Sexualität aus. Heterosexualität ist besonders reizvoll und vermittelt das Gefühl, in eine Art Intrige verwickelt zu sein. Gleichzeitig aber erschweren die Unterschiede das gegenseitige Verstehen. Auch ist die überstarke Betonung der Sexualität als Hauptfaktor in der Ehe das Ergebnis eines verzerrten Standpunktes, der die natürlichen Unterschiede zum Kern für den Erfolg der Beziehung macht. Tatsächlich ist es aber so, daß eine Frau ihre Ehe nicht dadurch verbessern kann, daß sie einen üppigen Busen zur Schau trägt, auf den Beinen einer Filmdiva durch die Gegend schreitet und sich von einer Aura exotischen Parfüms umwehen läßt. Wenn ihre Ehe unglücklich ist, entwickelt ihr Mann vielleicht gerade eine Vorliebe für eine Frau mit kleiner Brust, die sich einfach kleidet und kein Parfüm benutzt.

Nachdem wir einige Gründe für Fehlhaltungen gegenüber der Sexualität aufgezeigt haben, werfen wir nun einen Blick auf ihre wirkliche Bedeutung für die Ehe. Das Wichtige an der Sexualität, einer mit großer Befriedigung verbundenen Symbiose zwischen Mann und Frau, ist die Tatsache, daß sie einen höheren Grad gemeinschaftlich erzielter Kommunikation erfordert als jede andere Art des Partnerverhaltens. Sie ist also etwas Kostbares und gleichzeitig etwas Gefährliches; sie erfordert beiderseitige Spontaneität für beiderseitige Befriedigung, sie kann nur ein Gemeinschaftsprodukt und ein für beide klares und verständliches Ziel sein.

Der Grund, weshalb viele Leute fortwährend fragen, welche Rolle der sexuelle Sektor in der Ehe einzunehmen habe, liegt darin, daß sie getäuscht, beschwindelt, unter Druck gesetzt, gesteuert und überredet worden sind, bis sie glauben, daß der Geschlechtsverkehr in ihrem Leben ein absolutes Muß darstelle; die »Kriterien« dafür liefern die Werbung, Anzeigen für Sexfilme, einschlägige Literatur, Theater, Fernsehen. Doch sind dies Phantasiekriterien. Deshalb werden so unsinnige Fragen gestellt: »Wie oft sollen wir Geschlechtsverkehr miteinander haben? Was ist die beste Stellung? Wie intensiv sollte das Ganze sein? Sollen wir einander kratzen und beißen? Welche Tageszeit ist die günstigste?« Diese Fragen klingen wie Erkundigungen nach der Art der Gymnastik, die Mister Universum für die Kräftigung bestimmter Muskelpartien betreibt, oder wie man zu den Hüften und dem Busen von Miss World kommt. Vielleicht noch schlimmer dran sind die Abertausende von Ehepaaren, die sich nicht zu fragen trauen und sich einfach einreden, sie *müßten* anomal sein, da sich doch ihre eigenen Praktiken so sehr vom sogenannten Standard unterscheiden.

Das Problem ist offenkundig. Wer es in punkto Sex genauso machen will wie Meiers oder Müllers, ist auf dem Weg ins Unglück. Die Entscheidung, wo die Sexualität in einer bestimmten Ehe einzuordnen ist, liegt bei jedem einzelnen Paar: Es muß in seine eigene Ehe hineinschauen, nicht nach außen blicken, nicht auf die trügerischen Ratschläge und den Scheinstandard etwas geben wollen, der von anderen gesetzt ist. Es gibt keine Regeln, und die meisten »Ratschläge« von Freunden oder Familienmitgliedern sind irreführend, denn wenige Leute können ungehemmt über ihr Sexualleben sprechen. Ehe sie zugeben, daß sie eigene Probleme und Hemmungen haben, brüsten sie sich oft mit »überdurchschnittlichen« Erfahrungen; andernfalls, heißt das, würden sie ja keinen Rat erteilen.

Können Mann und Frau auf die Sexualität verzichten und dennoch ausgeglichen sein? Ja, das ist möglich. Leute, die auf eine einsame Insel verschlagen worden sind, haben viele Jahre ohne Geschlechtsverkehr zugebracht und in der Folge weder physiologischen noch psychischen Zusammenbruch erlebt. Priester, Nonnen und viele Gelehrte haben auf Geschlechtsverkehr verzichtet und dadurch Gesundheit und Leben keineswegs beeinträchtigt.

Natürlich ist die Sexualität notwendig für die Fortpflanzung; die Natur hat diesen Trieb geschaffen, damit die Gattung überdauern kann. Der Trieb ist wirksam, aus seiner Befriedigung erwachsen eine Zahl intensiver Freuden. Aber keinem normal veranlagten Menschen wird es schaden, wenn ihm die Triebbefriedigung nicht möglich ist.

Fast alle Erwachsenen haben das Gefühl, daß die Erfahrung sexuellen Erlebens häufig eine gute physische und psychische Kondition voraussetzt, auch wenn ihr Intellekt es ihnen anders sagt. Mann wie Frau, die in regelmäßigen Abständen Geschlechtsverkehr haben, halten es für unerträglich, wenn man ihn ihnen (wie ihnen scheint, für einen langen Zeitraum) vorenthält. Die sexuellen Aggressionen von Soldaten, die im Ausland Krieg führen und von Seeleuten, die viele Monate nicht an Land waren, sind wohlbekannt. Solches Verhalten resultiert allerdings mehr aus dem Gefühl des Nicht-Haben-Könnens als aus rein physischen Bedürfnissen. Jemand, der freiwillig seine sexuelle Aktivität einschränkt oder aufgibt, leidet nicht unter schlechter Gesundheit oder seelischer Angst, solange der Verzicht seinen emotionellen Bedürfnissen entspricht. Wenn aber jemand sexuellen Verkehr wünscht und nach dieser Form der menschlichen Intimität einen tiefen, ungestillten Wunsch hegt, den er aus dem einen oder anderen Grund nicht erfüllen kann, so resultiert daraus ein Gefühl der Entbehrung und Frustration, das zu seelischen Problemen führen kann.

Manchmal werden ungewöhnliche sexuelle Praktiken durch Mängel nichtsexueller Art angeregt. Wenn beispielsweise Jungen befürchten müssen, daß ihre Mutter sie verläßt, führt dies oft zu exzessiver Selbstbefriedigung. Männer mit homosexuellen Neigungen (oft entstanden, weil sie einen passiven – oder bereits verstorbenen – Vater und eine dominierende Mutter haben) sind vielfach geneigt, in punkto Sex zu übertreiben, um »ihre Männlichkeit zu beweisen«.

Die – meist trügerischen – Ansichten, die die meisten Leute darüber haben, »welche Art« der Sexualität wünschenswert sei und wieviel, stammen aus verschiedenen Quellen: den sogenannten »wissenschaftlichen Informationen« aus Büchern, Zeitungsartikeln und Vorträgen; Tradition, Sitte und Ratschlägen, erteilt von Verwandten und Freunden; Tradition, Sitten und Beispielen, vermittelt durch Bücher, Rundfunk, Fernsehen, Kino und Werbung.

Die Tradition prägt viele Einstellungen und Gewohnheiten, die die Sexualität in der Ehe angehen. Man betrachte die barbarische Sitte der Flitterwochen – besonders in vergan-

genen Jahrhunderten, als die Keuschheit des Mädchens heilig und gehütet war. In diesen Zeiten fuhren Braut und Bräutigam, die einander kaum kannten, in fremde Gegenden und direkt in die sexuelle Intimität hinein. Gewöhnlich hatte die Braut ihre Informationen über derlei Dinge nur vom Hörensagen, und die sexuellen Erfahrungen ihres Mannes waren nicht unbedingt dafür geeignet, ihn die Bedürfnisse seiner jungfräulichen Braut richtig einschätzen zu lassen. Schnell ging es nach der von Fröhlichkeit, Höflichkeit und herkömmlichem Optimismus erfüllten Brautzeit in eine neue, unbekannte sexuelle Umgebung, und nach einer Woche oder zehn Tagen erwartete man, daß die Jungvermählten wieder auftauchten, mit all der Zärtlichkeit, Liebe und Hingabe, die für eine erfolgreiche und glückliche Ehe als nötig erachtet wurden – gleich, ob die inzwischen gesammelten sexuellen Erfahrungen für einen oder beide ein Trauma darstellten.
Eine moderne Version der gleichen Überlieferung findet heute statt, wobei eine neue Erwartung dazukommt: Die Jungverheirateten sollen während der Flitterwochen zu beiderseitiger sexueller Befriedigung kommen. Das junge Paar wird normalerweise mit einer Riesenhochzeit vom Stapel gelassen, die die beteiligten Familien ungeheuere Anstrengungen und Ausgaben kostet. Die Frischvermählten stehen unter dem Zwang, auf ihrer Hochzeitsreise »viel Spaß zu haben« und strahlend und fröhlich zurückzukommen. Häufig ist das Gegenteil der Fall. Wir glauben, daß die meisten Flitterwochen Zeiten bitterer sexueller Enttäuschung sind. Sie mögen zwar etwas aufregend Neues bieten, aber gewöhnlich ist das Ergebnis Verwirrung, auch wenn vor der Ehe schon sexuelle Erfahrung gesammelt wurde. Die Braut, die während der Flitterwochen in Tränen aufgelöst ist, gibt es häufig. Sexualität muß wie alles andere erlernt werden, und auch wenn beide bereits vor der Ehe intime Beziehungen hatten, verpflanzt sie ihr neuer Status in ein neues psychologisches Milieu, dem sie sich erst anpassen müssen. Jetzt sind sie »legitimiert« und glauben, daß ihr sexuelles Erleben sich deshalb intensivieren müsse: Jetzt sind sie vor dem Gesetz unzertrennlich verbunden. Also *muß* ihrer Meinung nach der Geschlechtsakt jetzt jedesmal ein Höhepunkt des Genusses sein, sonst kann die Ehe nicht gut werden.
Die Situation wird erschwert durch die Vorhersagen vieler

Berater, die Prognosen von Büchern und Zeitungsartikeln. Für sie ist Sex der Schlüssel zum Eheglück. Und wahr ist, daß die Sexualität eine große Rolle spielt; sie befriedigt und intensiviert die Gefühle; sie ist höchst wünschenswert, aber keineswegs die einzige lebensspendende Kraft für die Ehe – weder während der Flitterwochen noch später.

Die Situation verkompliziert sich weiterhin durch widerstreitende Ansichten von »Experten«, die »wissenschaftliche« Erkenntnisse über die Sexualität verkünden. Es ist wichtig, all diese Meinungen mit Skepsis zu hören.

Der Großteil »wissenschaftlicher Information« über die Sexualität stammt aus zwei Quellen: von Psychiatern und anderen Ärzten, die über von ihren Patienten erhaltene Daten berichten, und von Sozialwissenschaftlern, die Fakten verallgemeinern, die sie aus Umfragen, nach einem bestimmten Schlüssel durchgeführt, erhalten haben.

Tatsächlich sind Schlüsse, die aus ärztlichen Daten über Patienten resultieren, nicht zwingenderweise auf die Mehrheit anwendbar. Patienten begeben sich in Behandlung, weil sie dieses oder jenes Problem haben. Wenn sie zur psychiatrischen Beratung kommen, stellen sie sich auf viele Stunden ein, in denen man über die Sexualität diskutiert, und in denen ihre eigenen negativen Ansichten erforscht werden ebenso wie die ihrer Gatten und Freunde. Nur wenige können fünfundzwanzig bis dreißig Dollar für eine Behandlungsstunde bezahlen und dann die Zeit damit verbringen, erfreuliche und zufriedenstellende Erfahrungen zu diskutieren. Der Gynäkologe oder der Familienarzt, der ein Buch über sexuelle Fragen schreibt, ist wissenschaftlich genau nur im Hinblick auf die anatomischen Aspekte. Der nichtanatomische Aspekt beruht auf seinen persönlichen sexuellen Erfahrungen plus den Berichten seiner Patienten.

Einige der populärsten Abhandlungen über Sexualität und Ehe sind von Gynäkologen verfaßt, in deren Praxis größtenteils Frauen kommen, die *spontan* und *freiwillig* zu ihrem Arzt sprechen, um ihre persönlichen Unstimmigkeiten zu beschreiben. Aber die Tatsache, daß jemand in der Sprechstunde eines Arztes Fragen beantwortet (und nicht im Restaurant oder Wohnzimmer), beweist noch lange nicht, daß er exakt oder objektiv ist, und ganz sicher nicht, daß seine Erfahrungen allgemein anwendbar sind. Fast alle Meinungen von Pa-

tienten in dieser Hinsicht sind subjektiv und einseitig, besonders, da viele Leute, die ihr Sexualleben diskutieren wollen, Probleme haben.
Eine ähnliche Schwierigkeit kann als Argument gegen den Kinsey-Report gelten (und gegen die meisten Studien, die die Frage- und Antwort-Methode benutzen). Obwohl Kinsey ein wichtiges Werk verfaßt hat, das Mut zur Initiative erforderte, können wir eine wichtige Tatsache nicht übersehen: Zur Beantwortung seiner Fragen war er in erster Linie auf Freiwillige angewiesen. Besteht aber Sicherheit darüber, daß Leute, die freiwillig Fragen über die Sexualität beantworten, repräsentativ sind? Manche von Kinseys Interviewten sprachen bis zu drei Stunden über ihre Erfahrungen – offensichtlich bereitete ihnen die Enthüllung von Intimitäten Spaß.
Es gab auch beträchtliche Unterschiede hinsichtlich der Erfahrung und Fähigkeiten bei Kinseys Befragten. Erst kürzlich hat eine Arbeit der Psychiatrischen Abteilung von Harvard gezeigt, daß Anlage und Art des Interviews (einschließlich der Haltung des Fragenden) auf die Antwort des Befragten einen sehr großen Einfluß hat. Ein Interviewer, der fest annimmt, daß beispielsweise viele Frauen mit anderen Männern intime Beziehungen anknüpfen, sobald ihre Männer auf Reisen sind, wird viel mehr Beweise für seine eigene Ansicht erbringen als ein anderer, der zu Beginn der Befragung einen entgegengesetzten Standpunkt einnimmt. Dennoch liefert Kinseys Material die vollständigsten und zuverlässigsten Auskünfte, die wir über sexuelle Praktiken bei den Amerikanern der Mittel- und Unterklasse haben. Sie zeigen, daß in unserer Zivilisation der sexuelle Verkehr in zunehmendem Maß nicht mehr auf Eheleute beschränkt ist und ganz gewiß nicht auf den Geschlechtsakt zwischen Mann und Frau.
Die große Masse von Kinseys Material ebenso wie von anderen Studien (die sich in erster Linie mit College-Studenten befassen) betrifft die Homosexualität, die Masturbation, den vorehelichen Verkehr, Perversion, sexuelle Aktivität nach der Scheidung, Praktiken von unverheirateten Frauen und Junggesellen, Ehebruch. So weit uns bekannt ist, hat bisher noch niemand eine repräsentative Auswahl normal veranlagter Ehepaare studiert und wissenschaftlich geklärt, was solche Eheleute über die Sexualität denken, wie sie sie pflegen. Man weiß wenig über sozio-ökonomische Bedingungen für die

Klassenunterschiede, noch weniger über ethnisch bedingte Idiosynkrasien.

Welchen Stellenwert nimmt die Sexualität in der Ehe ein? Es ist fast unmöglich, das zu bestimmen (außer im Bezug auf ein spezielles Ehepaar, mit dem man sich viele Stunden lang befaßt hat), denn bisher gibt es nur wenige Arbeiten über diese Frage, und die existierenden sind in Umfang und Objektivität beschränkt.

Die Antwort auf diese Frage hängt auch von der Zeit und den Umständen ab, denn sexuelle Bedürfnisse sind von Grund auf psychologisch geprägt. Gatten mit mittlerem Einkommen, die ein Jahr verheiratet und kinderlos sind, aber gerne Kinder hätten, haben andere sexuelle Wünsche als Frauen und Männer, die keine Stellung finden können und in solcher Armut leben, daß sie nicht wissen, wie sie die Miete aufbringen sollen, und deshalb Angst vor dem Kinderkriegen haben. Ein Ehepaar, das seit dreißig Jahren verheiratet ist und dessen vier Kinder im College sind, hat andere sexuelle Interessen als ein Paar, das erst fünf Jahre Ehe hinter sich und nur ein Kind hat. Bei solchen Unterschieden spielt nicht allein das Alter eine Rolle. Die Langeweile hat oft mehr Bedeutung bei der Abnahme des Geschlechtsverkehrs als das Altern der Geschlechtsorgane. Auch mag ein Ehepaar, dessen sexuelle Erfahrungen schön und befriedigend sind, weniger häufig Geschlechtsverkehr haben als ein unglückliches Paar, das verzweifelt nach einem Ausweg aus seiner Spannung sucht, das herumexperimentiert.

Man hat keine exakten Informationen über das Sexualleben, die exakte Antworten für jedermann liefern; es gibt hier so viele Variable. Dennoch nimmt in den USA die Sexgläubigkeit überhand. Das Märchen, daß die Erfahrung perfekter und himmlischschöner Sexualität ein unbedingtes Muß sei, damit sich jemand als normal betrachten könne, ist die Grundlage für eine nationale Manie geworden. Erfolge auf sexueller Ebene beherrschen fast die gesamte Werbung, auch die für Produkte, die so gut wie gar nichts damit zu tun haben.

Vom Sex enttäuschte Ehepaare sind über ihre Schwierigkeiten ernsthaft beunruhigt – eine vernünftige Reaktion, wenn die Enttäuschung begründet ist. Männer machen sich oft Gedanken über ihre Potenz oder vermuten argwöhnisch, daß ihre Frau frigid oder bösartig sei. Frauen grübeln über ihre Frigidität nach und glauben, daß ihre Männer Affären haben oder weibisch sind oder zumindest unachtsam oder unwissend in der Anwendung genußbringender sexueller Techniken. So werden Eheleute alles dazu tun, eine glücklichere Verbindung zu schaffen, die mehr jenem Sex-Image entspricht, das unser nationaler Halbgott geworden ist. Viele Frauen und Männer legen ein kleines Vermögen an, um in einem aufwendigen Luxusappartement wunderbare intime Stunden zu verbringen, die sie in ihrem eigenen Schlafzimmer nicht zu erleben glauben können. Wenn das Wetter schön und die Aussicht gut ist, wird an einem Wochenende manches möglich sein, doch normalerweise ist keine außergewöhnliche sexuelle Befriedigung zu erwarten. Viele Leute kaufen öfters neue Häuser, bezahlen einen Innenarchitekten – in der Hoffnung, die neue Umgebung könne ihre sexuelle Lust steigern. Wenn die verschiedenen Erscheinungsformen der Sexualität als natürlich akzeptiert würden, wenn wir uns von der Ansicht freimachen könnten, daß es einen einzigen absolut gültigen Standard gibt, der von allen normalen Sterblichen erreicht werden muß, wäre die Not vieler Ehepaare wie weggewischt, *und ihr Geschlechtsleben würde sich ganz von selbst bereichern.*

Wir wollten in diesem Kapitel das Problem besprechen: Ist viel, sehr viel, unglaublich viel Sexualität nötig, um eine befriedigende Ehe zu führen? Wird die Ehe ein Fehlschlag, wenn die geschlechtlichen Erfahrungen nicht den Erwartungen entsprechen, die die Gesellschaft kreiert hat? Nein, die Ehe braucht deshalb keineswegs zu scheitern. Sie kann gut sein, auch wenn die Partner ihren siebten Himmel nicht im Ehebett finden.

Außerdem: Keiner weiß bisher eine Antwort darauf, ob ein Mehr oder ein Weniger an Sex »normal« ist. Keiner weiß, wie die gängigen sexuellen Erfahrungen in Durchschnittsehen beschaffen sind. Wissenschaftler haben zwar kranke Ehen studiert, aber keine normalen. Forschungen auf beschränkter Basis unterstützen unsere Behauptung, daß die Sexualität nicht unbedingt wesentlich ist; es hat sich herausgestellt, daß manche allem Anschein nach harmonisch miteinander lebende Ehegatten nach ein paar Jahren des Zusammenlebens die Sexualität »aufgegeben« haben.

Summa summarum: Es ist wichtig zu betonen, daß allgemeine Maßstäbe nicht vorhanden sind, an denen die eheliche Sexualität gemessen werden könnte. Gelegentlich gibt es medizinische Anomalien wie kranke oder mißgebildete Geschlechtsorgane, Impotenz, pathologische Angst vor dem Sexuellen, aber wenn diese nicht vorhanden sind, kann nur eine Frage von Bedeutung sein: Ist die Sexualität nach Meinung des betroffenen Ehepaares eine Quelle der Freude? Was den einen freut, kann für andere durchaus unerfreulich sein und umgekehrt. Beispielsweise vermuten die meisten Ärzte, daß mehr als die Hälfte aller verheirateten Frauen, die im Durchschnitt zehn Jahre verheiratet sind und drei Kinder haben, niemals einen Orgasmus erlebten. Einer Aufstellung solcher Fälle ist zu entnehmen, daß sich die Frauen der Entbehrung dieses vollkommenen Genusses nicht bewußt waren. Sie empfanden durch die physische Intimität mit ihrem Mann mehr oder weniger großes Vergnügen. Ebenso interessant ist die Tatsache, daß Ehemänner häufig nicht wußten, daß ihre Frauen absichtlich die Geräusche und Bewegungen nachgeahmt hatten, die sie aus Gesprächen mit leidenschaftlicheren Frauen oder aus der Lektüre kannten; die Männer hatten ihre Reaktionen als spontan betrachtet und schöpften Befriedigung aus dem offensichtlichen Genuß ihrer Frau.

Ehegatten sollten nicht durch Idole wie Filmschauspieler und -schauspielerinnen das Maß ihrer Befriedigung bestimmen lassen, ebensowenig wie durch Werbung, Kunst, Literatur und gesellschaftliche Zwänge. Persönliches sexuelles Erleben geht nur sie beide etwas an. Wir kennen ein Ehepaar, das in den Siebzigern steht. Sie baden jeden Abend und kleiden sich zum Abendessen um, behandeln einander mit der Würde und Achtung, die die Kunst des Hofmachens auszeichnet. Wenn sie zu Bett gehen, halten sie sich die ganze Nacht über in den Armen, obwohl sie seit Jahren keinen Geschlechtsverkehr mehr haben. Der Ehemann bezeichnet ihre Erfahrungen als einen »allnächtlichen Zehn-Stunden-Orgasmus«. Für die beiden findet hier ein wunderschöner Geschlechtsakt statt, der sie sehr befriedigt und beglückt.

Ist Sexualität wichtig für das Eheleben? Sie ist es zweifellos. Sie ist *eines* der Baumaterialien, das die Ziegel des Ehegebäudes zusammenhält. Aber das Wann, das Wie und das Wie-Oft können nur von den Betroffenen selbst bestimmt werden.

4. Das Ehespektrum

Eheleute, die ihre Ehe einem bestimmten Typ zuzuordnen wissen, können leichter über Eheprobleme diskutieren. Wenn sie sich erst einmal über die Art ihrer Beziehung geeinigt haben, wird die Perspektive, aus der heraus sie bestimmte eheliche Prozesse und Verhaltensmuster sehen, deutlicher. Wir versuchen deshalb, ein Ehespektrum zu erstellen – eine breite Klassifizierung der Ehen, angefangen bei der »besten« bis hin zur »schlechtesten«. Dieses Spektrum ist keine wissenschaftliche Klassifizierung, sondern nur ein Denkschema, das, wie wir hoffen, Hilfestellung geben kann.
Durch dieses Buch zieht sich die Erwähnung der »funktionierenden« oder brauchbaren, nützlichen Ehe. Dieser Begriff ist im vorliegenden Kapitel besonders wichtig. Eine solche Ehe muß nicht unbedingt »glücklich« sein und kann nicht allgemein auf ihre Ziele hin erklärt werden.
Ein funktionierendes Ehesystem wirkt oder funktioniert ohne schwächende Blockierungen oder Engpässe, mitsamt den vielfältigen positiven und negativen Elementen, die es enthält. Man kann eine bestimmte Ehe nicht exakt als eine »glückliche« oder »kämpferische« einordnen. Die äußere Erscheinung bedeutet oft Tarnung vor der Gesellschaft, die Verpackung zeigt häufig nicht den wahren Inhalt der Schachtel an. Mord zwischen Eheleuten hat es oft genug gegeben. Viele unharmonische Ehen scheinen glücklich, andererseits haben Eheleute, die sich in der Öffentlichkeit streiten, eine funktionierende, gelegentlich sogar erfreuliche Verbindung. Die tiefenpsychologische Analyse der Ehe muß weit über die äußerlich sichtbaren Charakteristika oder Erscheinungsformen hinausgehen. Die Ehe ist ein Prozeß; die Analyse erfordert es, ihn und die Interaktionen der Beziehung zu prüfen. In drei Richtungen muß die Erforschung gehen, um die für die Ehe wichtigen Kategorien definieren zu können:
1. Funktionsfähigkeit
Wie funktioniert die Verbindung? Wie gut arbeiten die Ehegatten zusammen? Wie gut ergänzen sie sich dabei? Wie groß ist ihr Verhaltensspielraum, den sie erreicht oder mitgebracht haben? Wie weit wird ihr Verhalten den Bedürfnissen und Erwartungen der Beteiligten gerecht? Wie angemessen ist ihr

Verhalten, um die angestrebten Ziele zu erreichen, wenn Sackgassen und Blockierungen auf ein Minimum beschränkt bleiben sollen?

2. Zeitliche Vereinbarkeit

Wie sind die Eheleute in bezug auf die Zeit orientiert? Was sind, im Hinblick auf die Zeit betrachtet, ihre Ansichten, Sehnsüchte, Ambitionen? Sind die langfristigen und die kurzfristigen Ziele des einen mit denen des anderen vereinbar?

3. Vektorbeziehungen

In welcher Richtung und mit welcher Geschwindigkeit verändert sich die Ehe? Entwickeln sich die Gatten auf eine in echte Zusammenarbeit mündende Verbindung oder steuern sie auf eine heillose Zwietracht zu, weil sie immer weniger Einigkeit über die Richtung und Art der Veränderung innerhalb ihrer Beziehung erreichen können?

Als Antwort auf diese Frage muß sich der Leser klarmachen, daß der Mensch ein zielorientiertes Geschöpf ist und daß sein Versuch, Ziele zu erreichen, einen komplizierten und manchmal widersprüchlichen Gebrauch von Zeit und Energie einschließt. Der Homo sapiens ist oft eine verquere Kreatur, die das eine wünscht und dabei paradoxerweise ganz antithetische und die Verwirklichung dieses Wunsches vereitelnde Verhaltensweisen einsetzt.

Bisher ist noch kein Wissenschaftler aufgetaucht, dem es gelungen wäre, eine durch und durch verläßliche Klassifizierung der Ehe zu geben. In den Sozialwissenschaften existieren hier noch manche unerforschten Winkel. Dies kann aber nicht heißen, daß man nicht bestimmte Prinzipien des Systems erläutern könne. So zeigen wir auf den folgenden Seiten skizzenhaft ein Ehespektrum. Wir halten das für wichtig, denn die meisten Leute brauchen Markierungen und Bezugsebenen, anhand derer sie sich im Hinblick auf ein weltanschauliches System oder auf Verhaltenssysteme orientieren können.

Die Klassifizierung der Ehe

Die folgende Einstufung gründet auf der Annahme, daß die Ehe immer *mehr oder weniger* in eine der angegebenen Kategorien paßt. Die Kategorien sind nach dem Grad der Vollendung und der Funktionsfähigkeit angeordnet. Die obenstehende ist die »beste«, die untenstehende die »schlechteste«. Jede Kategorie hat zwei Unterkategorien:

1. Die beständigen + befriedigenden Ehen
   a) Die Kastor- und Pollux-Typen
   b) Die Genies des Teamwork
2. Die unbeständigen + befriedigenden Ehen
   a) Die Mußezeit-Kämpfer
   b) Die Pfandleiher
3. Die unbeständigen + unbefriedigenden Ehen
   a) Die überdrüssigen Streithähne
   b) Die psychosomatischen Drückeberger
4. Die beständigen + unbefriedigenden Ehen
   a) Die schrecklichen Zwei
   b) Die paranoiden Propheten

Es ist einfach, eine Ehe in eine dieser Kategorien einzuordnen. Wenn dies aber geschieht, ist zu bedenken, daß sie Teile eines *Kontinuums* darstellen. Die Ehe ist ein kontinuierlicher Prozeß, der dauernde Entwicklung und Veränderung einschließt. Wenn die Partner sich ändern oder ihre Beziehung anders wird, wenn der Status des einen wechselt oder die äußeren Verhältnisse sich verlagern, kann die Ehe von der einen in die andere Kategorie überwechseln. Eine der Absichten dieses Buches besteht darin, dem Leser bei Erkenntnissen über seine Ehe zu helfen und die Ehen zu bewahren, die sich auf zerstörerischer Bahn bewegen, andere zu fördern und zu stützen, die Funktionsfähigkeit und Erfolg versprechen. Eine Ehe kann von einer Kategorie in die andere und zurückgleiten. Keine Gattung besitzt absolute Gültigkeit. Die »beste« Ehe liegt an der oberen Grenze des Kontinuums und stellt einen Status dar, der in seiner reinsten Form wohl niemals erreicht wird. Diese perfekte harmonische Verbindung, diese absolute Vereinbarkeit der Gemüter, ist äußerst selten, denn zwei Partner sind niemals völlig gleich noch deckt sich ihre Herkunft, ihr Geschmack, ihr Interessenbereich vollkommen. Kleine Spannungen aufgrund aufeinanderprallender Gegensätze, die einen bestimmten Grad an Anpassung und Kompromiß erfordern, gibt es irgendwann einmal in jeder Ehe. Verschiedene Perioden erfordern verschiedene Anpassungsformen.

Ebenso kommt es in Ehen, die zu den »schlechtesten« gehö-

ren, kaum jemals zu einer völlig verheerenden Explosion. Eine gänzlich destruktive Beziehung ist unmöglich. Mann und Frau einer unglücklichen Ehe genießen wenigstens ein paar erfreuliche Augenblicke und gegenseitige kleine Triumphe, auch wenn ihr Vergnügen darin bestehen sollte, den anderen zu verletzen.
Die Einordnung der Ehen in dieses Kontinuum wird bestimmt durch den jeweiligen Erfolg; dabei treffen die meisten irgendwo in den beiden mittleren Kategorien aufeinander. Die extremen Typen, die zum oberen und zum unteren Ende hin tendieren, machen wahrscheinlich nur fünf bis zehn Prozent aller Ehen aus.

5. Die beständigen und befriedigenden Ehen

Diese Beziehung ist nahezu als Hypothese zu bezeichnen. Eine vollkommene Harmonie wurde von den Autoren selten beobachtet und wenn, dann nur bei älteren Männern und Frauen, die seit mehr als dreißig Jahren verheiratet waren oder die spät, nach jahrelangem Alleinsein, eine neue Ehe schlossen und entweder keine oder schon erwachsene Kinder hatten, die nicht mehr zu Hause wohnten.
Unseren Beobachtungen nach gibt es, solange heranwachsende Kinder im Haus sind, keine generell konstante Periode absolut harmonischer Zusammenarbeit. Dies führt zu interessanten Spekulationen – aber sie in gültige Schlüsse aufzulösen würde den Rahmen dieses Buches sprengen.
Da wir die beständige und befriedigende Beziehung bei einigen älteren Leuten beobachtet haben, die allein leben, wollen wir durch Ableitung und Analogie zu erklären versuchen, wie sie im Rahmen einer jungen Ehe aussehen würde.
Diese Kategorie der beständigen und befriedigenden Ehe, ein Höhepunkt der Gemeinsamkeit, wird durch eine fugenlose Anpassung beider Beteiligten erreicht. Ihre Herkunft muß einander so ähneln, daß jeder die Botschaften des Partners deutlich versteht und sie mit eindeutigen Antworten erwidern kann. Diese Kommunikation ermöglicht die Herstellung eines Vertrauensverhältnisses.

Mit dem Vertrauen geht die Annahme der Unterschiedlichkeit des anderen Hand in Hand. *Sie gilt als Symptom verschiedenen Geschmacks, nicht als Symbol einer gestörten Beziehung.* Mary weiß, daß ihr Mann meist wohlwollend ihre Eigenheiten akzeptiert, deshalb fällt es ihr auch nicht schwer, seine zu akzeptieren. Die Bereitschaft, Unterschiede anzunehmen, macht beide schöpferisch, hilft ihnen, die eigene Identität zu entwickeln. Die Anerkennung einer grundsätzlichen Gleichstellung verleiht den Partnern Selbstsicherheit und Mut, ihre Individualität auch vor Außenstehenden und der Welt im allgemeinen zu verteidigen.

Die Zusammenarbeit eines solchen Paares macht Zeit frei, sich mit Energie und Vertrauen auch außerhalb des Ehelebens zu engagieren. Man genießt nicht nur einander, sondern auch alles oder jeden anderen, der einen oder beide interessiert. Man trifft gemeinsame Entscheidungen bezüglich der Kinder und teilt sich die Kinder ohne Eifersucht und zur gegenseitigen Freude. Man bildet Koalitionen und handelt auch selbständig. Im Gegensatz dazu läßt der Partner, der sich der Liebe oder Solidarität des anderen nicht sicher ist, ihn nicht aus den Augen. Der C.I.A.-Typ, der spioniert oder öliges Beschützertum und Interesse vortäuscht, versteckt damit oft ernste Probleme der Beziehung.

In einer auf Zusammenarbeit begründeten Gemeinschaft mögen Mann und Frau zwar nicht immer der gleichen Meinung sein, sie nehmen aber Diskrepanzen ohne Erregung hin und suchen gemeinschaftlich Lösungen, die beiden Rechnung tragen. Wenn sie in einer Sackgasse stecken, ziehen sie sich aus der Affäre, indem sie das Los entscheiden lassen, in der Erkenntnis, daß keiner Recht oder Unrecht hat, daß aber eine Entscheidung zustande kommen muß. Ihre nicht nach dem Konkurrenzprinzip funktionierende Beziehung ermöglicht eine enge Interaktion in fast allen Lagen und im Umgang mit allen möglichen Leuten.

Im Lauf der Jahre verstärkt sich das Vertrauen, und dies stärkt die Partner.

Es gibt zwei Untergruppen dieser Kategorie: die *Kastor- und Pollux-Typen* und die *Genies des Teamwork.* Die Kastor- und Pollux-Typen sind Partner, die »füreinander geboren« zu sein scheinen. Wir denken da an einen älteren Mann und eine Frau, die eine optimale Ehe führten, die liebten und geliebt wurden. Sie erzählten, daß dies von Beginn ihrer jetzt dreiundvierzig Jahre alten Ehe an so gewesen sei. Beide waren in der zweiten Generation Armenier, deren Väter als Ärzte, deren Mütter als Krankenschwestern arbeiteten. Beide stammten aus großen, glücklichen Familien, die im selben Viertel derselben Stadt gewohnt hatten. Beide Familien gehörten zur gleichen Einkommensgruppe. Jedes Mitglied beider Familien hatte einen Partner armenischen Ursprungs geheiratet. Mann und Frau hatten denselben Geschmack, dieselben Wertvorstellungen, die gleiche Herkunft. Analog dem Familienvorbild war auch bei diesem Paar der Mann von Beruf Arzt, die Frau Krankenschwester; sie hatte in der Praxis ihres Mannes gearbeitet, bis sie ihr erstes Kind erwartete. Vor der Ehe waren sie zwei Jahre miteinander verlobt.

Diese Fälle sind extrem selten. In unserer Zeit geographischer, sozialer und beruflicher Wandlungen und der Auflösung der Familie scheint die Chance für eine Ehe dieser Art äußerst gering.

Solche Paare gibt es am häufigsten in Gegenden mit sehr niedriger Scheidungsrate. Dies sind auch die Gegenden, in denen die Partner häufig aus dem gleichen Milieu kommen. Die Scheidungsrate ist am niedrigsten, wo die gleichen Ansichten vorherrschen von der Religion bis zum täglichen Essen. In manchen ländlichen Gegenden ist die Scheidung nahezu unbekannt. Wir möchten damit aber nicht behaupten, daß eine niedrige Scheidungsrate bedeute, *alle* nichtgeschiedenen Ehen seien glücklich oder auch nur intakt.

Die *Genies des Teamwork* sind Partner, die zwar nicht aus ähnlichem Milieu stammen, die aber früh in ihrer Ehe eine beständige und befriedigende Beziehung erreicht haben. Wir *vermuten,* daß solche Ehen hier und da existieren müssen, haben aber noch kein Paar studieren können, vielleicht weil solche Leute keine Eheberatung brauchen, oder weil sie die Tendenz haben, sich in schöpferischen Gemeinschaftsunternehmen zu engagieren, die sie etwas außerhalb der konventionellen Lebensbereiche halten.

Aber sogar die Genies des Teamwork beginnen ihre Ehen wahrscheinlich mit einer überdurchschnittlichen Ähnlichkeit der grundlegenden Geschmacks- und Wertvorstellungen und mit einem ungewöhnlichen Maß an Flexibilität. Ein Hauptschlüssel zur »Liebe«, dem Lebensgeist der überdurchschnittlich kooperativen Verbindung, ist die Fähigkeit, über wichtige Verhaltensmuster in gegenseitiger Rücksichtnahme übereinzukommen.

Diese Beziehung, die auf einem außergewöhnlichen Maß an Teamwork gründet, ist aber normalerweise nicht nur das Ergebnis, das *in* der Ehe erzielt wird, sondern ist auch von wichtigen ähnlichen Voraussetzungen der Herkunft, des Elternhauses, der Interessen abhängig, also bereits von *vor* der Ehe vorhandener Gemeinsamkeit. Es ist wahrscheinlich, daß diese Eheleute schon in ihren Elternhäusern grundlegende Regeln für ihr Zusammenleben gelernt und sich damit die Fähigkeit erworben haben, ohne große Vorbedingung und Furcht zu geben und zu nehmen. Dadurch, daß sie diese Grundregeln von ihren Eltern ererbt haben, besitzen sie die Voraussetzungen für die Weiterentwicklung der Kunst des Zusammenlebens und werden zu immer engeren Verbündeten.

Verlobte, die vor der Eheschließung stehen, träumen davon, himmlische Zwillinge wie Kastor und Pollux oder Genies des Teamwork zu werden, aber die Zeichen stehen gegen sie. In unserer heutigen Welt der Großstädte, Schnellverkehrsmittel und dauernder Informationsberieselung muß sich fast jedermann mehr mit Fremden befassen als mit dem Bekannten von nebenan. Deshalb starten die Partner der meisten Ehen mit unähnlichen Voraussetzungen und haben damit wenig Möglichkeiten, von Anfang an Auffassungen zu teilen oder eine optimale Kommunikation zu erreichen. Die Mehrheit kann nicht die unbeschwerte Art des Bündnisses, die schnelle, fröhliche Kommunikation, den vertrauensvollen Individualismus für sich buchen, der den Zwillings-Typen und den Genies des Teamwork geschenkt ist. Sie verbrauchen einen Großteil ihrer Energien im täglichen Kampf um das eheliche Überleben. Durchschnittspaare, wenig ähnliche Partner also, die durch Daueranstrengung und Geschicklichkeit ihre Ehe aufrechterhalten, dürfen der Ansicht sein, daß sie eine relativ funktionsfähige und befriedigende Ehe führen – und dies mag auch stimmen. Aber sie erreichen selten die graziöse Beständigkeit ihrer mit besseren Voraussetzungen beschenkten Kollegen.

Streit und »Spiele« in den Anfangsstadien der Ehe schlagen Wunden, die oft später wieder aufbrechen, durch Kinder beispielsweise, die während der frühen Ehejahre viel durchgemacht haben. Was als stabile Beziehung erschien, kann zur Auflösung tendieren – bis das Ehepaar durch Arbeit und Kompromiß es wieder zu einer weiteren Periode des Gleichgewichtes bringt. Wenn der »Glücks«-faktor dieses Typus der gespannten, unsteten Ehe über Jahre hinaus in einer grafischen Darstellung festgehalten würde, hätte er wohl Ähnlichkeit mit einer Sinuskurve. Ehen dieser Art gehören zur zweiten Kategorie: den unbeständigen und befriedigenden Ehen.

6. Die unbeständigen und befriedigenden Ehen

Vermutlich gehören die meisten Ehen, die länger als fünf oder zehn Jahre dauern, zu dieser Kategorie. Vielfach ist die Enttäuschung der Partner übereinander ganz offensichtlich, auch wenn sie glauben, ihre Beziehung sei »so weit ganz gut«. In Zeiten von Streß und großer Belastung tauchen Feindseligkeit und verborgene Ressentiments an die Oberfläche. Die Partner schlagen sich seelische Wunden. Manche heilen; und obwohl Schorf und Narben bleiben, hält die Ehe. Solcher Natur sind die *Mußezeit-Kämpfer*.

Dieser Typus hat ein weites Feld der Auseinandersetzung. Er kann in einen begrenzten Statuskampf geraten (die sogenannte symmetrische Beziehung, die in einem späteren Kapitel diskutiert wird), der oft Ähnlichkeit mit dem Kampf der Geschlechter aufweist. Wenn John beim Glücksspiel Geld verliert, besteht Mary darauf, die gleiche Summe für neue Kleider zu investieren. Wenn Mary einige aufeinanderfolgende Abende bei einem Musikfestival verbringt und John kein Abendessen macht, geht John am Wochenende zum Fischen, obwohl Marys Verwandten zu Besuch kommen und sie Hilfe brauchen könnte.

Die Mußezeit-Kämpfer zeigen feindschaftliches Wettbewerbsdenken am Bridgetisch ebenso wie beim Aufstellen des Haushaltsbudgets; sie versuchen sich bei der Unterhaltung mit Freunden gegenseitig auszustechen.

Es gibt aber ein unterirdisches Netz von Übereinstimmung darüber, was jeder für den anderen tut. Deshalb stellen die beiden die unerfreulichen Händel normalerweise in den Gesamtkontext der Ehe. In den Augen der Eheleute wiegt der Fortbestand ihrer Verbindung schwerer als zeitweise Feindseligkeit oder gegenseitige Enttäuschung. Die Aktiva bleiben sogar während der Kämpfe gegen die Passiva in Erinnerung.

Beispiele dieser Art sind so zahlreich wie unsere Verwandten und Freunde; wir finden sie überall, wenn wir nur richtig hinschauen. Es sind dies die üblichen Ehen, die in Wirklichkeit sehr verschieden voneinander sind, auch wenn sie alle gleich aussehen, weil die Paare in Einheitshäusern wohnen und verwechselbare überfütterte Kinder in verwechselbaren Autos zur Schule fahren. Aber den Beteiligten scheinen diese Ehen höchst selten »üblich«. Sie fühlen sich manchmal »in der untersten Hölle«, manchmal »im siebten Himmel«, meist einfach »verheiratet«. Die Schwierigkeiten einer solchen Verbindung sind den Verhaltensforschern nur wenig bekannt, weil die Mußezeit-Kämpfer im allgemeinen keine professionelle Hilfe suchen. Sie glauben, daß die Ehe eben ihre Höhen und Tiefen haben müsse und konzentrieren ihre Aufmerksamkeit auf Kinder, finanzielle Sicherheit und sozialen Status.

Wir kennen ein solches Paar recht gut. John und Johnnie haben drei Kinder und vierzehn Ehejahre hinter sich. Sie behaupten, niemals eine Scheidung erwogen zu haben, geben aber eine Menge Streitigkeiten und Nachteile zu. John hat uns versichert, er habe niemals Seitensprünge gemacht. Für unsere Einstellung typisch: Wir haben Johnnie zu diesem Punkt nicht befragt.

John ist ein vielbeschäftigter Chirurg. Seine Patienten vergöttern, seine Kollegen schätzen und respektieren ihn. Johnnie ist stolz auf ihren Mann und gibt sein Geld bereitwillig aus, aber sie hätte wirklich nichts dagegen, wenn er etwas öfter zu Hause wäre und seine Mutter nicht so oft zu ihnen bringen würde. John ist der Ansicht, daß seine Frau eine Zeitverschwenderin und (»wie alle Frauen«) leicht hypochondrisch ist. Er kommt nicht auf die Idee, ihre chronische Müdigkeit dem hektischen Lebenswandel zuzuschreiben, und solche Fragen werden gar nicht aufs Tapet gebracht, weil »sie jedesmal mit Streit enden«.

Es ist durchaus nicht schwierig dahinterzukommen, wie Johnnie ihrem Gatten heimlich eins auswischt. Wenn er zu Hause ist, versucht er, die Rolle des ›pater familias‹ zu übernehmen, und sie hintertreibt dies, indem sie seine Bemühungen um die Erziehung der Kinder sabotiert. Diese Machenschaften scheint er nicht zu registrieren und läßt seinen Zorn an den Kindern anstatt an seiner Frau aus. Die Kinder haben sich an solche Szenen gewöhnt und lassen sie einfach über sich ergehen. Doch beide – John und Johnnie – lieben ihre Sprößlinge und verbringen viel Zeit mit der Diskussion über deren Erziehung und Zukunft. Wie es weitergeht, wenn die Kinder aus dem Haus sind, ist fraglich, und man kann jetzt noch keine Prognosen in dieser Hinsicht stellen.

Es gibt in dieser Ehe viele Freuden und Vorteile. Beispielsweise scheinen beiden ihre sexuellen Erfahrungen recht befriedigend, und sie begeben sich gerne in Gesellschaft, auch wenn sie dann, typischerweise, den ganzen Abend nicht beieinander sind, vielleicht jemanden suchen, mit dem sie Diskussionsthemen finden, die außerhalb der Reichweite des Partners liegen. Solches Verhalten mag wünschenswert sein, stellt andererseits aber eine Art Protest gegen die Abhängigkeit dar. Bei manchen Zusammenkünften und Kreisen gilt eine »glückliche Ehe« oft als Zeichen für zu große Abhängigkeit oder Schwachheit. Bei Cocktails ist die Tendenz der Absonderung in männliche und weibliche Gruppen besonders deutlich. Wenn sie die Sitzordnung für ein Abendessen macht, sollte die Gastgeberin darauf achten, Männer und Frauen abwechselnd zu setzen, um dieses kulturell bedingte Muster der Absonderung der Geschlechter zu durchbrechen.

Eines ist offensichtlich: John und Johnnie verbringen nicht viel gemeinsame Stunden, außer im Schlafzimmer sind sie selten allein miteinander. Sie könnten sich kein anderes Leben vorstellen und haben wenig Nachsicht mit Freunden, die Eheprobleme haben und therapeutische Hilfe brauchen oder die sich scheiden lassen. Sie sind der Ansicht, daß sie auf ihre Art das Rückgrat der Nation bilden, und ihre Stellung erfüllt sie mit Ernst und Verantwortungsbewußtsein. Die Ehe ist zwar schwierig – aber was soll's? Ihre großen Freuden sind zwar selten, aber gewöhnlich sind sie mit ihrer Existenz zufrieden. Wenn der Wechsel der Umstände etwas daran ändert – beispielsweise wenn die Kinder aus dem Haus gehen oder wenn sie jemanden treffen, der neue Ansichten und Träume eröffnet –, kann diese Ehe eine Stufe tiefer in die Kategorie der unbeständigen und unbefriedigenden Beziehungen geraten.

Ein weiterer Ehetypus, ein *fast* beständiger, ist der letztgenannte. Hier wissen die Partner, die wir *Pfandleiher* nennen wollen, daß sie einander nicht lieben. Einer oder beide erkennen, daß sie bei der Suche nach dem Idealpartner Kompromisse geschlossen oder ihre Bemühungen aufgegeben haben; doch möchten sie auf jeden Fall verheiratet bleiben, normalerweise deshalb, weil der andere trotz seiner offensichtlichen Nachteile höchst ersehnte Eigenschaften mitbringt: Geld, Sicherheit, sozialen Status, Hilfestellung für ein heiß ersehntes Ziel, berufliche Vorteile. Einer oder beide Partner glauben, daß die begrenzte Zufriedenheit, die sie durch den Ehestand erreichen, einem unsicheren Lohn vorzuziehen ist, den sie unter Umständen durch die längere Suche nach dem Idealgefährten oder durch die Rückkehr in die Ehelosigkeit erreicht hätten.

Da, wie wir gezeigt haben, Nicht-Kommunikation unmöglich ist, erreicht aber die Botschaft »Im Grunde liebe ich dich nicht« den anderen doch, und die Pfandleiher-Ehen sind deshalb unbeständig. Dauernd müssen unausgesprochene Richtigstellungen vorgenommen werden, um den Mangel an emotionellen Inhalten auszugleichen. Mary schätzt ihren Mann nicht, oder vielleicht mag sie ihn auch, hat aber eine körperliche Abneigung gegen ihn. Vielleicht täuscht sie sexuelle Interessen häufiger vor als sie im Grunde möchte – um eben ihren Anteil am Geschäft zu erfüllen, um ihrem Mann zu »zeigen«, daß sie ihn in mancher Hinsicht mag, um ihren Mangel an echter Befriedigung auszugleichen oder um den Geschlechtsakt schnell und als Routinegeschäft hinter sich zu bringen.

Auf die eine oder andere Weise wird Marys Botschaft ihren Gatten erreichen, und er wird die Situation wohl akzeptieren, so wie sie ist, weil auch er bestimmte Gründe dafür hat. Vielleicht ist auch seine Einstellung in punkto Sexualität zwiespältig, und Marys aggressive regelmäßige Vorstöße verdecken diesen Zwiespalt nur. Vielleicht legt er den Hauptteil seines Interesses auf seine berufliche Tätigkeit und wünscht gar keine tiefere gefühlsmäßige Verbindung mit einer Frau. So haben Partner dieses Typus sich einander verpfändet. Sie zahlen willig das Erforderliche und bleiben in ihrem Verpfändungsverhältnis, denn die Bezahlung, die sie erhalten,

scheint ihnen ein gerechter Ausgleich für ihren Einsatz.
Während des 19. Jahrhunderts gab es mehr Frauen als Männer im Pfandleiherstatus. Die Zahlen haben sich inzwischen angeglichen, weil Frauen selbst ihren Lebensunterhalt verdienen und auch andere Möglichkeiten zur Befriedigung ihrer Ambitionen haben als die Ehe mit einem ehrgeizigen Mann. Auch ist mit der größeren sexuellen Freiheit der Frau die scharfe Unterscheidung zwischen unsoliden »losen« und soliden »netten« Frauen verwischt worden. Heute können die Männer wertvolle Beziehungen zu intelligenten, sensiblen Frauen anknüpfen, ohne dadurch gleich in eine verfrühte Ehe hineingetrieben zu werden. Der reife Mann, der nach Liebe, Schönheit und Kameradschaft sucht, kann ungehinderter wählen. Er muß sich nicht mit einer rein sexuellen Beziehung zu einer Frau zufriedengeben, die in erster Linie daran interessiert ist, was sie finanziell oder gesellschaftlich aus einer solchen Bindung machen kann.
So ähneln die heutigen Pfandleiher-Ehen nicht mehr im entferntesten ihren Vorläufern. Damals waren Mann und Frau, wenn sich dies auch bald ändern sollte, gesellschaftlich nicht gleichwertig. Aber allmählich begannen sie, etwas aus ihren Rechten zu machen, größere Erwartungen in ihr Leben zu setzen, als nur das Haus voller Kinder und voller Essen zu haben und eine zweitrangige Position, begründet auf dem Abglanz hausherrlichen Ruhmes, vorweisen zu können. Eine Frau in der Position früherer Zeiten blieb oft aus dem Leben ihres Mannes emotionell ausgesperrt, und sie mußte erheblichen Erfindungsgeist walten lassen, um einen Ersatz für die Selbstachtung zu finden, die auf persönlicher Leistung und Gemeinschaft mit Gleichgesinnten beruht. Diese Situation setzte auch der Befriedigung des Mannes enge Grenzen. Mit einer Hausfrau, die meist müde war von der Hausarbeit und der Beschäftigung mit dreijährigen Kindern, die frustriert war durch die Begrenzungen eines kleinen Bereiches und den Mangel an Freunden, mußte er, um Kameradschaft und Anreiz zu finden, häufig außer Haus gehen. Oft zogen ihn Bars, Klubs oder »ungesetzliche« Beziehungen mit alleinstehenden Frauen an, deren Reize noch nicht durch die allzu langweilige gesellschaftliche Routine abgewetzt waren.
Im Lauf der Jahre hat sich die Situation in dieser Hinsicht spürbar, wenn auch langsam und sporadisch, verbessert. Heu-

te können Mann und Frau eine »Mittellage« finden, die beiden verschiedenartige Erfahrungen und gesellschaftliche wie berufliche Möglichkeiten bietet. Trotz der zunehmenden Scheidungsquote scheinen auf Kooperation gegründete Ehen im Zunehmen begriffen.
Leider lassen sich die Lektionen, die dazu führen, nur durch Schmerz, eheliche Pannen und Tiefschläge erlernen. Viele heutige Ehen des Pfandleiher-Typus existieren zwischen Partnern, die schon einmal verheiratet waren und die eine neue Beziehung anknüpfen wollen, um mehr Freiheit und Kameradschaft als beim erstenmal erleben zu können, wobei das ›erstemal‹ meist auf falscher Romantik aufbaute.
Viele Pfandleiher-Ehen finden sich bei Berufstätigen, die, älter geworden, ihre einstigen Illusionen über die vollkommene Liebe verloren haben. Solche Ehen scheinen zwar nur praktisch im konventionellen Sinn, vermitteln aber für die Betroffenen ein großes Maß an Zufriedenheit. Doch bleibt ein Rest von Unbeständigkeit, weil die falsche Vorstellung von ewigem Glück und ewiger Liebe in unserer Zivilisation so verankert sind, daß sogar jene, die sich darüber erhaben fühlen, niemals ganz sicher wissen können, ob ihr Partner nicht eines schönen Tages sich ganz in den Blick eines anderen verliert . . .

7. Die unbeständigen und unbefriedigenden Ehen

Die Situation der Untertypen dieser Kategorie – der *überdrüssigen Streithähne* und der *psychosomatischen Drückeberger* – und ihr Schicksal ist so unattraktiv, so unerfreulich, wie die Bezeichnungen ahnen lassen. Sie machen aber einen beträchtlichen Prozentsatz der amerikanischen Ehen aus. Diese Kategorie ist zahlenmäßig am häufigsten bei Psychologen und Psychiatern in Behandlung.
Die *überdrüssigen Streithähne* haben ihr jetziges Los nach Jahren von Vorgefechten erreicht. Sie brauchten einige Zeit, um herauszufinden, wie sie den anderen häufig und mit Raffinesse verletzen können. Sobald sie in ihrem Metier fachkundig waren – wenn die Ehe bis dahin nicht durch Gatten-

mord, Selbstmord oder Scheidung geendet war –, fand jeder Vergnügen daran, den anderen bei Fehlern zu ertappen oder ihn bei Fehlschlägen zu beobachten, denn diese zählen im Dauerkrieg mehr als Niederlagen.

Die Streithähne mögen zwar feststellen, daß sie eine schlechte Ehe führen, aber gewöhnlich können sie oder wollen sie nichts dagegen unternehmen. Oft brauchen oder wünschen sie den Ehekrieg.

Oft sind es griesgrämige Menschen ohne jede Begabung oder Bereitschaft zur Selbstkritik. Indem sie ihre Aversionen nach außen kehren, finden sie ein Ventil, das sie vom Unbehagen, von der Angst und Enttäuschung befreit.

Die Streithähne erlangen eine Art Trost in der gegenseitigen Feindseligkeit, denn die Situation ermöglicht es ihnen, die Verantwortung für ihr Unglück dem anderen zuzuschieben. Tatsächlich ist es manchmal dieser »Vorteil«, der solche Ehen primär zusammenhält. Eine weitere große Attraktion dieser gegenseitigen Feindschaft stellt die Tatsache dar, daß es wenig Veränderung gibt, weil die Aufmerksamkeit immer auf den anderen gerichtet ist. Aber die Streithähne wissen nicht, daß Feindseligkeit und Ärger nicht statisch sind. Wenn der Trend dazu einmal eingerissen ist, nimmt die feindliche Stimmung fortwährend zu; oft eilt der Ärger voraus und verletzt beide gleichermaßen.

Ein Grund für die ungewisse Zukunft dieses Ehetypus ist, daß die Partner nicht wissen, wie sie ihre aggressiven Techtelmechtel beenden und durch Koalitionsbildung ersetzen sollen. Getrieben von dem Bedürfnis, jede Kampfrunde zu gewinnen, sind sie manchmal nicht in der Lage, sich auf einen »Stein des Anstoßes« zu beschränken. Eine dritte Partei, die solchen Gefechten zuhört, empfindet eine Art von Unwirklichkeitsgefühl, so schnell wechseln die Themen. Paare dagegen, die Koalitionen bilden können, gehen jede Situation als ein Team an, wobei jeder auf den Leistungen des anderen aufbaut.

Die überdrüssigen Streithähne schieben einander gern sehr ausführlich die Schuld zu für die Fehlleistungen und Frustrationen ihrer Beziehung. Oft verwickeln sie ihre Kinder in ihre Konflikte. Manchmal wählt die Frau eines davon als Favoriten, der Mann ein anderes; manchmal entscheiden sie sich auch für den gleichen Sprößling, der sich dann schließlich als außergewöhnliches Geschenk Gottes an diese Welt dünkt. Andererseits kann das Leben eines Kindes die Hölle sein, wenn seine Eltern sich überbieten, an ihm herumzunörgeln (die »Fehler« hat es natürlich vom jeweils anderen Gatten »mitbekommen«). In jedem Fall kann das zu schweren Schäden führen. Oft scheint der Nachwuchs einer solchen Ehe, der nicht in die Rolle des Sündenbocks oder Lieblings der Eltern gezwungen wird, die eheliche Misere zu überstehen, weil der Ehekrieg ziemlich offen geführt wird und die Kinder den Unmut registrieren können. Sie sind in der Lage, sich dem Unvermeidlichen anzupassen, auch wenn sie den Tag herbeisehnen, an dem sie alt genug sind, ihr Elternhaus zu verlassen.

Nicht alle Ehen der Kategorie Unbeständig und Unbefriedigend bestehen aus dauernden Kämpfen und offener Agitation. Viele Paare dieser Gruppe beginnen als überdrüssige Streithähne; nach ein paar Jahren aber werden sie des Kampfes müde und tendieren zum Typus des *psychosomatischen Drückebergers* hin. Manche Partner, die ihren Ärger nicht offen ausspielen können, gehören von Anfang an dazu. Das Hauptcharakteristikum dieser letzten Untergruppe besteht darin, daß sie ihre Schlachten im Verborgenen schlagen, daß sie ihrem Ärger und ihrer Enttäuschung hauptsächlich durch feinen Sarkasmus, doppeldeutigen Humor oder ähnliche Methoden ein Ventil schaffen. Einige der geläufigeren Arten, in der sich ihre Frustration indirekt Luft macht, sind Krankheit, Alkohol und Frigidität. Beide Parteien erkennen unbewußt, daß der so gestörte Gatte unter der Unzufriedenheit mit seiner Ehe leidet, aber unsere auf Gesundheit bedachte Kultur erlaubt ihnen das Ausweichen auf Ärzte, Pillen und Pflaster. Das ›sine qua non‹ dieser Gruppe ist ein Badezimmer, angefüllt mit allerhand Mittelchen und Tinkturen; halbleere Gläser, Flaschen und Dosen stehen da als stumme Zeugen für die Tatsache, daß der Doktor eine schlechte Ehe mit Medikamenten nicht kurieren kann.

Viele dieser Leute finden gelegentlich den Weg in die Behandlungszimmer von Psychiatern. Gewöhnlich sucht nur einer von beiden eine Therapie für seine psychosomatischen Symptome, seine Trunksucht, seine Frigidität – während der andere ihm voller Sympathie zuschaut und sich vergleichsweise als vollkommen gesund und munter dünkt.

Manche dieser psychosomatischen Drückeberger entwickeln einen recht unkonventionellen Lebensstil. Beispielsweise gestattet die Frau ihrem Mann eine Freundin, wogegen er um eines zeitweisen unstabilen Friedens willen ihr große Summen für Kleider, Unterhaltung und Psychoanalyse gewährt. Natürlich bedeutet ihre vordergründige Einwilligung in ein solches zerstörerisches Übereinkommen keineswegs, daß sie darüber glücklich sind. Nicht nur zahlt die Frau mit ihrer Gesundheit schwer, auch der Mann zieht es normalerweise vor, anstelle einer Freundin eine gesunde, liebevolle Frau sein eigen zu nennen. Unglücklicherweise finden es psychosomatische Drückeberger leichter, ihre Not allein zu tragen, als offen darüber zu streiten.

Viele Paare dieser Kategorie attackieren einander über Jahre hinaus – offen oder versteckt – mit absichtlicher Zerstörungslust, die sich im Quadrat vermehrt, so daß das fünfte Ehejahr 16mal schlimmer sein kann als das erste. Ein gemeinsamer Grund für diese Eskalation ehelicher Gegnerschaft ist die Tatsache, daß der Mann zunehmend finanzielle Erfolge hat. Seltener sind es geldliche, soziale oder berufliche Erfolge *beider* Partner, die den Konflikt beschleunigen. Das Problem ist so weit verbreitet, daß viele große Industrieunternehmen auf einem Interview mit den Ehefrauen aussichtsreicher Angestellten bestehen. Die »Young Presidents' Organization« (eine Vereinigung von Männern, die bis zum vierzigsten Lebensjahr Vorsitzende millionenschwerer Unternehmen geworden sind) liefert ihren Beitrag zur ehelichen Harmonie dadurch, daß sie die meisten ihrer regionalen und überregionalen Treffen für leitende Angestellte *und* deren Frauen plant. In den USA gibt es verschiedene Schätzungen über den Produktivitätsverlust aufgrund von Eheproblemen. Die Zahlen sind besonders beeindruckend, wenn man die großen Summen dazurechnet, die für die Ausbildung von Leuten ausgegeben werden, deren Effektivität später durch die häusliche Misere eingeschränkt oder völlig zerstört wird. Manche einschlägige Schätzungen sprechen von einer Summe von eineinhalb Billionen Dollar pro Jahr!

Häufig treffen sich der junge Mann und seine spätere Frau im College und heiraten kurz nach dem Abschluß oder nach seinem Militärdienst. Oft studiert er weiter, während sie für den Unterhalt sorgt, und während dieser Zeit haben sie beide gleich viel zu tun und wenig Muße, sich um ihre Streitereien zu kümmern. Dann kommt sein erstes Stellenangebot – Aufregungen, die Vision einer herrlichen Zukunft mit Farbfernseher, Clubs, eventuell einer Europareise!

Vielleicht gefällt Sally der Gedanke nicht, in Kalamazoo zu leben, doch nach ein paar Tagen voller Zank bleibt ihr kleiner Mund geschlossen, und sie versucht, Walters Freude über seine neue Position zu teilen. Dann fügt sie ihr süßes Geheimnis hinzu: Sie erwartet ein Kind! Vielleicht ist es vernünftig, daß Walter in Kalamazoo bleibt, während Sally in Houston bei ihrer Mutter ist und dort ihr Kind erwartet. Walter soll dann natürlich Sally und das Baby nach Kalamazoo holen und dort ihr Nest aufbauen, während Sallys Mutter nachkommt und hilft, bis Sally wieder ganz bei Kräften ist. Walter ist unglücklich über diese Regelung und denkt sich, daß Sally ihn nicht unbedingt unterstützt. Außerdem ist er verletzt durch ihre mangelnde Bereitschaft, sich wie er über den neuen Job aufzuregen, aber da sie mit Kalamazoo einer Meinung waren, hat er, wie er meint, keine andere Wahl, als sie zu ihrer Mutter gehen zu lassen. Er hat Sallys Mutter immer gemocht, aber die Situation wird schnell anders, sobald sie in Kalamazoo angekommen sind. Mrs. Hanson möchte ihn nur zu gern vom Baby weghalten (als ob alle Männer plumpe Rohlinge wären und nichts von Kindern verstünden). Sally nörgelt und ist anspruchsvoll, und ihre Mutter gibt ihr nach, während Walter sich Sorgen macht, ob dies auch noch einmal anders werden wird. Nach einigen Monaten fährt Sallys Mutter ab. Die Streitigkeiten, die Walter und Sally im Schlafzimmer austrugen, haben sie ärgerlich und angespannt gemacht. Sally hat schmale Lippen bekommen und beschließt, nie mehr mit Walter zu streiten, da sie glaubt, immer die Unterlegene zu sein. Walter wird seinerseits reserviert, da Sally seiner Meinung nach niemals nachgibt, und er beginnt, immer mehr Zeit in seine Arbeit zu investieren.

In der Fabrik läuft die Sache prima. Walter und sein unmittelbarer Vorgesetzter vertragen sich so gut wie ein vorwärtsstrebender Junge und sein weiser älterer Bruder. Natürlich ergibt es sich, daß eines schönen Nachmittags Mr. Eccler vorschlägt: »Nun, Walter, wie wär's mit einem Drink? Einem kleinen Imbiß? Dann können wir uns noch über die dringende Abrechnung machen. Ich glaube, die Ablenkung wird uns die Probleme sehr erleichtern.« So kommt der glückliche und schuldbewußte Walter also nach Hause, weiß, daß Sally nach der Abreise seiner Schwiegermutter allein ist, und berichtet seiner verletzten, alles verstehen wollenden Frau, daß der Boß für den Abend andere Pläne mit ihm hat.

»Aber, ich wollte doch . . .«

»Du mußt verstehen – das ist eine Gelegenheit, die ich nicht auslassen darf!«

»Gut, Walter«, sagt Sally, »wenn du mußt, glaube ich, hilft sowieso nichts, was ich auch sage«, und dreht das Gas ab. Sie setzt sich vor den Fernsehapparat, stopft sich mit Käse und Biskuits voll (das wirkt höchst märtyrerhaft im Vergleich zum vorgesehenen Filet) und fragt sich von Zeit zu Zeit, was sie falsch gemacht habe. Und so ist denn das Unglücksmuster angelegt: Jeder Partner sieht sich, unterstützt von gesellschaftlichen Erfordernissen, als vernünftig und den anderen als unvernünftig, und glaubt, daß der andere sich ärgere, weil er wisse, daß er nicht recht habe. Da beide Bestätigung suchen, diskutieren sie die Lage mit Freunden. Jeder findet in seiner eigenen Clique Bestätigung und Trost, weiß nicht, daß diese »Verständigung« die Kluft zwischen ihm und dem Partner vertieft. Wenn erst einmal das Muster »Opfer contra Peiniger« erstellt ist, wird auch ein ehrlicher Versuch, etwas dagegen zu tun, leicht als ein weiterer Trick abgemindert.

Beispielsweise hat Walter einen Monat lang jeden Abend hart gearbeitet, um einen wichtigen Abschluß zu machen. Er wird mit einer Gehaltserhöhung belohnt, und voller Freude nimmt er Sally zu einem teuren Ferienaufenthalt mit, um die Vernachlässigung seiner Frau damit auszugleichen. Sally steckt wieder in einer Konfliktsituation, denn sie ist argwöhnisch; sie fragt sich, ob Walter die teure Reise nicht unternommen hat, weil er sich schuldig fühlt. Wenn aber, weshalb dann? Hat er vergangenen Monat wirklich jeden Abend gearbeitet? Sally getraut sich nicht zu fragen, sie möchte die teuren Ferien nicht verderben. Wenn sie sich aber davon überzeugen kann, daß Walter das Ganze nur getan hat, weil er sie gern mag, kann sie nun ihre Frustration und ihren Ärger über frühere Vernachlässigung nicht zum Ausdruck bringen, denn sie kann ihn einfach nicht kritisieren, weil er sie doch mit einem so teuren Aufenthalt verwöhnt. Vielleicht gelangt ein Stück dieser nicht abgesendeten Bot-

schaft zufällig an den Empfänger; die Folgen sind wieder Mißverständnis und verletzte Gefühle. Walter ist nun der Ärgerliche, weil Sally auf seine Versöhnungsgeste nicht mit Enthusiasmus eingeht. Mitten in den Ferien bekommt Sally Kopfweh und Magenkrämpfe und muß nach Hause gebracht werden. Beide sind enttäuscht. Walter ärgert sich im stillen, und Sally fühlt sich mißverstanden und schuldig. Zu diesem Zeitpunkt sind sie schon auf dem Weg zum Typus der psychosomatischen Drückeberger; sie sind des Kämpfens müde.
Ihre Situation verschlechtert sich laufend und, da sie nur das Kind als gemeinsamen Mittelpunkt haben, hängt die Aussicht, daß es eines Tages erwachsen und das Elternhaus verlassen wird, drohend über ihnen. Verzweiflung bringt unglücklicherweise keine Einfälle, wie aus diesem Dilemma herauszukommen ist – viel öfters zieht sie noch mehr Verzweiflung nach sich.
Das Ende der traurigen Geschichte ist nicht mehr wichtig; es kann sich in mehreren der üblichen Formen abzeichnen: Die Partner verlegen sich auf alkoholische Exzesse, Blondinen, Krankheit und Leiden, getrennte Betten, die Rede »Er versteht mich einfach nicht« oder »Ich bin auf dem Weg zur ersten Million, und nichts könnte ihr gleichgültiger sein als meine Leistung«. Zeit und zur Pyramide angewachsene Mißverständnisse haben eine so große Kluft aufgetan, daß sie nur mit großen Schwierigkeiten noch zu überbrücken ist. Jeder Partner ist vollkommen überzeugt von der Richtigkeit der eigenen Position. Abwehrhaltung ersetzt die Aufforderung: »Nun komm und laß es uns ausreden.«
Häufig zeigen die Taktiken, die sie anwenden, die Unfähigkeit der Partner dieser Kategorie, aus ihrer Situation herauszukommen. Beispielsweise macht sie aus Furcht, er könne sie verlassen, einen Selbstmordversuch. Der Versuch schlägt fehl, er aber fühlt sich schuldig und versichert ihr, daß er immer bei ihr bleiben wird, »nur, mach so etwas nie mehr!« Sie verspricht es. Für den Augenblick hat sie das Spiel gewonnen, und die beiden stoßen ihr Boot wieder in die stürmische See, setzen die Reise fort. Aber er weiß, daß nun er an der Reihe ist, eine Runde zu gewinnen, und so sucht er nach einem Anlaß. Solche Paare findet man in unserer Gesellschaft überraschend häufig.
Die unbeständigen und unzufriedenen Paare bleiben auch

oft deshalb aneinander hängen, weil jeder hofft, er könne offenstehende Rechnungen der Vergangenheit im Lauf der Zeit eintreiben. Ein vager, aber hartnäckiger Traum bleibt, daß der andere vielleicht doch anders ist, wenn er sich nur richtig Mühe gibt. »Eines Tages muß er doch einsehen, wie unrecht er mir getan hat, und dann wird er liebevoller und gerechter sein; dann werden wir glücklich sein. Vor unserer Ehe sagte er doch, er wolle mich lieben und glücklich machen ...« Solche Träume enden meist mit der bittersten Enttäuschung und Verärgerung. Wenn die Paare älter werden, erkennen sie, daß sie immer weniger Zeit haben und immer noch nicht das bekommen haben, was ihnen ihrer Meinung nach von seiten des anderen zusteht.

Ein weiteres wichtiges Charakteristikum dieser Kategorie besteht darin, daß die Partner oft den Eindruck von Gemeinsamkeit vermitteln, während sie in Wirklichkeit in völlig getrennten Welten leben. Die Täuschung tritt in zwei Formen auf, nach außen hin ganz gegensätzlich, aber mit derselben Funktion: die Kluft zwischen Mann und Frau zu verdecken. Die erste Form ist gekennzeichnet durch Paare, die ein aktives, ausgefülltes Leben führen, wobei jeder beruflich und gesellschaftlich so engagiert ist, daß er vom anderen buchstäblich kaum etwas sieht und dennoch die Fassade einer intakten Ehe durch Ausstaffierung mit großem Haus, mehreren Kindern und Hund aufrechterhält. Solange sie nicht viel voneinander sehen, scheinen sie ganz gut zu Rande zu kommen. Aber unvermeidliche Gelegenheiten ergeben sich, wo die Distanz nicht mehr aufrechtzuerhalten ist, weil die Wünsche und Bedürfnisse beider kollidieren. Beispielsweise scheinen zwei junge verheiratete Ärzte mit kleinen Kindern eine erstaunlich intakte Ehe zu führen. Zu einem beträchtlichen Teil rührt das daher, daß sie eine ältere, warmherzige Haushälterin haben, die praktisch Bestandteil der Familie ist. Sie erfüllt die meisten Haushalts- und Mutterfunktionen, so daß die Frau Doktor ihrer beruflichen Karriere nachgehen kann. Doch gerade bei einem wichtigen Kongreß muß die Haushälterin ins Krankenhaus zu einer Operation. Der Mann nimmt als selbstverständlich an, daß seine Frau nicht auf den Kongreß geht und sich um die Kinder kümmert. Die Frau dagegen ist der Ansicht, daß ihre beruflichen Verpflichtungen den Kongreßbesuch für sie ebenso wichtig machen wie für ihn, und ehe sie sich überhaupt Gedanken gemacht haben, ob nicht ein Babysitter zu finden wäre, brechen sie in wütende Streitigkeiten aus, die das Gesamtbild ihrer Beziehung verändern.

Diese Art der Interessenkollision ist von Zeit zu Zeit unvermeidlich; dennoch können die Partner einen Großteil Freude schöpfen aus ihrer verhältnismäßig großen »Unabhängigkeit«, die ihnen die Kraft gibt, einander zu ertragen, wenn sie beisammen sind. Wir möchten nicht behaupten, daß alle oder viele Ehepaare, bei denen beide Partner aktiv tätig sind, eine weniger enge Bindung haben, als der Anschein zeigt. Manche Partner können trotz starker Arbeitsbelastung und häufiger örtlicher Trennung dennoch sehr eng verbunden und in großer Übereinstimmung leben. Aber auf viele aktive Paare trifft dies nicht zu. Außerdem kann im Lauf der Zeit Karriere oder gesellschaftliches Ansehen des einen bedeutender werden als die des anderen, und dann schrumpfen die Überlebenschancen der Ehe. Die erschreckende Erkenntnis in solchen Fällen ist die, daß die Ehe sehr wenig bindende Kraft hat, um in Krisen einen echten Zusammenhalt garantieren zu können. Diese Erkenntnis kann sich in Verzweiflungsausbrüchen Luft machen.

Eine weitere häufige Manifestation trügerischer Verbundenheit bei unbeständigen und unzufriedenen Paaren ist schwieriger zu fixieren. Manche Paare haben gemeinsame Interessen oder triftige Gründe dafür, daß sie einer bestimmten Sache ungeheuer viel Zeit und Energie opfern. Weil solche Partner oft gemeinsam auftreten und in beschränktem Maß auch vom Wert dessen, was sie gemeinsam vertreten, überzeugt sind, hält der oberflächliche Beobachter sie für ein Wunder an Zweisamkeit. Eine genauere Untersuchung ihrer Ehesituation zeigt dagegen, daß sie buchstäblich niemals miteinander allein sind und daß sie, wenn einmal das tragende Interesse nachläßt, sich ganz verlassen fühlen. Dies geschieht oft, wenn Kinder von Eltern, die ihre Ehe als »Profis« führen und sich ganz dem Nachwuchs widmen, in den Sommerferien wegreisen, wenn Mann und Frau sich dann verloren fühlen und keine gemeinschaftlichen Unternehmungen mehr finden. Paare, die auf eine gemeinsame Sache eingeschworen sind, haben keine Zeit für vertrauliche Gespräche oder Plauderstündchen zu zweit und treten oft gar in eine Art Wettbewerb, wie sie ihre Freizeit auch noch am besten in den Dienst der Sache oder deren Vorbereitung stellen können. Es sei noch einmal gesagt: Solange sie in den Augen ihrer Umgebung mehr oder weniger als gleichberechtigt auftreten, mag eine solche Ehe ganz gut erscheinen.

Es ist wahrscheinlich, daß in den meisten dieser Fälle ein Partner tiefer in die Sache verwickelt ist als der andere; der kann die Tatsache seines geringeren Engagements verbergen oder mag sich sogar selbst einreden, er sei ebenso interessiert wie der andere. Doch im Lauf der Jahre wird diese Täuschung offenkundig. Und dann wird es für beide immer schwieriger, ihre gefühlsmäßige Distanz zu verbergen. Solche Beziehungen spielen oft in Erzählungen über Missionare eine Rolle. Das Missionarspaar in James Micheners Buch »Hawaii« ist ein Beispiel. In vielen solcher Fälle stellt sich heraus, daß Mann oder Frau stärker sind im Ertragen von Entbehrungen oder daß einer »den stärkeren Glauben« besitzt, während der andere kränkelt, zum Märtyrer oder zum ewig Jammernden wird. Er (meist ist es die Frau) kann auch krank werden und sterben, und der Partner ist nun frei, das große Werk selbst weiterzuführen, während er sein »edles Weib« für sein Märtyrertum in den Himmel hebt.

Bei anderen Paaren – vielleicht Berufspolitikern oder Profi-Eltern, ausschließlich dem Wohl der Kinder lebend – mag ein Partner nach Jahren scheinbarer enger Beziehung und funktionierender Zusammenarbeit plötzlich mit dem anderen in Streit geraten. Sei es, daß der dominierende Teil jemand gefunden hat, der überzeugterer Anhänger seiner Ziele ist als der jetzige Partner und der neuen Impetus nötig hat; sei es, daß das Gegenteil eintritt: der anscheinend dienende Teil, der, um die Beziehung aufrechtzuerhalten, in einen Lebensstil hineingestoßen wurde, der ihm überhaupt nicht behagt, hat schließlich und endlich das Ganze satt und wirft »den Laden hin« – zu jedermanns Erstaunen!

Auch wenn der Augenschein anders ist: Mann und Frau, deren Lebensziele oder Verhaltensformen nur auf den Wünschen eines Partners aufbauen, pflegen keine echte Gemeinschaft. Gemeinsamkeit ohne *echte* Übereinstimmung ist wie eine Sandburg, nahe am Wasser errichtet. Wenn die Gezeiten wechseln, wird sie überspült, und die Flut trägt oft einen der Bewohner mit fort – hin zu neuen Küsten, die er aus seiner eigenen Perspektive sieht und beurteilt.

Heute kann fast jeder auf ein Ehepaar aus seiner Bekanntschaft verweisen, das nach Jahren scheinbarer Gemeinsamkeit auseinandergegangen ist. Meist wird dann der Partner, der seit langem gelitten hat und das Schiff verläßt, als »schlechter Mensch« disqualifiziert, und das stimmt auch in gewissem Sinn. Denn dadurch, daß er – aus Passivität, Ermattung oder Verleugnung seiner eigenen wahren Wünsche – die Träume des anderen teilte, beließ er ihn in einem trügerischen Gefühl der Sicherheit und Achtung. Wenn einer aus Passivität dem anderen keine Grenzen für dessen Forderungen setzt, wenn er sich weigert, den Kampf auszufechten und Rückzug als Mittel des Überlebens wählt, wenn der dominierende Teil sich weigert, die vielen Hinweise und Botschaften zu sehen, die ihm bedeuten sollen, daß der andere nur weitermacht, weil er sich keine Gewinnchancen ausrechnet, obwohl er im Grund ganz anders denkt, führen die Partner einander immer tiefer in den Irrgarten imaginärer Gemeinsamkeit hinein.

Wenn dann das Dunkel endgültig anbricht und wenn der leidende passive Teil »es keine Sekunde länger mehr aushalten kann«, geht er und läßt den dominierenden Partner allein. Besser hätten sie diesen Irrgarten niemals betreten oder hätten ihre Angelegenheiten eher ausgefochten, solange noch Zeit und Licht dafür da war und solange die Chance für den Versuch notwendiger Änderung bestanden hätte. Es ist in Ehen mit stark ausgeprägtem Dominierungs- und Unterwerfungsmuster nicht ungewöhnlich, daß der beherrschende Teil immer mehr in Hysterie und diktatorische Allüren verfällt, bis er jegliche Selbstkontrolle verliert bei der Entdeckung, daß der unterwürfige Teil ihn weder liebt noch respektiert und daß seine Passivität einfach der Ausdruck des Hasses ist.

Viele unbeständige und unzufriedene Paare brechen nicht miteinander, obwohl der Zuwachs der Scheidungsrate bei dieser Kategorie alarmierend ist.

Einer kleinen Anzahl gelingt es gelegentlich, eine funktionierende Verbindung zu schaffen. Glücklicherweise erkennen sie, geführt von göttlicher Fügung, assistiert von weisen Ratgebern oder verständnisvollen Vorgesetzten und Verwandten, daß nicht alles bei ihnen nur schwarz oder weiß ist, daß

sich ihre Differenzen überbrücken lassen und daß Kompromisse möglich sind. Manchmal erteilt eine schwere Krise oder ein drohender Bruch einen heilsamen Schock, der die Partner auf Rechthaberei und Aufrechterhaltung mißverstandener Positionen verzichten läßt, und dann kann eine Kommunikation zustande kommen.
Das Wichtigste bleibt dabei aber immer der Zeitpunkt, zu dem dies geschieht. Ehejahre zählen nicht gleich, und negative Verhaltensmuster, die sich einmal verfestigt haben, lassen sich nur sehr schwer beseitigen. Wenn Veränderungen zum Positiven früh genug einsetzen, können sich solche Paare hocharbeiten in die Kategorie der unbeständigen und befriedigenden Ehen. Wenn sie spät kommen, sind die Chancen für eine wirklich befriedigende Beziehung auf der Basis von Geben und Nehmen auf ein Minimum beschränkt.

8. Die beständigen und unbefriedigenden Ehen

Obwohl die Ehen dieser Kategorie beständig sind, gehören sie zu den schlimmsten. In ruhiger, gesellschaftlich geduldeter Weise erleiden ihre Partner mehr Schmerz, hassen tiefer und verursachen einander mehr Unbehagen als die Mitglieder der drei anderen Kategorien. Doch scheinen sie sich ihres Verhaltens nicht bewußt zu sein. Sie sind durch einen giftigen Leim des Hasses aneinandergekittet, der nur dem geschulten Auge des Verhaltensforschers oder des hervorragenden Schriftstellers sichtbar wird. Einer der auffallendsten Typen dieser Kategorie sind die *»schrecklichen Zwei«*, zwei Menschen, die zusammen in einer unbefriedigenden Ehe alt werden, einer Ehe, die nur deshalb hält, weil keiner seine Unzufriedenheit zugeben will. Sehr oft behaupten beide sogar, sie hätten eine wunderbare Ehe. Keiner erkennt, daß sie nicht in der Lage sind, gemeinsam oder auch allein zu leben. Solche Paare befragen Eheberater oder Therapeuten gewöhnlich über Probleme, die sie mit der Erziehung ihrer Kinder haben. Sie selbst würden keine Hilfe suchen, weil sie sich über die Natur ihrer Beziehung nicht im klaren sind; aber sie zwingen sich oder werden durch ihren Arzt gezwungen, für die Kinder Rat zu holen.

Eine der gebräuchlichsten Arten, mittels derer diese Eheleute ihre Schwierigkeit und ihr Unbehagen herunterspielen, besteht darin, daß sie auf irgendeinem Sektor zu Gläubigen werden. Die Ehefrau eines uns bekannten Paares dieser Kategorie besucht zweimal täglich die Kirche. Sie sucht den Rat des Priesters in den alltäglichsten Angelegenheiten, »damit meine wunderbare Familie zum Ruhme Gottes leben kann«. In der Zwischenzeit hat sie ihren Mann in eine tragische Lethargie hineinschikaniert. Sie identifiziert diese Schikane als »Fürsorge für den armen Tom«. Der Mann ist zu einem hilflosen Wesen verkümmert; er kann kein Spiegelei machen, nicht die simpelste Tätigkeit verrichten, seine Finanzen nicht verwalten – und sagt oft: »Meine Frau ist die liebste Person, die ich auf der Welt habe, die wunderbarste Gattin, die sich ein Mann nur wünschen kann.«

Beide versichern so lautstark wie möglich und bei jeder sich bietenden Gelegenheit, wie sehr sie aneinander hängen und wie glücklich sie sind.

Ihre einzige Tochter heiratete an einem vierten Juli in Buenos Aires. Das Ereignis war für beide Eltern von allergrößter Wichtigkeit. Am Nachmittag des vierten Juli ging der Mann, ein Baseballfan, zu einem Nachbarn, um sich am Bildschirm ein Spiel anzusehen. In seiner Abwesenheit telefonierte die Tochter aus Südamerika, erzählte der Mutter über ihre Hochzeit, und auch ihr Gatte kam zu Wort.

Als der Vater heimkam, sagte die Mutter zu ihm: »Tom, wenn dir dein Baseball nicht wichtiger gewesen wäre als das Wohlergehen deiner Tochter, wärest du hiergeblieben und hättest mit Betsy und ihrem Mann telefoniert.«

Der Mann war schockiert. Keiner hatte gewußt, daß die Tochter telefonieren würde, und er war schrecklich enttäuscht, sie verpaßt zu haben; jetzt hatte ihn auch noch der Schrecken erfaßt über die grausame und grundlose Anklage seiner Frau.

Ein paar Sekunden später legte er seine Arme um sie, trocknete seine Tränen an ihrer Schulter und sagte: »O Liebling, was täte ich nur ohne dich? Du nimmst mir alles ab. Gott sei Dank, daß du hier warst und das Telefonat entgegennehmen konntest!«

»Du mußt jetzt müde sein«, sagte sie: »Ich mach dir deinen Tee und dann erzähle ich dir, was *ich* von Betsy und ihrem Mann am Telefon erfahren habe.«
Hand in Hand gingen sie in die Küche.
Dieses Paar wiederholt das eben beschriebene Spiel immer wieder, ohne das mögliche Ende zu beachten. Doch jedem wird erzählt, wie glücklich sie sind. Sie ist enttäuscht über das Versagen ihres Partners als Mann und im Beruf. Er ist enttäuscht über die Vorstellungen, in denen sich seine Frau als seine Stütze aufspielt. Aber dies würden sie vor der Welt, sich selbst und voreinander niemals zugeben. Wie zu erwarten war, wurden die Ehen ihrer drei Kinder sehr unglücklich.
Die Mitglieder dieser Kategorie leben in Übereinstimmung mit dem alten Sprichwort: Leute, die im Glashaus sitzen, sollten nicht mit Steinen werfen. Keiner getraut sich, über des anderen Verhalten oder die Natur ihrer Beziehung Aussagen zu machen, es sei denn, er entschuldigt sich für etwas oder bietet unaufgefordert Unterstützung an. Jeder hat Angst davor, was der andere auf eine kritische oder aggressive Bemerkung sagen könnte. Die Kinder sind angewiesen, unerfreuliche Begebenheiten zu übersehen und nur ja nicht über die Natur der elterlichen Beziehung nachzudenken. Wenn sie dies täten, könnten sie den Eltern abscheuliche oder unkontrollierbare Dinge zu Bewußtsein bringen und würden dann deren Auswirkungen am eigenen Leib verspüren. So bilden Ehepaare dieser Art nur in dem einen Punkt eine starre Koalition: den Zustand ihrer Ehe oder ihre wahren Gefühle nicht preiszugeben und sich darin allen gegenüber abzuschirmen. Die Kinder wachsen oft zu übervorsichtigen und reservierten Menschen heran und können die Art einer Beziehung überhaupt nicht beurteilen. Sie rechtfertigen Lüge und Ablehnung dadurch, daß sie darauf bestehen, »ein kleiner Trug sei besser als jemands Gefühle zu verletzen«. Gerät ein Kind in Schwierigkeiten (das Paar, dessen Tochter in Buenos Aires verheiratet war, hatte noch einen Sohn, der Trinker war, und einen weiteren, der aus dem College ausscheiden mußte, weil man ihn nachts bei einem Mädchen im Zimmer entdeckt hatte), bilden die Eltern wieder die übliche Form der ablehnenden Koalition und bestehen darauf, daß es an ihrem Kinde nicht liegen könne. Das

Schulsystem hat schuld, die zuständige Polizei hat von nichts eine Ahnung, oder vielleicht stimmt etwas gesundheitlich mit dem Jungen nicht. Wenn eines ihrer Kinder sich mit seelischen Problemen herumschlägt, so hat es, ihrer Meinung nach, als Baby eine Gehirnverletzung erlitten.

In der zweiten Unterkategorie der beständigen und unbefriedigenden Ehen findet man Männer und Frauen, die ihr Leben führen, indem sie einander vermeiden, ohne daß dies offensichtlich ist. So sind sie, anders als die schrecklichen Zwei, in der Lage, eine unglückliche Beziehung zu verschleiern. Der Mann engagiert sich übermäßig in seinen geschäftlichen Angelegenheiten, die Frau pflegt das Vereinsleben.

Wir wollen solche Männer und Frauen als *»paranoide Propheten«* bezeichnen, als Leute also mit einer Art von Verfolgungswahn, denn sie stehen beide in Abwehrhaltung einer als feindlich betrachteten Umwelt gegenüber und bilden ein Team, um diese feindliche Welt zu bekämpfen. Der Mann wendet vielleicht skrupellose Geschäftsmethoden an, denn er ist überzeugt von der Wahrheit der Behauptung, »daß in unserer heutigen Gesellschaft jeder den Schwachen verachtet. Um überleben zu können, mußt du dich schon 'ranhalten und dem anderen Daumenschrauben anlegen, ehe er sie dir anlegt und dich übervorteilt«. Die Frau unterstützt diese Haltung. Sie arbeitet zehn Stunden pro Tag für militante, antikommunistische Organisationen, denn »es ist schließlich unsere Pflicht, die Kommunisten an der Zerstörung unserer Freiheit und unserer Religion zu hindern«. Der Mann ist ihrer Meinung und vertritt diese Haltung auch im Beruf.

Die angespannte Tätigkeit der paranoiden Propheten ist motiviert durch ihr Bedürfnis, einander zu vermeiden und sich deshalb auf außerhalb liegende Interessen zu konzentrieren, die sie als gemeinsames Ziel betrachten können und die die Ehe aufrechterhalten. Sie erreichen dies, indem sie wenig voneinander sehen und den übrigen Leuten Mißtrauen und Argwohn entgegenbringen. Beide neigen sie zur Kritik an anderen, einzelnen oder Gruppen, unterstützen extreme Organisationen. Damit verleugnen sie Elend und Leere ihrer eigenen Beziehung.

Paranoide Propheten zeigen höchst zerstörerische Verhaltensweisen. Ihre Einstellung »Wir zwei gegen die ganze Welt« ermöglicht zwar den Fortbestand ihrer Ehe, aber nur gegen ungeheure Kosten, die sie selbst, ihre Kinder und die Gesellschaft zu tragen haben.

In einem solchen Fall war der Gatte Schiffskaufmann, ein starker Trinker, der in jedem Hafen eine andere Freundin sitzen hatte. Nach einigen Berufsjahren brachte ein schwerer Anfall von Syphilis sein Gewissen in Aufruhr, er gab seinen Beruf auf, kehrte zu Frau und Kindern zurück, wurde Hilfsgeistlicher und Schreiner.

Die Familie lebte ab dieser Zeit in tödlicher Furcht, Gott zu verletzen, und verbrachte ihre Tage damit, potentielle Feinde des Christentums aufzustöbern. Schließlich hatten sie die Gemeinde so weit, daß sie eine sechzehnjährige uneheliche Mutter einsperrten. Das Mädchen beging später Selbstmord. Mann und Frau hatten auf die Sexualität verzichtet, da sie sündig war, nachdem sie bereits Nachwuchs hatten (und er nicht ganz sicher wußte, ob ihn die Syphilis nicht impotent gemacht hatte). Schließlich wurde die Schule durch das seltsame Betragen des Jungen auf die Eltern aufmerksam. Sie verweigerten die Zusammenarbeit und zogen in eine andere Gemeinde. Wir wissen nicht, was aus ihnen wurde, wagen aber die Vermutung, daß der Sohn in eine Nervenklinik eingewiesen wurde, und daß die Ehe weiterbestand.

Das hier Geschilderte soll helfen, den eigenen Ehetypus allgemein zu definieren, so daß Ehepaare einen Bezugsrahmen haben – einfach deshalb, um für eigene Diskussionen Unterstützung zu gewinnen. Es gibt keine exakte Klassifizierung der Ehe, und die Kategorien, die wir angeben, sind nur skizzenhaft.

Wichtig ist, sich immer wieder zu sagen, daß keiner weiß, wie eine normale Ehe eigentlich genau aussieht. Deshalb versucht jemand, den ekstatischen Ehebeschreibungen eines Freundes oder Nachbarn mit Neid erfüllen oder der sich nach der Lektüre der Freuden mancher verehelichter Hollywoodstars niedergeschlagen fühlt, wahrscheinlich, seiner eigenen Ehe einen Rang zuzuschreiben oder Maßstäbe anzulegen, die gar nicht zutreffen. Wir haben meist ein Märchenbild der Idealehe in unseren Köpfen, weil unsere Eltern nicht frank und frei über ihre Eheprobleme sprachen und weil unsere Kultur so vollbepackt ist mit Fernsehprogrammen, Kinos, Zeitungsartikeln und Büchern, die alle den siebenten Himmel der Ehe beschreiben.

Die Klassifikation, die wir anbieten, gründet nicht auf »Glück« oder »Perfektion« (darunter versteht jeder etwas anderes), sondern auf den Verhaltensformen der Partner, die eine mehr oder weniger gute Ehe ergeben. »Gut« ist eine Ehe dann, wenn sie ohne größere Verluste an körperlicher oder geistiger Gesundheit der Beteiligten fortbesteht.

Die dargestellten Kategorien könnten auch nach dem Grad der Kommunikation zwischen den Gatten differenziert werden. Klar ist die Kommunikation dann, wenn der Informationsaustausch im Vergleich zum Lärmbetrag (der bedeutungslosen Kommunikation, einer Botschaft also, die nicht entziffert werden kann) groß ist. So definiert, ist die beständige und unbefriedigende Ehe eine, die keinerlei Informationsaustausch zwischen den Partnern ermöglicht. Ihr gemeinsames Leben verläuft ruhig und distanziert, und die vielfältigen Probleme werden dann durch die seelisch kranken Kinder sichtbar, Krankheiten, die von den Eltern gern als körperliche Schäden und nicht als schwere seelische Probleme betrachtet werden.

Die unbeständige und unbefriedigende Ehe kennt zwar manchen Informationsaustausch zwischen den Partnern, er ist aber begrenzt und oft ohne Zusammenhang, und neue, in das System eingeführte Informationen verursachen Durcheinander. Die Partner sind mit ernsthaften Kämpfen oder psychosomatischen Aufwallungen konfrontiert, können aber trotzdem fähig sein, in Krisenzeiten Informationen auszutauschen. Die Kinder leiden oft darunter, in die Ecke gestellt zu sein oder im Mittelpunkt zu stehen und entwickeln sich bald zu altklugen Diplomaten. Dadurch separieren sie sich von den Gleichaltrigen, sie fühlen sich einsam, »anders« und irgendwie benachteiligt.

Partner einer unbeständigen und befriedigenden Ehe schaffen die gelegentliche Zusammenarbeit. Neue Informationen, neue Probleme oder Herausforderungen verursachen anfangs wohl Zwietracht; sie flaut aber ab, wird verleugnet oder nach Verordnung behandelt. Danach scheint alles vergessen; aber tatsächlich ist es nur ins Unterbewußtsein geschoben, und der Grund, daß viele dieser Ehen allmählich in die Kategorie Unbeständig und Unbefriedigend abrutschen, liegt oft darin, daß sich das scheinbar Vergebene und Vergessene angesammelt hat, bis einer der beiden merkt, daß er so nicht mehr weitermachen kann. Er macht sich unvermittelt davon, zum großen Erstaunen des anderen, der jammert und meint, da sei doch »so viel Gutes in dieser Ehe gewesen«. Das seelische Wohl der Kinder solcher Verbindungen kann relativ gut erhalten bleiben trotz einer beträchtlichen Anhäufung von Zwietracht, die die Kinder oft genug mitbekommen. Häufig ist die beste Kommunikation bei den unbeständigen und befriedigenden Ehen nach heftigen Szenen möglich, wenn beide miteinander abrechnen und einander zuhören.

Die beständigen und befriedigenden Ehen haben mit dem Informationsaustausch keinerlei Schwierigkeiten, oft teilweise deshalb, weil ihre Herkunft ähnlich ist. Sie kennen einander so gut, daß lange Erwägungen oder Abhandlungen überflüssig sind; ein Lächeln, ein Nicken oder ein mißbilligender Blick genügen. Solche Männer und Frauen können kooperieren, wissen aber auch genau, wann sie selbständig handeln müssen. Kinder solcher Ehen sind glücklich und freuen sich auf die eigene Ehe. Die Eltern fürchten nicht die Intervention der Kinder und nehmen sie und ihre Meinungen ernst. Das wichtigste Element solcher Verbindungen, das sich im einzelnen beobachten läßt, ist das eingesetzte Vertrauenskapital.

9. Grundlegende Muster der Beziehung

Die symmetrische, die komplementäre und die parallele Beziehung

Eine *symmetrische* Beziehung liegt dann vor, wenn sich die Partner durch ihr Verhalten dauernd bestätigen müssen: Ich bin ebenso viel wert wie du. Diese Paare heißen Statuskämpfer.

Eine *komplementäre* Beziehung bedeutet im Extremfall, daß einer die Zügel in der Hand hat und der andere gehorcht. In ihrer reinsten Form ist sie in unserer Zivilisation nicht bekannt. Typisch ist, daß jeder Partner über bestimmte Bereiche die Oberaufsicht führt.

In einer *parallelen* Beziehung findet ein Wechsel zwischen symmetrischer und komplementärer Beziehung statt, je nachdem, was die jeweilige Situation erfordert. Es kann Konfliktzeiten geben, die bestimmte Bereiche betreffen, aber da sich die Partner gleichberechtigt fühlen, unterstützen sie einander und konkurrieren miteinander ohne Angst und in dem Wissen, daß keiner *alle* Pluspunkte auf Kosten des Partners für sich buchen wird. Die parallele Beziehung ist deshalb die wünschenswerteste für unsere auf Gleichberechtigung pochende Zivilisation. Die Fähigkeit zur Ehrlichkeit und Offenheit im Fall von Übereinstimmung wie im Fall von Meinungsverschiedenheit fördert das Vertrauen, da jeder weiß, wo er in der Beziehung zum anderen steht. Symmetrisches Verhalten, angewendet auf Beziehungen zwischen Individuen, bedeutet, daß beide gleichzeitig ihrem Wunsch Ausdruck verleihen, die Natur der Beziehung zu bestimmen. Jeder will *zumindest die gleichen* Kontrollfunktionen haben. Wir sagen »Ausdruck verleihen«, weil die Zeichen und Botschaften, die sie einander übermitteln, nicht immer wörtlich sein müssen. Gesten, Gesichtsausdruck und andere Methoden kommen dazu. Manchmal wird der Wunsch nach Symmetrie vom Sender unbewußt übermittelt, und der Empfänger wird nicht gewahr, daß ihn die Botschaft erreicht hat.

Symmetrisches Verhalten ist ein Wettbewerbsmuster. Es ist das Gegenteil eines kooperativen Verhaltens. Jeder versucht andauernd, sich seinem Partner als gleichwertig oder überlegen hinzustellen.

Als Kleinkind und später lernt der Mensch Hilflosigkeit und Abhängigkeit kennen, teilweise deshalb, weil er nicht selbst seinen Hunger befriedigen, teilweise weil er nicht seine Raumsituation kontrollieren kann. Im Kampf gegen seine Hilflosigkeit merkt das Baby schnell, daß Schreien ihm zur Flasche verhilft. Bei kleinen Kindern wird der Kampf gegen die Wehrlosigkeit im Spiel sichtbar (Drachentöten oder Räuber- und Gendarm-Spielen), wo sie so tun, als hätten sie Raum und Umgebung unter Kontrolle. Das heranwachsende Kind, das Beziehungen zu seinen Gefährten kennenlernt, entdeckt, daß es *ohne Teilung* der Kontrolle über Situationen allein ist. Für einen Psychiater bedeutet das Vorliegen eines »Einzelkind«-Syndroms nicht unbedingt, daß es sich wirklich um ein einziges Kind handeln muß, es kann auch eines sein, das es *nicht gelernt hat, an die Reihe zu kommen und zu teilen.* Ganz offensichtlich ist es in der Ehe als einer dauernden Folge von Interaktionen wichtig, daß die Partner wechselweise die Kontrolle über bestimmte Situationen übernehmen, sei es bei der Erziehung der Kinder, sei es bei der Entscheidung, was man am Abend unternehmen könnte. Zum Teil ist der wettbewerbslose Charakter mancher Kulturen der wohldefinierten Rolle von Mann und Frau zuzuschreiben; die Rollen sind gut ausgebaut und akzeptiert, und Bereiche, in denen es zur Konkurrenz kommt, bleiben in der Minderzahl. In unserer Zivilisation haben, wie wir schon ausführten, Reichtum, Beweglichkeit, Betonung der Erziehung und Demokratisierung zu einer allgemeinen Lockerung der Rollendefinition geführt und dadurch viel mehr Raum für symmetrisches Verhalten gelassen.

Der Statuskampf oder das symmetrische Verhalten beginnt häufig dann, wenn einer eine Meinung darüber abgibt oder genauer definiert, wie etwas getan werden sollte, oder wenn er einseitig Aktionen startet, die beide angehen. Der andere empfängt die Botschaft und reagiert bewußt oder unbewußt so darauf: »Mein Partner hält mich nicht für so kompetent wie sich selbst. Das lasse ich mir nicht bieten; ich bin genausoviel wert.« Die Folgerung endet meist mit dem Postskriptum: »Ich bin ebensoviel wert – vielleicht sogar noch etwas mehr.«

In der Ehe läßt sich der Statuskampf leicht identifizieren durch das Hin und Her von Argumenten und die dauernden Einwürfe des anderen. Der Kampf um die Gleichheit zeigt eine Angst vor Unterlegenheit an oder, um es genauer zu sagen, Angst davor, daß einen der andere nicht als gleichwertig ansieht.

In allen Ehen, die wir beobachten konnten, gibt es symmetrische Interaktionen – besonders auf den Gebieten, die nicht durch Regeln abgegrenzt sind. Neue Situationen erfordern immer Verhandlungen darüber, wer das Recht hat, was in Beziehung zu wem zu tun.

Die Ehe ist auch, wie wir demonstriert haben, ein Spiel, in dem beide Parteien gewinnen oder verlieren können. Bei dauernden Statuskämpfen besteht jeder auf seinem gleichen Recht, die Natur des Verhaltens zu diktieren; jeder hält es für nötig, dauernd zu beweisen, daß er gleichwertig ist, und so geht der Kampf immer weiter. Meist ein Leben lang oder bis zum Termin beim Scheidungsrichter. Nicht alle Ehen dieser Art enden mit Scheidung, nicht nur deshalb, weil das zuviel kosten mag, sondern weil nicht einmal die Einwilligung in die Trennung möglich ist. Beispielsweise will keiner den »Schlechten« spielen oder vor den Kindern als Zerstörer ihres Heimes dastehen, und so bleibt man beisammen, damit keiner den Vorteil hat. Wenig Gedanken werden darauf verschwendet, was dieses Arrangement den Kindern antut. Solche Paare sind für Eheberater leicht zu erkennen. Charakteristisch ist, daß, gleich um welche Situation es sich handelt, ein Kampf beginnt, ähnlich einem, der zu anderer Gelegenheit stattfand. Mit anderen Worten: Statuskämpfer streiten nicht so sehr über spezifische Ziele als über die Frage, wer das Recht hat, was in welcher Angelegenheit zu sagen; einer fühlt, daß sich der andere aufspielt, und bekämpft ihn mehr aus diesem Grund als der fraglichen Angelegenheit halber. Oder man bekommt Streit wegen einer Sache, für die es keine objektive Lösung gibt. Stellen Sie sich ein Ehepaar vor, das sich in die Haare gerät darüber, wieviel »Männlichkeit« und »Weiblichkeit« es besitzt! Wie lassen sich solche Qualitäten messen, außer man schätzt die Größe des Bizeps und die Summen, die für Nährcremes und Garderobe ausgegeben werden?

Wie ist die Entstehung solcher Beziehungen zu erklären? Eine offensichtliche Antwort lautet, daß in unserer Gesellschaft der Ehestand Folgen hat, an die vorher keiner der Partner denkt. Zum einen kann nach der Heirat jederzeit die Frage aufkommen, ob man nun beisammen ist, weil man muß, oder ob die Beziehung immer noch das ist, was man wirklich gewünscht hat und freiwillig fortsetzen möchte. Der gesellschaftliche Zwang, die Ehe als geheiligte und ewige Institution zu betrachten (zumindest bis der Tod sie scheidet), bildet so etwas wie die dritte Kraft in der Beziehung. Diese Kraft mag vage als »sie« oder »die Gesellschaft« empfunden werden; sie kann sich auch in der spezifischen Form der Verwandtschaft oder anderer Familienmitglieder zeigen. Auch gibt es die finanziellen Motive für die Aufrechterhaltung der Ehe. Die Notwendigkeit, verheiratet zu bleiben, kann für einen oder beide zwingend sein. Man redet sich dann leicht ein, daß es keine andere Möglichkeit gibt, sogar wenn man sich haßt. Natürlich hat in einer solchen Beziehung jeder Partner Grund genug, die Echtheit der Gefühle des anderen anzuzweifeln. Er denkt: Vielleicht liebt er mich gar nicht und fürchtet nur die Blamage einer Scheidung. Oder: Im Grund verachtet sie mich und braucht nur den Lebensunterhalt für sich und die Kinder. Sie glaubt, sie sei zu alt, um noch eine Stellung zu bekommen.

Ähnliches verspürt die Frau, die die Zeichen der Zuneigung ihres Gatten für Angabe hält, weil sie denkt, er mache die Gefühlstour nur, weil er bei einer etwaigen Scheidung Angst habe, den Schwarzen Peter zugespielt zu bekommen. So sehen sich Ehepaare, die sich primär freiwillig aneinander gebunden haben, plötzlich vor die Tatsache gestellt, daß ihre Ehe nun unabänderlich ist. Wenn sie Kinder haben, existiert ein zusätzlicher Bindungszwang. So wird die Ehe aus verschiedenen Gründen zum Pflichtunternehmen, sie schleppt sich dahin, während die Partner sich trennen könnten, hätten sie nur keine Kinder oder weniger Schuldgefühle oder wären sie keinem so starken Druck von seiten der Gesellschaft ausgesetzt. Zu Statuskampf-Ehen gehört einschüchterndes oder drohendes Verhalten, das den anderen zwingen soll, die Ehe aufrechtzuerhalten, obwohl solche Methoden den Konflikt verschärfen.

Statuskampf-Beziehungen werden oft durch Drohung oder Einschüchterung aufrechterhalten, auch wenn solches Verhalten die Wahrscheinlichkeit eines Bruches vergrößert. Nehmen wir an, John hat Mary auf eine Geschäftsreise mitgenommen. John hat viel zu tun, und da er glaubt, Marys Anwesenheit könne seine unabhängige Aktivität behindern, widmet er ihr wenig Aufmerksamkeit. Vielleicht ist Mary unsicher und weniger gesellig als zu Hause bei ihren Bekannten. Da sie sich der Situation nicht gewachsen und vernachlässigt fühlt, zwingt sie John, von ihr Kenntnis zu nehmen, indem sie zu spät zu Verabredungen kommt, bei einem Cocktail mit Geschäftsleuten stumm in der Ecke sitzt und dergleichen. John findet ihr Verhalten sehr störend und will sie mit dem nächsten Zug heimschicken. Mary beginnt mit dem Pakken, als sie Johns ärgerliche Äußerungen hört, es sei ein Fehler gewesen, sie auf diese Reise mitzunehmen, und vielleicht sei ihre Ehe überhaupt ein Fehler. Mary findet, er habe recht. Sie ist froh, weggehen zu können, und sagt: »Ich fahre aber nicht auf dem direkten Weg nach Hause. Zuerst will ich eine Woche anderswohin.«

»Wohin denn?«

»Du hältst mich zwar für einen Spielverderber und eine Niete, aber im Grund ist alles dein Fehler. Ich versichere dir, daß mich eine ganze Menge Leute interessant finden«, und sie schließt den Koffer.

Wir wissen nicht, was Mary für die nächste Woche geplant hat, aber John glaubt, sie wolle sich eine freie und ungebundene Zeit machen, irgendeinen Mann anlachen oder einen alten Freund besuchen.

Mary gebraucht hier eine der erfolgversprechendsten Drohungen und einschüchternsten Taktiken. Nur – *beide* können das Spiel spielen, und damit beginnt der Statuskampf von neuem, der Kampf darüber, wer der größte gesellschaftliche Hit ist, wenn der andere nicht da ist.

Gatten, die in einen symmetrischen Kampf verwickelt sind, stammen oft aus emotionell einseitigem Milieu, wo ein Elternteil offensichtlich dominierte und der andere eine gewisse Balance der Gleichberechtigung aufrechterhalten wollte, indem er die Anstrengungen des Dominierenden zu untergraben suchte und sich als passiv und als Märtyrer hinstellte. Das Kind einer solchen Verbindung hat kein Vorbild für die Entwicklung einer kooperativen Partnerschaft. Wenn es erwachsen ist, wählt es bewußt einen Partner, der sich vom Elternteil gleichen Geschlechts unterscheiden soll, ihm aber doch in vielen wichtigen Punkten ähnelt. Sind die Flitterwochen erst vorbei, und die von der Familie bekannten Taktiken kommen wieder zur Anwendung, erfaßt den Verehelichten die Angst, in die gleichen Verhaltensmuster zu geraten, und die Kämpfe beginnen. Normalerweise hat weder er noch der Partner jemals gelernt, kooperativ zu sein, da die Tendenz besteht, den Gefährten mit ähnlichen Verhaltensmustern wie die eigenen zu wählen. Schließlich kann man nur das tun, was man kennt! Der Ehestand kommt wie ein Schock über solche Leute – besonders, wenn er auf eine romantische Verlobungszeit folgt, während der jeder besonders aufmerksam und entgegenkommend war und wo es keine Streitigkeiten gab.

Wenn der Kampf erst beginnt, dehnt er sich aus und wird immer heftiger und grausamer. Jeder hört nicht auf, dem anderen seine Überlegenheit, Macht oder Intelligenz beweisen zu wollen. In seltenen Fällen mögen die Partner bewußt das zerstörerische Muster erkennen, sich über ihre Gleichberechtigung einig werden und vom Kampf ablassen. Doch normalerweise gibt es einen Dauerkrieg. Er endet manchmal damit, daß einer *offen* zugibt: »Du bist der Überlegenere. Übernimm die Führung, ich folge dir.« Der Rückzug bringt schwere Probleme mit sich, denn nur wenige können sich mit einer ganz unterwürfigen Rolle zufrieden geben, und der Nachgebende findet gewöhnlich Schleichwege, um die Macht des Dominierenden zu unterhöhlen. Der Kampf wird dann *in den Untergrund* verlegt, und hier gerät man noch schwerer wieder auseinander.

Eine zweckmäßigere und bessere Lösung ist die, sich einzelne Verantwortungsbereiche zu teilen. Damit kann sich die Beziehung in eine ***komplementäre*** wandeln, in eine ineinandergreifende. Hier deckt sich (zumindest in einigen wichtigen Bereichen) das Verhalten des einen mit dem des anderen – beispielsweise, wenn ein Partner etwas möchte und der andere bereit ist zu geben. Einer bestimmt die Natur der Beziehung, der andere akzeptiert die Definition. Der Tenor könnte sein: »In Ordnung, du übernimmst nun das Steuer.« Wenn der Mann ins Kino gehen möchte und sie damit einverstanden ist, greifen Wunsch und Reaktion ineinander. Sagt sie darauf: »Nach dem Kino ginge ich gern auf ein Bier in Joe's Kneipe«, und er meint, das sei ihm recht, ist sie in der gleichen Position, die ihr Mann zuvor eingenommen hat. Wenn wir Bob und Sues Verhalten in größerem Zusammenhang und zu verschiedenen Zeiten betrachten, entdecken wir, daß manchmal der eine und manchmal der andere die Initiative ergreift und in der Führerposition ist. Wir entdecken dann auch, daß es Perioden symmetrischen Verhaltens durchaus gibt, wenn Bob und Sue die Natur der Beziehung einmal durchsprechen oder ausfechten. Die Kombination interdependenten Verhaltens (bei dem sich die Gatten abwechselnd in der komplementären Position befinden) und gelegentlicher Statuskämpfe wird als parallele Beziehung bezeichnet; man könnte auch sagen, es handelt sich um eine Ehe von Geben und Nehmen, und es ist die dauerhafteste, am besten funktionierende Form. Die Partner gestehen einander die gleichen Chancen zu, die Art ihrer Beziehung zu bestimmen. Natürlich gibt es manchmal Konkurrenzkämpfe, aber ebenso oft wird komplementäres Verhalten geübt, und dies ist ein gegenseitiger Ansporn. Wenn wir, um das Beispiel weiter auszuführen, das Verhalten von Bob und Sue länger beurteilen, sehen wir fast immer, daß Sue auf einigen Gebieten führt, Bob auf wieder anderen. Dazwischen gibt es einige undefinierte Bereiche ohne absoluten Führungsanspruch, und sie provozieren zeitweise symmetrisches Verhalten, ehe die Lage geklärt ist. Der Leser mag sich wundern, weshalb es nötig ist, daß für jeden Bereich die Kompetenz geklärt werden muß. Es soll damit keineswegs gesagt sein, daß einer der Partner sich als Chef aufspielt und der andere zur Passivität verdammt ist; doch müssen Verhaltensmuster eingeführt und Führungsansprüche geklärt sein, wenn das Zusammenleben sich bewähren soll. Auch wenn es sich um zwei völlig identische Wesen, um Kopien, handelte, müßte einer bestimmen. Denn schon wenn sie gemeinsam durch eine Tür wollen, muß einer entscheiden, wer zuerst gehen kann.

Alle Ehepaare versuchen schnell, Regeln dafür zu erstellen, wer für welche Bereiche zuständig ist. Die Regeln können dauerhaft und funktionsfähig sein; manche Paare werden nie darüber einig oder ihre Versuche, sich zu arrangieren, haben pathologische Konsequenzen. Nehmen wir zum Beispiel einen Mann und eine Frau, die aus sehr verschiedenem Milieu stammen; er ist der Sohn eines deutschen Arztes, sie die Tochter eines amerikanischen Farmers. Gleich nach der Heirat übernimmt der gewitztere Mann das Steuer. Er wird unterstützt durch die gesellschaftlichen Gegebenheiten, und da auch die Frau ihnen unterliegt, akzeptiert sie seine Herrschaft in der Hoffnung, Freundlichkeit und Liebe ihres Gatten werde die Situation erträglich machen. Der Mann erlaubt ihr in der Tat, den Haushalt nach ihren Wünschen zu führen, überläßt ihr die Erziehung und Beaufsichtigung der Kinder, läßt ihr auch freie Hand bei den Ausgaben für die Familie. Wenn sie Geld für »zulässige« Käufe will, braucht sie nur zu fragen; die Entscheidung darüber, was »zulässig« ist, fällt ihr Gatte. Wenn sie zusammen ausgehen, gibt sich die Frau hingebungsvoll und anbetend. Andere Männer bewundern insgeheim das »perfekte Ehepaar«, und Frauen verachten und verübeln es den beiden, daß sie sich anscheinend so genau in die vorgeschriebene kulturelle Rolle fügen, die sie selbst so wenig schätzen.

Ein solches Arrangement paßt in die meisten Gesellschaften, aber auch hier findet der unterworfene Teil Wege, die Beziehung besser auszubalancieren – gewöhnlich, indem er die Regeln und Anstrengungen des Dominierenden untergräbt. Was geschieht beispielsweise, wenn Arztsohn und Farmertochter schlafen gehen? Der Gatte kann darauf bestehen, daß Geschlechtsverkehr stattfindet, aber er kann nicht darauf bestehen, daß sich seine Frau darüber freut. Trotz arroganter Herrschsucht und Drohungen gibt es keine Möglichkeit, sie zum Genuß zu zwingen, und da ihm dies nicht gelingt, fühlt er sich geschlagen und kastriert. Es mag andere Arten des Genusses geben, die für ihn auch wichtig sind, wie Oper, Sport, Fernsehen, Kunst oder Kino. Nirgends aber kann er effektiv darauf bestehen, daß seine Frau Befriedigung und Freude wirklicher Gemeinschaft genießt. Je mehr er ihre subjektiven Gefühle – wie zum Beispiel sexuelles Vergnügen – zu dominieren versucht, desto mehr Beharrlichkeit zeigt sie – scheinbar zunehmend passiv, in Wirklichkeit aber ihres Mannes Beherrschungsversuche höchst wirkungsvoll zunichte machend.

Was kann bei einer solchen Situation herauskommen? In vielen Teilen der Welt (Südamerika oder Südeuropa beispielsweise) mag der Mann eine Freundin finden, die seine Gefährtin ist und ihm das Gefühl gibt, überlegener Liebhaber zu sein, während er mit seiner Frau wenige und ganz bestimmte Bereiche teilt; er mag Vergnügen in der Entspannung auf eigene Faust finden, getrennte Schlafzimmer befürworten und auf sexuellem Gebiet Zurückhaltung üben. Aber wenn er sich solche Arrangements finanziell nicht leisten kann oder, wie in den Vereinigten Staaten, dabei auf gesetzliche Schwierigkeiten und Verbote trifft, wird der Gatte sich noch mehr in Entscheidungen einmischen, die seine Frau bisher getroffen hat – teilweise, um Klarheit zu schaffen, teilweise auch, weil er die Macht, die er auf bestimmten Gebieten nicht erzwingen kann, auf andere Bereiche ausdehnen will. Er wird dann die Funktion übernehmen, über die Kinder zu schimpfen, während er früher die Erziehung seiner Frau überlassen hat. Die Kinder reagieren darauf schnell mit Aufmucken, seine Frau betrachtet ihn als brutalen Menschen, und er empfindet Schuldgefühle und ärgert sich über sie. Die früher beständige Situation wird chaotisch. Es gibt viele destruktive Fortsetzungsmöglichkeiten (einschließlich körperlicher Züchtigung), wenn sie keine Einigung erreichen können, wer wofür zuständig ist.

Es kommt also darauf an zu erkennen, daß die Art ihrer Regelung ihre Chance als Ehemann und Ehefrau bestimmt. Früher, als die meisten Ehepaare mit schwierigen Lebensumständen fertig werden mußten, war die eheliche Beständigkeit leichter aufrechtzuerhalten. Der Mann arbeitete lange, meist außer Haus, die Frau hatte daheim viel zu tun, um die Familie zu versorgen. Unter diesen Umständen konnten die notwendigen Regelungen schnell getroffen werden, und die autonomen Gebiete boten sich relativ leicht an. Heute, bei immer mehr Freizeit, ist die Situation nicht mehr so einfach, und Ehepaare, die sich eine funktionierende Ehe erhalten möchten, müssen flexible und weiträumige Arrangements treffen.

Wenn die Partner solche Regeln nicht entwickeln, den Statuskampf nicht beenden können, gerät die Ehe in Schwierigkeiten. Jeder versucht, den anderen so weit zu bringen, ihn als gleichwertig zu betrachten, aber, wie wir schon gezeigt haben, will (in den Augen des Partners) immer der andere überlegen sein. Die Situation ist gängig, weil die meisten Leute wenig Übung oder Erfahrung in kooperativen, auf gleichem Status aufbauenden Beziehungen haben. Es geht dann nicht um Gleichheit, sondern um Herrschsucht und Wettbewerb. Das Ergebnis dieser Machtkämpfe ist immer tragisch und verringert die Chancen für Fortschritt und Entwicklung.

Paradoxerweise können Eheleute, befangen in den Gefechten der symmetrischen Beziehung, oft nicht voneinander lassen, auch wenn sie noch so heftige Kontroversen haben. Sei es, daß der Teil, der gerne die Initiative ergreifen würde für eine Trennung oder Scheidung, dies nicht tut, um sich keine Blöße und dem anderen etwa recht zu geben. Oder weil der andere die Scheidung verhindert, um nicht als der Blamierte dazustehen. So hängen viele trotz ihres Hasses aneinander – und Haß kann so binden wie Liebe. Wie sagte eine Frau, die in einer unglücklichen Zweitehe lebte: »Wenn ich mich wieder scheiden lasse, denkt jeder, das erste Fiasko war meine

Schuld – obwohl damals ich die Scheidung einreichte –, weshalb sollte mich denn mein zweiter Mann sonst verlassen wollen?« Damit eine Ehe vernünftig und gut wird, *muß* das Statuskampf-Verhalten gebrochen werden. Es gibt Mittel und Wege dafür, die wir im vierten Teil dieses Buches beschreiben werden.

10. Die Rolle, die Zeit und Ziele in der Ehe spielen

Der Mensch ist ein zielorientiertes Wesen. Ziele stellt man ihm von der Geburt bis zum Tod vor Augen; wenn zwei verheiratet sind, bildet die vielschichtige Verbindung zweier Zielkomplexe ein dichtes System. Dieses System entwickelt wiederum eigene Ziele, die oft mit den individuellen in Kollision geraten. So kann es zu einem konfliktgeladenen Gefüge werden, das die selbstloseste Person in Rage bringt; oder es kann einen hoffnungslosen Egoisten menschlicher machen.
Es ist allgemein anerkannt, daß sich der größte Teil der Eheleute auf gemeinsame Ziele und Projekte eingestellt hat wie die Erziehung gesunder Kinder, einfache Lebensführung, um Geld für den Lebensabend in Florida zu sparen oder das Prestige eines angesehenen Bürgers der Gemeinde zu genießen. Aber oft wird dabei übersehen, daß solche Ziele einen sehr komplizierten, manchmal unvereinbaren oder widersprüchlichen Einsatz von Zeit und Energie erfordern. Die meisten Menschen sind dauernd von Konflikten geplagt, die Zeit und Energie verbrauchen. Ein Hauptproblem im Leben besteht darin, wieviel – wenn überhaupt – Zeit und Energie dem Geldverdienen, dem Studium, der Liebe, anderen Vergnügungen, der Sorge für die Kinder, dem Dienst am Vaterland, der Religion und so weiter gewidmet werden soll. Es ist unwahrscheinlich, daß zwei einander so ähneln, daß ihre Ansichten über den Einsatz von Zeit und Energie sich dekken. Auch wenn sie der gleichen Meinung sein sollten, fehlen ihnen doch die Fähigkeiten und das Verhaltensrepertoire, sie ihren Wünschen gemäß zu verwenden. So kann sich beispielsweise ein Ehepaar darüber einigen, daß es ein hohes Einkommen anstrebt. Doch fehlt der Frau vielleicht die Fähigkeit,

die Geschäftsfreunde ihres Mannes gewandt zu unterhalten oder ihm behilflich zu sein, daß er die richtigen Leute kennenlernt. Der Mann besitzt andererseits nicht die Geschicklichkeit und Kaltblütigkeit, um die Spitze des Betriebes zu erreichen. Deshalb schieben sie einander im Lauf der Zeit gegenseitig den Schwarzen Peter immer häufiger und heftiger zu, und es wird offenkundig, daß sie ihr Langzeit-Ziel nicht erreichen werden.

Die Angelegenheit wird noch komplizierter, wenn die angestrebten Ziele vage sind oder – schlimmer – wenn die Partner vage und unvereinbar sind. Betrachten wir eine Ehefrau, die, ohne es zu erkennen, brennende Sehnsucht nach dem Ideal der »vollkommenen Liebe« hat, ein Wunsch, der Besitz ergreift und viele Züge ihres Verhaltens diktiert, ohne daß sie sich dessen bewußt wird. Ihr Mann sah sie ursprünglich als nette, hingebungsvolle Person; sein Ziel bestand darin, in der Geschäftswelt schnell voranzukommen, und sie sollte ihm als perfekte Gastgeberin und Gefährtin dabei helfen. Sie konnte auch gut mit der Schreibmaschine umgehen, und da für sie Liebe der Wille bedeutete, ihrem Gatten zu gefallen, um wieder geliebt zu werden, bot sie nur zu gerne ihre Hilfe an. Es ist leicht zu sehen, daß eine Ehe unter diesen Umständen scheitern *muß*. Wer vollkommene Liebe sucht und sie durch rücksichtsvolles, süßes und hingebendes Benehmen zu finden trachtet, wird sich schließlich ausgenutzt vorkommen. Wer Hilfe bei seinem Erfolgsstreben sucht, gibt keine Liebe, sondern erwartet, daß sein Gefährte Status und Leistung als ausreichenden Lohn für seine Bemühungen betrachtet.

Wenn Mann und Frau dieses Typus in ihrem Entscheidungsspielraum begrenzt sind und nur mit Anstrengung sich veränderten Umständen anpassen können, sind sie nicht in der Lage, ihre Ziele zu variieren oder notwendigen Veränderungen zu unterwerfen, und weitgehend unfähig, sich so zu verständigen, daß die Diskrepanz ihrer Ziele ihnen auffällt. Sie hängen sich aneinander in der Hoffnung, der Braten könne doch noch saftig werden; im Lauf der Jahre fühlt sich jeder immer mehr hintergangen, ohne aber die Hoffnung auf Verwirklichung der Ziele aufgeben zu können.

Auch kurzfristige Ziele (deren Erwartungsdauer begrenzt ist) spielen bei solchen Paaren eine Rolle. Beispielsweise ver-

sucht die Frau, die nach der perfekten Liebe (ihrem Langzeit-Ziel) strebt, ihrem Mann einzureden, er nütze sie aus; er merkt das und bietet ihr als Entschädigung einen Abend in der Stadt an (kurzfristige Wunscherfüllung). Ihr erscheint im Vergleich zu der ersehnten Erfüllung – der vollkommenen Liebe – sein Angebot als entsetzlich trivial, als Krume anstelle des ganzen Brotes. So zeigt sie über die Einladung wenig Begeisterung, und er fühlt sich verärgert und verletzt und nimmt sie zurück. Wenn sie andererseits versucht, ihm zu gefallen, indem sie ihm ein ganz ausgefallenes Feinschmekker-Menü bereitet (kurzfristige Wunscherfüllung), zeigt er wiederum wenig Begeisterung, denn er kann kulinarische Genüsse nicht mit seinem Erfolgsstreben (seinem Langzeit-Ziel) in Verbindung bringen. Wahrscheinlich wäre es ihm lieber gewesen, wenn sie ihre Anstrengungen für einen späteren Besuch seines Chefs aufgespart hätte. Nun ist sie an der Reihe, sich verletzt und verärgert zu fühlen.
Mögen die Partner auch noch so talentiert, gewitzt, fähig und klug sein, ihre unterschiedliche Zeitorientierung verhindert meist von vornherein eine reibungslos funktionierende Beziehung. Wie oft hört man nicht die Klage: Warum kann er denn mir gegenüber nicht auch so nett sein? Da geht es wieder um die Einschätzung der Zeit: Ihm ist danach zumute, sie losgelöst vom Tagesgeschäft auf einer Party zu genießen, weil er das nur gelegentlich tut. Dabei hat er mit einer Menge von Leuten kurzfristige Kontakte. Seine Auffassung von dem, was ihm Spaß macht, bietet keinen Raum für intime tête-à-têtes, wie sie seine Frau vorziehen würde. Ihm gilt solche Zeit besser angelegt, wenn man sie zum Pläneschmieden, für finanzielle Probleme oder andere organisatorische Angelegenheiten verwendet.

11. Reziprokes Verhalten

Das Quid-pro-Quo oder das eheliche Handelsabkommen

Die Ehe ist ein ineinandergreifendes, festgefügtes System. Verhalten und Ansichten eines Partners provozieren *immer* eine Reaktion von seiten des anderen. Der Anflug eines Lächelns, das Heben einer Braue, ein schnelles Runzeln der Stirne wird auf jeden Fall irgendeine Antwort hervorrufen, auch wenn es sich um eine wortlose handelt. Sogar Schweigen kann eine eindrucksvolle Botschaft sein. Keiner der Partner muß sich der Aktion und Reaktion bewußt sein, denn sie finden normalerweise im Unterbewußtsein statt. Viele Interaktionen zwischen den beiden bestehen aus Verhaltensreflexen, die ohne bewußte Kenntnisnahme vonstatten gehen. Im Lauf der Zeit, wenn die Partner sich wiederholende Verhaltensmuster ihrer Beziehung kennengelernt haben, werden manche vorhersehbare Ereignisfolgen eintreten. Da zittert zum Beispiel das linke Augenlid der Frau unmerklich, wenn ihr Gatte zu viele Bemerkungen über die Langweiligkeit ihrer Eltern vom Stapel gelassen hat. Wenn sich eine solche Reaktion ein paarmal wiederholt, »wissen« beide, die Fortsetzung seiner Nörgelei bedeutet, daß sie die Nerven verliert und das Zimmer verläßt. An diesem Punkt des Geschehens sagt er dann vielleicht: »Komm, ich mach dir Kaffee«, um damit anzudeuten, daß ihm seine Äußerungen leid tun und daß er das Thema wechseln will. Keinem ist aber die Natur ihrer Kommunikation bewußt. Sie reagieren in dieser Situation wie der Thermostat an der Heizung – wird es zu kalt, schaltet er sie an; wird es zu heiß, schaltet er sie aus. Die Gatten regeln ihr gegenseitiges Verhalten, um die erwartete oder gewohnte emotionelle Temperatur ihrer Beziehung stabil zu halten.

Nach einigen Jahren erscheint dieser Typus des Verhaltens zwischen zwei Menschen dem geschulten Beobachter als konstant und vorhersagbar – genauso, als sei es bewußt geplant und als seien beide Parteien sich dessen bewußt. Das reziproke Verhalten ist überall da zu finden, wo zwei eine enge Gemeinschaft bilden. Es kann sich um Geschäftspartner, um einen Vater und seinen Sohn, um zwei zusammenlebende Homosexuelle, zwei Krankenschwestern handeln, die auf der gleichen Abteilung arbeiten. Die Ehe ist mehr studiert worden als andere Beziehungen, und deshalb vergessen wir zu leicht, wie viel sie mit diesen gemeinsam hat.

Wir nennen dieses System der durch das Verhaltensrepertoire provozierten Antworten das Quid-pro-Quo. Quid-pro-Quo bedeutet wörtlich »etwas für etwas«. Angewendet auf die Ehe heißt es, wenn du das und das tust, antworte ich automatisch so und so. Man könnte auch von Punkt und Kontrapunkt oder von reziprokem Verhalten sprechen, aber manche dieser Bezeichnungen haben auch negative Beitöne, während das Quid-pro-Quo sich lediglich auf das geteilte oder ausgetauschte Verhalten – vieles davon unbewußt – bezieht.

Regelmäßige Interaktionsmuster, die unausgesprochene Quid-pro-Quos enthalten, sind bei näherer Beobachtung ganz deutlich. In einem Fall wurde eine Familie, die sich zu einer Diskussion bei einem Psychiater versammelt hatte, durch eine Filmkamera beobachtet. Während der kurzen Diskussion überkreuzten Vater, Mutter und Tochter vierzehnmal nacheinander die Beine. Und immer war zuerst die Mutter dran, die ihr rechtes Bein über ihr linkes kreuzte, dann die Tochter, zuletzt der Vater, der in einem Stuhl gegenübersaß – alle in der gleichen Folge rechts-links. Diesem Verhalten der Mutter folgte eine Aussage des Vaters darüber, welche Schritte die Familie unternehmen sollte; anders gesagt, es geschah immer dann, wenn der Vater »die Leitung übernahm«. Man konnte daraus schließen, daß, obwohl er dem Namen nach führte, hier die Mutter durch ihr wortloses Verhalten bezeugte, daß sie ein gleiches Recht der Mitsprache in Familienangelegenheiten hatte – und dieses Recht auch ausnutzte. Keiner der drei war sich der »Beinarbeit« bewußt. Sogar als sie wußten, daß die Kamera »an« war, konnten die Familienmitglieder, wie andere Leute auch, ihre wortlosen Botschaften nicht verbergen.

Die Manifestationen des Quid-pro-Quo sind endlos. Zum Beispiel besteht ein Mann darauf, daß das freie Schlafzimmer in ein Studierzimmer für seinen persönlichen Gebrauch umgewandelt wird, obwohl die Renovierung eine kostspielige Angelegenheit ist. Zuvor hatten sie sich beide darauf geeinigt, auf eine Hausangestellte zu verzichten, weil sie zu teuer sei. Einige Tage später stellt die Frau eine Hausgehilfin ein. Als ihr Mann die Rechnung bekommt, geht er in sein gemütlich renoviertes Studierzimmer, schreibt einen Scheck aus (obwohl er früher der Ansicht war, er könne sich die Ausgabe nicht leisten), zündet sich eine gute Zigarre an und gratuliert seiner Frau zu ihrem sauberen Haus. Hier liegt ein Quid-pro-Quo vor ohne wörtliche Übereinkunft. Doch geht dieser Verhaltensaustausch über ein einzelnes Ereignis hinaus. Er dient auch

als Modell für künftige Muster zwischen den Beteiligten.
Nachdem die Ehe (oder eine andere Beziehung) für eine Weile bestanden hat, entwickelt sich das Quid-pro-Quo-Muster zu einem ungeschriebenen (normalerweise auch nicht bewußten) Komplex von Grundregeln. Sie weiß unbewußt, daß, wenn sie sich nach Art A verhält, er nach Art B reagieren wird; ihm ist unbewußt klar, daß, wenn er nach Methode K handelt, sie mit Reaktion L antworten wird. Diese Erkenntnis erreicht nur selten die Stufe des Bewußtseins. Eine der Techniken, ein destruktives Quid-pro-Quo zu verhindern, besteht darin, daß man es ins Bewußtsein rückt. Später soll demonstriert werden, wie das geschehen kann. Manche Quid-pro-Quos sind nützlich, manche schädlich – ebenso wie manche Gesetze dem sozialen Fortschritt nutzen oder schaden.
Ist einmal das Quid-pro-Quo-Muster fest und angenommen, (gleich wie bizarr seine Formen aussehen), kann jeder Partner mit einem zunehmenden Gefühl der Sicherheit leben, weil er weiß, was er vom anderen zu erwarten hat. Jeder hat im stummen Einverständnis einen Verhaltenskomplex akzeptiert, der, wie er glaubt, seine eigene Würde, Selbstachtung und Selbsteinschätzung im Hinblick auf den anderen schützt. Ob die Muster grausam oder zärtlich sind, spielt keine Rolle. Beide Partner nehmen sie hin, wenn sie einmal hergestellt sind. Später werden wir auf Techniken zu sprechen kommen, die ein gut funktionierendes Quid-pro-Quo erstellen helfen. Unter gewissen Umständen wird das Quid-pro-Quo zerstörerisch.
Nehmen wir an, Partner glauben, in Anlehnung an die Praktiken ihrer Verlobungszeit, sie hätten ein auf Übereinstimmung beruhendes Reservoir an Regeln. Nach der Heirat entdecken einer oder beide plötzlich, daß sie es »gar nicht so meinten« und akzeptieren die Quid-pro-Quos nicht, die der andere als funktionierend betrachtete. Beispielsweise verbringt ein junger Mann während der Verlobungszeit viele Stunden mit seiner Angebeteten. Nach der Heirat vernachlässigt er sie zugunsten seiner Arbeit. Als sie sich beklagt, sagt er, er sei schließlich nur auf ihr Wohlergehen bedacht, wenn er so hart arbeite, und ist verletzt, daß sie so »selbstsüchtig« ist.
Dann gibt es die Fälle, in denen einer der Partner unfähig ist, die ausgesandten Signale zu verstehen, und sie deshalb

nicht beachtet. Dies kommt dann vor, wenn eine große intellektuelle Kluft zwischen beiden besteht oder wenn ihr Herkunftsmilieu sehr unterschiedlich ist – und als Ergebnis verschiedene Geschmäcker, Verhaltensmuster, gesellschaftliche Gewohnheiten, moralische Werte usw. nach sich zieht; dann bleibt ein großes Maß an gesprochener und wortloser Kommunikation so unverständlich wie eine Fremdsprache.
Zum Dritten kann ein Partner die Regeln brechen, nach denen das Quid-pro-Quo bewußt oder unbewußt von beiden akzeptiert worden ist. Dies geschieht in Albees »Wer hat Angst vor Virginia Woolf«. Martha, die Ehefrau, bricht die Regeln, indem sie ihren imaginären Sohn in der Öffentlichkeit diskutiert. George, ihr Mann, trägt daraufhin seinen Anteil zur Verletzung der Regeln bei, indem er seine Frau öffentlich erniedrigt. Ihre »Teilhaberschaft« an einem imaginären Sohn förderte ihre Gemeinsamkeit. Nun müssen sie ein neues Spiel erfinden, sonst besteht ihre Ehe nur noch aus zerstörerischen Elementen. Schließlich kann die Natur der Quid-pro-Quos so beschaffen sein, daß sie dem Verhalten, den schöpferischen Fähigkeiten, der Entwicklung eines oder beider Gatten ernsthaft entgegenwirkt und daß ein vorzeitiges Erstarren und Erkalten der Ehe erlebt wird, womöglich mit dem Ausbruch eines Partners endend. Oder beide bleiben in einem seelischen Sumpf stecken.
Alle diese Beispiele zeigen, daß annehmbare Quid-pro-Quos nur über eine beträchtliche Zeitspanne hin determiniert werden können. Quid-pro-Quos, die innerhalb kurzer Zeit erstellt werden, erweisen sich bald als funktionsunfähig, denn sie gestehen dem allgegenwärtigen Faktor Veränderung keinen Raum zu. Starre, unpraktikable Regeln für das Quid-pro-Quo müssen destruktiv sein, denn die Menschen und ihre Ehen verändern sich im Lauf der Zeit.
Sobald Quid-pro-Quo-Grundregeln von einer Partei gebrochen werden, beginnt das Unglück. Solche Verletzungen können zustande kommen, wenn ein unerwarteter Einfluß von außen Druck ausübt oder wenn eine Veränderung im Verhalten oder in den Erwartungen der Partner abzulesen ist. Dann ist das vorhersehbare Verhaltensmuster eben nicht mehr vorhersehbar; Verwirrung und Zwietracht bringen die Partnerschaft aus dem Gleichgewicht. Wenn einer der Partner die Grundregeln verletzt, fühlt sich der andere, ohne zu

wissen weshalb, verraten. Er versucht, oft unbewußt, ein neues Quid-pro-Quo zu schaffen, das seine Interessen wahren soll. Ist beispielsweise der Mann von einer Geschäftsreise zurück und sieht, daß seine Frau, ohne ihn zu fragen, ihre Mutter für zwei Monate eingeladen und sie in seinem neuen Studierzimmer einquartiert hat, fühlt er sich hintergangen. Wie er reagiert, hängt von der Natur der Beziehung ab. Er kann mit der Entlassung des neu eingestellten Hausmädchens antworten. Er kann die Mutter seiner Frau mürrisch und grob behandeln (obwohl er früher versprochen hat, trotz seiner Abneigung, immer höflich zu ihr zu sein). Er kann über seine schlechten Geschäfte klagen und das Haushaltsbudget durch unvernünftige Restriktionen beschneiden. Er kann bei seiner Frau über seinen Chef jammern, der ihm eine Rüge erteilt hat, weil er eine zu Hause begonnene Arbeit nicht befriedigend beendet hat. Damit suggeriert er, daß der Mißerfolg darauf zurückzuführen sei, daß die Schwiegermutter sein Studierzimmer besetzt halte und daß seiner Frau der Schwarze Peter zufalle.

Wenn das wörtliche und das wortlose Verhalten der Gatten sich nicht regelmäßig wiederholte, ein Muster bildete, müßte jeder den anderen teilweise oder ganz immer wieder neu erfassen. Jemand, der höchst undurchschaubar ist, kann zwar für kurze Zeit interessant sein, wird aber meist nicht als Partner gewählt. Undurchschaubare Menschen sind in unserer Gesellschaft selten. Sprunghafte Zeitgenossen (wie manche berühmte Filmschauspieler) sind in der Tat notorisch undurchschaubar, und ihre vielen Eheversuche beweisen, daß solche Leute für ein Zusammenleben schlecht geeignet sind.

Vorschnelle Ehen, besonders zwischen Jugendlichen, haben die höchste Scheidungsquote. Die beiden werden durch romantische Gefühle zueinander gezogen, und erst nach der Heirat erkennen sie, daß sie »einander nicht verstehen«. Die kulturellen und gesellschaftlichen Verhaltensmuster von Mann und Frau sind oft so unterschiedlich, daß keiner – bewußt oder unbewußt – die Botschaften versteht, die der andere sendet. Damit wird die Erstellung eines funktionierenden Quid-pro-Quo unmöglich. Wenn sie sich über ihre Lage klarwerden und verzweifelt versuchen, etwas dagegen zu unternehmen, wird das Ganze meist noch schlimmer. Ein großer Prozentsatz von Annullierungen, Trennungen und Scheidungen ist bei den Ehen anzutreffen, die geschlossen wurden, weil die Frau schwanger war. Er heiratet, um seinen Anteil am Geschäft zu erledigen (»Schließlich«, sagt sie, »hast du mich da hineingebracht«), und nach getaner Tat wendet er sich anderen Dingen zu.

Wie schon gesagt, ist die Wirkungsweise des Quid-pro-Quo größtenteils unbewußt. Man könnte sie dem Atmen vergleichen. Der Atmungsprozeß ist so selbständig, daß ihn der Betroffene gar nicht registriert. Auf die Frage, ob er wisse, daß er vierzehnmal in der Minute atme und dies während der letzten halben Stunde, hält er zunächst einmal den Atem an. Wenn er dann zu zählen beginnt, ist es mit der Regelmäßigkeit vorbei. Normalerweise nimmt die Atmungsgeschwindigkeit zu, wenn sie ins Bewußtsein eingedrungen ist.

Ebenso existieren Eheregeln und Interaktionen oft in gleichmäßiger Funktion, ohne daß die Partner sich ihrer Existenz bewußt sind. Sollten sie zufällig daraufkommen, gibt es Probleme – ebenso wie beim Atmen, wo die Regelmäßigkeit aufhört, wenn man darauf zu achten beginnt. Wenn John erkennt, daß er mit X reagiert, sobald Mary Y tut, untersucht er vielleicht zum erstenmal, ob Tat und Reaktion im rechten Gleichgewicht sind. Wenn er den Eindruck hat, er erhalte weniger als er gebe, sucht er eine einseitige Änderung der Beziehung zu erreichen, indem er bestimmt, was der gerechte Lohn ist und indem er die Durchsetzung seiner Ansicht erzwingen will. Jetzt fühlt sich natürlich die Frau wiederum als die zu kurz Gekommene und möchte *ihren* Willen durchsetzen. Jeder handelt einseitig, und jeder glaubt, der andere halte sich für etwas Besseres, wolle die Oberhand gewinnen. In diesem Stadium wird das Verhalten destruktiv. Ein Paar, das den Tag gemeinsam verbringt, wird während dieser Zeit Tausende von Aktionen und Reaktionen erleben, und es ist ganz klar, daß sich die destruktiven Aktionen schnell vermehren und die ausbalancierten Quid-pro-Quos durch Zwietracht verdrängt werden. Deshalb müssen die Partner lernen, destruktive Quid-pro-Quos zu vermeiden und die funktionierenden bewußt zu verstärken.

Hier ein Fall, der eine unzureichende Quid-pro-Quo-Lösung zeigt:

John glaubt, er könne nicht anders als seine Frau Mary verlassen, weil eine grundlegende Animosität zwischen ihrer

Forderung nach Beachtung und Aufmerksamkeit für ihre Person und seiner leidenschaftlichen Hingabe an seinen Beruf besteht.

Bei einer bestimmten Gelegenheit appelliert Mary besonders dringlich an ihren Mann, sich am Wochenende der Familie zu widmen. Er kommt ihrem Wunsch nach, doch am Sonntagabend attackiert sie ihn wieder und klagt ihn an, daß er sie über das Wochenende vernachlässigt habe. John ist sehr schockiert, denn schließlich, so glaubt er, hat er eben dieses Wochenende Marys Wünschen gemäß arrangiert. Am nächsten Morgen geht er zu einem Psychiater. Während der Sitzung erkennt er, daß er, obwohl zwei Tage lang zu Hause, sich kaum jemals um Mary gekümmert und kein persönliches Wort an sie adressiert hat. Andererseits – so fällt ihm ein – denkt er oft an seine Frau, während er beruflich tätig oder auf einer Geschäftsreise ist. John sieht außerdem, daß er sowohl persönlich wie aus finanziellen Gründen ungeheure Befriedigung aus seiner Arbeit schöpft und seine Geschäftigkeit sehr genießt. Wenn er zu Hause ist, fühlt er sich nicht ausgelastet und wird nervös. Mary organisiert den Haushalt nach ihren Vorstellungen, und John, der im Beruf den Ton angibt, fühlt sich hier irritiert und überflüssig. Er interpretiert ihre Weigerung, ihm daheim das Steuer zu überlassen, als Mißbilligung seiner Methoden und als negatives Verhalten ihrerseits.

John hat nicht erkannt, daß die Launen und das Verhalten seiner Frau weitgehend davon abhängig sind, ob er sie als fähige Hausfrau und als begehrenswertes weibliches Wesen betrachtet, und daß seine Anerkennung die Form einer persönlichen Demonstration von Liebe und Bewunderung annehmen muß, daß er ihr zeigen muß, wie wichtig sie für seine Arbeit ist. Die Situation wird noch komplizierter durch die Tatsache, daß Mary wie John beim Zusammensein oft Pläne für Haus, Kinder oder sie beide persönlich schmiedet; durch diese Angewohnheit unterstützt sie unwissentlich Johns Verhalten.

Die Natur dieses Paares ähnelt der eines falsch programmierten Computers. Die Fehler im Programm kann er nicht selbst berichtigen; sie müssen von außen durch einen Experten korrigiert werden, der ihn mit den neuen und richtigen Instruktionen füttert. Der Computer selbst bemerkt seine Fehler

gar nicht; ebensowenig sehen Ehepaare ihre Verhaltensmuster. Sie sind im System gefangen und können sich nicht von außen beobachten.
Wir sind jedoch der Ansicht, daß manche Paare ihre Beziehung von einem neuen Standpunkt aus betrachten können, wie es beispielsweise die Quid-pro-Quo-Theorie ermöglicht, und als Resultat ergeben sich dann vorher nicht erkannte Verständigungsmöglichkeiten. Bei schwierigen Fällen muß dazu natürlich die Hilfe eines Dritten kommen.

12. Autonomie contra Symbiose

»Ich würde das lieber allein tun« contra »Gemeinsamkeit«

Unter *Autonomie* verstehen wir hier die Ausübung von Unabhängigkeit unter Berücksichtigung einiger für die Ehe relevanter Tatbestände oder jener Gegebenheiten, die für den Partner integraler Bestandteil der Ehe sind.
Mit *Symbiose* soll die Verbindung zweier Organismen (in unserem Fall von Mann und Frau) bezeichnet werden, die in gegenseitiger Abhängigkeit und Anhänglichkeit leben und zum beiderseitigen Wohl beitragen. Sie können nicht getrennt funktionieren; und wenn sie getrennt sind, ist das System mangelhaft oder funktionsunfähig.
Wenn man das Problem Autonomie contra Symbiose definiert, kann man nicht einfach voraussetzen, Autonomie sei ein Synonym für physische Trennung und Symbiose finde dann statt, wenn die Gatten beisammen sind. Wir müssen uns vielmehr mit der Tatsache auseinandersetzen, daß autonomes Verhalten des einen Verlassenheitsgefühle des anderen nach sich zieht oder daß er sich irgendwie zurückgesetzt fühlt. Dies kann auch dann der Fall sein, wenn sich Mann und Frau physisch nahe sind. Der Leser mag für einen Augenblick überlegen, ob das Autonomie-Symbiose-Problem in seinem eigenen Heim existiert. Beispielsweise sagt eine Frau, nachdem sich die Gäste verabschiedet haben: »Du hast den ganzen Abend nur dem Herrn Großunternehmer oder dem Fräulein Sexy schön getan. Mich hast du kein einziges Mal angeschaut. Du wolltest mich absichtlich erniedrigen.«

Möglicherweise hat die Anklägerin recht: Die beabsichtigte Botschaft des Partners mochte lauten: »Ich wollte diese Party nicht. Wir können sie uns nicht leisten. Du hast mich dazu gezwungen. Deshalb revanchierte ich mich, indem ich dir offen die kalte Schulter zeigte.« Oder: »Du hast mich vor kurzem in meiner Männlichkeit gekränkt. Ich werde dir schon zeigen, wie attraktiv mich andere finden.«

Andererseits kann das »Schöntun« in der ehrlichen Absicht geschehen sein, dem Ehrengast die nötige Reverenz zu erweisen oder eine neue Bekanntschaft in der Freundesgruppe heimisch werden zu lassen oder besonders nett zum Chef oder zur Freundin der Frau zu sein.

Das Problem Unabhängigkeit contra Miteinander kann dann äußerst akut werden, wenn ein Partner einen komplizierten Beruf ausübt, ungewöhnlich viel Zeit und Energie dafür verbraucht. Viele höchst schöpferische Leute (männlichen wie weiblichen Geschlechts) isolieren sich von ihren Familien, um tun zu können, was sie glauben, tun zu müssen – manchmal nicht nur, um Zeit oder Ruhe für die nötige Konzentration zu gewinnen, sondern auch deshalb, weil sie der Meinung sind, eine Familienbeziehung biete nicht genügend schöpferische Aktivität. Die Mehrzahl der Kreativen muß selbständig sein, während sie in die Arbeit vertieft ist, und sie erschöpft sich in diesem kreativen Prozeß.

Leute dieser Art sind oft unfähig oder nicht willens, ihre Verhaltensmuster und Geschmacksrichtungen zu ändern oder Kompromisse zu schließen; eine echte Beziehung zu ihnen ist unmöglich. Die größten Individualisten sind jene, die, wenn es um geheiligte Ziele oder Ideale geht, am wenigsten für persönliche Veränderung oder Zugeständnisse zu haben sind. Solche Individualisten können höchst schöpferische Menschen oder Führernaturen sein, aber ebenso Außenseiter, zerstörerische Rebellen oder Eremiten. Die fehlende Bereitschaft zur Anpassung garantiert noch keine schöpferischen Fähigkeiten, ist aber oft charakteristisch für schöpferische Leute. Manche dieser Typen weigern sich, Zeit und Energie zu opfern oder die Verwässerung ihrer Ideale zu riskieren zugunsten einer dauerhaften persönlichen Beziehung. Sogar dann, wenn sie Gefolgschaft haben und mit anderen eng verbunden scheinen, ist der Zusammenhalt illusorisch. Die Gefolgsleute fordern sie nicht auf, sich in grundlegenden Einstellungen zu ändern.

Ganz im Gegenteil: Sie unterstützen gewöhnlich die Führerposition, und wenn ein paar Abspenstige diese Vormacht in Frage stellen sollten, müssen sie entweder schweigen oder sie werden aus der Gruppe ausgeschlossen. In seltenen Fällen wird der Führer selbst verstoßen, und wenn er geht, dann im Besitz seiner ursprünglichen Position. Dies gilt, gleich ob es sich um den Anführer einer Rebellengruppe oder den Staatschef einer Regierung handelt. Meistens haben Einzelgänger in Führungspositionen wenige enge Freunde, und die Beziehungen, die sie mit den Ergebenen oder Gefolgsleuten pflegen, stellen wenige oder keine Anforderungen an den »Meister«, fordern ihm keinerlei Veränderung ab.

Solche Menschen, vielleicht ihrer Stellung in der Geschichte gewärtig oder eine solche ersehnend, haben hochentwickelte Fähigkeiten, die es ihnen ermöglichen, anstelle enger, auf Geben und Nehmen beruhender Beziehung andere zu setzen. Beispielsweise hat der Künstler seine Leinwand oder seinen Lehm, der Gelehrte seine Bücher, der Wissenschaftler seine mathematischen Probleme. Das Bild des kreativen Genies, Wissenschaftlers oder Künstlers mit der ergebenen Gefährtin im Hintergrund, die seine Schöpferkraft fördert, mag erhebend sein, aber besonders seit der Propagierung der Forderung »Gleiche Bildungschancen für alle« sind solche Beziehungen nicht mehr sehr häufig. Manche der kreativen Individualisten, die wir aus der jüngsten Geschichte kennen, waren entweder nie verheiratet oder sie lebten getrennt. Wenige Menschen können sich damit zufriedengeben, in der Beziehung zum anderen passiv zu bleiben, besonders deshalb, weil größere Bildungschancen mehr und mehr Leuten zu einem größeren Grad an Selbstvertrauen verholfen haben, zu einem selbständigeren Denken und freierer Urteilsbildung. Unglücklicherweise sind Spannung und Konflikt zwangsläufig, wenn *zwei Personen, die nach Selbstverwirklichung streben,* sich dazu verpflichtet fühlen, eine Beziehung über einen längeren Zeitraum aufrechtzuerhalten. Die Bedürfnisse oder Interessen des einen oder anderen müssen an die erste Stelle treten, und der hintangesetzte Teil ist selten damit zufrieden, als zweiter zu rangieren. Wenn der »nicht-kreative« Teil »am Ball« bleibt, wird er wahrscheinlich immer passiver und zieht sich damit die Verachtung des schöpferischen und anerkannten Partners zu.

In gewissen Fällen kann ein Partner dem geschäftigen Zweiten übermäßige Selbständigkeit nachsehen, dann nämlich, wenn dessen Aktivitäten nützlich oder lohnbringend sind, wenn sie Prestige, Geld, Ansehen und ähnliche teilbare Eigenschaften einbringen. Mahatma Gandhi war berühmt für seine Hingabe an Indien, aber er war kein Ehepartner im üblichen Sinn. Bald nach der Verheiratung verzichtete er auf geschlechtliche Beziehungen, weil er, wie er sagte, seine gesamte Energie für die Bewältigung nationaler Probleme brauchte (er benutzte dieses Opfer auch als hervorragendes politisches Propagandamittel). Diese Enthaltung mag für seine Frau unbefriedigend gewesen sein, doch sie blieb ein loyales Mitglied der Familie, wahrscheinlich deshalb, weil ihre Rolle ausreichende Entschädigung für ihren Verlust bot. Außerdem – wer hätte auch die Scham auf sich genommen, den großen Mahatma zu verlassen? Schließlich entstammt der Begriff »Familie« dem Lateinischen »familia«, d. h. »Dienende eines Hausstandes.«

Im großen und ganzen aber sind die Biographien kreativer Genies voll von Dokumentationen ehelicher Zwietracht. Sie erwächst teilweise der Egozentrik und Arbeitswut des Partners, aber auch der Reaktion von Mann oder Frau auf die selbständige Aktivität, dem Gefühl, verlassen zu sein, auch wenn dies nicht beabsichtigt war. Normalerweise fühlt man sich verlassen oder zurückgewiesen, wenn die Gatten sich nicht in das traditionelle Rollenmuster einfügen.

In unserer Epoche vermehrter Freizeit gibt es mehr Gelegenheit als je zuvor, individuelle Hobbies und andere selbständige Beschäftigungen zu pflegen; und dementsprechend gibt es mehr ehelichen Argwohn und Ärger, entstanden aus dem Konflikt Autonomie contra Symbiose. Wegen des Unterschiedes, der heute noch zwischen den männlichen und den weiblichen Rollenbildern besteht, sind die nach außen gerichteten Interessen der Partner nur selten gleich.

Die Situation wird noch komplizierter durch die paradoxe Sehnsucht des Menschen nach Einsamkeit und nach Gesellschaft. Die meisten Zeitgenossen möchten zeitweise allein sein; sie genießen es, einige unabhängige Interessen zu pflegen.

Aber kurz nachdem sie sich auf diese Einsamkeit zurückgezogen haben, entsteht wieder das Bedürfnis, andere Leute zu

sehen. Das Pendel schwingt dauernd hin und her; die Anstrengung und Mühe, sich auf die anderen einzustellen, fördert die Sehnsucht nach Unabhängigkeit; die damit verbundene Einsamkeit treibt wieder zurück in die Gesellschaft.
In einer funktionierenden Ehe ist das Phänomen Autonomie-Symbiose keine allzu große Beeinträchtigung, auch wenn damit Schwierigkeiten verbunden sind. Die Risse, die in einer Beziehung durch Divergenz oder Aufeinanderprallen von Bedürfnissen entstehen, werden durch Verständnis, Selbstlosigkeit, Opfer und Kompromiß wieder gekittet. Wenn man das »Engagement« eines Menschen für die Ehe erwähnt, beschreibt man den Grad, bis zu dem er bereit ist, Kompromisse zu schließen, Eigeninteresse, Ideale von Perfektion, Geschmacksrichtungen hintanzusetzen, so daß eine Beziehung fortdauern kann.
Die Alternative zum Engagement bedeutet, keine Beziehung erhalten zu können, das heißt, allein zu bleiben. Davor fürchten sich die meisten Menschen und leisten deshalb willig beträchtliche Opfer für den Fortbestand ihrer Verpflichtung.
In einer funktionierenden Ehe haben sich die Partner über die Regeln geeinigt, das heißt, sie diskutieren verletzte Gefühle oder Mißverständnisse. Sie sind sich im klaren, wer was wann tut. Hier können wir wieder die Wichtigkeit gegenseitiger Übereinstimmung (nach Verhandlungen) sehen. Die Gatten müssen über die meisten Verhaltensbereiche Einigkeit erzielt haben und sich mit Kompromissen abfinden. Die starke Hand des Quid-pro-Quo führt immer das Steuerrad einer guten Ehe. Wenn es keine Einigung über die Richtung gibt, wird es mit der Verbindung fast zwangsläufig in den Graben gehen.

13. Die wichtigsten Elemente einer befriedigenden Ehe

Studien »normaler« Ehen der Mittelklasse zeigen, daß viele verschiedene Muster ehelicher Beziehungen anscheinend erfolgreich funktionieren. Es gibt für zwei Menschen nicht nur einen einzigen Weg, der zu einer befriedigenden Ehe führt, doch scheinen die im folgenden genannten Elemente den verschiedenen Möglichkeiten gemeinsam zu sein.

a) Die Gatten einer gut funktionierenden Ehe respektieren einander. Jeder findet beim anderen wichtige Qualitäten oder Fähigkeiten, die er schätzt – daß er ein guter Sohn ist, daß er eine Menge Geld verdient, usw. Je größer die Zahl der positiven Eigenschaften, desto zufriedenstellender die Ehe.

b) Die Partner üben gegenseitige Toleranz. Sie sehen einander als fehlerhafte, verletzliche menschliche Wesen und nehmen deshalb die gegenseitigen Mängel in Kauf.

c) Das Schlüsselelement für eine erfolgreiche Ehe ist das Bemühen der Partner, aus ihren Aktivposten das beste zu machen und die Passiva so gering wie möglich zu halten. Wir haben versucht zu demonstrieren, daß bei einer gewissen Gemeinsamkeit von Milieu und Erziehung (und wenn sie nicht gegeben wäre, hätten sich die Eheleute wohl nicht verheiratet) die Funktionsfähigkeit der Ehe von der Einübung der Kommunikation abhängt, von der Fähigkeit, Quid-pro-Quos auszutauschen. Damit ergibt sich die Übereinstimmung über gemeinsame Ziele und deren Umsetzung in die Tat. Außerdem hängt der Erfolg von der Erkenntnis ab, daß eine Ehe kein statisches Geschehen ist. Vielmehr findet hier ein Prozeß statt, der dauernden Veränderungen unterworfen ist, und das bedeutet Arbeit an der Beziehung bis zum Lebensende.

In unserem Land hat sich das Märchen verbreitet, die ersten Ehejahre »bügelten alle Probleme aus«. Danach, so lautet der Schluß, können die Partner passiv dasitzen und sich im Ehewagen durchs Leben kutschieren lassen. Diese Konzeption ist blanker Unsinn, wie wir zu zeigen versucht haben. Die Scheidungsquoten machen deutlich, wie trügerisch dieses Märchen ist. Interviews mit Hunderten von Ehepaaren demonstrieren, daß die »Statischen«, die sich der Passivität überlassen, Scheidung, Trennung und Konflikt von selbst ins Haus holen. Konfliktstoff kommt in vielen Formen, von psychosomatischen Symptomen und seelischer Krankheit bis zum bitteren Leben der schrecklichen Zwei.

Vielleicht wird durch den schnellen Wandel des zwanzigsten Jahrhunderts die traditionelle Familien- und Ehestruktur zum Anachronismus. Bis heute aber sind Einehe und Familienverband nach wie vor Ecksteine unserer Kultur, und wir glauben, sie sind eine Menge Anstrengung wert.

III. Teil

Destruktive Elemente in der Ehe

1. Das Märchen von der Normalehe

Die Gesellschaft hat künstliche Maßstäbe gesetzt, was eine »gute«, eine »schlechte«, eine »normale« Ehe sein soll. Viele Partner machen sich Sorgen, weil sie glauben, ihre Beziehung »passe nicht in dieses Schema«. Diese Angst ist unnötig; sie mindert den Wert vorhandener Aktiva und reduziert die Wirkungsmöglichkeiten der Beteiligten.

Psychiater, Psychologen und andere Fachleute, die auf einschlägigem Gebiet forschen oder praktische Arbeit leisten, liefern in einem fort Urteile über den relativen Krankheitsgrad einzelner. Auch die Öffentlichkeit akzeptiert das Konzept der Normalität und betrachtet es als richtig, Personen und Beziehungen als »normal« oder »abnorm« einzustufen. Doch gibt es – überraschenderweise – keinen Standard der Normalität, der als Pegel dienen könnte.

Einige Jahre lang hat das Psychologische Institut in Palo Alto in Kalifornien Durchschnittsfamilien beobachtet, die durch Zufallsauswahl ermittelt wurden. Zwar ließen sich keine absoluten Maßstäbe finden, wohl aber einige Schlüsse ziehen, die die Normalität und Abnormität betreffen. Es scheint viele verschiedene Arten des Familienlebens zu geben und viele verschiedene Methoden der Kindererziehung, so daß es unsinnig ist, wenn man einfach behauptet, Schlagen sei gut oder schlecht oder das Kind solle auf diese oder jene spezielle Art und Weise behandelt werden. Es gibt Familien, mit denen man Weihnachten gerne verbringt, und andere, die man sich lieber am Silvesterabend einlädt. Das heißt aber nicht, daß die einen deshalb überlegener oder normaler seien als die anderen. Es gibt Eltern, die anscheinend in größter Harmonie zusammenleben, aber nervöse Kinder haben, und Eltern, die sehr schlecht miteinander auskommen und deren Kinder sich doch sehr erfreulich entwickeln. Die Strömungen in verschiedenen Familien sind oft subtil und nicht zu klären, wenn man sich die einzelnen Mitglieder getrennt vornimmt.

Manch guter Rat für die Kindererziehung gründet auf der Rekonstruktion der eigenen Kindheit. Dies ist ein sehr unzuverlässiger Maßstab – nicht nur, weil die Zeit das tatsächliche Geschehen verdeckt, sondern weil das Familienleben ein Spiel ist, in dem den Spielern nicht alle Regeln bekannt sind.

Viele Untersuchungen über Ehe und Familie stützen sich größtenteils oder ganz auf retrospektive Daten. So wird der Patient gebeten, verschiedene Aspekte seiner Kindheit zu beschreiben. Doch hat sich herausgestellt, daß fast alle Mütter ein unzuverlässiges Gedächtnis haben, schon wenn es um so relativ einfache Dinge geht wie das Alter, in dem ihre Kinder die ersten Schritte taten, sauber wurden, zu sprechen begannen – auch wenn diese Ereignisse nur fünf Jahre zurückliegen und die Mütter von der Richtigkeit ihrer Auskünfte überzeugt sind.

So warnen wir Ehepartner noch einmal davor, ihre Ehe als Fehlschlag zu betrachten, weil sie nicht in die »normalen« Kategorien paßt. Es gibt keine solchen Kategorien.

Trotzdem bleibt es natürlich wahr – wenn man künstliche Beurteilungsmaßstäbe außer acht läßt –, daß manche Ehen weniger erfolgreich sind, als ihre Partner es sich wünschen.

In den folgenden Kapiteln werden verschiedene der häufig auftretenden Schwierigkeiten diskutiert. Manche können, wenn sie nicht abgestellt werden, im Lauf der Zeit schwere Korrosionsschäden hervorrufen. Wenn die Partner jedoch die destruktiven Elemente einmal erkannt haben, lassen sich Schritte zur Beseitigung unternehmen; bestimmte Vorschläge, was zu tun ist, wollen wir ihnen machen.

2. Der umgefallene Dominostein

Manche Ehen stecken so voll von Nörgelei, Destruktion und falschen Unterstellungen, daß sie vor Zwietracht förmlich qualmen. Die Gatten sind offensichtlich an dem Punkt angelangt, wo nur noch Scheidung oder Mord bleibt. Doch sogar in diesen Fällen kommt es häufig vor, daß die Beziehung recht beständig ist. Was hier geschieht, gleicht einem Dominospiel, bei dem der erste Stein umgefallen ist – nur daß in unserem Fall die Geschichte rückgängig zu machen ist. Wenn der erste Stein wieder aufgestellt ist, können die anderen von selbst wieder in ihre ursprüngliche Position zurückfinden. Das Problem ist also, den ersten Dominostein wieder aufzurichten.

Mit anderen Worten: In vielen Ehekonflikten hat ein gewichtiger Störfaktor die Beziehung vergiftet, und weil beide Parteien verstockt sind oder in starrer Abwehrhaltung stehen, kann dieses eine zerstörerische Element das ganze Ehespektrum beeinflussen.

Hier das Beispiel von Cynthia und Joseph Special. Cynthia und Joe waren seit vier Jahren glücklich verheiratet. Sie hatten anfangs nicht viel Geld und keine Kinder. Cynthia verdiente sich als Buchhändlerin etwas dazu, Joe arbeitete in einer Papierfabrik. Sehr langsam richteten sie während dieser Zeit ihr Haus ein, zahlten alles in bar.

Nach vier Jahren geschah zweierlei: Ein Kind kam zur Welt – nach Jahresfrist folgte ein zweites –, und Joe wurde zum Verwalter befördert. Cynthia hatte natürlich ihre anregende Beschäftigung in der Buchhandlung inzwischen aufgegeben und war den ganzen Tag mit den beiden Kindern zu Hause. Joe konnte als Verwalter seine Bürotür nicht mehr um fünf Uhr zumachen; er mußte länger bleiben, um die Tagesproduktion zu registrieren, Personalfragen zu bearbeiten, und an der Sitzung der Geschäftsleitung um sechs Uhr teilnehmen.

Wenn er so gegen halb acht heimkam, war er müde. Auch Cynthia war müde. Zwei kleine Kinder hielten sie auf Trapp und das kleine Haus immer in Unordnung. Cynthia hatte keine Zeit mehr, Joes Lieblingsgerichte zu kochen. Es gab keine anregenden Plauderstunden mehr beim Cocktail, wo früher die interessanten Neuigkeiten des Tages besprochen worden waren, kein sorgfältig zubereitetes Abendessen, nach dessen geruhsamem Verzehr man ins Theater oder ins Kino ging. Joe hatte seinen Drink bereits bei der abendlichen Sitzung genommen, und wenn er zu Hause war, wollte er schnell sein Essen und dann sein Bett. Cynthia hatte immer mehr das Gefühl, weder Gefährtin noch Gleichgesinnte zu sein, und war der Meinung, Joe investiere mehr Interesse in seinen Beruf als in seine Familie. Joe hielt Cynthia für egoistisch, wenn sie noch ausgehen wollte, nachdem die Kinder im Bett waren. Er wurde ärgerlich, wenn sie ihn bat, im Geschäft keinen Drink zu nehmen und statt dessen wieder wie früher eine Stunde am Abend mit ihr zu verbringen.

Die Situation ist den meisten Familien bekannt. Cynthia begann allmählich, ihre Vorliebe für sorgfältig vorbereitete Mahlzeiten zu verlieren. Und Joe schlang sein Essen kommentarlos hinunter. Wenn ihm im Bett nach Liebe zumute war, sagte Cynthia, sie sei müde von der Arbeit mit den Kindern, fühlte sich dabei verärgert, daß Joe nur dann Lust hatte, wenn *er* wollte, und auf *ihre* Bedürfnisse nicht achtete, wenn sie die Initiative ergriff.

Joe nahm die Gewohnheit an, mit anderen Kollegen zwei- bis dreimal pro Woche zum Essen auszugehen. Langsam divergierten ihre Bedürfnisse in immer mehr Bereichen, und schließlich standen sie am Rand der Scheidung.

Ehe sie zum Anwalt gingen, beschlossen sie, einen Eheberater zu konsultieren. Er erkannte das Dominomuster sofort und sah, daß ein grundlegender, relativ kleiner Störfaktor das ganze Ehesystem durcheinanderbrachte. Er schlug folgende Lösung vor: Bei den Geschäftssitzungen um sechs Uhr trank Joe künftig keinen Cocktail mehr und nahm statt dessen ein Ginger Ale mit Zitrone. Er konnte so, später, einen Drink mit seiner Frau genießen.

Anstatt sich zu Hause sofort an den Eßtisch zu setzen, ging er unter die heiße Dusche und ruhte sich fast eine Stunde lang aus. Die Kinder schliefen bereits, und Cynthia konnte auch duschen und sich kurz hinlegen. Dann zogen sich beide um, nahmen ihren Cocktail und aßen zu Abend. Was machte es groß aus, wenn sie das Abendessen auf halb neun anstatt auf halb acht ansetzten? Die Stunde ermöglichte es ihnen, sich frisch zu machen und den Abend zu genießen.

Wenn Joe seine zwei Wochen Urlaub hatte, besuchte Cynthia zwei oder drei Tage lang ihre Mutter, während er zu Hause die Kinder versorgte. Die Erfahrung vermittelte ihm einen lebhaften Eindruck vom zeitraubenden und intellektuell reizarmen Arbeitstag, der für Cynthia die Regel war. Bei einer Sitzung gab Joe zu bedenken, daß das Problem »lange Arbeitszeit und spätes Nachhausekommen« doch bei den meisten leitenden Angestellten aktuell sei. Deshalb schlug er vor, den Frauen einen Tag aus dem Berufsleben zu zeigen, jeweils einer zu einem bestimmten Termin. Damit wollte er für das Verständnis männlicher Probleme und Verantwortungsbereiche werben. Der Chef hielt viel von der Idee, und so konnte Cynthia bald einen Arbeitstag ihres Mannes studieren.

Einmal pro Woche mietete Cynthia für den Abend einen zuverlässigen Babysitter, und sie und Joe gingen zum Essen

aus. Sie vergnügten sich und verbrachten einen fröhlichen Abend, ganz wie in alten Zeiten.
Cynthia und Joe diskutierten auch die Frage, ob Joes Arbeit den außergewöhnlichen Zeit- und Kräfteeinsatz lohne. Sollte er kündigen und sich anderswo umsehen? Cynthia meinte, da er erst vor kurzem befördert worden sei, halte sie es für ganz normal, daß er länger arbeiten müsse, daß er aber bei längerer Praxis die Arbeitszeit etwas reduzieren könne. Sie anerkannte, daß dies ein schwieriges Stadium in Joes Karriere sei und daß es sie mit Stolz erfülle, diese Zeit miterleben zu können. Joe antwortete ehrlich, er sehe, daß die Obhut über zwei kleine Kinder der anstrengendste Teil des Familienbetriebes sei. Er wollte wissen, wie er ihr Leben erleichtern und erfreulicher machen könne. Zwar ergaben sich keine Verbesserungen für Cynthias Arbeit, aber der geheimnisvolle Prozeß positiver Verstärkung durch Joes Interesse und Lob für ihre Arbeit ließ ihr selbst das Ganze in positiverem Licht erscheinen.

Wie man das Domino-Muster am besten beseitigt

Um zu bestimmen, ob es einen umgefallenen Dominostein im eigenen Ehesystem gibt, sollten sich die Partner gemeinsam folgende Fragen beantworten (die Reihenfolge wird durch Münzwurf bestimmt):
»Was ärgert mich am meisten an dir?«
Wenn die wichtigsten Klagen sich auf physische Gegebenheiten oder klar definierte Verhaltensweisen beziehen, ist es möglich, die Mißstände ohne Hilfe eines Dritten aus der Welt zu schaffen. Hier Beispiele für solche Klagen: »Ich finde es unerträglich, wenn du mich in betrunkenem Zustand lieben willst. Das zerstört deine Anziehungskraft.« »Du ißt immer mit offenem Mund, das bereitet mir Übelkeit!« »Dein schlechter Atem macht mich einfach verrückt.«
»Das Haus sieht immer aus wie ein Schweinestall!«
»Du bist schlampig. Wenn ich das Haus auch noch so sauber halte, du verstreust deine Asche und deine Kleider einfach in die Gegend.«
»Meistens kommst du zu spät zum Essen und gibst mir vor-

her nie Bescheid. Die Hälfte unserer Mahlzeiten schmeckt angebrannt.«
»Du hast zwanzig Pfund zugenommen, und dicke Leute widern mich an.«
Alle diese Probleme und Ärgernisse können beseitigt werden. Wenn dies aber nicht geschieht, verursachen sie auf anderen Gebieten Konflikte. Wenn einer sich zu Recht beklagt und der Fehler sich korrigieren ließe, der andere aber aus Sturheit oder Faulheit sein Verhalten beim alten beläßt, wird der Kläger die von ihm geforderten Änderungen ebenfalls nicht vornehmen. Die Botschaft heißt: »Wenn du dich nicht mir zuliebe ändern willst, weshalb sollte ich es dann für dich tun?« Die meisten fürchten in der Tat, dem anderen zu viel entgegenzukommen, weil sie dies für ein einseitiges Muster halten und glauben, sie müßten von nun an jedesmal nachgeben. In vielen Fällen ist diese Furcht berechtigt. Nur dann, wenn sie wirklich unbegründet ist, wenn der andere die gleiche Bereitschaft für Kompromiß und Veränderung hat, kann man die Furcht loswerden und sie durch entspannte Flexibilität ersetzen.
Wenn einmal begründete Klagen hinfällig geworden sind, verschwinden häufig auch andere negative Faktoren. Schon die Handlung, sich zusammenzusetzen und Verbesserungsvorschläge zu diskutieren, hat einen allgemeinen therapeutischen Wert. Die Gatten *versuchen,* eine funktionierende Beziehung aufrechtzuerhalten, und so ist der halbe Sieg schon gewonnen: Sie tun damit einen großen Schritt auf eine realistische Vertrauensbasis in einer verantwortungsbewußten Partnerschaft zu.

3. Wie man seinen Partner verrückt macht

In der Diskussion der symmetrischen und der Statuskampf-Beziehung haben wir bereits erwähnt, daß bestimmte Aussagen oder Handlungsweisen herabsetzend oder angriffslustig von der Person praktiziert werden, die versucht, sich als überlegen hinzustellen, die ihre Selbstachtung, ihr Selbstbewußtsein und ihre Würde damit verstärken will. Dieses Ver-

halten paßt oft in die Kategorie »Du verletzt mich, deshalb verletze ich dich«; in vielen Fällen wird daraus eine Form seelischer Plünderung, Brandschatzung und Erniedrigung.
Die Ursache für diese Art des Verhaltens ist meist undeutlich, versteckt oder vertuscht. Sie kann ihren Grund in einer zu Recht oder zu Unrecht erfolgten Beschuldigung des Partners haben. Vielleicht leidet auch einer unter seinem eigenen Minderwertigkeitskomplex und versucht als Entschädigung, seinen Gatten in jeder noch so bedeutungslosen Angelegenheit anzugreifen, während sich seine wahre Kritik auf ganz andere Dinge bezieht. Beispielsweise beschimpft ein Mann seine Frau als mittelmäßige Köchin (obwohl er ihre Küche im Grund ganz gerne mag), denn er ist eifersüchtig auf ihre gesellschaftlichen Erfolge. Er benimmt sich in Gesellschaft schüchtern und gehemmt, glaubt aber unbewußt, wenn er sie direkt angreife, verrate er automatisch seine eigene Unsicherheit und seinen Neid.
Um also peinliche Selbstenthüllungen zu vermeiden, wählt er eine der verwundbarsten Stellen seiner Frau – ihre Küche. Er weiß wahrscheinlich nicht einmal, daß er es tut, und könnte sicher keinen Grund dafür angeben.
Attacken dieser Art gibt es nicht nur bei Mann und Frau. Arbeitgeber und Angestellte, Bruder und Schwester, Politiker, die nebeneinander zu sitzen kommen, sind dafür anfällig. Aber im Fall der Eheleute sind sie am offensichtlichsten (und wahrscheinlich am destruktivsten), einfach deshalb, weil die Ehe eine so enge Verbindung ist. Ehegatten können einander auf die Dauer nichts vormachen, so sehr sie das auch möchten oder so intensiv sie versuchen, sich selbst zu täuschen.
Die Symptome für diese Art der Aggressivität – wenn auch nicht die Ursachen – sind von Psychiatern und Psychologen recht gut identifiziert worden. In den meisten Fällen gescheiterter Ehen waren die verschiedensten Variationen destruktiven Verhaltens am Werk. Es ist wahrscheinlich, daß diese Muster in fast jeder Ehe existieren, aber sie müssen nicht unbedingt zerstörerisch sein. Keime von Tuberkulose und Lungenentzündung sind im Körper der meisten Menschen vorhanden, aber diese pathogenen Keime werden unter Kontrolle gehalten und stellen nicht unbedingt eine Gefahr dar, es sei denn, der Körper ist geschwächt durch Müdigkeit, Krankheit oder organische Schäden. Entsprechend kann in einer gu-

ten Ehe das natürliche Abwehrsystem des einzelnen die schädlichen Attacken abhalten, manchmal durch Toleranz, manchmal durch Quid-pro-Quo-Techniken, manchmal durch Verniedlichung der Angriffe oder durch Anpassung, manchmal auch durch einen soliden altmodischen Krach.

Mancher Partner, der kostspielige Monate bei einem Psychiater oder Eheberater zugebracht hat, ist sich schließlich wenigstens der dauernden Kämpfe bewußt, mit denen er den anderen unbewußt attackiert hat. Es ist dies eine der großen Belohnungen des Psychiaters, wenn er den Überraschungsausbruch eines Patienten erlebt, der plötzlich erkennt, daß er seinen Partner in eine emotionelle Zermürbung hineingetrieben hat. Normalerweise lautet die Antwort: »Aber ich liebe doch meinen Mann (meine Frau), wie könnte ich so viele Jahre lang etwas so Schreckliches getan haben??«

Wenn diese Erleuchtung kommt, ehe der Partner dauerhafte Barrieren gegen den Quälgeist errichtet hat, erfolgt normalerweise eine befriedigende Wiederbelebung der Ehe. Weil der Eheprozeß ein ineinandergreifendes System ist, kann sich irgendeine getroffene Maßnahme auf dutzenderlei Arten auswirken. Wenn jemand seine gegen den anderen gerichteten Attacken erkennt und versteht, wird er wahrscheinlich in einem Augenblick der Erleuchtung eine Reihe vergangener Erfahrungen begreifen, die bis dahin unverständlich und verwirrend schienen.

In der Hoffnung, daß mancher Leser solche Erleuchtungen erhalte, bieten wir in den folgenden Kapiteln Beispiele und Analysen der gebräuchlichsten Methoden an, mit denen ein Partner den anderen angreifen und verletzen kann, ohne überhaupt zu merken, was er da tut.

Doch sollte der Leser erkennen, daß die Behauptung, einer habe den anderen »ruiniert« oder »kastriert« oder »unterminiert«, falsch ist. Ein Gesetz der Physik besagt, daß jeder Aktion eine entsprechende entgegengesetzte Reaktion folgt; also ist da auch kein Opfer ohne Peiniger, und ein Peiniger braucht ein *williges Subjekt.* Einen dominierenden Mann kann es nicht geben, wenn er nicht gleichzeitig eine hinnehmende und passive Frau hat. Doch werden die folgenden Kapitel sich nur mit Techniken befassen, die einer der Partner anwendet; der Leser soll sich daran erinnern, daß dies aus

Gründen der Vereinfachung geschieht; dann ahnt er vielleicht wieder einmal etwas von der Vielschichtigkeit und Vielfalt unseres Lebens.

4. Taktik Nr. 1

So zu tun als ob ...

Diese zerstörerische Taktik tritt besonders gegen Gatten in Kraft, die von Natur aus aggressiv und phantasievoll sind und selten Zeit finden, all das zu tun, was sie eigentlich gerne möchten.

Je mehr Erfolg sie in ihrem Beruf oder im Geschäft haben und je mehr sie auch zu Hause an Einfluß gewinnen wollen, desto häufiger kann diese zerstörerische Technik gegen sie angewendet werden. Sie besteht in dem sanften Versuch, ihre Bemühungen auf vernichtende Art und Weise zu untergraben, ohne daß die zerstörerische Absicht identifiziert werden kann. Hier ein Beispiel:

John Alderson hegt eine tiefe Abneigung gegen seine Frau. Wenn immer sie zusammen sind, fühlt er sich unbehaglich, frustriert und auf leise schmorende Weise verärgert. Er denkt oft über diese Empfindungen nach, denn er kann sie nicht definieren, und ist deshalb schuldbewußt.

»Weshalb nur kommt das?« fragt er sich. »Die arme Eloise arbeitet so schwer. Sie ist eine süße, aufmerksame Person und selbstverständlich eine gute Mutter. Ich habe wirklich kaum eine Entschuldigung dafür, daß ich sie meistens so wenig ausstehen kann, besonders, da die Dinge, die mich ärgern, so trivial sind.«

Der Leser möge sich nun einmal im Haus der Aldersons umschauen.

Die Zeit: Halb acht Uhr morgens. John ist soeben mit dem Rasieren fertig geworden und wird in ein paar Minuten zum gemeinsamen Frühstück hinuntergehen. Er will aus seiner Kommode ein frisches Hemd holen, doch leider ist die Komode leer.

»Eloise!«

»Jaha, Liebling!«

»Was ist, warum habe ich schon wieder kein sauberes Hemd mehr?«
»Aber, Liebling, der Mann von der Wäscherei kommt doch nur alle vierzehn Tage, und damit sparen wir eine Menge Geld für die Wäsche!«
Diese Bemerkung scheint John irgendwie nicht logisch. Er kratzt sich am Kopf und beginnt darüber nachzugrübeln, ob etwas mit seiner eigenen Logik nicht stimmt, auch wenn er nicht weiß, wo der Fehler liegt. So knurrt er vor sich hin und wendet sich, nach einem Achselzucken an sein Spiegelbild, zum Wäschekorb auf der Suche nach einem gebrauchten Hemd. Er zieht es an und bindet sich eine Fliege anstelle einer Krawatte um, um damit die Falten in seinem verschmutzten Kragen etwas besser zu verdecken.
Als John mit dem Anziehen fertig ist, geht er in die Küche. Eloise summt fröhlich vor sich hin, während sie aus einer Zwei-Pfund-Dose Kaffee löffelt.
»Ach, Eloise, jetzt habe ich dich doch gebeten, keine so großen Dosen mehr zu kaufen. Das Zeug wird alt darin und verliert das Aroma. Du weißt, wie sehr ich eine gute Tasse Kaffee schätze!«
Eloise betrachtet ihren Mann mit einem Anflug von Mütterlichkeit. Sie schüttelt den Kopf und lächelt geduldig.
»Oh, Liebling, hier konnte ich einfach nicht widerstehen. Ich spare schließlich zwanzig Prozent pro Dose, wenn ich solche Gelegenheiten ausnutze.«
»Es ist mir völlig egal, ob du fünf Dollar pro Dose sparst oder nicht. Schlechter Kaffee ist schlechter Kaffee. Bitte, kaufe keine Zwei-Pfund-Dosen mehr.«
»Ist gut, Liebling.«
Zwanzig Minuten später, als sich John fertigmacht, bemerkt er in der Ecke ein paar Spinnweben. Er sieht sich genauer um und stellt fest, daß hinter allen Möbeln Schmutz und Staub sitzen.
»Eloise!«
»Ja, Liebling!«
»Wann kommt der Reinmachedienst?«
»Ach, darüber haben wir doch schon gesprochen, erinnerst du dich? Am Tag nach deinem Geburtstag stellten wir den Plan auf ...«
»Nein, Eloise. Ich glaube, wir zwei arbeiten schon genug,

und wenn wir ein sauberes Haus wollen, was ich jedenfalls sehr wohl möchte, weshalb können wir dann keinen Reinmachedienst beschäftigen?«

»Aber, Liebling, du weißt doch, wie komisch ich mich fühle, wenn ich fremde Leute im Haus habe. Diese Leute vom Reinigungsdienst rücken die Möbel herum, und ich kann überhaupt nichts tun, während sie da sind, außer herumstehen und an den Nägeln kauen. Wirklich, Liebling, ich mache die Arbeit viel lieber selbst.«

»Ich weiß, Eloise, aber du hast sowieso schrecklich viel zu tun, mit den Kindern und deiner Arbeit beim Roten Kreuz und deiner Altenbetreuung. Ich verstehe auch, wie wichtig das alles ist. Aber schließlich hat der Tag nur vierundzwanzig Stunden, und du kannst nicht so eingespannt sein und dann auch noch den Hausputz besorgen.«

Eloise schaut John an, und ihre Augen werden feucht. Sie beißt sich auf die Lippen und flüstert: »Du hast ja recht, John. Ich tue wirklich, was ich kann. *Alles,* was in meiner Macht steht, um dir eine gute Frau zu sein, soll geschehen.« Damit dreht sie sich um und geht schnell ins Schlafzimmer, um die Betten zu machen, ehe sie zu einer Sitzung des Roten Kreuzes weg muß.

John hat den ganzen Weg zum Büro Magendrücken. Ein bohrender Schmerz setzt sich hinten im Hals fest und steigt in den Hinterkopf. Er betrachtet die Welt mit höchst unfreundlichen Gefühlen – spürt aber nur ganz undeutlich, daß daran seine Frau schuld ist.

Wenn das obige Beispiel auch stark vereinfacht scheint, so stellt es doch ein ganz gängiges Verhaltensmuster vieler Ehen dar.

In diesem Fall ist Eloise eine Meisterin der Taktik, obwohl sie das gar nicht erkennt. Indem sie die »untergeordnete« Position einnimmt, scheinbar aufmerksam, rücksichtsvoll und vor allem so geduldig ist, macht sie John schließlich ganz fertig. Er ist verärgert und enttäuscht ohne einen offensichtlichen Grund, und so kann er nur (ungläubig) zu dem Schluß kommen, daß der Fehler bei ihm allein liegt. Was beider Verhalten charakterisiert, ist das *Fehlen einer vollzogenen Handlung.* Es werden keine Entscheidungen getroffen; man tut nur so, als ob.

Eloises Verhalten suggeriert John, daß sie alles tut, was er will, aber die Logik seiner Erfahrung verweist auf das Gegenteil. Er ist ganz und gar enttäuscht und weiß nicht, wie er der Situation beikommen soll. Seine eigenen Beschlüsse gehen von einem Extrem ins andere: Manchmal hält er seine Frau für eine Lügnerin, manchmal glaubt er, bei ihm stecke irgendein ganz schrecklicher Fehler.

Wie man der Taktik des »So-tun-als-ob« beikommen kann

Auch die besten Ehen kommen ohne Grobheiten nicht aus; solange kein Mord daraus wird, kann dies unter Umständen sogar regenerierend wirken. Zuzeiten geraten wir alle in ein Fahrwasser der Gleichgültigkeit und lassen dadurch Beziehungen ins Negative abgleiten. Es gibt keine Patentlösungen, um eine Beziehung ohne Kampf und Streit zu erreichen. Man kann kein Omelette machen, ohne Eier zu zerschlagen, und man kann keine Ehe führen, ohne manche Erwartungen und vorzeitig gewonnene Konzeptionen zunichte zu machen, man kann sich nicht immer der allzumenschlichen Eigenschaften erwehren, gleich das ganze Terrain haben zu wollen, wenn man ein paar Meter bekommen kann.

Im Fall von Eloise und John sind die Fragen und die Probleme, die John hat, für Eloise niemals Gegenstand einer wirklichen Diskussion: Wenn eine Unterhaltung zu Ende ist, weiß er nie, ob er nun einen Punkt für sich buchen kann oder nicht, ob seine Frau ihn verstanden hat oder nicht.

Wir dürfen nicht vergessen: Eloise erkennt nicht, was sie tut. Sie versucht, einen unvernünftigen Mann friedlich zu halten und in seinen Forderungen zu beschwichtigen, indem sie Süßholz raspelt. Ihre Art macht John glauben, daß sie *alles* tut, was er wünscht, aber irgendwie gelingt es ihr meist, das Thema zu wechseln, und sie erfüllt niemals das Versprechen. Sie erscheint so rücksichtsvoll und ist doch so rücksichtslos; damit treibt sie John langsam zur Raserei: er weiß nie genau, was er nun wirklich von ihr erwarten kann.

Dieses So-Tun-als-ob ist eine Form falscher Kommunikation, die nicht auf die leichte Schulter genommen werden darf. Der Leser wird sich aus einem vorhergehenden Kapitel erinnern, daß jede Botschaft wenigstens drei Komponenten hat, die des Inhalts, die der Beziehung und die des Kontextes. Damit sich zwei Leute wirklich verständigen können, muß der Zuhörer alle drei Komponenten korrekt verstehen. Sobald Konflikte entstehen, wird das Verständnis eingeschränkt oder unmöglich gemacht. Die Person, die eine unklare Botschaft erhält, muß für Deutlichkeit sorgen, wenn sie entsprechend handeln soll.

Im Beispiel von Eloise und John ist der Mann ebenso schuldig wie die Frau. Er sagt, er brauche mehr saubere Hemden, und sie meint beschwichtigend, daß sie schließlich Geld spare. Die Geldfrage ist aber irrelevant und oberflächlich. John verdient genug, und Wäschereirechnungen sind kein Problem. Doch nimmt er nicht dazu Stellung, weil ihn Eloises begütigender Ton ablenkt. Vielleicht hat ihn seine Erziehung für offensichtliche Güte empfänglich gemacht, und seine Erfahrung mit Eloise hat diese Reaktion verstärkt.

Gatten, die die zerstörerischen Muster solch unvollendeter Taten beseitigen wollen, sollten die folgende Übung praktizieren:

Wenn sie beide im Bemühen zusammenarbeiten, das Muster zu ändern, muß jeder besondere Anstrengungen unternehmen, den Äußerungen des anderen zuzuhören; und wenn eine Aussage nicht völlig klar ist, muß der verwirrte Partner ihr auf den Grund gehen, indem er sagt, er verstehe den Zusammenhang nicht oder der Tonfall deute ihm etwas an, was nicht zu den Worten passe.

Wenn ein Partner glaubt, diese Methode sei zu gefährlich oder verwirrend, oder er fühle sich einer gemeinsamen Übung nicht gewachsen, kann er es allein tun, indem er schriftlich analysiert, was der andere mit unklaren und verwirrenden Worten und Bedeutungen anrichtet.

Ist der Partner Empfänger einer ausweichenden Antwort wie der von Eloise bezüglich Johns Hemden, muß er unbeugsam auf einer brauchbaren Auskunft bestehen. Sollte Eloise in ihrer beschwichtigenden und begütigenden Art sagen: »Ach, Liebster, auch wenn wir genug Geld haben, ist es doch dumm, soviel für Wäsche hinauszuwerfen«, so muß er ungefähr folgendermaßen antworten: »Vielleicht verstehe ich dich falsch. Ich höre dich sagen, daß du meine Hemden nicht in die Wäscherei schicken und mich schmutzig herumlaufen lassen willst. Meinst du das allen Ernstes?«

Eloise wird sicherlich antworten, daß sie es nicht so meine

und daß sie nur das Beste wolle, nämlich eine gute Frau sein und John sparen helfen. Wenn John diese Antwort akzeptiert, ist das Ergebnis wiederum eine ungeschehene Tat, und die destruktiven Ergebnisse von Eloises »Güte« verbreiten sich wieder ein wenig weiter. Nun muß John ungefähr so reagieren: »Ich weiß, und ich kenne deine Ansicht, Eloise; ich schätze auch deinen Standpunkt, aber ich brauche wirklich mehr Hemden, und ich möchte, daß die Wäsche einmal pro Woche abgeholt wird. Von *meinem* Standpunkt aus bist du eine gute Frau, wenn du für saubere Hemden sorgst. Willst du das tun oder nicht?«

Durch diese Methode kann das vorliegende Muster allmählich ausgerottet werden. Der Vizepräsident eines Großunternehmens berichtete in einem Artikel, daß mit simplen Methoden dieser Art eine Kommunikationsverbesserung innerhalb des gesamten Betriebes erfolgte und daß die Produktivität innerhalb weniger Monate um schätzungsweise vierzig Prozent stieg.

Leider erschweren die falschen Vorstellungen von Romantik, Ritterlichkeit, damenhaftem und männlichem Benehmen für junge Leute das Eingeständnis, daß der Kampf erlaubt – und sogar notwendig – ist. Wenn sie klären sollen, wie weit jeder gehen kann, indem sie klären, wieviel man vom anderen innerhalb einer bestimmten Zeit ohne unmittelbare Gegenleistung erwarten kann, und wer (richtig oder fälschlicherweise) glaubt, er gebe mehr als der andere – und wenn sie Antworten finden sollen für die vielen anderen Probleme, die innerhalb einer Beziehung auftauchen –, gibt es keine Alternative zu freimütigem Gespräch oder beherzter Tat, sogar wenn sie unter dem Risiko einer momentanen Beeinträchtigung der Beziehung stattfinden sollten.

Einfach ausgedrückt: Das Motto junger Ehepaare (oder zweier beliebiger Leute, die sich eine Beziehung aufbauen wollen) müßte lauten: Wenn du zu mir nicht sagen kannst, ich soll dahin gehen, wo der Pfeffer wächst, kannst du mich nicht sehr lieben.

5. Taktik Nr. 2

»Du tust nichts für mich, Liebling, aber ich danke dir dafür!«

Da haben wir eine weitere, gattenmordende Technik, die häufig in unserer Überflußgesellschaft praktiziert wird: Marge Edgeworth schaut vom Sofa zu ihrem Mann hinüber, der ins Abendblatt vertieft ist. Zwischen ihnen steht ein glänzender Martinibehälter, und Marge nippt an ihrem zweiten Drink. Damit will sie sich Mut machen, denn im Lauf des Nachmittags hat sie sich entschlossen, einer Situation ein Ende zu bereiten, die sie seit langem belastet. Sie ballt die Fäuste und setzt sich kerzengerade hin. »George«, sagt sie dann laut, halb weinerlich, halb im Kommandoton, »leg die Zeitung weg!«

»Eh . . . was?«

»Leg endlich diese verdammte Zeitung weg!!«

»Oh, ja, selbstverständlich.«

Er legt die Zeitung beiseite, nimmt seine Brille ab und sagt: »Nun, um was geht's denn?«

»George«, beginnt Marge und versucht, ganz ruhig zu sein, »warum unterhalten wir uns nicht mehr miteinander?«

George schaut sie ironisch an und läßt die Schultern hängen – ein Zeichen von Befangenheit. »Ich hatte keine Ahnung, daß wir das nicht tun, Liebes.«

»Ach, du weißt, was ich meine! Du hast mir früher über deine Arbeit und ähnliche Dinge erzählt. Das war damals, als du mir immer sagtest, daß du mich liebtest.«

George betrachtet seine Frau mit einer Miene, als wolle er explodieren. Er kratzt sich hinter dem Ohr und zwingt sich zu einem Lächeln. »Nun, Liebes, worüber möchtest du, daß wir reden?«

Diese Art von George verdient das Etikett »perfekte Zunichtemachung«.

Marge spielt mit ihrem Martiniglas, weiß nicht, was sie sagen soll. Sie möchte ihren Gatten zum Reden bringen, nicht selbst reden. Sie hat noch nie gelernt und weiß nicht, daß man »spontane« Antworten nicht erzwingen kann.

»Nun«, sagt sie zögernd nach einer langen Pause, »ich weiß nicht. Ist heute etwas Interessantes gewesen?«

»Nein, nein, Liebes, nur das Übliche.«

John will seine Zeitung wieder aufnehmen. Er zögert, betrachtet seine Frau über seine Brille hinweg. »Oh, übrigens, Marge, wir gehen morgen abend zu den Waterhouses. Ich glaube, es wäre eine gute Idee, wenn du dir ein neues Kleid kauftest. Du bist viel zu sparsam gewesen, was deine persönlichen Anschaffungen betrifft, und ich glaube, du hättest ein neues Kleid verdient.«

»Oh, danke, Liebling«, sagt Marge mit einem erfreuten Lächeln. »Ich werde schauen, was ich finden kann.«

Während sie noch spricht, hat George schon wieder seine Zeitungslektüre aufgenommen. Marge greift nach dem Martini, gießt sich einen dritten ein.

Wenn jetzt ein Psychiater ins Zimmer träte und sagte: »George, alter Knabe, du bist destruktiv«, würde der Mann erschreckt hochfahren. George sieht sich als großzügigen Gatten. Das Leben seiner Frau scheint ihm leicht und erfreulich. Und er ist auch vollkommen überzeugt, daß dies seinen geschäftlichen Erfolgen zuzuschreiben ist. Wie kann sie sich beklagen, wenn er so hart arbeitet und so viel für sie tut? Daß dies alles etwas ganz anderes ist, als Marge will, übersieht er vollkommen.

Irgendwie ist Marge nicht fähig, ihre Klage richtig anzubringen. Wenn sie sich für die Waterhouse-Party ein Kleid kauft, besonders dann, wenn es ein teures Modell ist, eskaliert sie ihr Problem selbst. Denn wie kann man sich über einen Mann beklagen, der teure Kleider zugesteht und kaufen läßt, was man möchte? Charakteristisch für diesen Typus ehelicher Kontroverse ist die Art, wie George vorschlägt, ja fordert, Marge solle sich das oder das kaufen. Er ordnet auch an, sie solle zweimal pro Woche ihre Schwester besuchen oder einen Kurs am College mitmachen, um sich abzulenken – womit er ihre Forderungen an seine Gesellschaft reduziert. Marge gewöhnt sich immer mehr daran, auf seine Vorschläge zu warten, ehe sie selbst die Initiative ergreift. Die Einbuße an Eigeninitiative ist ganz normal, wenn man dafür, daß man sich nach Befehlen richtet, auch noch eine Belohnung – in Form eines neuen Kleides – erhält. Tiere lernen das Gehorchen, wenn man ihnen jedesmal, nachdem sie Gehorsam gezeigt haben, Futter gibt. Nach einigen Wochen oder Monaten der Verstärkung durch Belohnung verlassen sie sich gänzlich auf die Befehle ihres Herrn, die ihr Verhalten bestimmen.

Ein »gut trainiertes« Tier hat *gelernt*, nicht die Initiative zu ergreifen. Auch Marge beginnt unter dem »Entlohnungssystem« von George die Eigeninitiative zu verlieren, und dieser Verlust gibt George immer mehr Berechtigung, ihr Leben für sie in die Hand zu nehmen.
Damit entsteht ein Teufelskreis, denn ihr Mann bietet ihr nur die Mittel für das physische Überleben, nicht aber die seelische Kost, die sie sich wünscht und die sie braucht. Doch lieber, als auf alles zu verzichten, spielt sie das Spiel: »Ich danke dir, Liebling.« Sie hilft George nicht, ihr gemeinsames Problem zu lösen, denn durch ihre dankende Annahme wiegt sie ihn in der Illusion, er tue, was sie wolle, und sie sei zufrieden. Auch George hat seine Rolle *gelernt*. Wenn Marge die Geschenke verweigert und auf mehr Gemeinschaft besteht, wird George umlernen müssen, denn dann weiß er, daß die Geschenke überhaupt nicht das sind, was Marge am meisten ersehnt, und daß seine Frau, auch wenn er ihre Klagen für den Augenblick beschwichtigen kann, bald wieder aufbegehren wird. Es gibt auch viele weibliche Wesen, die Georges Rolle spielen können.

Wie man der »Du-tust-nichts-für-mich,-aber-ich-danke-dir-dafür«-Taktik zu Leibe rücken kann

Bei jeder ehelichen Misere kommt es darauf an, die eingefahrene Routine zu ändern. Zuerst muß Marge mehr Initiative ergreifen, mitwirken bei der Determinierung des ehelichen Verhaltens. Jedesmal, wenn George vorschlägt, sie solle sich etwas Neues kaufen, sollte sie sagen: »Ein neues Kleid? Nein, danke, aber ich nehme das Geld gerne an, um das Wochenende mit Mary in New York zu verbringen. Es gibt am Broadway eine gute Show.«
Diese Taktik bewirkt zweierlei. Sie erlaubt Marge, etwas abzulehnen und ihren eigenen Willen zu haben, und bewirkt, daß George erkennt, welcher Natur sein Angebot ist; daß es nicht aus reiner Güte gemacht wurde. Marge sollte, um die Beziehung ins rechte Lot zu bringen, etwas planen oder kaufen, das dem Wert von Georges Angebot zumindest gleichkommt – das sie aber selbst ausgewählt hat. Wenn Marge George bittet, sich mit ihr zu unterhalten, und er kontert mit

dem Vorschlag, sie solle mit ihrer Schwester ins Kino gehen, sagt Marge am besten: »Nein, danke, ich glaube, ich bitte einige Freunde zum Bridge zu mir.«
Gleichzeitig sollte der Wiederholungscharakter dieses Musters eingeschränkt werden, also das abendliche Verstecken hinter der Zeitung, die Routinemahlzeiten. Marge muß die Initiative und Verantwortung für eine bewußte Planung der beiderseitigen Aktivitäten übernehmen, für Theaterbesuche, für Dinnerparties, Kinos usw. Sie sollte damit rechnen, daß sie keinen großen Spaß daran haben, daß sie vielleicht gar keine Unterhaltung zustande bringen. Darum geht es anfangs nicht so sehr; Spontaneität und Genuß können nicht erzwungen werden. Der Zweck ist vielmehr der, Veränderungen zu schaffen, die dazu beitragen, die alten Muster aufzubrechen.
Wenn George noch mehr Anstoß braucht, sollte Marge unerbittlich darauf drängen, daß sie – je nach dem Rahmen ihrer finanziellen Verhältnisse – zwei- bis dreimal ausgehen, bis George rebellisch und sich des Charakters ihres bis dahin üblichen Verhaltens bewußt wird. Sie können dann eine »goldene Mitte« finden, die für beide akzeptabel und vernünftig ist. In den Verhandlungen ist es klug, das Anfangsgebot etwas höher zu halten als erforderlich und es im Verlauf der Diskussion herunterzuschrauben.

6. Taktik Nr. 3

Das Gedankenlesen

Sue Bernard ist ein süßes, attraktives und strahlendes Geschöpf. Mit ihren 105 Pfund Gewicht und 1,52 Meter Länge erscheint sie eigentlich nicht als der Typ, der Sam, ihren 220-Pfund-Mann, völlig zur Verzweiflung bringen könnte; und doch gelingt es ihr mit großem Erfolg.
Sam Bernard kommt jeden Tag um 17.30 Uhr am Bahnhof an. Auf dem Nachhauseweg denkt er an seinen Whisky mit Soda, ein bißchen Cool Jazz und seine Sue, die, zerbrechlich und anschmiegsam, ein kleines, aber starkes Bollwerk gegen den häßlichen Konkurrenzkampf der Geschäftswelt darstellt.

Die folgende Szene spielt um 18.05 Uhr in der Bernardschen Behausung. Sue hat Sam die Einfahrt heraufkommen sehen. Sie öffnet ihm die Tür, gerade als er selbst aufsperren will. Der Empfang verdutzt ihn deshalb etwas, besonders, als sie aufstöhnt: »Oh, Liebling, du siehst so schrecklich müde aus!« Doppelt überrumpelt, fühlt sich Sam ein wenig irritiert. Er antwortet ohne Protest auf ihre mütterliche Einladung, sich in seinen Lieblingsstuhl zu setzen, während sie ihm einen Drink mixt. Ihre großen braunen Augen betrachten ihn ständig über ihren Gin Tonic hinweg. Auch Sam hat sie einen Gin Tonic gemixt, da sie nicht fragte – und er nicht sagte, daß er lieber einen Whisky mit Soda getrunken hätte.

»Liebster«, meinte sie, »du ärgerst dich über etwas. Doch, doch« – sie läßt Sam keine Chance zur Antwort –, »das stimmt! Du vergißt, wie gut ich dich kenne. Weshalb erzählst du mir nicht, um was es geht?«

»Sue, ich weiß gar nicht, was du willst. Ich bin nur müde. Nicht ärgerlich.« Seine Stimme wird metallisch.

»Gut, wenn du es nicht erzählen willst ... Ich verstehe nicht, warum du deine Sorgen nicht mehr mit mir teilst. Ich will dir doch nur helfen.«

»Verdammt, ich brauche keine Hilfe. Ich möchte gerne Miles Davis zuhören und mich vor dem Essen ein wenig entspannen. Ist das zuviel verlangt?«

»Ha, das hab' ich gern. Ich sagte doch, du bist ärgerlich. Nun läßt du deinen Grant an mir aus. Du bist gemein und scheußlich, und ich habe es satt und bin es leid ...« Sues Ton ist weinerlich, und sie geht trotzig aus dem Zimmer.

Sam hört aus der Küche das Klappern von Töpfen, das Klirren von Tellern – sichere Anzeichen dafür, daß seine kleine, süße Sue sauer ist. Als er so dasitzt und seinen bitteren Gin Tonic schlürft, fühlt er sich, als hätte ihm jemand einen gewaltigen Stoß in seine Eingeweide versetzt. Er ist verdutzt und verzweifelt.

Unwissentlich hat Sam Sues zerstörerisches »Gedankenlesen« unterstützt, weil er sich nicht intensiv damit beschäftigt hat. So kann ihn Sue fast immer, wenn sie möchte, kontrollieren und ärgern.

Auch Männer spielen das Gedankenlesespiel. Der entnervende Vorgang hätte auch umgekehrt stattfinden können: Sue hätte sich auf Sams Rückkehr gefreut; er wäre zur Tür her-

eingekommen und hätte gesagt: »Oh, wie ich sehe, war heute ein schlechter Tag?«
»Nein, eigentlich ...«
»Das Haus sieht immer unordentlich aus, wenn du dich nicht wohl fühlst. Erwartest du deine Periode?«
Manchmal beherrschen beide diese Kunst. Während sie einem Ehetherapeuten interessantes Material liefert, bedeutet sie die Hölle für die beiden Beteiligten, die zu den mißverstandensten Leuten der Welt gehören.

Wie man der Gedankenlese-Taktik ein Ende machen kann

Der Partner, der sein Verhalten ändern möchte, muß geschickt und beständig die richtige Methode benutzen, sei es auch nur für kurze Zeit: Er muß dem Gedankenleser *immer rechtgeben;* ja, er sollte ein Übermaß an Zustimmung zeigen, wie dem folgenden Dialog zu entnehmen ist.
Sue: »Liebling, ich weiß, du bist vollkommen fertig. Du mußt dich hinsetzen.«
Sam: »Danke dir, Liebes. Du hast recht. Noch nie war ich so total erledigt. Kannst du mir einen Drink machen, während ich mich hinlege?«
Sue: »Natürlich, Süßer. Du hattest einen schlimmen Tag, ich sehe es dir an.«
Sam: »Du kannst dir gar nicht vorstellen, *wie* schlimm! Alles ging daneben. Ich muß wohl erst einmal meine Sekretärin feuern. Habe ich dir erzählt, was sie alles angerichtet hat?«
Sue: »Entschuldige, Liebling, ich muß nur schnell nach dem Herd sehen. Sicherlich wird es dir nach einem warmen Essen besser gehen.«
Sam: »Ach, ich weiß wirklich nicht, ob ich überhaupt etwas essen kann, aber ich will es versuchen.«
Sue (zieht sich verwirrt zurück): »Gut, Schatz, ich werde dich rufen, wenn es soweit ist.«
Die hier vom »Opfer« angewandte Technik baut auf dem Prinzip der ›reductio ad absurdum‹ auf, in dem ein Tatbestand durch Rückführung auf seinen logischen Schluß als absurd hingestellt wird. Was der Gedankenleser sagt, läßt er sich normalerweise nicht ausreden, deshalb helfen keine Argumente. Was er aber nicht erwartet, ist Zustimmung, und

bekommt er sie, so wird er verwirrt; er verläßt sich nämlich auf den Überraschungseffekt, um seinen Vorteil zu gewinnen. Nun empfindet er Unsicherheit, denn er weiß nicht mehr, wohin seine Argumente führen.
Zwar ist diese Technik nicht leicht zu erlernen, aber einige Übung vor dem Spiegel wird weiterhelfen.

7. Taktik Nr. 4

Das handliche Herzleiden und die bequeme Krebskrankheit

Die jüdische Mutter benutzt nicht als einzige die Drohung sofortigen Hinscheidens, um über jemanden die Herrschaft zu erlangen. In den Witzblättern sieht man sie, wie sie ihre Kinder nach ihrem Willen formt, indem sie sich an die Brust schlägt und mit tragischer Märtyrerstimme ausruft: »Nur so fort, tu, was du willst, denke nur ja nicht an mich!« – womit sie sagen will, daß sie sowieso nicht mehr lange auf Erden weilen wird. Eine klassische Geschichte ist die des jungen Juden, der seine Mutter darüber informiert, daß er sich mit dem christlichen Mädchen seiner Wahl aus dem Staub machen will. Die Mutter hört geduldig zu und gratuliert ihrem Sohn zu seiner Wahl. Er ist überrascht und ein wenig argwöhnisch. Dann sagt die Mutter, sie könnten nach den Flitterwochen doch wieder zurückkommen und in ihrer Wohnung hausen. Der Sohn meint darauf: »Aber, Mutter, du hast doch nur ein Schlafzimmer.«
Worauf sie antwortet: »Werden wir noch zwei brauchen? Wenn ich von der Brücke gesprungen bin, könnt ihr doch beide ganz bequem hier leben.«
Partner versuchen bekanntlich oft, durch solche subtile Machenschaften die Herrschaft übereinander aufrechtzuerhalten. Unglücklicherweise fällt aber einer, der die Krankheit als Waffe gebraucht, im Lauf der Zeit selbst damit herein, und er fühlt sich wirklich »krank«, sogar wenn physisch gar keine Symptome da sind. Eines der klassischen Beispiele in dieser Richtung ist das Kopfweh, das die Annahme unerwünschter Einladungen verhindern oder andeuten will, daß der Mann einen unerwarteten Besucher allein zum Essen ausführen soll. Ein Ehemann, der unfähig ist, wegen seines

»schwachen Herzens« oder wegen »Atembeschwerden« oder »schlechten Magens« sich im Haus zu betätigen, ist in unserer Gesellschaft nichts Seltenes. Außerdem gibt es dann noch die blassen und müden Ehepartner, die still vor sich hin leiden und so die Kontrolle über den anderen behalten wollen. Ihre Leiden sollen andeuten, daß der Tod sie bald von allen Übeln befreien wird, Übeln, die die Ärzte nicht recht erkennen. Je fröhlicher und energischer der »gesunde«, desto hinfälliger wird der kränkelnde Gatte.

Dummerweise können beide das Spiel gleichzeitig spielen, und dann ist es noch schwieriger, ihm ein Ende zu machen. In einem uns bekannten Fall ging der Mann aufs College, während die energische Ehefrau arbeitete und den Haushalt führte. Der Mann klagte immer häufiger über unbestimmte Schmerz- und Erschöpfungszustände, obwohl er nur sporadisch arbeitete, ziemlich schlechte Ergebnisse erzielte und stundenlang am Fernsehapparat saß. Im Lauf der Zeit fühlte sich die Frau zunehmend verbraucht, besonders, da der Mann sich weigerte, ihr im Haushalt zu helfen, »Erschöpfung« vorgab und nur abends arbeitete, wenn sie heimkam und Hilfe und Gesellschaft nötig hatte. Bald kam auch sie »erschöpft« von der Arbeit heim, klagte über Magenkrämpfe und Schmerzen, die sie am Essenmachen oder Aufräumen hinderten. Am Ende des Semesters fiel der Mann durch das Examen, und beide aßen vier- bis fünfmal pro Woche auswärts. Sie waren ganz »ausgelaugt«, und das Fernsehen bildete ihre einzige Unterhaltungsquelle. Jeder war so fest entschlossen, den anderen zu bevormunden, daß das Problem nie gelöst wurde. Am Tag, nachdem der Mann seine Studien abgeschlossen hatte, verließ ihn seine Frau. Innerhalb von wenigen Wochen war sie intensiver denn je in ihrer Berufsarbeit engagiert, fühlte sich sehr wohl, und ihr ehemaliger Mann begann Golf zu spielen und ging regelmäßig zum Schwimmen.

In diesem unglücklichen Fall war die Scheidung die Lösung, die »chronische Krankheit und Tod durch Erschöpfung« verhindern konnte.

Wie man den vermeintlichen Kranken ihre Taktik am besten austreiben kann

Der »gesunde« Gatte besteht darauf, daß der »kranke« einen guten Arzt besucht und begleitet ihn. Ist er bereits in Behandlung, müssen Vereinbarungen mit einem Spezialisten getroffen werden, der beiden unbekannt ist. Dies ist notwendig, weil auch der Familienarzt hereingelegt werden kann. *Er mag unwissentlich dem »Opfer« helfen, seine »Krankheit« zu pflegen.*

Wenn sich herausstellt, daß da keine Krankheit ist, muß der leidende Partner gezwungen werden, so zu leben wie ein gesunder Mensch. Sind einige physische Symptome da, muß der Arzt deutliche Diätvorschriften und Anweisungen erteilen, damit der »Kranke« sein Leiden nicht übertreiben kann. Es ist durchaus nicht schlecht, jemand zu guter Gesundheit zu verhelfen. Viel schlechter ist es, Krankheiten zu pflegen und zu verschlimmern, indem man auf solch destruktive Techniken hereinfällt.

Einer unserer Kollegen war beunruhigt durch die unbestimmten Wehwehs und Schmerzen, die seine Frau dazu benutzte, alles zu vermeiden, was sie nicht interessierte. Er beschloß, dagegen etwas zu unternehmen.

Zuerst nahm er Urlaub und ließ seine Frau an der Mayo-Klinik von Kopf bis Fuß untersuchen. Die Ärzte kamen zum Ergebnis: »Keinerlei Symptome.« Nach der Heimkehr traf er sorgfältige Vorbereitungen für die finanzielle Versorgung seiner Frau und zog aus; er sagte, er werde nicht zurückkommen, denn ihre eingebildeten Krankheiten könne er nicht mehr ertragen. Nach einigen Wochen erkannte die Frau, daß ihr Mann zu dem stand, was er angekündigt hatte. Sie begann Golf zu spielen und suchte sich weitere Tätigkeiten aus, die einer gesunden Frau Spaß machen. Nach ungefähr einem Jahr und nach der Bekanntschaft mit einer Freundin lud ihr Mann sie auf eine Europareise ein. Als sie nach sechs Wochen zurückkamen, zogen sie gemeinsam in eine neue Wohnung. Zehn Jahre später, heute, haben sie anscheinend die kritische Zeit überwunden, und die Ehe ist ein Erfolg. Wenn es auch ungewöhnlich ist, solch direkte Schritte zu unternehmen, so ist doch eine solche Entscheidung der Anfang vieler Heilungen.

8. Taktik Nr. 5

Die scheinbar wohlwollende Diktatur

Manche Leute sind so überaus gut, daß es weh tut – daß es richtiggehend Schmerz bereitet. Die Taktik, die wir Scheinwohlwollen nennen, kann einen Partner in ganz kurzer Zeit vollkommen aus dem Häuschen bringen, sie ist in unserer Gesellschaft gang und gäbe.

Der scheinbar wohlwollende Diktator kann der Ehemann oder die Ehefrau sein oder auch beide; das entscheidende Charakteristikum besteht darin, daß er glaubt, er sei ein überreicher Spender und er wisse genau, was der andere brauche.

Das Problem besteht darin, daß der Peiniger die wirklichen Bedürfnisse und Wünsche des Partners nicht erkennen will oder für nicht wichtig erachtet. Das Verhalten hat einiges gemeinsam mit dem des vorher beschriebenen Gedankenlesers; in beiden Fällen bleibt die Kommunikation unklar, und die Annahme ist, daß einer »weiß«, was der andere fühlt, wünscht oder denkt.

Bei einem jungen Paar, das wir kennen (die Ehe dauerte kaum fünf Jahre), brachte der Mann häufig kleine Geschenke nach Hause. Eines Tages zog er Schokolade aus der Tasche (seine Frau mußte diät leben) und meinte fröhlich: »Ich dachte, ich müßte dich einmal kurieren!« Ein andermal legte er ihr Karten für ein Baseball-Spiel auf den Tisch, weil sie den Wunsch geäußert hatte, einmal auszugehen (sie verabscheute Sport und hatte monatelang darum gebeten, mit ihm zum Tanzen gehen zu dürfen; ihr Mann verabscheute das Tanzen). Und dies ging immer so weiter. Wenn die Frau neue Kleider brauchte, überraschte er sie damit, ein billiges Stück im Ausverkauf zu kaufen, von dem er »wußte«, es sei das einzig richtige für sie; er wußte aber auch, daß sie ihre Kleider lieber selbst kaufte. Nach jedem solchen Geschenk schaute er erwartungsvoll, stolz und erfreut drein, denn er war ja ein so aufmerksamer Gatte.

Die Frau spielte das Spiel mit. Sie wollte schließlich nicht als der »Spielverderber« des Teams gelten, und so lobte sie denn ihren Mann für seine Aufmerksamkeit und nahm die Geschenke an. Selten hatte sie den Mut, zu widersprechen.

Der scheinbar wohlwollende Diktator fühlt manchmal, daß die Glückseligkeit des Partners nur vorgetäuscht ist, und dann ist er schließlich ebenso bedrückt wie der Empfänger seiner Gnaden. Da keiner genau erkennt, was geschieht, mag der Geber den Empfänger als undankbar schelten, während der Empfänger den Spender als ein Muster an Selbstsucht sieht.

Der edle Spender erkennt normalerweise nicht die Diskrepanz seines Verhaltens. Er übersieht die Tatsache, daß Wohlwollen, entsprungen der eigenen Phantasie und der Vorstellung von dem, was der andere möchte, oder auch das *eigene Bedürfnis,* edel zu wirken, zur Diktatur wird. Sie übergeht den anderen einfach und überhört alle Winke oder Andeutungen. Wenn das Opfer sich bemerkbar macht, hört sich das Gespräch etwa folgendermaßen an:

»Was meinst du denn damit, daß ich nichts für dich tue? Erst vorgestern habe ich dich ins Kino ausgeführt.«

»Schon, Liebling, aber du vergißt dabei, daß ich den Film gar nicht sehen wollte. Ich war an diesem Abend sehr müde und sagte, ich wolle eigentlich lieber früh schlafen gehen.«

»Stimmt gar nicht. Du sagtest nur, du seist müde, und ich dachte, ein Kinobesuch würde dir Entspannung bringen.«

»Aber *du* warst doch derjenige, der das Kino unbedingt sehen wollte. Ich hasse John Wayne!«

»Ich werde mir schwer überlegen, ob ich noch jemals etwas für dich tue. Andere Frauen werden niemals ausgeführt, und wenn ich es besser machen will, nörgelst du an mir herum. Bei Gott, das war das letzte Mal!«

Die hier demonstrierte Unterstellung eines Wunsches ist etwas ganz anderes als die Antwort auf wirkliche, in Worte gefaßte oder wortlose Bedürfnisse des Partners. In manchen Fällen mag der Geber durchaus spontan entgegenkommen, ohne gefragt zu sein, denn er weiß aus Erfahrung, daß der andere bestimmte Dinge gern mag, daß er vor dem Schlafengehen gern liebkost wird oder daß er ein bestimmtes Gericht über alles liebt. Wenn jemand den Wünschen des anderen wirklich entgegenkommt und es ihm auf ihre Erfüllung wirklich ankommt, dann kann man ihn mit vollem Recht nicht einen scheinbar wohlwollenden Diktator, sondern, romantisch ausgedrückt, einen Liebenden nennen!

Wie man mit dem scheinbar wohlwollenden Diktator fertig wird

Wenn er wieder einmal ein unwillkommenes Geschenk macht oder eine unerwünschte Ablenkung vorschlägt, sollte der Partner höflich, aber bestimmt verneinen und dann beispielsweise sagen: »Da du in Geberlaune bist, würde ich zu gerne in eine Show gehen« oder »Ich danke dir sehr für den Pullover, Liebling. Doch ich sehe, er hat deine Lieblingsfarbe – olivgrün –, und ich habe dir doch erzählt, ich wollte mir einen roséfarbenen kaufen. Hoffentlich bist du nicht enttäuscht, aber ich möchte ihn morgen umtauschen.«

Der Empfänger großspurigen Wohlwollens ist ebenso schuldig wie der Geber – wenn er annimmt, was ihm geboten wird. Der Empfänger *muß* widersprechen, indem er dem Geber zwar seinen Dank ausdrückt, aber gleichzeitig eindeutig zu verstehen gibt, daß er lieber selbst die Art des Geschenkes oder Gefallens bestimmen möchte. Wenn der scheinbar wohlwollende Geber wirklich versucht, einen Gefallen zu tun oder zusammenzuarbeiten, wird er diese Veränderung annehmen; denn wenn er es nicht tut, war er wirklich ein Diktator. Wenn er überhaupt nicht auf die Veränderungsvorschläge eingeht, muß der andere dennoch darauf bestehen.

9. Taktik Nr. 6

»Ich könnte der beste Gatte (die beste Ehefrau) auf der ganzen Welt sein, wenn mein Partner nur nicht so wäre, wie er ist.«

Viele Ehepaare arbeiten nach einem Wie-du-mir-so-ich-dir-System. Wenn Mary sich so verhält, wie John es wünscht, wird John sich so verhalten, wie Mary es wünscht. Wenn aber Mary John mißfällt (und manchmal verlangt er das Unmögliche), dann wird John, mit Kalkül und Anstrengung, sich so verhalten, daß er Mary so unglücklich wie möglich macht. Anders als der Quid-pro-Quo-Prozeß, in dem Übereinkommen größtenteils auf bewußter Übereinstimmung beruht, enthält das Wie-du-mir-so-ich-dir-System eine bewußte Rachekomponente, die eine verhängnisvolle Gleichheit in der Bestrafung sucht.

Hier einige Äußerungen, die diese Beziehung charakterisieren:

»Wenn du mich wirklich liebevoll behandeln würdest, könnte ich alles ertragen, alles fertigbringen!«

»Du hast eine negative Einstellung in allem, was du tust. Ob ich einen guten Abschluß mache oder die Kinder zum Camping fahre, immer sagst du, es hätte besser sein können. Wenn wir gemeinsam etwas unternehmen, versuchst du immer, die Leitung zu bekommen, weil meine Methode nichts taugt. Wenn du mir Mut machtest, könnte ich für dich bis ans Ende der Welt gehen.«

»Wenn du nur verstehen würdest, das Haus gemütlich zu halten, wäre ich die ganze Zeit zu Hause und in liebevoller Stimmung.«

»Wenn du nicht so viel trinken würdest, wäre ich nicht so nervös und unleidlich.«

»Wenn du mich nicht immer im Gespräch unterbrechen würdest, könnte ich sicher die schlechte Gewohnheit ablegen, im Haus herumzufluchen.«

»Wenn du mich nicht anschreien würdest oder mich vor fremden Leuten nicht in Verlegenheit brächtest, wenn du bei Einladungen auch einmal meine Hand nehmen und dich um mich kümmern würdest, gäbe es für mich keine Flirts mit anderen mehr.«

»Wenn du nur ein paar interessante Bücher und gute Zeitungen lesen würdest, hätten wir sicherlich genügend Gesprächsstoff.«

»Wenn du nicht jeden Nachmittag zu diesen dummen Bridgeparties gingest und mehr zu Hause wärest . . .«

»Wenn du nicht Tag und Nacht in den Fernsehapparat starren und nur ein wenig mit mir sprechen würdest . . .«

»Wenn du dich bei unseren Gästen nicht andauernd wegen unserer minderwertigen Behausung und der unzureichenden Bewirtung entschuldigen würdest . . .«

»Wenn du endlich anständig kochen lernen würdest . . .«

»Wenn du nur ein wenig ordentlicher wärest und deine Asche nicht überall durch die Wohnung streuen würdest . . .«

»Wenn du nur nicht immer an den Kindern herumnörgeln würdest . . .«

In jeder dieser Äußerungen bringt ein Partner zum Ausdruck, daß sein Verhalten von dem des anderen abhängt. Da stehen wir vor dem alten Problem von Henne und Ei. Auch wenn sich der Mann um mehr Ordnung bemüht und die Frau ihr Bridge einschränkt – *wer macht den ersten Schritt?* Und *wenn* einer die Initiative ergreift, gilt das dann dem anderen als Eingeständnis dessen, daß jener sich schuldig fühlt? Noch wichtiger: Sind diese Klagen berechtigt oder stellen sie lediglich sehr vereinfachte Angriffe dar, die aus allgemeineren Problemen der Beziehung entstehen? Es gibt Möglichkeiten, *einige* dieser Klippen zu vermeiden, und wir beschreiben sie. Aber man sollte sich auf jeden Fall klarmachen, daß man, wenn man selbst alle Fehler dem anderen zuschiebt, einen neuen Anfang machen muß. Egal, was geschieht – es läßt sich sonst kaum eine noch schlechtere Möglichkeit finden, um aus einer schlimmen Situation herauszukommen.

Wie man mit der »Wenn-du-nur ...«-Situation fertigwerden kann

Eine der gängigsten Klagen, die sich der Eheberater anhören muß, beginnt mit den Worten: »Wenn John (Mary) nur ...« Ein Partner betont, daß der andere sich umstellen müsse. Der als »unzulänglich« Bezeichnete liefert dann gewöhnlich Alibis oder greift den Partner wegen anderer Dinge an, um das Thema zu wechseln. Damit macht er einen Fehler. Er sollte erkennen, daß, nähme er die geforderten Veränderungen vor, der andere die gewünschten positiven Auswirkungen gar nicht unbedingt entdecken würde.

Deshalb sollte der Angegriffene (also der, den der andere im Unrecht befindlich glaubt) darauf bestehen, daß die Folgen der vorgeschlagenen Änderungen berücksichtigt werden. Er sollte betonen, daß Änderung seinerseits auch Änderung auf der anderen Seite erforderte, und sollte diese skizzieren. Die Frage wäre dann, ob solche Änderungen wünschenswert sind oder nicht, ob beide überhaupt in der Lage sind, sie auszuführen.

Da mag beispielsweise ein Mann, der wohl bewandert und wegen seiner offensichtlichen Klugheit geschätzt ist, das Gefühl haben, seine Frau sollte besser belesen sein und eine selbständigere Meinung in Diskussionen vertreten. Es stimmt nun zwar, daß sie bei mehr intellektueller Anstrengung seiner Frau mehr Gemeinsamkeiten hätten, aber ist er auch willens, den Preis zu bezahlen? Wenn sie ihre Fähigkeiten besser entwickelt, wird er vielleicht einen Verlust an Selbstachtung und an seinem eigenen Wertgefühl hinnehmen müssen, weil er nun nicht mehr allein der »Clevere« in der Familie ist. Kann er das wirklich ertragen? Kann er seine Position im Rampenlicht aufgeben? Ist er bereit, seiner Frau dabei zu *helfen*, wenn sie zur Unterhaltung beitragen will, beispielsweise dadurch, daß er ihr aufmerksam zuhört, oder erwartet er etwa, daß sie versucht, ihr Licht leuchten zu lassen *trotz* seiner fortgesetzten Anstrengungen, sie zu übertrumpfen?

Mit anderen Worten: Der Partner, der zu Veränderungen aufgefordert ist, muß diese Forderung daraufhin einzuschätzen versuchen, was sie für den anderen bedeutet; er muß darauf bestehen, daß Veränderungen eine gemeinsame Anstrengung erfordern und nicht nur für einen zu bewerkstelligen sind. Ebenso muß der kritische Partner seine Forderungen im Hinblick auf die nötigen Konsequenzen seinerseits beurteilen und keine Forderungen stellen, denen er selbst nicht gewachsen ist.

Dieses Konzept mag zunächst schwer verdaulich sein, denn es ist der üblichen Denkweise über die Ehe absolut konträr. Wir sind der Ansicht, daß unser Partner, wenn wir ihm den Wunsch nach Veränderung zutragen, sofort zustimmt oder den Versuch dazu unternimmt, wenn er wirklich liebt. In der Ehe ist es aber so, daß die meisten Verhaltensmuster (wir meinen hier nicht kleine ärgerliche Gewohnheiten wie Asche zu verstreuen oder Haare im Waschbecken zu lassen) Produkte der gemeinsamen Beziehung und nicht einfach Ausdrucksweisen der Eigenart eines Partners darstellen.

Nehmen wir das Beispiel eines Mannes, der immer lautstärkere Kommentare über die schlampige Haushaltsführung seiner Frau gibt. Er vergißt aber bei seinen beredten Klagen der Umgebung gegenüber, daß seine Frau einen weit größeren Teil ihrer Zeit, als es sonst üblich ist, ihm und seinen zahlreichen Verpflichtungen widmet. Sie gehen oft zum Segeln, auf die Jagd, haben ein Privatflugzeug, und da bei all diesen Aktivitäten nicht mehr genügend Geld für ein Mädchen übrigbleibt, ist das Haus unordentlich.

Die Frage ist nun, weshalb der Zustand des Hauses dem Mann so wichtig ist. Ist er einfach jemand, für den Sauberkeit einen Zwang bedeutet, oder protestiert er dagegen, daß die Rolle seiner Frau zu sehr in die Nähe seiner eigenen rückt und daß er sie deshalb gerne in eine »femininere« Position zurückversetzen würde? Wenn sie den Tadel für das unordentliche Hauswesen einfach auf sich nimmt, wird die Frage des Rollenkonfliktes niemals erörtert werden, obwohl das vielleicht der Angelpunkt der Ehe sein könnte. Solange er ungehindert Klage führen kann, glaubt er, sie unter Kontrolle zu halten, während gleichzeitig eigentlich nichts passiert und damit keine Gefahr einer verwirrenden Veränderung besteht.

Der kritisierte Teil kann sich in diesem Fall zu Recht fragen, weshalb denn der Mann nicht mehr bei der Hausarbeit hilft, da es ihm anscheinend wichtig ist, seine Frau bei vielen seiner Hobbies dabei zu haben. Fühlt sie, daß er das Jammern braucht, um die Ehe in Gang zu halten? Um diese Hypothese zu testen, könnte sie vorschlagen, daß sie während der nächsten Wochen auf alle Hobbies verzichtet und, um ihrem Gatten zu gefallen, das Haus in Ordnung hält. Wenn die Einwände des Mannes einen Bezug zur Ehe haben und nicht einfach aus Ordnungsliebe erwachsen, wird sich dann ein anderer Grund zur Klage ergeben, der die beseitigte Unordnung ersetzt. Ist damit klargestellt, daß die Klage sich auf ein größeres Verhaltensmuster bezieht, kann das Paar die weiterführenden Probleme mit einiger Aussicht auf Erfolg diskutieren und kann lernen, andauernde Klagen über unbedeutende Angelegenheiten zu vermeiden.

Werfen wir nun einen Blick auf das Verhalten des Partners, der durch Klagen Veränderungen beim anderen herbeiführen will. Er unterstützt das kritisierte Verhalten dadurch, daß er es zuläßt und nachher darüber klagt. Die Tendenz zu nörgeln und zu jammern, anstatt unerwünschtes Verhalten nicht hinzunehmen, ist weit verbreitet. Da mag ein Mann seine Frau als rücksichtslos bezeichnen, weil sie ihn andauernd unterbricht. Aber wie oft hindert er sie daran, indem er, *wenn es geschieht,* sagt: »Du hast mich schon wieder unterbrochen, Jane. Laß mich doch bitte ausreden!« Wenn das nicht funktionieren sollte, könnte er einfach aufstehen und das Zimmer verlassen mit den Worten: »Anscheinend bist du überhaupt nicht an dem interessiert, was ich dir erzählen will. Wenn du es hören willst, teile es mir mit!« Ein paar dieser Episoden würden Klarheit schaffen und unnötigen Ärger vermeiden. Zwar mag solches Benehmen hart und grob erscheinen, aber es hilft. Doch beklagen sich manche Leute lieber, weil es nichts nützt: Wären sie wirklich so weit, eine Verhaltensänderung beim anderen festzustellen, müßten sie nämlich auch ihr eigenes Verhalten ändern. Wenn Bill energischer auf Janes Unterbrechungen reagiert, darf auch er sie nicht mehr unterbrechen, oder er riskiert, daß sie sich nun beklagt.

Mary hegt vielleicht einen tiefen Groll gegen John, weil er sarkastische Bemerkungen oder Witze über ihre Intelligenz oder über ihr Aussehen macht – mit Vorliebe in Gesellschaft anderer. Wenn sich diese Angewohnheit aber über längere Zeit hinweg fortsetzt, kann man wetten, daß sie nichts dagegen unternommen hat. Vielleicht lächelt oder lacht sie als Antwort verlegen, oder geht zum Gegenangriff über mit unfeinen Bemerkungen über Johns Schlamperei, seine Glatze usw. Wenn sie wieder allein sind, ist sie vielleicht einfach mißmutig oder explodiert, und ihr gemeinsamer Mißmut macht sich in Kämpfen oder in beiderseitigem Rückzug Luft. Wenn Mary Johns schlechtes Benehmen beseitigen will, muß sie auch ihr eigenes Verhalten ändern. Wenn sie wieder mit Freunden zusammen sind und John wird beleidigend, könnte Mary *vor den Freunden* sagen: »John, deine Äußerungen sind erniedrigend und beleidigend. Ich vermute, sie machen unsere Bekannten ebenso verlegen wie mich. Wenn du mir etwas dieser Art zu sagen hast, warte bitte, bis wir zu Hause sind und allein darüber sprechen können.« Wenn dies nichts nützt, kann Mary mit Recht sagen: »Ich habe dich schon einmal gebeten, mit diesen unerfreulichen Bemerkungen Schluß zu machen. Ich will hier nicht mit dir streiten und dich auch nicht länger anhören. Ich nehme ein Taxi und fahre heim.« Ein oder zwei solcher Konfrontationen, die Marys Entschlossenheit zeigen, und John wird sein Verhalten ändern, so wie sie ihres geändert hat.

Noch einmal: Der Leser mag solche ungalanten Methoden ablehnen, aber die Ehe ist so wichtig und so schwierig, daß es hier keinen Raum für Halbwahrheiten und halbherzige Aktionen gibt. Unerwünschte Verhaltensmuster zu korrigieren und die Ehe zu verbessern ist eine Angelegenheit, die immer nur bilateral sein kann. Es gibt keine für beide geltende Entwicklung, zu der nicht beide beigetragen haben. Deshalb muß auch jede Veränderung von beiden ausgehen.

10. Taktik Nr. 7

Der Unglücksprophet

Es gibt mehr Menschen dieses Typs in unserer Gesellschaft, als man gemeinhin erkennt. In der symmetrischen Beziehung oder im Statuskampf wird die Taktik häufig angewendet, denn sie ist ein kluges Mittel, die Gleichheit oder Überlegenheit unter Beweis zu stellen. Da gibt Mary Bicker eine Dinnerparty und strengt sich sehr an, um alles aufs beste zu arrangieren. Vielleicht fehlt ihr etwas die kulturelle Hochglanzpolitur und auch die Erfahrung ihres Mannes John, aber jedenfalls versucht sie ihr Möglichstes.

John, der Unglücksprophet, setzt seine Spürnase an, um die Würmer im Apfel zu finden. Wahrscheinlich amüsiert sich jeder recht gut, aber John bemerkt doch, daß das Fleisch etwas besser hätte gebraten sein können, daß an der Käsesauce leider ein ganz bestimmtes Gewürz fehlt; er bringt kleine sarkastische Nadelstiche an, darüber, daß im Bad keine Gästehandtücher seien oder daß sie so angebracht wurden, daß man sie nur schwer finden könne, und anderes mehr. Er *glaubt*, er tue etwas Gutes. Er will die Party noch besser machen, als sie ist, und denkt, daß Mary, aus einer Familie der unteren Schichten stammend, es nie lernen werde, wirklich perfekt zu werden, wenn er es ihr nicht zeige. Außerdem argwöhnt er, daß sie, wenn sie sich selbst überlassen bleibe, nur ein mittelmäßiges Unternehmen auf die Beine stelle und es dabei für alle Zukunft belasse.

Das Ergebnis von Johns Dauernörgelei: Mary wird unsicher und macht nun wirklich Fehler. Und das Gefühl der Anspannung und Unsicherheit, das John, der Unglückssucher, provoziert, dehnt sich auch auf die Gäste aus.

Ist das Unglück da, ist John erleichtert. Auf einmal wird er sanft und gütig, übernimmt die Oberaufsicht, stellt alles richtig und sich selbst am Ende als den großen Helden hin, wäh-

rend seine Frau als Tolpatsch dasteht. Er wäre auch wirklich enttäuscht gewesen, wenn er nicht wenigstens eine Kleinigkeit gefunden hätte, die an Marys Methoden zu kritisieren wäre.
Eine weitere Abart der Unglückspropheten ist der Spaßtöter. Al ist nach New York City eingeladen worden, um einen Vortrag zu halten, und er beschließt, Carol mitzunehmen. Der Vortrag wird ein ungeheurer Erfolg, und er erhält großen Applaus. Überglücklich schlägt Al seiner Frau vor, in ein wohlrenommiertes Restaurant zu gehen und dort ein Festessen einzunehmen. Carol meint darauf: »Aber Al, meinst du, wir können uns das wirklich leisten? Ich hätte ein schlechtes Gewissen, wenn ich fünfzig Dollar für ein Traumessen ausgäbe, wo ich doch weiß, daß sich Madeleine die Augen nach einem Paar Rollschuhe ausweint und daß wir die letzte Zahnarztrechnung noch nicht bezahlt haben.«
Al überredet sie; beide, meint er, hätten sie diese Ausnahme verdient. Und so gehen sie also in das exklusive französische Restaurant. Al schwatzt munter weiter über die positive Aufnahme, die seine glänzenden Ideen bei der Fachwelt gefunden haben, da unterbricht ihn Carol plötzlich: »Warum bloß können diese Leute die Speisekarten nicht ins Englische übersetzen?«
Al ruft den Ober und läßt sich das Menü übersetzen. Als er fertig ist, fragt ihn Carol mit quengeliger Stimme: »Weißt du ganz sicher, ob die Austern auch frisch sind?«
So geht es weiter, und am Schluß des Mahles ist Al davon überzeugt, daß es ein schrecklicher Fehler war, überhaupt herzukommen. Er ist schuldbewußt, weil er so viel ausgegeben hat, und sagt nichts mehr über seinen Vortrag und seine Zukunftspläne. Schließlich wird er ganz düster und zieht sich in sich selbst zurück. Da rückt Carol zu ihm hinüber, streichelt seine Hand und erzählt ihm, wie stolz sie auf ihn ist. Und dann wird sie richtiggehend fröhlich. Sie hat nicht nur Negatives gesucht; es ist auch eingetreten.

Wie man mit dem Unglückspropheten fertig wird

Es gibt zwei Arten, dieses Problem anzugehen. Die erste ist nützlich für die Situation, in der einer den anderen als Unglückspropheten bezeichnet, ohne daß dieser damit einver-

standen ist. Die zweite ist dann gut, wenn beide darüber einig sind, daß einer oder beide zu dieser Eigenschaft neigen.
Wenn einer einseitig versucht, den zu einer Änderung zu bringen, der sich nicht als Unglückspropheten erkennen will, muß er willens sein, als Unruhestifter zu wirken.
Im Grund hat der Unglücksprophet Angst vor dem Verlassenwerden. Er fürchtet sich unbewußt davor, daß der Gatte ihm entwächst, daß er zu unabhängig oder zu erfolgreich wird. Indem er Düsterkeit und Unglück heraufbeschwört, sucht er den anderen bei der Stange zu halten. So muß denn der Partner, der die Situation beseitigen will, dem anderen klarmachen, daß seine Taktik erstens nicht funktioniert und zweitens für die Beziehung schädlich ist, und er muß ihn durch Taten, nicht durch Klagen oder Schimpfen, davon überzeugen.
Das geschieht ganz einfach folgendermaßen: Der »Doktor« wählt ein Gebiet, auf dem der Unglücksprophet in letzter Zeit häufig tätig war. Er erklärt ihm ganz konkret, daß er auf diese Versammlung mitkommen, jenen Flug mitmachen könne, daß aber alle Pläne ausgeführt würden ohne Rücksicht auf seine Prognosen.
Eine Variation für den »Doktor« besteht darin, den Unglückspropheten auf eine kurze Reise mitzunehmen, die er von vergangenen Erfahrungen her als erfreulich kennt. Doch muß er sagen: »Wenn du auch nur eine negative Anmerkung machst, ist Schluß.« Soll dies effektiv sein, muß die Drohung beim ersten Anlaß ausgeführt werden, selbst wenn es bedeutet, daß eine halbe Stunde nach Antritt der Reise die Rückkehr stattfindet. Diese Aktion muß dann so ausgeführt werden, daß die Botschaft besagt: »Ich werde dich nicht verlassen, aber ich führe meine Pläne durch, denn sie sind wichtig für mich.«
Die ersten paar Male wird der Unglücksprophet böse sein und schmollen, wenn der Partner zurückkehrt, aber diese Reaktion wird nicht lange anhalten; wenn sie den »Doktor« nicht von seinem Plan abbringt, kann er auf ihr Verschwinden warten.
Wenn beide Gatten sich einig darüber sind, daß es wichtig ist, den Unglückspropheten zu kurieren, und wenn sie dabei zusammenarbeiten, haben sie schnell Erfolg. Es geht dabei um zweierlei.

Erstens nimmt der Unglücksprophet jedesmal, wenn er wieder in seine alte Sünde zurückgefallen ist, eine Bestrafung auf sich. So wird ihm die Häufigkeit bewußt, mit der er seine düsteren Prognosen stellt. Gewöhnlich ist es leicht, schlimme Vorhersagen zu ignorieren, denn wenn sie – wie meist – nicht stimmen, vergißt man sie schnell; nur wenn das Unglück wirklich geschieht, wird die Vorwarnung immer und immer wieder aufs Tapet gebracht. (Es ist leichter zu kritisieren als recht zu haben, sagte Disraeli einmal.) Die Strafe kann beliebig sein, wenn sie nur richtig ärgerlich ist: beispielsweise den Wecker auf drei Uhr morgens stellen und zwanzig Kniebeugen machen oder (für den Mann) eine Woche lang Geschirr spülen.

Zweitens wird der Unglücksprophet von seinem Partner aufgefordert, alles, was daneben gehen soll, ›en detail‹ zu erklären. Der andere schreibt seine Aussagen auf und läßt sie unterzeichnen. Nach dem Ereignis gehen beide gemeinsam die Liste durch und beurteilen die Richtigkeit der Vermutungen. Gewöhnlich kann der Unglücksprophet nicht die Richtigkeit seiner Prognosen bestätigen.

Man muß, um den Unglückspropheten kurieren zu können, wissen, daß er wie der Durchschnittsneurotiker verschlimmert, was er verhindern will. Er mag ein zeitweise wirksames Gefühl der Unabhängigkeit und Sicherheit haben, wenn er die Kontrolle über seinen Partner ausüben kann, indem er finstere Vorahnungen von sich gibt, aber er verliert auch seine Vertrauens- oder Autoritätsposition, da er das Privileg und die Freude aufgibt, auf jemanden zählen und sich auf ihn verlassen zu können. Er kann nicht seinen Gatten erniedrigen, ohne seine eigenen Chancen in der Ehe zu untergraben.

11. Taktik Nr. 8

Der Gegenankläger

Harry Swenson ist ein geduldiger Mensch – doch das scheint nur so. Sein Blutdruck deutet darauf hin, daß er eher beherrscht als geduldig ist. Sein Leben mit Shirley ist ein

Grund dafür, denn Shirley ist eine Meisterin der Redekunst und der Berechnung, besonders in der Kunst der »Gegenanklage«.

Beispielsweise bringt Harry eine seiner Meinung nach wohlberechtigte Klage an wie: »Liebes, warum gibt es denn bei uns nie mehr Lammbraten?« Shirley antwortet schnell folgendes: »Harry, du schimpfst mich in einer Tour, weil ich zu viel Geld ausgebe. Und dann sagst du mir, ich soll Lamm kaufen – bei den heutigen Preisen? Du bist wirklich ungerecht.« (Shirley weiß recht gut, daß Harry die Frage der Geldausgabe nur dann zur Sprache bringt, wenn sie unbedacht teure Kleider kauft, die sie nicht im Budget berechnet hat.) Wenn Harry eine Klage anstimmt darüber, daß Shirley am Sonntagnachmittag eine Bridgeparty geben will, kontert sie mit der Äußerung: »Das paßt dir nicht, Harry? Ich glaube, du willst wohl nicht, daß dich meine Freundinnen in deinem schlampigen Wochenendaufzug sehen?!«

Harry macht einen Rückzieher, und die Angelegenheit ist erledigt.

Wie man dem Gegenankläger zu Leibe rücken kann

Harry muß darauf bestehen, daß Shirley eines der ehelichen Gebote beachtet, das da heißt: Streite nicht mit mir, wenn ich dran bin! Das heißt, wenn einer der Partner eine Klage anbringt, darf er dem anderen nicht erlauben, mit einer Gegenanklage zu antworten. Die zwei Klagen heben einander einfach auf, und nichts ist erreicht. Wenn Shirley auch eine Klage vorzubringen hat, soll sie das zu ihrer eigenen Zeit tun, nicht wenn Harry dran ist.

Dies ist eine einfache, aber wichtige Eheregel. Sie darf niemals verletzt werden, denn jede Übertretung zieht eine andere nach sich! Man erinnere sich gegenseitig daran, hebe warnend die Hand und sage »Achtung, Achtung!« Es geschehe, was will, aber Klagen dürfen auf keinen Fall gleichzeitig vorgebracht werden.

Harry sollte auf seinem Recht der Klage bestehen, auch wenn Shirley ihre Taktik nicht zu erkennen scheint. Bewußt oder unbewußt weiß der Gegenankläger um die Natur seiner Methode. Wenn er sich weigert, das zuzugeben, müssen härtere

Mittel angewendet werden. Hier ein einfacher, aber wirksamer Plan: Wenn einer den anderen als Gegenankläger identifiziert hat und der sich weigert, es zuzugeben, muß ersterer ankündigen: »Ich glaube, du kannst verstehen, daß ich mein eigenes Klagerecht habe. Das nächstemal, wenn du mir ins Wort fällst, gehe ich einfach aus dem Zimmer, und wenn das nicht genügt, verlasse ich das Haus.« Dieses grobe Verhalten hat gute Auswirkungen, denn dem Gegenankläger ist damit der Zuhörer entzogen, den er braucht, um sich bestätigen zu können, daß seine Gegenanklage die Klage des anderen erstickt hat. Wenn niemand da ist, ist der Zweck nicht erreicht; der Gegenankläger ärgert sich und kann so besser die destruktive Natur seiner Äußerungen erkennen.

12. Der Untergang einer Ehe

Eine Ehe zerfällt so langsam, so ständig, so ganz unmerklich, daß die meisten Partner den Schaden monatelang oder jahrelang nicht erkennen und auch dann erst, wenn das Ausmaß schon sehr groß ist. Tatsächlich beginnt der Zerfall bereits während der Flitterwochen.

Im Augenblick, in dem die Gatten ihr Ja sprechen, wird die Verbindung zur Pflicht. Fast alles in dem neuen System erscheint jetzt aus einem anderen Blickwinkel als vorher. Die Veränderung reicht tief. Während der Werbungszeit versuchten beide so attraktiv wie möglich zu sein und nur ihre angenehmen Seiten zu zeigen, um den andern zu fesseln und zu halten.

Während dieser Zeit ergreift (in unserer Gesellschaft) meist der Mann die Initiative. Er umwirbt die Frau. Sie ermutigt ihn dadurch, daß sie die weibliche Rolle huldvoller Entgegennahme seiner Avancen spielt.

Doch nach der Ehe muß der Durchschnittsmann das Geld verdienen. Seine romantischen Gefühle nehmen ab. Manche seiner verhaltensmäßigen und materiellen Kontributionen zum Wohlergehen seiner Angetrauten unterbleiben. Statt dessen hat die Frau, seiner Meinung nach, ab nun eine vermehrte Verantwortung – ihn zu betreuen; er nimmt stillschweigend an, daß sie ihm von jetzt ab Mutter, Frau und Geliebte in einem sein wird.

In der romantischen Leidenschaft der Werbungszeit hoffte die Frau, daß die ihr entgegengebrachte Verehrung immer die gleiche bleiben werde. Das ist aber nicht der Fall, und so fragt sie nach den einst spontan erfolgten Gunstbeweisen. Sie klagt sie ein, denn ihr Ausbleiben erscheint ihr als Vertragsbruch. Dies mißfällt ihm, denn für ihn sind diese Forderungen ein Zeichen der Rücksichtslosigkeit und deshalb auch eine Art Vertragsbruch. Allmählich findet er Entschuldigungen dafür, seine Aufmerksamkeit sogar noch weiter einzuschränken, sie oft durch Gleichgültigkeit oder Dickköpfigkeit zu ersetzen. Die Frau reagiert durch Entzug von Zärtlichkeit und liebevoller Aufmerksamkeit, die während ihrer Verlobung zur Tagesordnung gehörten.

Wenn der Reiz der Neuheit weg ist, wird die Anstrengung, seine besonderen Eigenheiten zugunsten des anderen im Zaum zu halten, immer schwieriger. Der Mann sagt, er sei so furchtbar müde und habe keine Lust, in die Oper zu gehen; die Frau entdeckt, daß sie krank ist, wenn sie frühzeitig aufstehen soll, um ihren Mann zum Fischen zu begleiten. Im Lauf des Alltagslebens verliert sich die Tendenz der Jungverheirateten, einander ein Schauspiel zu geben, um der Ein-Mann-(eine-Frau)-Zuschauerschaft zu gefallen; die Gewohnheiten und Geschmäcker, die man sich angeeignet hat, tauchen wieder auf und prallen aufeinander. Die Situation wird weiter verkompliziert durch die Entwicklung neuer Bedürfnisse, neuer Verhaltensmuster und den Widerstand gegen Veränderung, den die neue Beziehung selbst mit sich bringt. Einmal verheiratet, sind die Menschen oft von sich selbst überrascht und sagen: »Aber *so* war ich doch nicht vor der Ehe, also mußt *du* es sein, der mich so verändert hat.«

Die Unterschiede scheinen zahllos. Die Frau rollt die Zahnpastatube von unten auf; der Mann drückt die Zahncreme aus der Mitte heraus. Er haßt Haare im Waschbecken; sie vergißt, sie nach dem Kämmen aus dem Becken zu entfernen. Sie merkt, daß er die gleichen Geschichten immer und immer wieder erzählt; er merkt, daß sie über die Witze anderer Männer lauter lacht als über seine eigenen. Und so setzen sich die Zusammenstöße quer durch alle Verhaltensmuster des Alltags fort.

Auch der sexuelle Bereich ist im Zusammenhang mit den Flitterwochen gewöhnlich enttäuschend, wenn nicht sogar eine Tragik, wie wir bereits dargestellt haben; auch in dieser Hinsicht kontrastiert die Ehe also stark mit der Werbungszeit.

Langsam beginnt der Kampf. Wenn die Frau gerade dann Kopfschmerzen verspürt, wenn der Mann gerne Geschlechtsverkehr hätte, mag er sehr wohl daraus schließen, daß sie »den Sex« als Waffe gebraucht, um ihre Ziele zu erreichen. »Typisch Frau!« Und wenn der Mann seinen Ärger über ihr Verhalten laut werden läßt, denkt sie: »Er ist doch ein fürchterlicher Diktator. Glaubt er denn, ich sei seine Sklavin?«

Interviews mit Durchschnittsfamilien zeigen, daß der Desintegrationsprozeß in einer Ehe normalerweise nicht durch bewußt bösartiges Verhalten ausgelöst wird, sondern durch die Unterlassungen, die beide in Wort und Tat begehen. Die ersten Schritte auf die Auflösung zu sind meist das Resultat dieser Unterlassungssünden, des Versagens, die unerprobten Erwartungen des Partners mit der Realität in Einklang zu bringen. Es ist also wichtig, daß Gatten Verhalten und Handlungsweisen erkennen, durch deren Fehlen die Ehe unterminiert werden könnte. Betrachten wir zwei destruktive Unterlassungssünden, die am häufigsten vorkommen.

Destruktive Unterlassungssünde 1: Das Versagen, Gebiete der Zuständigkeit und Verantwortlichkeit zu benennen, abzugrenzen und gegenseitig festzulegen; nicht zu klären, wer wofür zuständig ist.

Eheleute sind in eine fast endlose Zahl von Tätigkeiten verwickelt. Bei manchen kann die Zuteilung an den einen oder anderen Partner ohne Schwierigkeiten erfolgen. Beispielsweise gilt die Kindererziehung normalerweise als Domäne der Frau, Holzhacken als Domäne des Mannes. Bei anderen Bereichen wie den Finanzen können sich Mann und Frau in die nötigen Schritte teilen.

Aber es gibt viele Gebiete, die sich schwer auf den einen oder den anderen festlegen lassen. Sie reichen von relativ unwichtigen Angelegenheiten wie dem Kehren der Auffahrt oder der Beaufsichtigung einer Kindereinladung bis zu wichtigen Fragen wie dem Erstellen des Familienbudgets. Jeder glaubt zu gern, er habe die überlegeneren Fähigkeiten. Auf lästigeren und unerfreulichen Gebieten schiebt man die Verantwortung gern dem anderen zu.

Diese Fragen müssen ausgefochten und geklärt werden. Das bedeutet häufig Verhandlungen, Diskussionen, Kompromisse. Wie dies am besten geschieht, soll in Teil vier dieses Buches gezeigt werden. Natürlich beeinflussen kulturelle und gesellschaftliche Gegebenheiten die Gatten in ihrem Entscheidungsspielraum; und Mann und Frau können sich oft nicht davon freimachen, obwohl sie wissen, daß diese Methoden nicht funktionieren. Sie vergessen oft, daß soziale Muster und Sitten sich ändern, daß dies gerade in unserer Zeit sehr schnell geschehen kann.

Es ist heute weit häufiger als vor einigen Jahren, daß die Männer kochen (vor allem ihre Spezialgerichte), wenn das Paar eine Einladung gibt. In manchen Häusern gehen Mann und Frau zur Arbeit und beide besorgen die Hausarbeit.

Oft schreckt das aus Tradition und sozialer Gewohnheit entstandene Märchen vom Mann, der bestimmte Angelegenheiten verantworten *muß*, während die Frau für andere zuständig ist, Ehepaare von unabhängiger Bestimmung der Kompetenzen und Verantwortlichkeiten ab. Dieses Märchen ist so hartnäckig, daß man es nicht abschütteln kann. Die Situation erzeugt Unheil.

Es ist eine absolute Notwendigkeit, daß die Gatten bewußt und gemeinsam Regeln für ihr Verhalten entwickeln. Die Unterlassung kann die Zerstörung der Ehe sein. Mann und Frau sollten einander gegenseitig helfen – ohne Beachtung von Traditionen oder Sitten. Entscheidungen müssen beispielsweise darüber gefällt werden, wer das Geschirr spült, wer die Kinder am Wochenende beaufsichtigt, wer sich um kleinere Reparaturen kümmert und anderes. Wenn solche Vereinbarungen nicht getroffen werden, muß die Frage jedesmal neu geregelt werden. Das Resultat ist vergeudete Energie und zerstörerischer Machtkampf. Was sich zu positiver, für beide günstiger Interaktion hätte entwickeln können, verzerrt sich nun in einen Streit, bei dem jeder darauf beharrt: »Ich muß meinen Willen bekommen, du dummer, hartnäckiger Narr!« Beispiele dafür gibt es viele. Nehmen wir an, ein Mann und eine Frau haben keine Regeln für die morgendliche »Stoßzeit« entwickelt, man weiß nicht, wer zuerst aufzustehen hat, wer als erster das Badezimmer benutzen kann, wann wer für das Frühstück zuständig ist und wer die Kinder versorgt, wer darauf achtet, daß sie in die Schule gehen. Wenn keine Regeln existieren, geht es jeden Morgen zu wie im Irrenhaus – was in vielen Haushalten tatsächlich der Fall ist. Eine Mutter mit mehreren kleinen Kindern hält es vielleicht für die Pflicht ihres Gatten, ihr am Morgen zu helfen. Er dagegen hält seinen Anspruch auf ein gemütliches ruhiges Frühstück mit Zeitungslektüre gerechtfertigt, denn er muß sich für einen entscheidungsschweren Arbeitstag stärken. Deshalb sollten solche Arrangements rechtzeitig vorbereitet werden.

Es mag zwar unromantisch und langweilig wirken, wenn man die Ehe in ein Regel-System einpaßt. Aber viel zu viele Leute lassen sich durch das Märchen irreführen, sämtliche Probleme könnten automatisch durch »die Liebe« beseitigt werden. Das ist einfach nicht wahr.

Eine funktionierende Beziehung (sie ist der erste Schritt zu einer liebenden, dauerhaften Verbindung) erfordert Ordnung, nicht Chaos. Wenn die Regeln und die Ordnung nicht von selbst kommen – und dies ist höchst selten der Fall –, müssen sie in bewußter Anstrengung erstellt werden. Dies Prinzip ist auf alle Beziehungen geschäftlicher oder privater Natur anzuwenden. Ein Großteil der Zufriedenheit und Sicherheit einer guten Ehe erwächst aus der Entwicklung akzeptierter, vorhersehbarer Verhaltensweisen in grundlegenden Angelegenheiten. Dies zu erreichen ist eine der großen Leistungen einer erfolgreichen Ehe. Es ist der Eckstein in einer Zeit schneller Veränderung und erweiterter Bildungschancen, die auf die Gleichheit aller Menschen hintendiert.

Vorhersehbares Verhalten fordert das gegenseitige Vertrauen, die größte verbindende Kraft einer dauerhaften, gegenseitigen Unterstützung bietenden Ehe, wie wir in Kapitel II/2 gezeigt haben.

Nicht nur, wer das tut, sondern auch, wie es zu geschehen hat, muß festgelegt werden. Gatten können ihre Aufgaben nur im Rahmen ihres Verhaltensrepertoires ausführen, und diese Grenzen müssen klar erkannt werden. Wenn eine Frau zum Beispiel nicht gut genug kocht, um den Beifall ihres Mannes zu finden, übernimmt er einige ihrer Aufgaben, während sie einen Kochkurs besucht. Wenn beide beschließen, der Mann müsse sich fortbilden, um in seinem Beruf weiterzukommen, soll die Frau vielleicht einen Halbtagsberuf annehmen, während er einen Fortbildungskurs besucht. Die klare Abgrenzung von Verantwortung und Autorität endet nicht mit einer starren Beziehung. Ganz im Gegenteil, sie schafft eine Flexibilität, die in einer chaotischen Ehe unmöglich ist. Wenn Verhalten und Reaktionen vorhersehbar sind, können Ausnahmen gemacht werden – ohne daß Argwohn oder Streiterei aufkommen. Die Entscheidung, wer was tut, hilft auch Energie und Zeit sparen, läßt damit Raum für Humor, Fröhlichkeit, Experimentierfreude, innere Kraft. Wenn dagegen die Erstellung und Einhaltung der Regeln nicht gelingt, saugt die Ehe den Gatten das Blut aus, und wenig bleibt an Reserve für Genuß und Liebe.

Zerstörerische Unterlassungssünde 2: Das Versagen der Partner, ihre Unterschiede als solche zu betrachten und nicht als Merkmale der Unterlegenheit.

Ein Franzose hält sich einem Italiener für überlegen, ein Engländer glaubt, er sei mehr wert als beide zusammen. Der Italiener dagegen schaut sowohl auf den Engländer wie auf den Franzosen herunter. Die meisten Leute versehen kulturelle Unterschiede mit dem Etikett »Gut« oder »Schlecht«, »Überlegen« oder »Unterlegen«, »Minderwertig« oder »Hochwertig«, anstatt sie einfach als Unterschiede und sonst nichts zu betrachten. In vielen Ehen dünken einem Teil bestimmte Aspekte seiner Erziehung, Traditionen, Geschmacksrichtungen als überlegen im Vergleich zu denen des Partners. Natürlich merkt dies der andere. Die daraus resultierende Spannung wirkt wie ein Stein im Schuh. Zuerst ist er nur unbequem, dann reizt er die Haut, scheuert sie auf und hinterläßt eine schmerzende Wunde.

Die Tendenz, Unterschiede fälschlicherweise als Nachteile hinzustellen, zeigt sich am leichtesten bei den Mißverständnissen zwischen Nationen und Rassen. Beispielsweise hielten vor dem Zweiten Weltkrieg die Chinesen amerikanische Filme, in denen sich Frauen und Männer küßten, für schlecht und geschmacklos, ja für obszön. Teilweise galten die Amerikaner bei den Chinesen deshalb als Barbaren. Doch konnte sich in Chungking eine angesehene Chinesenfrau ein paar Meter von der Straße entfernt ohne weiteres hinhocken und ihre Bedürfnisse verrichten. Dieser Brauch hatte sich eingebürgert, weil das menschliche Exkrement in diesem Teil der

Welt als guter Dünger galt und deshalb gesammelt wurde. Auch galt das Installationssystem westlichen Stils als unnötig und teuer. Den Chinesen erschien ihre Sitte als praktisch und klug. Doch fast alle Amerikaner, die sie so öffentlich dakauern sahen, drehten sich mit Abscheu weg. Sie machten die Chinesen als primitives und minderes Volk lächerlich, als Leute, die nicht zivilisiert genug wären, um ein modernes sanitäres System zu benutzen.
Diese Art des Mißverständnisses bleibt nicht auf sich beruhen. Einmal in die Welt gesetzt, wächst es unaufhörlich. In der Ehe (mit ihrer täglichen Vertrautheit) hinterlassen die negativen Werturteile eines Partners hinsichtlich der Gewohnheiten und Traditionen des anderen einen Makel auf dessen Herkunft, verleumden seine Erziehung, verunglimpfen seine Familie, setzen sogar seine Intelligenz herab. Der Sinn solcher Urteile besteht darin, auf grausame und höchst wirkungsvolle, nie endende Art und Weise zu wiederholen: »Du bist minderwertig, du bist minderwertig ...«
Oft sind die Stacheln mit Witz verkleidet. So wie hier zum Beispiel:
»Nicht zu glauben – niemand außer armem, weißem Gesindel nährt sich von Mohrrüben. Wenn du nur ein wenig Geschmack hättest –.«
»Zum Teufel. Es liegt einfach daran, daß in eurer Familie keiner jemals gewußt hat, wie man Mohrrüben richtig zubereitet.«
Ob absichtlich oder nicht – ein Partner sagt dem anderen, er sei minderwertig. Wenn diese Botschaft ernst genommen wird, und dies ist gewöhnlich der Fall, gibt sie Anlaß zu der kritischen Frage: »Wenn ich nichts wert bin, weshalb hat er mich dann eigentlich geheiratet?«
Und dann beginnen Kampf und Erniedrigung.

13. Scheidung, Verlassenheit und Verzweiflung

Die Ehe mag schwierig sein, die Scheidung ist ebenso schwierig. Eheleute fühlen sich oft in der Falle, denn eine Scheidung erweckt Angst, ist schmerzlich und teuer; außerdem bringt sie gesellschaftliche Diskriminierung und ist eine der wenigen wichtigen Einrichtungen, für die es keine festen Regeln gibt. Geburt, Heirat, Tod – alles läuft nach bestimmten Riten ab, die Scheidung nicht.

Und auch wenn sie durchführbar ist, bietet sie keineswegs immer die Ideallösung für eheliche Schwierigkeiten. Unter der weißen Bevölkerung haben die Geschiedenen die höchste Selbstmordquote, und ihre Kinder müssen sich oft mit seelischen Problemen herumschlagen. Die meisten Geschiedenen ertragen das Alleinsein nicht – sie halten sich an die Promiskuität und den Alkohol und geraten immer tiefer in Verzweiflung; dann versuchen sie eine zweite Heirat, und auch da ist die Scheidungsquote noch hoch, obwohl viele in einer erneuten Ehe sich besser zu arrangieren wissen als in ihrer ersten. Wenn dann aus der zweiten eine dritte, daraus eine vierte und schließlich eine fünfte Ehe wird, sind die Erfolgschancen minimal. Wie sich herausstellt, ist also das Leben mit und ohne Ehe eine schwierige Angelegenheit.

IV. Teil

Wie man eine gute Ehe erreichen kann

1. Ihre Ehe ist vielleicht gar nicht so schlecht, wie Sie glauben!

Die Ehe ist ein Prozeß, der sich um zwei komplexe und dauernder Veränderung zugängliche Verhaltensgefüge dreht; deshalb ist eine dauernde und allzeit perfekte Harmonie nicht möglich. Was aber möglich gemacht werden kann, ist die Herstellung einer nützlichen, lebensfähigen und funktionierenden Beziehung. Die meisten Ehen sind gekennzeichnet durch Zwietracht; wer dem Trend zur Zerstörung Einhalt gebieten und Schritte zum Erlernen der Teamarbeit unternehmen will, braucht Geduld und Mut. Und, was am wichtigsten ist, er muß die Sehnsucht zur Änderung in sich spüren.

Wenn das männliche und das weibliche System einander untergraben, ist es für die Beteiligten schwierig, dazusitzen und die Dinge auf die gleiche mechanische Art zu klären, wie man eine Grippe kuriert oder einen Reifen wechselt. Es gibt da zu viele subtile Variationen. Einige gehören in den Bereich des Unterbewußten. Sogar ein trainierter und seinem Beruf hingegebener Psychiater kann beträchtliche Zeit damit verbringen, die Bedingungen zu analysieren und eine wirksame Therapie zu entwickeln, und er braucht noch viel mehr Zeit, um die Bemühungen der Beteiligten in die richtige Richtung zu lenken.

Die im folgenden angegebenen Do-it-yourself-Rezepte *garantieren auf keinen Fall* eine perfekte, nicht einmal eine funktionierende Ehe. Wenn man aber die Vorschläge ernsthaft studiert und sie gewissenhaft anwendet, mögen sie ein Muster und eine Denkart entwickeln helfen, die folgendes bewirken kann:

1. die Wiederholung der eingefahrenen, zerstörerischen Muster verhindern;
2. kleine Probleme rechtzeitig beseitigen, damit keine großen daraus werden;
3. auf großangelegte Ziele der Beziehung hinweisen;
4. Ehegatten oder zukünftige Eheleute dazu zwingen, bestimmte Gebiete zu erforschen, die sie bisher vermieden haben oder die ihnen gesellschaftliche Sitte bisher als unzugänglich hingestellt hat;

5. Paaren bei der Erkenntnis helfen, daß eine große Zahl sogenannter Experten Tests machen und Ratschläge erteilen (und sich dafür gut bezahlen lassen), die überhaupt nichts taugen; und daß die Natur vieler dieser Ratschläge die Leute zu schnellen – aber falschen – Schlüssen verführt, die oft zerstörerisch sind.

Es kann durchaus sein, daß Ihre Ehe viel besser ist, als Sie annehmen!

2. Wie symmetrisches Verhalten in der Ehe beseitigt werden kann.

Wenn ein Mann und eine Frau – nennen wir sie Miriam und Ken Thompson – übereinkommen, daß sie vorwiegend zum Statuskampf-Typus gehören und oft einen anstrengenden Wettbewerb betreiben, können sie lernen, mit besserer Zusammenarbeit und weniger Konkurrenz das Leben zu genießen, indem sie eine Reihe von Übungen praktizieren. Diese Übungen werden die Kämpfe nicht vollkommen ausschalten, denn Kampf ist von Zeit zu Zeit nötig, wenn sich über nichtgeklärte Fragen Probleme ergeben. Aber die vorgeschlagenen Übungen können helfen, die Kämpfe auf ein bestimmtes Maß zu reduzieren und die Beziehung entsprechend funktionsfähig zu erhalten. Wir betonen noch einmal, daß die Partner sich Zeit lassen müssen. Sie *dürfen* nicht versuchen, ihre Ehe über Nacht umzukrempeln. Schließlich brauchen Psychoanalytiker nicht selten sechs bis acht Jahre dafür. Die Übungen sollten also allmählich, Schritt für Schritt, über Wochen hinweg ausgeführt werden.

Zuerst setzen sich Miriam und Ken gemeinsam hin und stellen eine Liste auf, die die verschiedenen Pflichten und Rollen eines Wochenendes zusammenfaßt. Es geht da um Kochen, Saubermachen, Vergnügen, Hilfe für die Kinder. Miriam und Ken entdecken wahrscheinlich, daß es dann zum Kampf kommt, wenn beide das gleiche Problem zur gleichen Sekunde angehen, so, wenn Ken Johnnie, dem Sohn, bei den Hausaufgaben hilft und Miram es nicht lassen kann, auch ihren Kommentar dazu zu geben.

Aus Gründen der Erfahrung und Praxis sollten sie für die nächsten Wochenenden die Funktionen trennen und eine strikte Aufgabenteilung durchführen, wobei vorher festgestellt wird, wem was zufällt. Ken fährt die Kinder zum Schwimmunterricht und mäht den Rasen, Miriam geht zur Wäscherei und kümmert sich für den Samstag um den Babysitter. (Wie die Auswahl der Unterhaltung und Zerstreuung erfolgt, ist späterer Diskussion vorbehalten, denn diese Funktion kann nicht einem bestimmten Partner als Teil einer Rolle zugeteilt werden.) Miriam und Ken werden möglicherweise während ihres mehrwöchigen Versuches feststellen, daß sie einige Verlagerungsarbeiten vornehmen müssen. Vielleicht kann Miriam den Kindern besser bei den Englischhausaufgaben helfen, Ken dafür bei der Mathematik. Wenn Miriam am Mittwochabend zu einer Versammlung geht, wird Ken praktischerweise wohl zu dieser Zeit für das Abendessen sorgen. Da er kein Koch ist, heißt das, er führt die Familie zum Essen aus oder es gibt etwas Schnelles vom Grill.

Die hier beschriebene Methode klingt sehr einfach und mechanisiert, aber wenn es um die Ausführung geht, werden manche Ehepaare zu ihrer Überraschung feststellen, daß ihre Aufgaben keineswegs so gut verteilt waren, wie sie dachten, und daß es zu Kämpfen kommt, wenn Mann und Frau eine Angelegenheit gleichzeitig übernehmen oder wenn der eine sich in die Funktionen des anderen einmischt.

Sie werden schnell entdecken, daß auch nach der Verteilung der Wochenend-Funktionen noch viele Gebiete bleiben, die Anlaß zur Unzufriedenheit geben. Dies ist oft der Fall bei Dingen, in denen ein ganz bestimmter Geschmack zum Tragen kommt wie beispielsweise bei der Wahl einer Kinovorstellung. *Statuskämpfe gibt es überall da, wo es sich um die Auswahl von Dingen mit kulturellem Wert handelt.* Man kann sich immer darüber in die Haare geraten, ob es besser ist, in eine Shakespeare-Vorstellung oder in einen Gangsterfilm zu gehen.

Bei solchen Gelegenheiten kann viel unnötiger Streit vermieden werden, wenn sich die Partner darauf einigen, in ihrer Wahl des abendlichen Vergnügens einander abzuwechseln, wobei jeder ohne Gegenkommentar die Entscheidung des anderen akzeptiert.

Wenn die Statuskämpfer ein erfolgreiches Wochenende mit

verteilten Funktionen verbracht haben, sind sie für den nächsten Schritt bereit, die Bestimmung von *Kompetenzgebieten* und nicht so sehr von speziellen Pflichten. Der hier angewandte Trick besteht darin zu erkennen, daß ein guter Koch nichts Erhabeneres ist als ein guter Rechner und daß der erfolgreiche Gärtner dem umsichtigen Hausvater keineswegs überlegen ist. Um Zuständigkeitsgebiete festzulegen, müssen die Partner sich über eine Zahl wichtiger Bereiche einig sein, die für das Familienleben zu beachten sind, sie müssen erkennen, daß die Frage, ob einer besser ist als der andere, irrelevant ist.

So sieht eine Methode für die Bestimmung von Kompetenzgebieten aus: Die Partner sitzen beisammen, und einer gibt dem anderen darüber Auskunft, was er während des Wochenendes am besten gemacht hat – welche Situationen er am souveränsten beherrscht. Wenn der andere der gleichen Meinung ist, kann dies als sein künftiges Kompetenzgebiet gelten. So mag die Frau zu ihrem Mann sagen: »Also, wie du die Kinder in Frieden gehalten hast, das war großartig. Ich glaube, es wäre eine herrliche Idee, wenn du dich am Wochenende um sie kümmern könntest, denn da bin ich immer ein wenig abgekämpft und ärgere mich, und das hilft nicht viel.« Wenn er einverstanden ist, kann sie eine andere Aufgabe übernehmen; vielleicht schlägt ihr Mann vor, sie solle sich um das Haushaltsbudget kümmern, da sie das am Wochenende umsichtig und genau gemacht habe und er solche Dinge sehr ungern tue.

Nachdem der Versuch unternommen ist, ein Wochenende der Kompetenzgebiete und weniger der Einzelaufgaben zu gestalten, ziehen die Partner daraus wieder ein Resümee; sicherlich wird manche Verlagerung oder geringe Veränderung nötig sein, und jetzt ist die Zeit, sie zu diskutieren. Der nächste Schritt besteht dann darin zu bestimmen, wie die Teilung der Verantwortung auf sich überschneidenden Gebieten ausbalanciert werden kann. Eines dieser Gebiete ist der Einkauf, da einer aus dem oder jenem Grund schnell einmal etwas »entdeckt« und mitnimmt. Auch die Kindererziehung fällt hier hinein.

Viele Statuskämpfe entstehen aus der Frage, wer in der Kindererziehung die bessere Arbeit leistet. Tatsache ist, daß sich die Mutter viel mehr um die Kinder kümmert als der

Vater; deshalb werden ihre Wertvorstellungen dominieren, auch wenn der Mann noch so große Anstrengungen macht, es sei denn, er hat sie völlig eingeschüchtert; seine Enttäuschung ist groß, wenn er in unregelmäßigen Abständen *seine* Vorstellungen zu vermitteln versucht. Wenn man hier Kämpfe vermeiden will, ist es zunächst einmal gut, dem Vater für das Wochenende die gesamte Fürsorge anzuvertrauen. Seine Frau wird zwar mit seinen Methoden oft nicht einverstanden sein, aber nur wenn sie sich völlig heraushält, wird es möglich sein, daß er die ganze Last der Verantwortung erkennt. Die Möglichkeiten für einen Kompromiß sind viel größer, wenn er erst entdeckt hat, daß es ganz schön und recht ist, sich die Kinder so oder so zu wünschen, aber daß es etwas ganz anderes ist, diese Wünsche in die Tat umzusetzen und sie so weit zu bringen.

Gatten, die versuchen, in der oben beschriebenen Art miteinander auszukommen, werden aller Wahrscheinlichkeit nach erkennen, daß sie in ihren Bemühungen zu handeln und die Verantwortung zu verteilen in dem Wettstreit enden, wer seinen Anteil am Geschäft *besser* erfüllt. Doch obwohl dies immer noch Wettstreit ist, so steht er doch eine Stufe höher, denn es ist ein *Wettstreit um die Zusammenarbeit*, der zu positiveren Interaktionsmustern führt und weniger eine Kampfstimmung hinterläßt, wie sie nach der Auseinandersetzung über fruchtlose und endlose Probleme auftritt. Auseinandersetzungen sind oft Nebelwände, die eine viel tiefere Zwietracht darüber abschirmen, wer »sich am meisten sorgt« und »wer der Rücksichtsvollste« ist. Die vielen Statuskämpfe, die sich über bestimmte Streitfragen entzünden, können Auswirkungen dieser Grundfrage sein.

Für die meisten Leute besteht die Hauptschwierigkeit bei der Rücksichtnahme auf den anderen darin, daß sie sich verletzt fühlen, wenn ihre Aufmerksamkeit nicht erwidert wird oder wenn sie dies befürchten. Das Ergebnis ist die Abwehrhaltung, die an anderer Stelle als reaktive Verletzbarkeit beschrieben wird. Um diese Angst vor zu viel Rücksichtnahme loszuwerden und von der Verletzlichkeit freizukommen, sollten die Gatten die Aufgaben und Verantwortungsbereiche so teilen, daß keiner mehr mit seiner Rücksichtnahme sich brüsten kann als der andere oder über dessen mangelnde Rücksichtnahme Klage führen muß. Wenn der Leser an jüngste Streitigkeiten mit seinem eigenen Partner denkt, die sich über die Frage entzündeten, wer am meisten getan, am härtesten gearbeitet, am meisten Unannehmlichkeiten gehabt habe, wird erkennen, daß die Diskussion sich selten um die tatsächlich geleistete Arbeit dreht; vielmehr wird das nebulose Problem erörtert, wer sich am meisten »sorgt«, wer sich am meisten »kümmert«, wer am meisten »gibt«. Hier kommt die Sehnsucht nach Anerkennung zum Ausdruck, denn jeder will erfahren, daß er zumindest seinen Anteil beigetragen, daß er sich rücksichtsvoll und schätzenswert gezeigt habe, doch erwachsen daraus nur weitere Streitigkeiten, Anschuldigungen und Kämpfe. Deshalb sollte jeder auch nur wetteifernde Gedanken vermeiden und statt dessen versuchen, sich in den anderen hineinzuversetzen und seine Gefühle zu verstehen, indem er sich fragt: »Wie Jane oder John wohl reagiert, wenn ich dies oder jenes tue?« Damit kommt ein richtiger Zug in das Verhalten und bringt die Erkenntnis, daß Zusammenarbeit nicht eine Augenblicksangelegenheit ist, sondern Auswirkungen auf die Zukunft hat. Manche zusätzliche Übung, wie der Statuskampf wegen der »größeren Rücksichtnahme« und der »geringeren Einschätzung« beendet werden kann, findet der Leser in Kapitel IV/8.

3. Angriffslust und Streit

Angriffslust und Streit sind, bis zu einem gewissen Grad, Bestandteil jeder Ehe. Sie haben viele Ursachen; meist ergeben sie sich aus symmetrischen Verhaltensformen. Da der geeignete Nährboden die Zeit ist, während der die Partner ein Quid-pro-Quo erarbeiten, ist hier ein kurzes Wort über »Gefechte« am Platz. Manches Angriffsbedürfnis stützt eine Ehe, andere Arten untergraben sie.

Die Angriffslust ist ein Akt der Einschüchterung, dazu bestimmt, den anderen in eine bestimmte Richtung zu lenken oder ihn zur Zustimmung zu einer einseitig getroffenen Entscheidung zu bewegen. Sie kann nützlich sein, wenn beispielsweise einer eine Situation oder ein Thema besser als der andere kennt und einfach aufgrund seiner überlegenen Kenntnis die Führung übernimmt. Sie kann auch dann nützen, wenn beide Partner durch Zweifel oder zu vieles Bereden in ihrer Entschlußkraft gelähmt sind und der eine sich endlich doch zu einem Machtwort aufrafft. So, wenn Sue die Smiths zum Abendessen einlädt, ohne ihren Mann zu fragen; er mag daraus entnehmen, daß sie sich viel zu lange Zeit gelassen haben mit der Entscheidung, wer nun eigentlich eingeladen werden soll.

Ein Streit geht um Tatsachen oder um das Recht, wer wem was antun darf. Es handelt sich dabei im allgemeinen um ein auf die Situation begrenztes Ereignis, da die Gatten wegen möglicher Ablenkung vom Thema eine Eskalation vermeiden. Die »tödlichen« Streitigkeiten, die nicht bei einem Thema bleiben, werden wir noch erörtern.

Wie Angriffsbedürfnisse sind auch Streitigkeiten oft nützlich. Sie können für manche Paare die einzigen Ventile sein, eigene Gefühle und Gedanken dem anderen zu zeigen. Während eines Streites kann der eine oder der andere die Reserve verlieren und sich zu Äußerungen hinreißen lassen, die er sonst bei sich behalten hätte. Entsprechend dieser Tatsache betrinken sich manche Ehepaare ganz bewußt, um »zu Rande zu kommen«. Sogar wenn es zu begrenzter körperlicher Gewalttätigkeit kommt – die keiner Wiederherstellungsarbeiten von seiten des Zahnarztes oder Chirurgen bedarf –, mag der Streit nützlich bleiben, mag er helfen, die äußersten Grenzen der Beziehung zu definieren und das gesamte Verhaltensrepertoire aus einem bestimmten Blickwinkel zu betrachten. So kann eine Frau, die sich vernachlässigt und nicht geliebt fühlt, ihre Selbstsicherheit wieder erlangen, wenn ihr Mann ihr sein Interesse bekundet, indem er sie verärgert schlägt wegen eines zu intensiven Flirts bei einer Einladung.

Zerstörerische Streitigkeiten und Angriffsbedürfnisse sind jene, die keinen Sinn haben: Sie lösen keine Probleme und tragen nichts zum gemeinsamen System bei. In ihrer schlimmsten Form sind sie tödlich. In einem symmetrischen Kampf mag einer die Post des anderen zerreißen, zum Essen zu spät kommen oder die Kartoffeln verbrennen, einfach aus Lust an der Gemeinheit. Er mag öffentlich den anderen attackieren, so daß dieser aus Scham nicht zurückschlägt, oder er startet mit Verwandten, Freunden oder den am leichtesten erreichbaren Strohmännern, seinen Kindern, heimliche Verschwörungen.

Natürlich erzeugt eine Gemeinheit eine andere, auch wenn der Empfänger sie nach außen hin mit Fassung trägt. Eine seit fünfundzwanzig Jahren verheiratete Frau fragte ihren Psychotherapeuten mit offensichtlichem Erstaunen, weshalb ihr Gatte denn immer noch so liebevoll und gut zu ihr sein könne, nachdem sie ihn ein Vierteljahrhundert lang mit Gemeinheit und Bosheit verfolgt habe. Der Therapeut konterte mit der Gegenfrage, ob sie denn einen noch besseren Weg wisse, wie ihr Mann sie als unmögliche Person hinstellen könne.

Wenn einer glaubt, daß Gemeinheit ein angeborener Charakterzug ist, dann bleibt ihm nichts anderes übrig, als mit dem Partner zu brechen oder sich weiterhin gegenseitig Bosheiten an den Kopf zu werfen. Aber Bosheit erzeugt Bosheit: Sie ist Teil des Systems, nicht Ausdruck einer individuellen Persönlichkeit. So kann beispielsweise ein Therapeut dem in Behandlung befindlichen Ehepaar raten, Angriffslust und Streitsucht zu lassen und sich mit Reserve und Argwohn, *aber ohne jegliche bösartige Handlung* zu begegnen. Dies soll bis zur nächsten Sitzung geschehen. Während dieser Zeit soll jeder, der glaubt, der *andere* habe Bösartigkeit gezeigt, den Therapeuten telefonisch davon unterrichten. So können die Partner entdecken, daß sie Gemeinheit und Bosheit gar nicht wollen. Sie erkennen, daß bisher jeder im Glauben lebte, der andere sei gemein und daß man sich aus Gründen der Selbstverteidigung zuvorkommen wollte. Die eingebaute Verletzlichkeit und Abwehrhaltung stützen dieses System andauernd. Die Methode, die der Therapeut anwendet, kann den negativen Kreislauf unterbrechen.

4. Die Notwendigkeit, die Ehe als Handelsgeschäft zu betreiben

Die meisten Eheleute glauben es, zahlreiche Experten sagen es ausdrücklich: Die Ehe als ein Handelsgeschäft taugt nichts. Besonders geistliche Berater sind irrtümlicherweise darauf aus, zum »Opferbringen«, zum »Geben«, zum »uneigennützigen Tun« zu ermahnen. Frauenmagazine fordern in Tausenden von Artikeln Hunderttausende von Leserinnen auf, »mehr für ihre Schönheit zu tun«, »dem Egoismus ein Ende zu machen«, »liebevoll zu sein«, »sich für das Fischen zu interessieren ... Sie werden schon auf den Geschmack kommen ...«, und so weiter. Wir sind der Meinung, daß solche Anweisungen Schuldgefühle und Enttäuschung darüber erzeugen, daß das Unmögliche nicht möglich gemacht werden kann. Sollte aber einer nach ungeheurer Anstrengung doch Erfolg haben, erreicht er damit auch, den Partner unter Druck zu setzen – und ihm Komplexe zu verursachen, wenn er es nicht schafft, so »gut« wie der andere zu sein. Beispielsweise beschließt eine Frau nach der Lektüre der neuesten »Vogue«, sie sei nicht hübsch genug und könne ihrem Mann nicht gefallen. Gleich geht sie zum Einkaufen und ersteht ein neues elegantes Kleid für den kommenden Barbecue bei den Nachbarn. Dabei ist ihr Mann wahrscheinlich über ihre Handlungsweise nicht sehr glücklich – nicht nur wegen der Kosten des Kleides, sondern weil er eigentlich, wie gewöhnlich, sein altes Sporthemd und seine Khakihosen zu der Einladung tragen wollte. Wenn die Frau andererseits sich entschließt, das Fischen zu erlernen, um ihm zu gefallen, glaubt er, sie mische sich in Männersachen ein und verderbe ihm die einzige Gelegenheit im Jahr, wo er mit seinen männlichen Freunden unter sich sein kann.

Wir stellen in aller Eindeutigkeit und Bestimmtheit fest, daß der Handel ein wesentlicher Bestandteil einer gut funktionierenden Ehe ist. Ja, die Ehe braucht diesen fortgesetzten Handel zwischen den Partnern, damit die unvermeidlichen täglichen oder sogar stündlichen Anpassungen erreicht werden können. Die vorgefaßten gesellschaftlichen Meinungen über die Rollen von Mann und Frau sind so ganz anders als die Wirklichkeit einer guten Beziehung, daß man energisch darauf bestehen muß, wie wichtig der Handel für die Zusammenarbeit ist. Ehe wir die Methoden für das Handelsgeschäft erforschen, ist eine Mahnung zur Vorsicht über das entsprechende Verhalten am Platz. Eine ziemlich häufige Handelsmethode und eine, die am wenigsten wirkungsvoll ist, stützt sich auf den Gebrauch von außerhalb kommender Maßstäbe. Da sagt die Frau wohl: »Wir sind die einzige Fa-

milie in der ganzen Umgebung, die kein neues Auto hat.« Oder der Mann bemerkt: »Ich bin der einzige im Büro, dessen Frau nicht das Frühstück für ihn macht.«
Der Nachteil in der Anwendung solcher Maßstäbe als Ausgangspunkt liegt darin, daß sie manipuliert werden können. Man kann die Statistik oder den Standard nennen, der einem am besten paßt. Da außerdem jeder an seine ausgeprägten Eigenheiten und seinen Individualismus glaubt und sich unabhängig von den Maßstäben anderer dünkt, wird der Partner den Forderungen widersprechen. Der Streit weitet sich aus, und der Ausgangspunkt der Verhandlungen wird durch andere Dinge verwischt. Die beste Methode beim Handeln ist die, die nicht unmittelbar »zeitgebunden« ist. Das will besagen, ein Paar sollte erkennen, daß das Entgegenkommen eines Teiles nicht die *sofortige* Gegenleistung des anderen nach sich ziehen muß. Man ist der Ansicht, daß sich schon eine Gelegenheit bieten wird, um die Schuld zurückzuzahlen. Dies ist ein Idealarrangement, aber leider geht es wie bei den meisten anderen Idealen: Auch hier ist schon die Saat zur Zerstörung vorhanden. Uneingelöste Versprechen sind eine Quelle ehelicher Disharmonie und Bitterkeit. Häufiger noch macht sie sich bemerkbar, wenn die Gatten einander nicht vertrauen, oder wenn der eine ein ausgeklügelt feines Gedächtnis hat – wenn er sich jede kleinste Einzelheit seines eigenen Anteils bewahrt, aber vergißt oder unterschätzt, was der andere getan hat oder was er selbst unterlassen hat.
Wir kennen eine unglückliche Frau, die ihren Mann zuerst beim Rechtsstudium unterhielt, dann eine Schiffsreise nach Hawaii finanzierte, weil er von den juristischen Prüfungen völlig erschöpft war. Sie glaubte, daß der Tag kommen würde, wo er gut verdiente und sie das Haus und das Leben ihrer Träume haben würde. Unglücklicherweise traf er auf der Reise eine andere Frau, und die Sache endete mit Scheidung.
Da die Ehe aus einer Reihe von Angleichungen besteht, deren manche durch Diskussion erledigt werden, sind drei Dinge von großer Wichtigkeit: Zuerst müssen die Gatten ihre Beziehung daraufhin untersuchen, ob der Handel offen oder versteckt, im Untergrund, geschieht. Wenn es um die Konsolidierung einer schlechten Ehe geht, müssen die Geschäfte am

Tageslicht und bewußt, ehrlich und mit deutlichen Zielen abgewickelt werden.

Dann muß jeder Partner seine eigene Einstellung einer Prüfung unterziehen, um zu erkennen, ob er seine Rückzahlungsversprechungen in eine zu ferne Zukunft verlegt. Einmal ist es möglich, daß nie etwas daraus wird; wichtiger noch ist die Tatsache, daß eine solche Regelung der realistischen Einlösung des Versprechens: »Tust du mir das, tu' ich dir das«, widerspricht. Natürlich ist es eine ganz andere Angelegenheit, wenn man Zukunftsziele wie Eigenheim, Wiederaufnahme des Berufs nach Erwachsensein der Kinder ins Auge faßt. Wir sprechen hier von Dingen, Einstellungen oder Verhaltensweisen, über die es Meinungsverschiedenheiten gibt: Jeder möchte seinen Weg, und da dies unmöglich ist, verhandelt man über unvereinbare Kompromisse.

Zum dritten müssen die Beteiligten einschätzen, ob sie als Paar zum Handeln geeignet sind. Ihre Meinungsunterschiede können so weitreichend, ihre Fähigkeiten zur Verhaltenskontrolle so minimal sein, daß ein gangbarer Kompromiß nicht zustande kommen kann.

Ein extremes Beispiel mag die Ehe sein, in der der Mann eine Reihe von Verhaltensmustern zeigt, die seine Frau irritieren. Er kaut am Tisch mit vollem Mund, mißbilligt die intellektuellen Bekannten seiner Frau (er hat nie eine höhere Schule besucht), möchte lieber jeden Abend fernsehen, und wenn die Freunde seiner Frau kommen, weigert er sich, Schlips und Kragen umzubinden, sitzt in Hemdsärmeln herum und ist mürrisch. Er ißt lieber in der Küche, hat gerne Ketchup-Flaschen und Senf auf dem Tisch, liebt schnelle Mahlzeiten, bestehend aus einem Steak, Kartoffeln und Eiscreme, während sie darauf Wert legt, am gedeckten Tisch im Speisezimmer zu essen, bei Kerzenlicht, Wein und guter Unterhaltung. In einem solchen Fall sind die kulturellen Unterschiede so groß, daß ein erfolgreicher Handel unwahrscheinlich ist.

Ein allgemeiner Hinweis darauf, ob der Handel für die Partner gewinnträchtig sein kann, ist ihre Geschicklichkeit mit den Übungen für das Quid-pro-Quo, beschrieben in Kapitel IV/7 und IV/8, fertig zu werden. Wenn sie dies schaffen, können sie genügend Geist für Zusammenarbeit voraussetzen, um miteinander zu handeln, ohne das Messer zu werfen oder verletzte Gefühle davonzutragen und dicke Tränen zu weinen. Wenn sie die Übungen nicht bewältigen und große Meinungsverschiedenheiten vorhanden sind, wenn sie deshalb glauben, sie könnten nicht handeln, müssen sie sich entweder einen objektiven Dritten suchen, der als Schiedsrichter wirkt (zum Beispiel einen Therapeuten), oder sie müssen einem Partner erlauben, die Situation in die Hand zu nehmen, während der andere total passiv bleibt. Dies ist eine schwierige Lage, aber manche wählen sie bewußt.

Wenn ein Ehepaar glaubt, es verstehe wirklich im Grund überhaupt nichts von diesem Geschäft oder von seinen Auswirkungen auf das Verhalten, sollte es folgende Übung machen (auch wenn sie trivial oder lächerlich wirkt), ehe es sich an die Quid-pro-Quo-Programme wagt.

Die zwei Partner gehen von den gleichen Anfangsbedingungen aus, wie sie in Kapitel IV/7 aufgezeichnet sind. Nach einem Münzwurf wählt jeder eine gegensätzliche Ansicht über ein naheliegendes Thema wie zum Beispiel: »Welcher Wagen ist besser, ein Lincoln oder ein Cadillac? Wohin würdest du lieber reisen, nach Honolulu oder nach San Juan in Puerto Rico? Welche Art von Kuchen ist besser, Rhabarber oder Apfel?« Sogar der Entscheidungsprozeß darüber, welches Thema diskutiert werden soll, ergibt eine Chance, die Handelstechnik zu lernen. Dann beginnt eine total unwichtige Debatte, die über die Tricks, sprachliche Geschicklichkeit und weitere Praktiken des anderen aufklären soll. Normalerweise reichen drei oder vier Minuten, um jedem sein Verhalten zu zeigen.

In der zweiten Übung muß ein Partner den anderen überzeugen, daß er das oder das tun, dies oder jenes haben sollte; der andere muß zuhören in absolutem Schweigen. Sogar ein seit langen Jahren verheiratetes Ehepaar mag überrascht sein, wenn es entdeckt, welche Taktiken der andere anwendet, um seinen Willen zu bekommen. Wir verschließen uns oft schon bei den ersten Worten einer Handelsdebatte und wissen deshalb höchst wenig über das Verhalten des anderen.

Die dritte Übung, ausgeführt an einem folgenden Abend, erfordert vollkommene Ehrlichkeit von einem der Partner. Ein Münzwurf entscheidet, wer das Vorrecht hat zu sprechen und den anderen zu überreden, daß er etwas wirklich wünscht, tun oder haben möchte. Dieses »etwas« soll durchaus im Bereich des Möglichen liegen. Der zuhörende Teil

wirft noch einmal die Münze, *ohne daß der andere hinschauen darf.* Wenn er Bild hat, muß er dem andern zustimmen, ganz gleich, wie gut oder schlecht der Handel für ihn ausfällt. Wenn er Zahl wirft, soll er widersprechen. Dabei muß er vollkommen ehrlich sein und sich dem Diktat der Münze beugen, auch wenn er den Wurf am liebsten nicht beachten würde und sich entsprechend der Argumente seines Partners entschließen würde.
Der andere wird also niemals wissen, ob seine Beredsamkeit und Überredungskunst erfolgreich gewesen wäre, wenn nicht der Münzwurf die Entscheidung gebracht hätte. Damit lehren wir die Partner etwas sehr Wichtiges, nämlich, daß das Handelsgeschäft als Dauerbestandteil der Ehe nicht einfach eine Sache des Gewinnens oder Verlierens ist. Wenn einer den Schmeicheleien des anderen nachgibt, so geschieht das in erster Linie deshalb, daß auch er seinen Willen bekommt.
Mit anderen Worten: Auch wenn bei einer bestimmten Gelegenheit der Handel anscheinend eine Sache von Gewinn oder Verlust ist, so läuft auf lange Sicht das Ganze doch auf die Verhandlungstaktik hinaus.

5. Wie Kommunikation erlernt werden kann

Zwei Dinge bringen die Kommunikation zwischen zwei Menschen zum Zusammenbruch:
Das erste ist in gewisser Weise physisch. Die Partner sprechen zwar miteinander, »hören« aber nicht, was der andere sagt. Manchmal kommt es zum Scheitern durch ein lebenslanges »Nichtzuhören« – eine ungewöhnlich häufige Erscheinung. Diese Gewohnheit kann sich auch nach Kämpfen entwickeln. Beide Partner befinden sich in Abwehrhaltung, und sobald einer zu reden beginnt, geht der andere schon in die Defensive; seine Gedanken konzentrieren sich darauf, was er entgegnen wird, nicht auf das, was ihm der andere sagen will.
Der physisch bedingte Zusammenbruch der Kommunikation ist in fast jeder gestörten Ehe zu finden. Wir kennen eine Hausfrau aus New England, die sich, eines kalten Januar-

abends, einen Schraubenzieher holt und die Haustür aus den Angeln losmacht. Kalte Luft und Schnee wehen ins Haus, und ihr erstaunter Gatte tritt in Erscheinung: »Was, zum Teufel, machst du da?«

»Ich habe dich dreimal gebeten, beim Hereinkommen die Tür zu schließen«, antwortet sie.

»Du hast keinen Ton zu mir gesagt!«

»Als du heute um acht weggingst, hast du die Tür offen gelassen. Ich ging hinaus, klopfte ans Autofenster und sagte zu dir: ›Bitte, mach die Tür zu, wenn du gehst; das ganze Haus kühlt aus!‹ «

Er, ärgerlich: »Ich kann mich nicht erinnern, daß du so etwas gesagt hast.«

»Erinnerst du dich, daß ich zum Auto gekommen bin und dir etwas zugerufen habe?«

»Ja, schon, aber ich dachte, du seist immer noch am Nörgeln, weil ich keinen der Pfannenkuchen aß, die du mir zum Frühstück hingestellt hattest.«

»Du hast das Fenster heruntergekurbelt und mir mitten ins Gesicht geschaut!«

»Nun, trotzdem, ich kann mich nicht entsinnen, daß du etwas über das Türenschließen gesagt hast.«

»Nun reicht's aber, ich habe es dir einmal gesagt, dann habe ich es dir beim Heimkommen noch einmal gesagt, und jedesmal schautest du mir mitten ins Gesicht.«

»Ich kann mich an nichts erinnern.«

Vielleicht hörte dieser Mann nicht, was ihm seine Frau sagte, obwohl der Klang sein Ohr erreichte. Variationen dieser Episode gibt es jeden Tag in zerstrittenen Familien. Glücklicherweise ist das Fiasko leicht zu beheben. Wenn beide Partner ihre Kommunikation verbessern wollen, gibt es kleine Hilfsübungen für sie.

Eine optimale Kommunikation besteht aus der Äußerung des ersten Sprechers; der Rückmeldung des Empfängers der Botschaft, der zeigt, daß er gehört hat; der Rückmeldung des Anfangssprechers, daß er die Bestätigung des andern vernommen hat. Wenn Mann und Frau sich ungefähr zwei Wochen lang vergewissern, daß jede Botschaft in diesem Sinn vollständig ist, auch wenn dies am Anfang gezwungen und dumm aussieht, haben sie große Chancen, ihre physische Kommunikation zu verbessern. Doch muß dafür diese

Übung, mit ihrer übertriebenen Betonung, bei jeder, auch der kleinsten Kommunikation ausgeführt werden. Ein Beispiel:
Mary: »Oh, schau, wie blau der Himmel ist.« (Ursprüngliche Aussage.)
John: (bestätigt, daß er gehört hat) »Ja, es ist wirklich ein herrliches Blau.«
Mary: (bestätigt Johns Rückmeldung) »Ich bin froh, daß es dir auch gefällt.«
Im Lauf des Tages wird es viele solcher Äußerungen geben: »O je, ich glaube, heute haben wir den kältesten Tag des Jahres«; »Himmel, bin ich erschöpft«; »In der Küche riecht es gut«; »Ich hatte heute einen scheußlichen Tag im Büro.«
Die übliche Antwort auf solche Äußerungen ist eine Art Grunzen oder ein Kopfnicken oder auch gar nichts. Wenn einer zur Geschwätzigkeit neigt, gerät der andere leicht in die Gewohnheit, überhaupt nicht mehr hinzuhören, womit er nur die Geschwätzigkeit verstärkt.
Wenn der Versuch durchgeführt wird, alle Botschaften zu vervollständigen, wird das Maß an »nichtigem« Gespräch schnell vermindert. Die Partner lernen dann, nicht zu sprechen, wenn sie nicht den Wunsch nach einer vollständigen Kommunikation haben.
Hier einige Beispiele dafür.
Mary: (ursprüngliche Aussage) »Bitte, mach die Tür zu, wenn du kommst oder gehst. Es ist sehr kalt draußen.«
John: (Rückmeldung) »Ich versuche daran zu denken, und wenn ich's vergesse, bitte, erinnere mich daran!«
Mary: (Bestätigung der Rückmeldung) »Danke, John. Ja, ich werde dich daran erinnern.«
Ein anderer Fall.
John: (ursprüngliche Botschaft) »Es riecht gut in der Küche!«
Mary: (Rückmeldung) »Ja, ich habe einen Apfelauflauf im Ofen.«
John: (Bestätigung der Rückmeldung) »Oh, hoffentlich gibt's den zum Mittagessen.«
Auch wenn die Botschaften negativ sind, müssen sie vollständig gebracht werden.
Mary: (ursprüngliche Aussage) »John, kannst du mir auf dem Heimweg zehn Pfund Kartoffeln mitnehmen?«
John: (Rückmeldung) »Das paßt mir heute schlecht. Ich ar-

beite länger, und wenn ich beim Supermarkt hereinschaue, muß ich mit einer schrecklichen Schlange rechnen.«
Mary: (Bestätigung der Rückmeldung) »Dann kann man nichts machen; es wird schon noch reichen, bis ich übermorgen selbst hinkomme.«
Die meisten Paare finden es unnatürlich, jede Kommunikation so zu vollenden, und am Anfang wird die Routine schwerfallen. Die Partner müssen einander helfen. Wenn Mary etwas sagt und John knurrt nur irgend etwas darauf, sollte sie höflich fragen: »John, bekomme ich die Rückmeldung?« Wenn dies geschehen ist und Mary nur nickt, muß John sie erinnern: »Mary, wo bleibt die Bestätigung meiner Rückmeldung?«
Für Ehepartner, die etwas zur Verbesserung ihrer Beziehung tun wollen, ist die Entwicklung eines funktionierenden Kommunikationsmusters der erste wichtige Schritt. Außerdem kann die eben beschriebene Übung sehr viel Spaß bereiten; und wenn sie auch so ganz nebenbei in Gesellschaft betrieben wird, bringt sie den Beteiligten oft ein großes Zusammengehörigkeitsgefühl. Denn wenn sie andere Paare beobachten, sehen sie, daß oft keiner darauf achtet, was der andere sagt. Außerdem kann die kleine Übung dem Ganzen der Beziehung ungemein nutzen. Allmählich gestaltet sie die übliche Routine-Unterhaltung in einen bewußten Dialog um – eine aufregende Erfahrung.
Die Praxis der Routinekonversation bildet die Grundlage für schlechte Manieren. In Häusern mit mehreren Kindern herrscht normalerweise ein Riesenlärm, weil ein Junge oder Mädchen, die etwas wollen, einfach durch die Gegend schreien, bis sie es haben. Die Schreigewohnheit entwickelt sich weiter, weil die Eltern einander oder den Kindern nicht zuhören. Eine Methode, die Prinzipien guter Kommunikation auch auf die Kinder zu übertragen, kann bei den Mahlzeiten erfolgen. Die Eltern sollten darauf bestehen, daß der Wunsch eines Familienmitgliedes nach einer Schüssel oder einem Besteck in Form des folgenden Dialoges geschieht.
Charles: »Joannie?«
Joan (wendet sich ihm zu): »Was ist?« (Dies ist ihre übliche Art anzudeuten, daß sie zuhört.)
Die Ausführung dieser Übung ist wichtig, wenn mehrere Leute anwesend sind. Ist ein Name nicht genau bezeichnet,

weiß keiner, wer gemeint ist. Wenn die genannte Person die Kommunikation nicht bestätigt, weiß der Anfangssprecher nicht, ob er gehört worden ist. Wir setzen jetzt den Dialog fort.

Charles (ursprüngliche Botschaft): »Reichst du mir, bitte, die Butter herüber?« (Joan reicht ihm die Butter; dies ist ihre Rückmeldung.)

Charles (bestätigt die Rückmeldung): »Danke, Joannie.«

Eine weitere wichtige Art des Zusammenbruchs der Kommunikation liegt dann vor, wenn die gesendete Botschaft nicht der empfangenen entspricht, wie wir in einem früheren Kapitel bereits gezeigt haben.

Wie bringen es Männer und Frauen fertig, sich so vollkommen und so erfolgreich mißzuverstehen? Der Hauptgrund ist, daß viele wirklich keinen Zugang zueinander finden und ihre Gefühle, Wünsche, Absichten und Erwartungen nur durch verbale oder nichtverbale Kommunikation übermitteln können.

Wir erinnern daran, daß die Bedeutung einer Botschaft nicht nur durch ihre wörtliche Meinung, sondern auch durch die begleitenden Gesten, den Gesichtsausdruck und ähnliches und durch die Natur der Gesamtsituation, in der die Botschaft steht, bestimmt wird. Kommunikation zwischen Vertrauten ist besonders schwierig in bestimmter Hinsicht, denn der Sender erkennt unter Umständen nicht, daß das Verständnis seiner Botschaft durch sein nichtverbales Verhalten oder durch eine Mißinterpretation der Gesamtsituation getrübt wird. Die beste Methode, eine Klärung der Botschaft zu erreichen, ist die Rückfrage des Empfängers, wenn Zweifel bestehen. Beispielsweise kommt John müde und ärgerlich heim und findet das Haus in Unordnung. Er sagt zu Mary: »Ich mußte gerade bei den Hatfields vorbei; ich sage dir, die haben ein wunderbares Haus, und Louisa Hatfield weiß es perfekt zu halten. Eine Freude, wenn man das sieht.«

Mary antwortet: »John, du hast Louisa Hatfields Haus angesprochen. Willst du mir damit sagen, daß unsere Wohnung ein Schweinestall ist?« Wenn John diese Frage bejaht, fährt Mary fort: »Ich weiß, es sieht heute furchtbar aus, und ich bin darüber genauso unglücklich wie du, aber um vier Uhr war ein Wasserrohrbruch, und ich mußte sofort den Installateur holen. Das Aufräumen ist damit buchstäblich ins Wasser gefallen.« Die Mehrdeutigkeit der Botschaft ist beseitigt, außer John hält Marys Antwort für eine Ausflucht. Dann muß der Kampf um die Lösung fortgesetzt werden.

Ähnliches kann auf einer Einladung geschehen, wenn Mary sagt: »Ist es nicht herrlich, wie Jim Power sich immer um seine Frau kümmert und bei ihr sitzt? Ich finde es nett, wenn sich Leute so verliebt zeigen.«

John kann diese Botschaft entweder als den Ausdruck echter Bewunderung für die Powers verstehen oder als Kritik an seiner Person. Da er sich nicht ganz sicher ist über die Interpretation, sagt er: »Willst du damit andeuten, daß ich dich auf der Einladung vernachlässigte? Ärgert es dich, wenn ich mit anderen rede?«

Mary kann mit »Ja« oder »Nein« antworten und damit das Problem wieder beseitigen.

Nehmen wir an, John sagt etwas anderes: »Ja, die Powers sind wirklich ein reizendes Paar.« Dann nimmt er Marys Bemerkung wörtlich und spielt eine höfliche Zustimmung vor, während er in Wirklichkeit die offene Kommunikation verbarrikadiert. Wenn Gatten wiederholt auf Hindernisse dieser Art stoßen, beginnen sie allmählich zu verzweifeln und verfallen in den Dauerzustand undeutlicher Kommunikation.

Sobald die Familie zu streiten beginnt, nimmt die Anzahl mißverständlicher Botschaften zu. Man verfällt in die Gewohnheit, ein Ding zu sagen und ein anderes zu meinen oder etwas anderes zu hören als das, was gesagt wurde, aus Ärger, Furcht oder Verletzlichkeit. Oft schon ist festgestellt worden, daß niemand so blind ist wie der, der nicht sehen will. Leider muß man auch sagen, daß niemand so taub ist wie einer, der nicht hören will. Ein Kommunikationsproblem ergibt sich, wenn eine Botschaft zwei oder mehrere mögliche Bedeutungen hat; wenn die »Bedeutung« damit von der Interpretation des Hörers abhängig ist, die von der des Senders ganz verschieden sein kann. Beispielsweise mag einer versuchen, auf Kosten des anderen Witze zu machen, entweder, um sich damit für vorangegangene Unbill zu rächen oder um sich der Gesellschaft gegenüber als den »großen Mann« hinzustellen, wobei er auf die Gefühle des anderen keinerlei Rücksicht nimmt.

Wer immer auf Kosten des anderen sarkastisch ist, kann

durch das Opfer gehindert werden, wenn es sagt: »John, ich lese aus diesem Witz, den du da angebracht hast, folgendes heraus ...«, und er erklärt es. Der Sender gibt ein unbehagliches Lachen von sich und antwortet: »Du weißt doch, ich habe nur Spaß gemacht.«
»Das kann durchaus sein, aber ich habe eben dies herausgelesen.«
»Du solltest nicht so mimosenhaft sein.«
»Hättest du die Güte, Liebling, solche Witze künftig zu unterlassen? Du würdest mir damit einen großen Gefallen erweisen, denn so etwas ist mir entsetzlich peinlich. Wenn du dich wirklich über mich ärgerst, können wir ganz ohne Witz darüber sprechen. Sonst kann ich deine echten Witze gar nicht mehr schätzen, weil ich immer auf versteckte Peinlichkeiten gefaßt sein muß.«
Die Debatte entzündet sich in diesem Fall an der Art der Aussage. Die Frau nimmt sie wörtlich, John besteht darauf, daß er sie witzig meint. Eine Antwort wie die obengenannte löst kleinere Kämpfe aus, in denen der Sender den Empfänger als »mimosenhaft« angreift und ihm einen Verfolgungskomplex andichtet. Es kann auch zu der Feststellung kommen, daß der »Witzemacher« sich tatsächlich über etwas am anderen aufregt oder mokiert. Aber das wichtigste ist, daß die Konfrontation dem Paar eine offene Diskussion möglich macht, daß damit das Kommunikationssystem einen größeren Grad der Effektivität erreicht hat.
Noch etwas. Wir wollen keineswegs behaupten, daß die optimale Kommunikation *immer* ein Heilmittel für kranke Ehen sein kann. Die Partner können sich durchaus im klaren sein, daß sie nicht übereinstimmen und in einem Engpaß stecken. Doch auch so ist die Erkenntnis mehr wert als verbrauchte Energie, verletzter Stolz und ungute Atmosphäre, um einige der zerstörerischen Kräfte zu nennen.
Wir bringen einfache Übungen zur Erlernung der Kommunikation. Sie sollten nicht versucht werden, ehe nicht *beide Gatten* unser Buch gelesen und verstanden haben und sich einig darüber sind, daß deutliche Kommunikation ein wesentlicher Bestandteil einer funktionierenden Ehe ist.
Wenn einer der beiden sich unbehaglich fühlt und die Übungen für »dumm« hält, sollte er es zugeben und für diesmal Schluß machen. Vielleicht kann er später wieder anfangen.

Auf jeden Fall erfordern die Übungen mehr als eine Probe.
Die Gatten anerkennen dabei, daß eine offene Kommunikation eine schwierige Sache ist und daß sie trotz der Übungsarbeit mit einem Ergebnis von 60 Prozent störungsfreier Mitteilung schon Beträchtliches erreicht haben. Deshalb nimmt jeder eine Haltung milder Skepsis ein, stellt seine eigenen Fähigkeiten in Frage und forscht immer wieder nach, um Klarheit herzustellen.
Außerdem einigen sie sich darauf, daß Gedankenlesen, die Unterstellung von Motiven und Abweichungen auf vergangene Geschichten Störungen verursachen und die Kommunikation erschweren. Jeder ist auf der Hut vor solchen Störfaktoren und kreidet sie dem anderen an. Der Beschuldigte sollte dem anderen recht geben und sich sagen, daß er nicht sicher sein kann, ob er sie benutzt oder nicht; die Übungen müssen in einem Klima des Verständnisses und gegenseitiger Sympathie stattfinden.
In der ersten Übung sitzen die Partner auf geraden Stühlen, ihre Knie berühren sich, ihre Gesichter sind einander zugewandt. Jeder legt seine rechte Hand über die linke seines Partners. Sie schauen sich direkt in die Augen und bleiben in dieser Position mindestens zwei Minuten lang, während derer sie Triviales diskutieren; wenn niemandem spontan etwas einfällt, soll der Mann ein unbedeutendes Thema aufbringen. Die Partner fragen einander nach diesen zwei Minuten, ob die Stellung ihnen Unbehagen bereitet und wenn, warum, da doch das behandelte Thema so vollkommen bedeutungslos ist. Diese Diskussion sollte nicht länger als ein bis zwei Minuten dauern.
Danach erzählt der Mann – immer in der gleichen Position – seiner Frau eine bewußte Lüge. Er kann sie ausschmücken, wie er möchte, aber sie muß überzeugend klingen. Darauf muß die Frau dasselbe tun. Beide werden bald erkennen, daß Lügen in ihrer Stellung schwierig ist. Wäre es nicht möglich – so heißt nun die Frage –, daß sie den »Auge-in-Auge«-Kontakt oft mehr vermeiden als sie glauben und so Mißtrauen fördern, auch wenn es nicht am Platz ist? Bleibt ihr physischer Kontakt dem Geschlechtsakt vorbehalten, und verkennen sie dadurch seine wichtige Funktion für die Kommunikation?
In der nächsten einfachen Kommunikationsübung entscheidet

ein Münzwurf, wer als erster dran ist. Der Gewinner erzählt über ein Tagesereignis eine Geschichte, und der Partner versucht, sie zu unterbrechen, indem er folgende Taktik anwendet: Wenn der Erzähler Atem holt oder nach einem Wort sucht, bringt er schnell einen Kommentar an oder stellt eine Frage. Jedesmal, wenn der Erzähler ein Wort mit mehr als einer Bedeutung gebraucht, deutet der Unterbrechende an, er halte die nichtpassende Meinung für beabsichtigt. Und wenn der Erzähler eine Metapher gebraucht, so nimmt sie der Unterbrechende wörtlich. (Sprecher: »Ich kann nur sagen, ich hatte ein Gefühl wie Butter in den Knien.« Der Unterbrechende: »Wie ist denn die Butter in dein Knie gekommen?«) Nach drei Minuten tauschen die Partner die Rollen. Diesesmal versucht der Unterbrechende nach jeder Möglichkeit, einen Kommentar zu ihrer Beziehung zu geben. (Sprecher: »So beschloß ich, ins Kino zu gehen.« Der Unterbrechende: »Du bist genau der Typ, der in dieser Situation ins Kino gehen würde.«)

Diese Übung zeigt, wie leicht es ist (und wie frustrierend für den Sprecher), jemandem die Kommunikation zu erschweren. Doch verbringen Gatten damit oft sehr viel Zeit, auch wenn es unbewußt geschieht; niemand ist so taub wie der, *der nicht hören will.*

Wenn diese Übungen beendet sind, sollten die Partner zwei vollständige Kommunikationen – (ursprüngliche Mitteilung, Rückmeldung und Bestätigung) – zustande bringen. Sie können jetzt – bei der nächsten Zusammenkunft – die nichtverbalen Kommunikationsübungen des nächsten Kapitels beginnen.

6. Die Erstellung eines Quid-pro-Quo

Wenn die Ehe in eine möglichst gut funktionierende Verbindung umgewandelt werden soll, dann ist die Erstellung eines Quid-pro-Quo wesentlich. Um es zu erreichen, muß man sich zwei grundlegende Dinge klarmachen:

Erstens: Die Partner müssen erforschen, welche Kommunikationsmöglichkeiten sie haben. Wie wir wissen, ist die Ehe ein System von Wechselwirkungen: Das Verhalten und die Einstellungen des einen rufen immer eine Reaktion des anderen hervor. Weil sich diese Haltungen und die daraus resultierenden Aktionen und Reaktionen normalerweise im Unterbewußtsein abspielen, können beide nichts darüber wissen. Wenn die Quid-pro-Quo-Erstellung eine optimale Funktionalität erreichen soll, müssen beide lernen, ihre Haltungen und Verhaltensweisen zu erkennen, und die Reaktionen studieren, die sie beim anderen hervorrufen. Jeder Partner muß sich ganz klarwerden über die vielen Kommunikationsaspekte, die durch Wort, Heben der Braue, Schweigen oder Naserümpfen möglich sind. Ein Mittel, dies zu erreichen, ist die laute Lektüre der einschlägigen Kapitel, wobei sich die Partner beim Vorlesen abwechseln.

Zweitens geht es darum zu erkennen, daß auf allen Gebieten in den meisten Fällen viele Verhaltensunterschiede existieren können, in Einstellungen, Geschmacksrichtungen, Verhaltensweisen, Überzeugungen und Manieren. Deshalb sind, wenn sich jeder natürlich und spontan gibt, Konflikte unvermeidlich. Wenn die Frau am einzigen Fernsehapparat des Hauses gerne eine Show anschauen möchte und der Mann gleichzeitig an einer Boxkampfübertragung interessiert ist, muß einer nachgeben. Dies ist ein einfaches Beispiel, das sich auf das Essen, die Launen, das Geschlechtsleben übertragen läßt; das gesamte Verhaltensrepertoire kann dafür in Frage kommen. Die Ehe ist eine Quelle vieler Vorteile und Bequemlichkeiten, aber *sie schließt manches aus dem spontanen Verhaltensrepertoire aus.* Der Prozeß, ein funktionierendes Quid-pro-Quo zu erstellen, könnte unter dem Namen »eheliche Verhandlungssitzung« oder »Verhandlungen zur Verbesserung der Ehe« laufen. Beide Gatten sagen: »Ich kann nicht alles haben, und du kannst auch nicht alles haben, aber wir wollen unser Verhalten trotzdem so anlegen, daß jeder das Maximum bekommt. Verhandeln wir, so daß jeder das für ihn Wichtigste hat und trotzdem noch Zeit findet, für das Wohlergehen des anderen das Mögliche zu tun.« Die Erstellung eines Quid-pro-Quo bedeutet die Erstellung von Verhaltensregeln, die dem größten beiderseitigen Wohl dienen. Nur Regeln, die für beide gelten, funktionieren. Die Ehe ist eine Verbindung, in der es nur gemeinsame Gewinne oder Verluste gibt. Natürlich ist es schwierig, einen neuen Anfang zu machen, wenn die

Gatten haßerfüllt sind und die Ehe voller Zwietracht steckt. Den Eheprozeß wieder ins Gleichgewicht zu bringen erfordert oft langwierige und anstrengende Bemühungen. Sogar mit professioneller Hilfe kann es ein Jahr oder noch länger dauern. In manchen Fällen jedoch können Partner, die allein daran arbeiten, in sechs bis acht Wochen Erfolge haben oder in einigen Monaten, wenn sie den ausdrücklichen Wunsch haben, wieder in Einklang zu kommen. Sie sind dann beseelt von einem Eifer, einer Entschlossenheit, den Sieg zu erlangen, die vielleicht fehlen, wenn ein offizieller Berater dabei ist. Die Gefahr der Selbsttherapie besteht darin, daß die Partner eine ausgewogene Ehe und ein gut funktionierendes Quid-pro-Quo fast umgehend erwarten. Dies ist nicht der Fall. Sie sollten sich im klaren darüber sein, daß mindestens sechs bis acht wöchentliche Stundensitzungen nötig sind, ehe irgendein Anzeichen eines Erfolgs zu verzeichnen ist. Wenn sie nach einem ausdauernden Versuch zum Ergebnis kommen, daß sie nicht verhandeln können, sind die bereits erwähnten Alternativen die Hilfe von außen oder das Zugeständnis an einen Partner, die Herrschaft ganz zu übernehmen.

Die Übungen sollten als wichtiges Ritual betrachtet werden, fast so wichtig wie das der Eheschließung, denn in vielen Fällen hängt von ihrem Gelingen der Bestand der Ehe ab. Die Gatten wählen am besten ungefähr den Beginn der Übungsperiode eine Woche nach Beendigung dieses Buches und vermerken das Datum im Kalender. Die Umstände des Treffens sollten so bequem wie möglich sein. Vielleicht müssen beide im Hotel übernachten, um von den Kindern nicht gestört zu werden. Auch wenn die Übung zu Hause stattfindet, sollte sie als etwas Besonderes betrachtet werden. Ein uns bekanntes Paar nahm die Einstellung ein, jetzt beginne ihre »wahre und dauerhafte Ehe«, und ihre bereits vollzogene Eheschließung stelle nur ein für das Gesetz wichtiges Papier dar, das nicht interessant für die menschliche Komponente sein könne. Obwohl sie seit sieben Jahren verheiratet waren und drei Kinder hatten (dazu viele Probleme), bereiteten sie sich auf ihre ersten Quid-pro-Quo-Übungen wie auf ein Fest vor. Jeder wünschte zu seinem besten zu erscheinen. Sie badeten, kleideten sich um und suchten sich so attraktiv wie möglich zu machen. Zuerst hielten sie die Übungen zu Hause ab, wenn die Kinder schliefen. Später erkannten sie, daß sie besser vorwärtskamen, wenn sie einen Babysitter mieteten, auswärts aßen und ihre Diskussion in einem Hotelzimmer führten. Die Benutzung eines Hotelzimmers ist oft von Vorteil, denn damit gibt es ein neutrales Feld, das frei ist von persönlichen Assoziationen; beide Partner wissen, daß sie nicht abgelenkt werden können, und außerdem erinnern sie sich an ihre Flitterwochen. Das Ehepaar, von dem hier die Rede ist, benutzte außerdem ein Tonband, um später die Sitzungen *getrennt* anhören zu können.

Wer also ein Quid-pro-Quo erstellen will, muß den folgenden Vorschriften genau und sorgfältig Folge leisten.

Zuerst sollten die Paare einen Zeitpunkt vereinbaren und sich für ihr erstes Treffen förmlich verabreden. Es sollte ein günstiger Tag gewählt werden, und wenn die Möglichkeit von Störungen besteht, ist es besser, das Treffen auf die folgende Woche zu verschieben. Gibt es mehrere Verschiebungen, muß der eine oder andere einen Zeitpunkt bestimmen, da vielleicht Ausweichmanöver im Gang sind.

Die erste Übung sollte dem Studium des Materials dienen, das am Ende des letzten Kapitels für das Erlernen der Kommunikation angegeben ist; Leser, die die Übungen bereits gemacht haben, werden Wiederholungssitzungen für nützlich befinden. Dies ist für alle Fälle ein guter Start, denn während der künftigen Treffen ist ein Höchstmaß an Kommunikation erforderlich. Wenn die Übungen sorgfältig durchgeführt werden, glauben wir sicher, daß beide Partner Erfolg haben. Wir haben diese Diskussionen ganz bewußt mit Mitteln begonnen, die Erfolg versprechen, Wenn er sich nicht einstellt, liegt eher Sabotage als Unfähigkeit vor. Ist dies der Fall, muß möglicherweise der Therapeut hinzugezogen werden. Die meisten Leute finden Spaß an den Kommunikationsübungen und können sie mit beträchtlichem Erfolg weiterführen, besonders, wenn sie es bei einem Rhythmus von einbis zweimal pro Woche belassen.

Während der Zeit, die zur Vollendung der Übungen nötig ist, sollte jeder Partner die verschiedenen Methoden der nichtverbalen Kommunikation beobachten, die der andere anwendet. Jeder sollte sich notieren, welches Verhalten, welche Bewegungen, Mienen, usw. als Botschaften interpretiert werden, und was diese Botschaften dem Empfänger sagen. Hier einige Beispiele.

»Wenn Mary in Pyjamas schläft anstatt in ihrem Seidennachthemd, weiß ich, daß sie verärgert ist. Ob sie weiß, daß ich das als Zeichen nehme, an bestimmten Abenden keine zärtlichen Annäherungsversuche zu unternehmen?«
»Wenn John mir Blicke zuwirft, ohne sonst irgendeine Bewegung zu machen, dann weiß ich, daß er anderer Meinung ist als ich.«
»Wenn Mary frühmorgens ihr Haar zu einem Knoten aufsteckt, weiß ich, daß sie sich wohl fühlt.«
»Wenn John das Haus verläßt, ohne seine Schuhe aufzupolieren, weiß ich, daß er schlecht gelaunt ist.«
»Wenn John in den Augenwinkeln kleine Falten zeigt und sich am Ohr zupft, weiß ich, daß er daran ist, sich einen Spaß zu erlauben.«
»Wenn Mary sich ganz kerzengerade hinsetzt und mich anstarrt, wenn ich ihr etwas Wichtiges erzähle, weiß ich, daß sie an etwas anderes denkt und überhaupt nicht zuhört.«
Während der ersten ein oder zwei Wochen sollten die Partner möglichst viele dieser Beobachtungen notieren, jeder mindestens sechs nichtverbale Kommunikationen, von denen mindestens zwei eine fröhliche oder positive Botschaft übermitteln. Gatten haben eine Neigung, sich auf das Negative zu konzentrieren und zu wetteifern, wer davon mehr herausfindet. Doch dieser negative Wettstreit sollte vermieden werden. Zuerst mag es schwierig erscheinen, sechs nichtverbale Kommunikationen zu erhalten. Aber die »positive« Methode ist eines der wichtigsten Mittel, die Zahl der objektiven Informationskanäle zu vergrößern.
Wenn die verbalen Kommunikationsübungen, wie wir sie beschrieben haben, vollendet sind, gehen die Partner zum Versuch über, sich auf ihre nichtverbalen Kommunikationsmethoden aufmerksam zu machen. Sie werfen eine Münze, um die Reihenfolge festzulegen. Dann spielen sie abwechselnd eine Art Scharade. Einer spielt ein Verhaltensmuster vor, das dem anderen als nichtverbale Kommunikation dient, und der versucht zu erraten, was das gespielte Verhalten bedeuten soll. Kommt er nicht darauf, erklärt der Spieler seine Darstellung einer bestimmten Handlung, Miene oder Geste. Dann werden die Rollen vertauscht.
Ist diese Übung beendet, geht es weiter: Ein Partner schaut auf seine Liste mit Beobachtungen und nennt die Botschaft,

die er daraus entnimmt. So sagt John zum Beispiel: »Mary, ich erzähle dir etwas sehr Wichtiges, aber du hörst mir nicht zu, tust nur so und denkst an etwas ganz anderes.«
Mary antwortet, indem sie ihr entsprechendes nichtverbales Verhalten so gut wie möglich spielt. Sie setzt sich kerzengerade hin und starrt John an. John sagt gutgelaunt: »Mary, das war recht nett. Aber normalerweise sitzt du noch etwas steifer und streckst deinen Kopf etwas vor, und du zwinkerst nicht, wenn du mich anstarrst. Du hast eine Art von eisigem Blick, so als wenn du gerade auf das Ende meiner Nase zu starren versuchtest.« Mary ahmt dies nach, und wenn sie nicht weiß, welche Methoden sie benutzt, erklärt es ihr John, und sie versucht es dann nachzuspielen.
Dann sagt Mary: »John, wir haben Montag morgen. Du bist schlecht aufgelegt, und die Eier, die ich dir zum Frühstück machte, waren nicht ganz so, wie du sie gerne hast. Spielst du mir, bitte, vor, wie du in dieser Situation reagierst?«
John tut so, als ob er äße. Er runzelt die Stirn, schaut auf seine Uhr und murmelt: »Es ist eine Menge Verkehr heute morgen. Ich will lieber eine Viertelstunde früher weg; ich kann nicht alles aufessen.« Er steht auf, geht zum Ende des Zimmers, tut, als öffne er einen Schrank, als suche er nach dem Schuhputzzeug, schüttelt dann seinen Kopf, runzelt die Stirn, zieht seinen Mantel an, nimmt seinen Hut und geht zur Tür hinaus, ohne noch ein Wort zu sagen. Mary klatscht in die Hände und sagt: »Das war sehr gut, John, aber du hast eines vergessen. Wenn du den Schrank öffnest, sagst du normalerweise: ›Kein Mensch legt diese verdammte Schuhputzbürste dahin, wo sie hingehört.‹ « John wiederholt den ganzen Vorgang, überbetont sein Murren und seine schlechte Laune.
Diese Übung kann sehr viel Spaß machen, und sie ist ein einfacher und bequemer Weg für beide Gatten, sich ihrer nichtverbalen Kommunikationsmethoden bewußt zu werden. Der schwierigste Teil der Übung ist der Anfang – die Beobachtung und das Notieren der nichtverbalen Kommunikationen. Zuerst wird es nur nach einem Gutteil Beobachtung gelingen, aber wenn die Partner erst einmal auf den Trick gekommen sind, wird ihr Blick geschulter werden.
Ein großer beweglicher Spiegel, in dem sich jeder sehen kann, wenn er seine eigenen nichtverbalen Verhaltensmethoden

spielt, ist sehr wertvoll. Nicht nur, daß sich die meisten Leute bei ihren Schauspielkünsten gerne betrachten – er gibt dem anderen auch die Möglichkeit, den Schauspieler anzulernen. Mary sagt zu John: »Das ist recht gut, aber die Mundwinkel mußt du etwas mehr senken, wenn du dich über mich ärgerst.« John versucht also seine Mundwinkel mehr nach unten zu ziehen, und Mary gibt ihre Zustimmung. Darauf wird John wahrscheinlich mit einem Lachausbruch reagieren, und er wird sich selbst karikieren. Damit erkennt der einzelne deutlich seine Verhaltensmethoden und beginnt zu verstehen, wie die eindringlichen Botschaften an den anderen zustande kommen und weshalb die Botschaft oft anders aufgefaßt wird, als der Sender sie übermittelt.

Wenn die Gatten die Kommunikationsübungen beendet haben, sind sie bereit, eine richtige Quid-pro-Quo-Übungssitzung mitzumachen.

Die erste sollte beim nächsten Treffen beginnen.

7. Quid-pro-Quo-Übungssitzung

Ehe sie weitermachen, sollten die Partner ihr Verhalten in den Kommunikationsübungen noch einmal einer Überprüfung unterziehen, damit sie sicher sein können, daß keiner die Vergangenheit gegen seinen Gefährten ausspielt. Bemerkungen wie: »Ich habe beobachtet, daß du diese Übungen ebenso spät angefangen hast, wie du auch alles andere zu spät tust«, können nur Rückfälle bringen. Wir empfehlen, daß jedesmal, wenn einer auf die Vergangenheit in dieser Weise zu sprechen kommt, der andere den sofortigen Abbruch der Sitzung beschließt.

Erste Übungssitzung

Diese Sitzung ist in erster Linie dazu bestimmt, zu einem besseren Hören zu verhelfen, damit später, wenn es um grundlegende Fragen geht, die Partner einander besser *zuhören* können. Richtiges Hören besteht nicht nur in der

Aufnahme des Gesagten, sondern auch darin, dem Sprecher nicht Dinge zu unterschieben, die er im Augenblick seiner Äußerung nicht gesagt hat. Es ist empfehlenswert, die erste Quid-pro-Quo-Sitzung in drei 15-Minuten-Abschnitte zu unterteilen. Der erste durch Münzwurf ermittelte Sprecher wechselt sich mit dem anderen ab. Während des ersten Abschnittes hat jeder die Gelegenheit, so sachlich wie möglich festzustellen, welche Idealeigenschaften er gerne beim anderen sehen würde, um die Ehe zu verbessern. Der Gatte, der nicht an der Reihe ist, verharrt in vollständigem Schweigen und versucht, so intensiv wie möglich dem anderen zuzuhören.

Der zweite Abschnitt beginnt damit, daß der Partner, der zuletzt nicht an der Reihe war, zusammenfaßt, was er vom anderen gehört hat, und fragt, ob er sich recht erinnert habe. Dann fügt er einen ergänzenden Kommentar hinzu, aber nur, *soweit es ihn selbst betrifft* (zum Beispiel: »Mir scheint, daß ich, wäre ich an deiner Stelle, mich etwas schneller und reaktionsfreudiger wünschte, als ich es tatsächlich bin«). Der zusammenfassende Partner darf keine aggressiven oder defensiven Äußerungen anbringen. Wenn er fertig ist, kommt der andere ebenso dran. Zuerst wird es schwer sein, keine verletzenden Äußerungen einfließen zu lassen, aber der Erfolg wird sich bei gemeinsamer Anstrengung einstellen.

Die Zusammenfassung, die am Anfang des zweiten Abschnittes steht, sollte recht schnell zu beenden sein. Im dritten Abschnitt (der Beginnende wird wieder durch Münzwurf ermittelt) hat ein Partner genau fünfzehn Minuten Zeit (die der Zuhörer registriert), um zu beschreiben, wie er sein destruktives Verhalten in der Ehe sieht und wie er sich verbessern könnte. Wenn ihm dazu nichts einfällt, müssen diese fünfzehn Minuten in völligem Schweigen verbracht werden. Es ist überraschend schwierig, so lange still zu sein, aber es ist noch viel schwieriger, in einer Ehe so vollkommen zu sein, daß einem kein einziger Fehler einfällt. Die fünfzehn Minuten bleiben selten völlig ohne Worte. Wenn die Partner diesen Punkt erreicht haben, ohne daß destruktive oder antagonistische Äußerungen gefallen sind, können sie von sich sagen, daß sie wesentliche Fortschritte gemacht haben, und es empfiehlt sich sehr, bis zur nächsten Sitzung – mindestens eine Woche später – keinerlei Probleme zu diskutieren.

Wenn einer während dieser Zeit darauf zu sprechen kommt, muß ihn der andere an das Schweigegebot erinnern.

Zweite Übungssitzung

Die zweite Sitzung besteht im wesentlichen darin, daß einer lernt, vom anderen Anweisungen anzunehmen. Eines der häufigsten und schwerwiegendsten Probleme in der üblichen Ehe besteht darin, daß Gatten dies nicht fertigbringen. Im Lauf einer Beziehung, in der Abwicklung des Familienlebens, ist es nötig, daß jeder im Bereich der geteilten Verantwortung vom anderen Instruktionen akzeptiert. Doch geschieht dies höchst selten. Normalerweise gesteht man es nicht ein – »Ich tue es, weil ich selbst es möchte« – oder man verändert die Anweisungen, um sie als die eigenen hinstellen zu können. Die folgende Übung also ist dem Erlernen der Annahme von Instruktionen gewidmet.

An einem Morgen kurz nach Beendigung der Zwischenzeit von etwa einer Woche wirft einer der beiden wieder eine Münze. Im Lauf des Tages plant der Gewinner in allen Einzelheiten ein Wochenende, bei dem Kinder ihre Eltern nicht begleiten sollen. Der andere Partner erfährt im Lauf des Abends von den Plänen. Er kann keine Vorschläge machen und muß das ganze Wochenende die von seinem Partner getroffenen Vereinbarungen akzeptieren. Das Wochenende sollte nur zwei Tage und eine Nacht dauern, denn wahrscheinlich wird es schwierig werden. Der erste Versuch mißlingt häufig; die Anstrengung ist dann besonders groß, wenn der Münzwurf eine völlige Umkehrung der sonst bestehenden Gewohnheiten bedeutet – wenn also der Partner, der normalerweise die Leitung hat, folgen muß und der unterwürfige Teil zum Führer wird. Verschiedene Versuche mögen notwendig sein, ehe der Erfolg erreicht wird. Aber wenn es soweit ist, sind die Erleichterung und die Einsicht groß.

Ein Paar, das sehr oft miteinander wetteiferte, hatte Erfolg durch Humor. Der Mann, der beim Münzwurf verloren hatte, antwortete auf die detaillierten Anweisungen seiner Frau während der ganzen Zeit mit einem fröhlichen »Ist recht, Chef!« Gelächter war die Folge, und da fanden die beiden auf einmal, daß die Sache doch nicht so schwer war.

Die nächste Übung wird belebt durch die Erinnerung an die Erfahrung des Wochenendes und sollte nicht vor dem folgenden Mittwoch oder Donnerstag stattfinden.

Dritte Übungssitzung

In der dritten Sitzung stellen die Partner einander Fragen, die ausschließlich mit »Ja« oder »Nein« beantwortet werden müssen. Wenn es Versuche der Erklärung oder Bewertung gibt, wird der Nutzen der Sitzung verringert. Der Partner, der an der Reihe ist, stellt dem anderen zwei Fragen, wobei er die Antwort auf die erste abwartet, ehe er die zweite beginnt:

»Glaubst du, daß unsere Ehe verbessert werden kann?« Und »Es sieht so aus, als hätten wir eine Menge Arbeit damit und müßten einiges aufgeben, um etwas daraus zu machen. Glaubst du, daß unsere Verbindung solche Anstrengungen wert ist?«

Nach der Beantwortung durch Teil B werden die Rollen vertauscht; B fragt, A antwortet.

Der nächste Schritt besteht darin, daß Gatte A sich selbst laut eine Reihe von Fragen stellt, wobei er jede abwechselnd mit »Ja« oder »Nein« beantwortet. Gatte B hört zu. Hier die Fragen:

1. Habe ich während der letzten paar Monate jemals gesagt: Wenn du (also der andere Partner) nur das und das tätest, wäre unsere Ehe viel besser?

2. Habe ich in den letzten paar Monaten oft festgestellt: Wenn du eine andere Persönlichkeit wärest, wäre ich viel besser dran, und die Ehe liefe viel glatter?

3. Habe ich in den letzten Monaten alte Geschichten zu deinem Nachteil aufgewärmt? Habe ich deine Irrtümer und falschen Verhaltensweisen zur Sprache gebracht, um einen Punkt für mich zu buchen oder dich einzuschüchtern oder dich kontrollieren zu können? (Man denke daran, daß diese Fragen alle von dem Partner beantwortet werden müssen, der sie stellt.)

4. Habe ich in der letzten Zeit einige Äußerungen über Fehler des anderen Geschlechts verallgemeinert? Habe ich dies laut oder zu mir selbst gesagt? (Hier sollte sich der Sprecher

daran zu erinnern versuchen, ob er in den gängigen Fehler verfallen ist, dem anderen Geschlecht etwas anzukreiden. Es ist leicht zu vergessen, daß unsere Vorurteile fortwährend verstärkt werden und sich so immer mehr verhärten, wenn wir uns der Gefahr nicht bewußt werden und selbständig beurteilen und denken lernen.)

5. Habe ich in den letzten paar Monaten Verletzlichkeit dir gegenüber gezeigt? (Nur, wenn man Verletzlichkeit vermeidet, kann man offen sein, kann voll Vertrauen dem anderen begegnen und nicht in Abwehrhaltung gehen. Der Sprecher sollte sich zu erinnern versuchen, ob er seine Zuneigung etwa deshalb nicht gezeigt hat, weil er fürchtete, sie werde als Zeichen der Zustimmung zu nicht gebilligtem Verhalten des Partners interpretiert.)

6. Habe ich in den letzten Monaten zu irgendeinem Zeitpunkt die Kinder als Waffe gegen dich eingesetzt?

Während der Partner A fragt und antwortet, sitzt Gatte B still daneben. Dann wird die Prozedur umgekehrt.

Danach geschieht noch einmal das gleiche, nur daß diesmal Gatte A die Fragen dem Gatten B stellt. Er fragt zum Beispiel: »Habe ich während der letzten Monate jemals gesagt: ›Wenn du nur dies und jenes tätest, wäre unsere Ehe viel besser?‹ « Gatte B antwortet mit »Ja« oder »Nein«.

Der Vorgang wird dann wieder umgekehrt; B fragt, A antwortet.

Die Beantwortung der Fragen in *einer* Sitzung ist eine recht schwierige Angelegenheit. Es ist wichtig, nur mit »Ja« oder »Nein« zu antworten, um Diskussionen zu vermeiden. Die Gefahr, daß man die Antworten interpretiert und daß dadurch beide in die Defensive oder zum Angriff übergehen, ist sehr groß und muß in diesem Stadium ausgeschaltet werden, denn man kann nicht versuchen, eheliche Interaktion einseitig zu bewerten: Wenn A glaubt, B sei im Unrecht, bedenkt er nicht, was er selbst dazu beigetragen haben kann, daß B so und nicht anders gehandelt hat.

Während der nächsten Woche sollen die Partner über die Fragen nachdenken, *aber sie keinesfalls diskutieren – weder miteinander noch mit anderen.*

Vierte Übungssitzung

Beim nächsten wöchentlichen Treffen werden die Fragen und Antworten der vorhergehenden Sitzung diskutiert. Immer, wenn eine Antwort »Ja« lautete, werden die dafür sprechenden Argumente geliefert. Mary sagt zum Beispiel: »Ja, John, ich habe gesagt, wenn du jeden Abend zur gleichen Zeit heimkommen würdest, wäre ich wegen der Mahlzeiten nicht so kribbelig. Beim Essen könnte ich fröhlicher sein, und wir hätten viel mehr Freude an unseren Abenden.« Dann fährt sie fort und erwähnt andere Äußerungen dieser Art, die sie gemacht hat. Wenn sie fertig ist, liefert B weitere Beispiele, die A vielleicht vergessen hat. Beide sprechen so leidenschaftslos wie möglich, machen Feststellungen, geben keine Kommentare. Sie diskutieren nicht die Berechtigung der Äußerungen, sondern geben einfach so viele wie möglich an. Wenn A die Fragenliste ganz durchgegangen ist und Beispiele geliefert hat, wenn B sie ergänzt hat, ist B an der Reihe und kommentiert die Liste, während A die Ergänzungen liefert. Auch wenn der eine Beispiele anführt, die dem anderen übertrieben oder gänzlich abwegig erscheinen, soll es keine Zwietracht oder Diskussion geben.
Noch einmal: Ein Spiegel ist wünschenswert, denn der Effekt, wenn sich die Gatten beim Sprechen beobachten, ist groß. Die Neigung zum Ärger oder zur Abwehrhaltung ist stark. Wenn man sich im Spiegel beobachten kann, ist es möglich, Gesten und Blicke des Ärgers zu kontrollieren. Auch wenn der Kontrollversuch nicht ganz von Erfolg gekrönt ist, so ist schon die Tatsache, daß man die Beobachtung des Ärgers machen konnte, ein weiterer Schritt zur Erstellung eines Quid-pro-Quo. Die meisten Gatten schaffen die Diskussion der Fragen in eineinhalb Stunden.
Die Teilnehmer werden feststellen, daß die Übung die Feststellung von Tatsachen zum Ziel hat, *so, wie sie dem anderen erscheinen.* Nichts wird verteidigt, bekämpft oder bestritten. Die Vermeidung des Argumentierens ist wichtig, denn keiner kann durch Streit oder Kampf die Ideen oder Verhaltensmuster des anderen ausmerzen. Bisher sind die Übungen in der Absicht geschehen, jeden mit der Denkart des anderen vertraut zu machen. Versuche, den Richter oder den Lehrer zu spielen, müssen auf jeden Fall unterlassen werden. Die

Gatten sollten sich dem Unternehmen als Gleichberechtigte stellen, keine Überlegenheitsgefühle hegen. Sie müssen sich immer im klaren sein, daß, wenn etwas schiefgegangen ist, beide die Verantwortung tragen. Es gibt kein Opfer ohne einen Peiniger. Es gibt keinen Peiniger ohne ein Opfer.

Fünfte Übungssitzung

Die fünfte Sitzung ist bei weitem am schwierigsten und kann nur in Angriff genommen werden, wenn beide das Gefühl haben, folgendes bejahen zu können:

1. Sie haben sich entschlossen, die Ehe fortzusetzen, und ihren Willen bekundet, große Anstrengungen dafür zu unternehmen.
2. Sie haben die Grundlagen einer wirksamen verbalen Kommunikation gelernt.
3. Sie kennen einige nichtverbale Kommunikationsmethoden, die sie gebrauchen, machen sie sich ganz bewußt und lernen zu identifizieren, was sie bedeuten.
4. Sie wissen, was nach Ansicht des anderen an der ehelichen Zwietracht schuld ist.
5. Sie wissen, daß keiner eheliche Interaktionen einseitig beurteilen kann.
6. Sie wissen, daß die Entwicklung eines Quid-pro-Quo nicht durch einen aufreibenden Kampf geschehen muß und daß sie *große Befriedigung geben kann.*

Wir kommen also nun zum Verhandlungstisch – hier wird die Reife auf eine harte Probe gestellt: Hier wird ermittelt, ob es wirklich darum geht, eine funktionierende Verbindung herzustellen oder ob nur grausame Spiele betrieben werden. Beide kommen mit Papier und Bleistift an den Verhandlungstisch. Auch ein Spiegel sollte wieder da sein. Bei diesem Treffen trägt jeder seine Wünsche, Sehnsüchte und Bedürfnisse vor. Wieder entscheidet der Münzwurf darüber, wer beginnt.

Der erste Sprecher beschreibt, was er gerne hätte; er erläutert dem anderen seine Wünsche, aber keineswegs diktatorisch. Hier einige Beispiele.

»Ich würde gerne lernen, geduldiger mit den Kindern zu sein.«

»Ich hätte gerne mehr Zeit für meine Klavierstunden.«
»Ich wünschte, ich fände öfter Bestätigung in unserer Ehe!«
»Ich hätte gerne, daß wir jeden Abend zur gleichen Zeit essen könnten.«
»Ich wollte, ich wäre nicht so eifersüchtig, wenn du auf Geschäftsreise gehst.«
»Ich wollte, wir verdienten mehr.«
(Hier sollte der Sprecher praktische Vorschläge anbringen.)
Da es sich um wichtige Punkte handelt, reichen im allgemeinen sechs bis zehn Angaben aus, um die hauptsächlichen Wünsche zu übermitteln.
Eines der wichtigsten Risiken ist, daß einer oder beide den Verhandlungstisch als Präsentierteller dafür betrachten, was sie in Zukunft *nicht* wollen, anstatt klare und einfache Erklärungen darüber abzugeben, was sie *wollen.* Dieser Fehler schiebt dem anderen den Schwarzen Peter zu und ruft die Vergangenheit herauf.
In diesem Stadium bringt also einer seine Wünsche, Bedürfnisse und Sehnsüchte vor, der andere hört nur zu und fragt nach Erklärungen, wenn nötig. Er argumentiert nicht. Beide Partner schreiben die angeführten Punkte nieder.
Wenn der eine fertig ist, kommt der nächste an die Reihe. Nachdem beide soweit sind, müssen sie fünfzehn bis zwanzig Minuten mit dem Studium der Liste zubringen. Dann nenne, wenn möglich, jeder den Wunsch oder das Bedürfnis des anderen, das er zuerst erfüllen zu können glaubt. Wir meinen, daß die Partner zumindest *eine* Möglichkeit finden.
Der verbreitete Gebrauch von Lernmaschinen hat in den letzten Jahren zur Überzeugung beigetragen, daß der Erfolg den Lernprozeß beschleunigt und die Erfolgsquote verstärkt. Deshalb glauben auch wir, daß die Partner beim »Erlernen« des Quid-pro-Quo schneller einander vertrauen lernen und unterhandeln werden, wenn sie von Anfang an Erfolg haben. Die einfachste Methode, dies zu erreichen, ist die, daß ein Partner sich von der Liste des anderen einen Punkt auswählt, dem er beipflichten kann oder demgegenüber er zumindest kein negatives Gefühl hat. Er wird dann entdecken, daß er dem anderen leicht »helfen« kann, etwas für dessen Wunsch zu tun. Der andere, der das Vergnügen der Zusammenarbeit empfindet, wird sich seinerseits zur Zusammenarbeit bereit erklären.

Wenn die Gatten (was wir als höchst unwahrscheinlich betrachten) nicht wenigstens ein Gebiet der Übereinstimmung finden, ist weitere Diskussion und Übung nötig.
Sie sollten dann beispielsweise die Sitzung noch einmal im Geist nachvollziehen und überprüfen, ob sie negative Techniken angewandt haben, die in solchen Diskussionen oft gang und gäbe sind.
Erstens: Hat einer der beiden den Anschein erweckt, er sei im Recht, der andere dagegen im Unrecht? Wenn dies der Fall ist und sich dieses Gefühl nach der nochmaligen Lektüre der Fragen nicht ändert, sind weitere Diskussionen mit einer dritten Partei notwendig, ehe weitere Treffen mit dem Partner erfolgen.
Zweitens: Hat einer der beiden den anderen mit einer allumfassenden Kritik attackiert, die den Eindruck hinterläßt, es sei gar nichts mehr zu machen? Äußerungen wie »Du machst niemals etwas richtig« oder »Du warst schon immer so« gehören zu den destruktiven Elementen, die die Bemühungen null und nichtig machen.
Drittens: Hat einer der Partner den defensiven Rückzug praktiziert, einen zwar effektlosen, aber dennoch zerstörerischen Weg? Der eine bricht damit den Kontakt ab und läßt den anderen allein und im Gefühl der Rechtschaffenheit zurück, wie eine moderne Heilige Johanna, die in den Flammen ihrer Empörung verbrennt. Die Frau, die still und weinerlich wird, wenn die Stimme ihres Gatten einen rauhen Anklageton annimmt, meint vielleicht, sie versuche dadurch, seinen Ärger aufzuhalten, doch tut sie gerade das Gegenteil. Sie zeigt ihm damit, daß sie ihn für »unmöglich« hält, eine Botschaft, die höchst wenig dazu beiträgt, die Beziehung zu verbessern.
Wie wir bereits angedeutet haben, sind Anfangserfolge nur schwer zu erzielen, da einer still bleiben muß, während der andere feststellen darf, wie er die Ehe verbessern würde. Ein Versagen in dieser Runde ist zuerst nicht schlimm. Die Partner dürfen sich nur nicht hinreißen lassen und sollten die Diskussion ungefähr eine Stunde lang durchstehen.

Sechste Übungssitzung

Nachdem jeder Partner wenigstens ein Übereinstimmungsgebiet mit dem anderen gefunden und ein Mittel entdeckt hat, wie man den Wünschen des anderen gerecht werden kann, sind beide bereit für die erste richtige Quid-pro-Quo-Diskussion. Sie setzen sich zu einer Zeit, wenn sie sich guten Mutes und sicher vor Störungen fühlen, gemeinsam hin und tauschen ihre Standpunkte darüber aus, was nach gegenseitiger Meinung für die Bestimmung der möglichen Ziele nötig ist und was zu ihrer Verwirklichung geschehen kann. Wenn im Lauf der vorhergehenden Übungen eine klare Kommunikation und ein Geist der Zusammenarbeit herrschte, sollte es jeder möglich finden, in einigen Punkten nachzugeben, als Ausgleich für das Entgegenkommen, das der andere ihm anbietet, und bei der Einstellung bleiben, daß er nicht mehr will als der andere, sondern daß zum beiderseitigen Vorteil Entscheidungen getroffen werden.

Hier ein Beispiel für den glücklichen Start einer Quid-pro-Quo-Diskussion: Der Mann: »Ich stehe zwar furchtbar ungern als Knauser da, aber ich glaube, ich muß dir sagen, wir sollten unsere Ausgaben einschränken, wenigstens bis ich einen Teil der neuen Büroeinrichtung bezahlt habe.«

Die Frau: »Welche bestimmten Punkte hast du im Sinn?«

Der Mann: »Ich habe das Scheckbuch durchgesehen und bin der Meinung, daß die Kleidung recht teuer ist. Ich verzichte gern auf neue Sachen. Wie steht es mit dir?«

Die Frau: »Ich weiß sehr wohl, daß ich viel mehr für Kleider ausgebe als du. Wenn du sagst, wir müssen mehr sparen, weshalb kommst du nicht gleich auf diesen Bereich zu sprechen?« Der Mann: »Weil mir eingefallen ist, daß du erst kürzlich so viel abgenommen hast und daß du erst seit der Zeit mehr Kleider gekauft hast; ich war auch sehr für deine Abmagerungskur!«

Die Frau: »Da hast du recht. Ich mußte mir eine ganze Reihe neuer Sachen kaufen, nachdem die Kur zu Ende war. Es war nett, daß du dich daran erinnert hast. Sollen wir es so machen: Wir sprechen in ein paar Monaten wieder darüber, einigen uns aber, in der Zwischenzeit nichts zu kaufen?«

Der Mann: »Sehr gut. Jetzt ist mir leichter. Ich werde nicht

vergessen, das Thema wieder aufzubringen, wenn die Finanzen besser stehen.«
Beachten Sie, daß der Mann zwar zögernd beginnt, doch gleichzeitig auch seinen Finger auf die richtige Stelle legt, ohne aggressiv zu sein.
Vollständige Beispiele von Quid-pro-Quo-Diskussionen, erfolgreichen wie erfolglosen, bringen wir in den Kapiteln IV/9, IV/10 und IV/11.

8. Was man bei der Ausarbeitung des Quid-pro-Quo vermeiden sollte

Übersicht über die Schwierigkeiten, die bei der Erstellung eines Quid-pro-Quo auftauchen können

Die Diskussion der Schwierigkeiten soll nicht bedeuten, daß erfolgreiche Übungssitzungen immer sanftmütig und in edler Tonart vonstatten gehen. Die Partner durchbrechen immer wieder die Verteidigungsmauern des anderen durch leidenschaftliche Äußerungen oder Forderungen. Keinesfalls werden Gefühlsregungen aus den Sitzungen verbannt. Sie sollten aber beherrscht bleiben. Eine der Taktiken, die oft Ärger erregt, ist der Hinweis auf die Vergangenheit, um zu zeigen, was man in Zukunft nicht mehr haben will. Dafür ein Beispiel:
Der Mann: »Ich glaube, wir hätten eine viel glücklichere Ehe, wenn du zuverlässiger wärst.«
Die Frau: »Jetzt weiß ich nicht, weshalb du darauf kommst. Schließlich bist du einer der unzuverlässigsten Menschen, die ich kenne. Sogar bei der Hochzeit hast du dich verspätet.«
Der Mann: »Ich habe keineswegs behauptet, ich sei ein Muster an Zuverlässigkeit. Was ich meinte, war lediglich, ob du dich nicht etwas mehr anstrengen könntest, um die wenigen Dinge zu tun, um die ich dich bitte.«
Die Unterhaltung müßte an diesem Punkt aufhören, denn sie wird immer schlimmer. Mann und Frau sollten zu einem anderen Zeitpunkt einen neuen Versuch starten, ohne die Fehler dieses Versuchs noch einmal zu machen.
Er hat vergessen, daß genau gesagt werden muß, was man

wünscht oder gern hätte, aber nicht befohlen werden darf, wie sich der andere zu verhalten hat. Sie hat versucht, ihren Mann zu stoppen, indem sie sich auf die Vergangenheit bezogen hat. Sie hat übersehen, daß seine Interpretation der Vergangenheit nicht mit der ihren identisch ist. Keiner kann heute noch sagen, was vor zehn Jahren wirklich war. Vielleicht war es sogar so, daß die Frau zu spät zur Hochzeit gekommen ist.

Anstatt mit eigener Kritik zurückzuschlagen, sollte der eine den Wünschen des anderen zuhören, wenn nötig fragen, weshalb er sich gerade dies so wünscht, und sich Gedanken über die Verwirklichung machen. Oft ist der, der den Wunsch geäußert hat, kompromißbereit, denn er will seine Bereitwilligkeit zur Zusammenarbeit damit zeigen. Wenn der Zuhörer das Gefühl hat, er befinde sich in der Defensive, soll er so wenig wie möglich sagen.

In der Unterhaltung steckt noch ein weiteres zerstörerisches Element, das leicht übersehen wird. Wenn der Mann genau erklärt, wie sich seine Frau verhalten soll, und sie seine alte »Sünde« ans Licht zieht, so besagt der subtile Unterton, daß ein anderer nicht so gewesen wäre und sich nicht so schlecht benommen hätte. Mit anderen Worten: Man benutzt einen unrealistischen Standard, denn keiner kann wissen, wie die Dinge mit einem anderen Gefährten verlaufen wären.

Eine der natürlichen, aber zerstörerischen Sünden der Ehe ist die Ansicht, man wäre mit einem anderen leichter zu Rande gekommen. Da sieht ein Partner, wie sich ein Freund verhält, und sagt zu seinem Gefährten: »Warum kannst du nicht auch so sein?« Der Freund lebt aber eben nicht mit dem, der die Bemerkung macht, und das wird übersehen. Vielleicht hätte er die Eigenschaft gar nicht, wenn er in einer anderen Beziehung als der seinigen leben würde. Daneben kann der Beobachtete eine ganze Menge unerfreulicher oder ärgerlicher Gewohnheiten haben, die seine Freunde nicht bemerken. Die direkte Äußerung ist ein weit besser geeignetes Werkzeug für die Kommunikation als der Bezug auf die Vergangenheit oder auf andere Leute.

Wenn man die Diskussion weiterführt, muß man darauf achten, nicht in den Teufelskreis von Anklage, Abwehr und Gegenanklage zu geraten. Ein solches Muster kann durchbrochen werden, wie wir in der folgenden Episode zeigen, in der Mann und Frau die Unterstützung eines Therapeuten genossen, der mit Absicht einen rauhen Ton annahm. Die Frau hatte ihren Mann mit destruktiven Anklagen überhäuft, weil er bei der Erziehung ihres dreizehnjährigen Sohnes keine strengeren Methoden ergriffen hatte. Der Vater ging in die Defensive, und das Paar zerstritt sich immer mehr. Sie hätten sich in einer Koalition zusammenschließen müssen, um den Jungen richtig zu behandeln. Der Therapeut bat den Vater, mit ihm den Platz zu tauschen, und wies die Frau an, sie solle ihn als ihren Mann betrachten. Dann diskutierten beide, sozusagen als Mann und Frau, einen Vorfall, bei dem der Junge den Eltern zugerufen hatte: »Haltet den Mund«, und sich im zweiten Stock im Badezimmer eingeschlossen hatte, ehe ihm der Vater nachlaufen konnte. Die Frau verfiel gleich wieder in die Stimmung von vorher und spielte ihre gewohnte Rolle weiter. Sie machte dem Therapeuten Vorwürfe, weil er den Jungen wegen der Respektlosigkeit nicht bestrafte. Sie versuchte zu verallgemeinern, brachte alle möglichen Vorfälle auf und verglich, was andere Väter getan hätten. Der Therapeut bestand aber auf diesem speziellen Ereignis. Als Mann sagte er zu ihr: »Gut, du hältst mich also für einen schwachen Vater. Was sollte ich denn deiner Meinung nach tun, um George zu bestrafen?« Die Frau war etwas verdutzt, aber schließlich äußerte sie, man könne für zwei oder drei Wochen das Taschengeld sperren. Der Therapeut-Ehemann meinte: »Schau, dieser Junge bekommt doch für kleine Arbeiten, die er am Samstag macht, sowieso Geld. Zu diesem Verdienst kommt das, was er von uns täglich für das Essen in der Schule bekommt und was er, seinen eigenen Angaben nach, nicht ganz verbraucht. Dazu hat er noch sein kleines Taschengeld. Meinst du, es würde seine Finanzen beeinträchtigen, wenn er dies nicht bekäme?«

Die Frau war verwirrt und überrascht, denn sie merkte zum erstenmal, daß die Antwort nicht leicht war. Das Problem erschien ihr bisher einfach; sie beschimpfte immer nur ihren Mann, und er sagte nichts dagegen. Also warf sie den Ball defensiv zurück und fragte den Therapeuten-Ehemann: »Gut, was würdest du vorschlagen?«

»Ich meine, ich sollte, wenn er sich wieder im Badezimmer einschließt, die Tür einschlagen und ihn verprügeln.«

»Die Tür einschlagen?«

»Natürlich, ich soll doch etwas tun! Sicherlich wird es ganz schön was kosten, die Tür wieder zu reparieren, aber es ist der Mühe wert, wenn er daran gehindert werden soll, weiter mit solchen Manieren durch die Gegend zu laufen.«
»Ist das nicht ein klein wenig stark?« Die Frau zeigte Anzeichen von Unruhe.
»Nein, zum Teufel, nein. Wir müssen dieser Grobheit endlich ein Ende machen. Hilfst du mir nun oder nicht? Sag das nur gleich vor dem Doktor hier (der Mann sitzt in der Rolle des Therapeuten da), damit ich weiß, ob ich wirklich mit deiner Hilfe rechnen kann oder ob du mich zum Narren halten willst!« Die Frau schaute unentschlossen und unsicher drein und sagte schließlich zögernd: »Gut, wenn es nötig ist, werde ich dich unterstützen.«
An diesem Punkt des Gesprächs konnte sich der Mann nicht mehr aus dem Dialog heraushalten. Schnell tauschte er mit dem Therapeuten den Platz und übernahm wieder seine Rolle, indem er mit seiner Frau die Details absprach, wann sie ihn unterstützen sollte und wie das geschehen würde. Indem sie anwendeten, was sie in dieser verhältnismäßig kurzen Zeit erfahren hatten, sahen beide im Lauf der nächsten Wochen, daß sie das Prinzip der Genauigkeit, direkten Handlung und Koalitionsbildung auf eine Reihe von Situationen anwenden konnten, die sich nicht mit ihrem Sohn befaßten.
Es ist recht wahrscheinlich, daß dieses Paar das gleiche Koalitionsmuster zu Hause ohne die Hilfe eines kostspieligen Therapeuten hätte entwickeln können, wenn es, nur für wenige Augenblicke, sein gebräuchliches Muster von Anklage-Abwehr-Rückzug-erneuter Anklage – und immer so weiter – durchbrochen hätte.

Reaktive Verletzbarkeit

In einer Welt, in der die Bevölkerung zusehends zunimmt, müssen wir uns mehr oder weniger davor schützen, mit zu vielen Leuten zu viele Kontakte zu haben. Wir können beispielsweise eine Hecke zwischen unserem und dem Haus des Nachbarn pflanzen; wir können uns entschließen, die Jones nur einmal pro Monat einzuladen, so daß sie uns auch nur einmal wieder einladen – und dadurch eine intensivere und

zeitraubendere Beziehung vermeiden, als wir sie wünschen.
Viele Leute sind oft hilfsbereit und aufmerksam ihren neuen Bekanntschaften gegenüber und erlauben sich damit gleichzeitig, verletzbar zu sein (das heißt, Verhaltensformen gegenüber aufgeschlossen, die man aufgrund vorliegender Erfahrung mit dem anderen noch nicht abschätzen kann). Häufig telefoniert einer, demgegenüber man sehr freundlich war, ein paar Wochen oder Monate später und kommt mit weiteren Anforderungen, die man ungern erfüllt oder unfähig ist auszuführen. Der Bittsteller wird dann vielleicht verwirrt oder enttäuscht, nennt den Verweigerer (besonders, wenn er bekannt oder einflußreich ist) schnell einen kühlen Menschen oder einen Snob oder sagt, er habe kein Recht, ihm zuerst entgegenzukommen und es dann dabei bewenden zu lassen. Nach einigen solcher Erfahrungen gelangt man dazu, das meiste an spontaner Höflichkeit, Freundlichkeit und Entgegenkommen für sich zu behalten, um damit nicht durch künftige unerfreuliche Erfahrungen verletzt werden zu können. Man erkennt bald, daß verbindliches Verhalten als Verpflichtung betrachtet wird, und daß damit gesellschaftliche, gefühlsmäßige oder sogar geschäftliche Erwartungen verknüpft werden. Die meisten gut angepaßten Menschen wissen sich verschiedener Verhaltensformen zu bedienen, die einen begrenzten Grad an Engagement enthalten. Sie versuchen, einen Mittelweg zu gehen, um Anbiederungsversuche von sich fernzuhalten, ohne aber selbst in die Isolation zu geraten. Sie unterscheiden zwischen persönlichen und unpersönlichen Verbindungen und schaffen es so, ihre natürliche Verletzbarkeit in Grenzen zu halten.
In der Ehe wirkt ein übermäßiges Zurückhalten von erwarteten (und oft gebrauchten) Reaktionen auf den anderen als destruktiv oder als Abwehrmittel. Wir nennen dieses Verhalten reaktive Verletzbarkeit. Sie geschieht dann, wenn Gatte A Angst davor hat, den Gatten B sich zu geneigt oder zu abhängig zu machen – wodurch er die Verantwortung auf sich nehmen muß, genauso liebevoll und (seiner Meinung nach) zu entgegenkommend zu sein. Gatte A ist der Meinung, daß ohne seine Zurückhaltung die nötige Beweglichkeit für unabhängiges Handeln und Fühlen fehlt und daß Gatte B seine Liebe und Fürsorge *immer und unter allen Umständen erwartet*. Der Partner, der sich – aus welchem

Grund auch immer – nach dem Diktat der reaktiven Verletzbarkeit richtet, *kann sich nicht auf seine Fähigkeit verlassen,* zwischen Zeiten zu unterscheiden, in denen er liebendes Verhalten teilen will, und anderen Zeiten, in denen er seine Unabhängigkeit, seinen *Individualismus und sein Alleinsein genießen will.* Deshalb wird sein Verhalten leicht starr. Der Partner B ist dauernd verwirrt durch des Partners A doppeldeutige Botschaften, und häufig interpretiert er sie so: »Er sagt mir, er liebe mich, doch behandelt er mich sehr abweisend. Er ist verrückt, mag mich nicht oder lügt.« Ein anderer Aspekt des Problems ist, daß der Partner, der die reaktive Verletzbarkeit als Abwehr benutzt, denkt: »Wenn ich dem anderen zu sehr entgegenkomme, wird er meinen, ich akzeptiere Dinge, die ich in Wirklichkeit ablehne und die meiner Meinung nach in unserer Ehe Zwietracht schaffen.« Um seine Zurückhaltung zu begründen, findet A deshalb immer mehr Fehler an B. Häufig reagiert B auf diese dauernde Mißbilligung mit heftigem Widerstand und mit Wettbewerbsstreben. A zieht sich daraufhin zurück; er duldet, indem er stillhält, eine noch schlimmere Form der reaktiven Verletzbarkeit. So erlaubt A, daß Verhaltensformen einreißen, die er mißbilligt oder deren er müde geworden ist – aus Furcht, daß grundlegende Veränderungen zur Katastrophe führen. Je länger ein solches Muster beibehalten wird, desto schwieriger läßt es sich beseitigen, denn seine Entstehungsgeschichte allein macht schon den Gedanken an die Beseitigung unmöglich.

Eine weitere Variante der reaktiven Verletzbarkeit zeigt jener, der, buchstäblich von Beginn der Ehe an, *gewisse Verhaltensmuster überhaupt nicht zuläßt, aus Furcht, ein einmaliges Auftreten allein genüge, um ein festes Muster daraus werden zu lassen, das er nicht ändern kann.* Gängiges Beispiel dafür: der Mann, der Angst hat, seine Frau übervorteile ihn, wenn er nicht immer am Ruder sei. Er wird ausgesprochen starr; denn die Gewohnheit absoluter Zurückhaltung wird ebenso zum Muster wie die dauernde Annahme mißbilligten Verhaltens. Typisch ist der Mann, der niemals das Geschirr wäscht, auch nicht, wenn seine Frau krank ist, denn sie wird es seiner Meinung nach sonst wieder von ihm verlangen. Oder nehmen wir an, ein Gatte hat einen höchst erfolgreichen Tag im Geschäft hinter sich und kommt in Geberlaune nach Hause. Er freut sich darauf, seine gute Laune mit seiner Frau zu teilen. Doch so und so oft macht sie nicht mit oder dämpft seine Freude und verdirbt ihm die Aussicht auf einen fröhlichen Abend in der Stadt, obwohl sie eigentlich Lust hätte. Weshalb? Sie fürchtet, er könne alle seine Mängel als Gatte und Vater dadurch ausgleichen wollen, daß er den großen Mann spielt, *wenn ihm danach zumute ist.* Oder sie ärgert sich so sehr über alle die anderen Gelegenheiten, wo sie ausgehen und er beim Fernsehen sitzen bleiben wollte, daß sie sich nun weigert, ihn mit einer großen Geste alles Vergangene beiseite wischen zu lassen.

Reaktive Verletzbarkeit ist eine destruktive Verhaltensweise, denn sie bleibt nicht auf sich selbst begrenzt. Vielleicht wird sie durch ein bestimmtes Ereignis hervorgerufen, dann dehnt sie sich aber auf das gesamte Verhaltensspektrum aus. Sie ist eine besonders schädliche Barriere, denn sie errichtet vorzeitig Grenzen für enge Beziehungen. Sie verhindert ihrem Anhänger, die Wirklichkeit seiner Ängste zu erproben. Er lebt in einer Phantasiewelt voller Abwehr hinter Mauern, die vielleicht schon lange überflüssig sind.

Die Entwicklung der reaktiven Verletzbarkeit wird oft durch den schnellen Abbruch bestimmter rücksichtsvoller Verhaltensformen gekennzeichnet, die bisher für einen Menschen charakteristisch waren. Es ist, als fühle er, daß dieses Verhalten für ihn zur Verpflichtung wird, daß es den Partner zu festen Erwartungen Anlaß gibt. So stellt er die Gewohnheit – vielleicht besteht sie im Kaufen von Geschenken oder häufigem Lob – plötzlich ein. Dies geschieht meist zu Beginn einer Ehe.

Eine gewisse Logik enthält dieses Verhalten: Keiner möchte immer als der gleiche gelten. Die Schwierigkeit für die Ehe besteht darin, daß bei der plötzlichen wortlosen Einstellung gewissen Entgegenkommens der andere verletzt ist und glaubt, er sei nicht mehr so geliebt wie ehedem; daraufhin ist der andere wieder ärgerlich. Er glaubt, da er bisher so »gut« gewesen sei, habe er »Kredit« wegen seines bisherigen Entgegenkommens. Doch funktionieren Verbindungen zwischen zwei Menschen leider nicht wie Spar- und Anleiheinstitute, wo man während guter Konjunkturlage ein großes Konto anwachsen lassen kann, worauf man dann Kredit bekommt und die Zinsen dazu!

Wie man der reaktiven Verletzbarkeit entgegentreten kann

Normalerweise erkennt einer der Beteiligten die reaktive Verletzbarkeit, auch wenn beide darin befangen sind. Wer sie erkannt hat, sollte eine Inspektionssitzung vorschlagen.

Zu Beginn entscheiden die Partner durch Münzwurf, wer der erste Sprecher sein soll. Dann stellt jeder dem anderen vier grundlegende Fragen:

1. Hat einer von uns bestimmte Verhaltensmuster entwikkelt, die in scharfem Kontrast stehen zu den bisher üblichen? Beispielsweise: Kommt der Mann jetzt zum Frühstück in schlechter Stimmung, flucht und kritisiert er, während er früher fröhlich und höflich war? Ist die Frau am Frühstückstisch heute schlampig und serviert höchstens fertige Haferflocken in der Küche, während sie früher, schön hergerichtet, ein üppiges Frühstück im Wohnzimmer vorbereitete? Wann hat man zum erstenmal die Veränderungen registriert?

2. Hat einer von beiden sich auf ein starres Routinemuster versteift, dessen Ablegung er fürchtet, weil die Veränderung mißverstanden werden könnte? Unternimmt beispielsweise die Familie jeden Sonntag eine Fahrt ins Grüne, obwohl eigentlich keiner mehr Lust dazu hat? Kommt der Mann jeden Tag zum Mittagessen heim, obwohl er lieber in der Kantine äße und die Frau auch gar nichts dagegen hätte?

3. Gibt es bestimmte Verhaltensmuster, die sie annehmen würden, wenn sie plötzlich völlig ungebunden wären und keine Mißverständnisse zu fürchten hätten?

4. Weigert sich einer der beiden routinemäßig, sich mit gewissen Tätigkeiten oder Verhaltenstypen zu befassen – sogar wenn er sie nicht gut genug kennen kann, um sie nicht zu mögen? Beispielsweise ist die Frau niemals in ihrem Leben beim Fischen gewesen und weigert sich konstant, mitzugehen, weil sie glaubt, wenn sie es einmal tue, erwarte es ihr Mann jedesmal. Es ist sehr gut möglich, daß sie nach einem Ausflug niemals mehr mitkommt, aber ebenso wahrscheinlich ist es, daß sie Freude an diesem Ausgleich finden wird. Oder der Mann geht nicht mit seiner Frau zum Tanzen (obwohl er das vor der Ehe gern tat), wieder aus Angst, einmal verpflichte ihn zu mehr und damit träten unliebsame Veränderungen ein. Auch befürchtet er, daß er bei der Arbeit

nicht leistungsfähig ist, wenn er zu lange aufbleibt. Wenn die Antworten auf diese Fragen positiv ausfallen – das heißt, wenn die Partner sich einig darüber sind, daß sie in einem Verhalten der reaktiven Verletzbarkeit befangen sind, kann sich zwar einer der Partner als der Initiator zeigen –, doch *beide* sind gleichermaßen beteiligt. Häufig ist das Opfer passiv schuldig, denn es verhält sich so, daß es den anderen zur reaktiven Verletzbarkeit provoziert.

Wenn einmal das Muster als solches identifiziert ist, müssen sich die Partner drei weitere Fragen stellen:

Erstens: Können wir die wiederholten Kleinkriege ertragen, die durch die Tatsache unserer differierenden Wünsche und den Widerstand des anderen provoziert werden? Oder vermeiden wir vielleicht solche Kämpfe, indem wir uns aus gemeinsamer Aktivität heraushalten oder immer den einen Partner bestimmen lassen, was zu tun ist? Beide Verhaltensweisen sind gleichermaßen unflexibel; beide führen zu Problemen und zum Muster reaktiver Verletzbarkeit.

Zweitens: Sind unsere Tätigkeiten so starr, daß wir Angst haben, zusammen zu sein oder uns auf die Gegenwart Dritter freuen?

Drittens: Fühlt jeder, daß er von andern mehr respektiert und geschätzt wird als von seinem Partner? Es gibt eine bestimmte Art des Sicherheitsgefühls – wie man es oft beim Militär findet –, in dem die Gleichheit des Verhaltens (wie gemeinsames Aufstehen und Tragen der gleichen Uniform) zum Selbstzweck wird. Viele Ehen funktionieren ebenso – freudlos, routinemäßig, nüchtern –, bis plötzlich einer oder beide einfach ausbrechen müssen. Ehe ohne den Reiz des Neuen schmeckt wie unangemachter Salat; auch wenn man es jahrelang essen kann, so schmeckt ungewürztes Gemüse doch entsetzlich nach nichts. Manche Paare und Personen versuchen diese Art der Gleichförmigkeit zu bekämpfen, indem sie eine ganze Anzahl reaktiver Verletzbarkeiten erfinden, um damit voller Angst Muster zu durchbrechen, in denen sie sich für immer verfangen glauben. Indem sie die Monotonie damit bekämpfen, geraten sie in andere Fallen ebenso großer und isolierender Monotonie. Wenn aber Mann und Frau das Problem in Teamwork angehen, können sie Monotonie und abwehrende Isolation durchbrechen und doch zusammenleben.

Wenn die Partner überzeugt sind, daß dieses Muster für sie relevant ist, geht es um die Beseitigung. Die folgenden Vorschläge führen fast zwangsläufig zu vorübergehendem Kampf, aber es ist ein Kampf, der die Mühe lohnt und auch den damit verbundenen Schmerz.

Hier die kindisch und absurd klingenden, aber wirksamen Mittel:

Nach einem Münzwurf übernimmt der Gewinner die Regie der nächsten gemeinsamen Unternehmung, wählt eine für beide günstige Zeit (früh, mittags oder abends) und beschließt, wie sie zu verbringen sei. So lange das Unternehmen physisch und finanziell im Bereich des Möglichen liegt, muß der andere mitmachen. Man kann Fischen gehen, ein Konzert besuchen, den Speicher aufräumen, ins Museum oder mit den Kindern in den Tierpark gehen, Tomaten anpflanzen und so weiter. Der andere muß nicht unbedingt großen Genuß an der Sache haben; aber beide müssen das Spiel mitmachen. Wenn das Unternehmen beendet ist, werden die Rollen vertauscht. Der andere übernimmt die Regie.

Mancher Leser wird sich wundern, was ein solch künstliches System bewirken soll.

Erstens haben viele Partner jahrelang miteinander gelebt, ohne auch nur *einmal* (offen oder insgeheim) über eine Sache einig gewesen zu sein. Wenn sie versuchen, einander nachzugeben, stehen die Chancen gut, daß sie die gefürchtete Gemeinsamkeit als gar nicht mehr so schrecklich empfinden.

Zum zweiten ist manch ein Ehepartner, der sporadisch und spontan den Wünschen des anderen Rechnung getragen hat, vom Regen in die Traufe geraten, weil er angeklagt wurde, er habe es nur um des anderen willen getan, aber nicht, weil er es selbst so wollte und meinte. Natürlich wird er nach solch negativen Ergebnissen lange warten, ehe er wieder nachgiebig ist. Aber wenn sich die Partner *abwechselnd* im Geben üben, egal wie künstlich ihr Verhalten erscheinen mag, hat jeder das Gefühl, er brauche das Benachteiligtsein nicht zu fürchten, denn wenn er heute dran ist, wird der andere morgen an der Reihe sein.

Ein Muster, das hier hereinspielt (auch wenn es ganz gegensätzlich wirkt), findet sich häufig. Die Partner sind vielleicht, an Wochenenden besonders, mehr »zusammen« als ratsam ist. Das heißt, sie bleiben zu Hause, verbringen ihre Zeit in verschiedenen Teilen des Hauses, mit verschiedenen Tätigkeiten beschäftigt, wobei keiner wagt, den anderen allein zu lassen noch mit ihm zusammenzuarbeiten. Wenn Mann und Frau den Großteil der Wochenenden damit verbringen, gegenseitige Düsterkeit zu verbreiten oder sich nicht aus dem Blickfeld zu verlieren, ist das Ergebnis leicht Zurückhaltung oder reaktive Verletzbarkeit. In solchen Fällen schlagen wir die folgende Übung vor:

An aufeinanderfolgenden Wochenenden muß der jeweils durch das Los bestimmte Partner für sich ein Wochenendvergnügen arrangieren, das nicht zu Hause stattfinden darf. Er kann Freunde besuchen, Golfspielen, ins Kino gehen oder traurig und einsam in einem leeren Park sitzen, aber er muß das Haus verlassen und bis zum Einbruch der Nacht oder zu einer angemessenen Abendstunde unterwegs sein.

Die letzte Form der reaktiven Verletzbarkeit – das Zurückhalten von Lob oder Anerkennung – läßt sich meist durch die folgende Übung beheben:

Die Gatten bestimmen durch Münzwurf, wer der erste »Geber« ist. Eine Woche lang nimmt der Auserwählte alle liebevollen Handlungen vor, die der Partner wünscht. Die Frau möchte vielleicht, daß ihr der Mann, wenn er der Gebende ist, in der Öffentlichkeit seine Zuneigung beweist, ihr für die vielen Kleinigkeiten dankt, die sie im Lauf des Tages verrichtet, ihren Stuhl für sie zurechtrückt, sie ins Kino ausführt, ihre Mutter zum Essen bittet, nicht flucht, den Kindern bei den Hausaufgaben hilft und so weiter. Der Mann wünscht sich, wenn er an der Reihe ist, daß das schlampige Haus sauberer wird, daß seine Frau mit ihm bestimmte Zeitungsartikel liest und diskutiert und anderes mehr.

Während der Woche, in der der Geber seine »Pflichten« erfüllt, und zwar so fröhlich und geschickt wie möglich, anerkennt der Empfänger mit keiner Geste, keinem Wort und keiner Miene, was ihm Gutes getan wird, beklagt sich möglicherweise noch, daß das alles vollendeter hätte sein können. Die Woche darauf werden die Rollen vertauscht.

Wenn diese Übung ernst (nicht simuliert) geschieht, bringt sie oft erstaunliche Ergebnisse. Der Geber wird gewahr, daß viele der von ihm erbetenen Dinge keineswegs degradierend oder schwierig sind. Der Empfänger, der nicht danken oder loben darf, der im Gegenteil Einwände machen soll, wird sich

dieses Verhaltens bewußt, und es fällt ihm später schwer, negativ und zurückhaltend in der Anerkennung zu sein.
Nach zwei Wochen ergibt sich häufig eine Auflösung der starren Muster, die beide Partner gelähmt und die reaktive Verletzbarkeit verursacht haben. Von da an können Mann und Frau offen über die Angelegenheit sprechen und Schritte zu ihrer Beseitigung unternehmen.
Wenn diese Übung zum zweitenmal gemacht wird (wir kennen ein Paar, das sie alle paar Monate wiederholt), wird sie oft zu einem erfreulichen Spiel.
Manche Paare müssen vielleicht die Hilfe eines Fachmannes in Anspruch nehmen, um aus ihrem Muster reaktiver Verletzbarkeit herauszufinden. Die Hilfe ist angezeigt, wenn der Versuch, die oben beschriebenen Übungen durchzuführen, ohne Erfolg bleibt, weil einer oder beide nicht mitwirken oder sich nicht merken können, was verlangt ist. »Sich nicht merken können« ist oft eine Form der Weigerung – man »denkt häufig daran, zu vergessen«!
Fassen wir zusammen: Die reaktive Verletzbarkeit ist eine natürliche Verteidigung gegen die Verletzbarkeit, für die wir in unserer Kultur bei engen Beziehungen alle anfällig sind. Sie muß aber, wie wir meinen, identifiziert und »behandelt« werden, indem jeder Partner entdeckt, daß Verwundbarkeit ebenso zu seinem Leben gehört wie das Atmen. Es ist äußerst wichtig, die reaktive Verletzbarkeit zu beseitigen, denn sie schafft Beziehungen, die den Menschen in der Isolation, auf der Hut, argwöhnisch und vereinsamt lassen. Nur, wenn er dem Unbekannten im anderen offen gegenübersteht und die Realität seiner Erwartungen *durch Erfahrung* überprüft, kann der einzelne die Welt für sich lohnender gestalten als seine Träume und Phantasien.

9. Eine Quid-pro-Quo-Diskussion, die erfolglos war

Die Schwierigkeiten bei Quid-pro-Quo-Diskussionen sollten nicht unterschätzt werden. Die folgende ist eine wahre Schilderung; die Diskussion fand nach monatelangen Kämpfen statt, als die Ehepartner am Rand einer Scheidung standen.

Dialog	*Interpretation*
Der Mann: »Beginnen wir mit der Definition dessen, was wir uns vom Leben und von der Ehe erwarten.«	
Die Frau: »Ich möchte gerne produktiv und gesund sein. Speziell wünsche ich mir eine glückliche und fruchtbare Verbindung mit dir, Bud.«	Die Frau beginnt die Diskussion breitangelegt und vage; Erklärung ist erforderlich.
Der Mann: »Ich würde mich gern mit allem in Harmonie fühlen, wäre gerne tatkräftig, spontan, fröhlich. Mit ›produktiv‹ meine ich für mich selbst, daß ich kreativ sein kann in meiner Arbeit als Architekt. Verstehst du, was ich damit sagen will?«	Der Ehemann antwortet ebenso, beginnt dann das Konzept zu umreißen, das für ihn selbst zählt, ohne auf die Wünsche seiner Frau einzugehen.
Die Frau: »Ja, ich glaube, du hast mir das deutlich gemacht, und ich kann es verstehen. Wenn ich produktiv sein will, so heißt das, ich würde gern Kunstgeschichte studieren, malen lernen, nähen lernen, ein ruhiges Haus und einen gesunden, glücklichen, produktiven Mann und schließlich Kinder haben.«	Die Frau folgt seiner Führung, konkurriert mit der Definition *ihrer* Idealvorstellung. Wie er vorher nicht auf sie eingegangen ist, versäumt sie es jetzt, auf ihn einzugehen, beachtet seine Definition nicht, fragt nicht nach Möglichkeiten, wie sein Ziel zu erreichen wäre, in der Hoffnung, daß ihre Chance auch kommen wird. Statt dessen dreht sie die Diskussion in die Richtung des Wettbewerbs, wer mit der Erfüllung seiner Wünsche zuerst dran ist oder wer das erste Quid-pro-Quo zugestehen wird.
Der Mann: »Ich bin der Meinung, daß du aus Ehrgeiz immer auf ein neues	Der Mann kommentiert (*scheinbar* ohne Zusammenhang) den Ehrgeiz seiner

Dialog

Projekt aus bist und glänzen willst, auch wenn es nicht lange dauert. Du willst immer gleich alles auf einmal – was verstehst du unter ›produktiv sein‹? Glaubst du, das alles kannst du tun und noch den Haushalt dazu führen?«

Interpretation

Frau, wird dabei auch immer mehr zum Konkurrenten. Er fordert sie so heraus, daß sie nur abwehrend reagieren kann, unterstellt, daß ihre Definition der Produktivität unrealistisch und minderwertig sei. Gleichzeitig übermittelt er die Botschaft, daß die Haushaltsgeschäfte an erster Stelle stehen sollten.

Die Frau: »Nun, ich war der Ansicht, alles zu seiner Zeit und richtig machen zu können. Es gibt für diese Dinge eine bestimmte Ordnung. Als wir heirateten, hatte ich den Eindruck, das wichtigste sei der Haushalt. Ich meine, ich könnte dabei von dir etwas Hilfe erwarten, wenn dir danach ist. Aber ich will ja meine Wünsche gar nicht auf einmal erfüllt haben. Wenn du mich so sehr kritisierst und alles, was ich tue, bemäkelst, kannst du mich nicht sehr lieben oder mich für dich als wichtig betrachten.«

Die Frau antwortet defensiv, indem sie ihrem Gatten eine Botschaft zukommen läßt (ich könnte mehr Hilfe brauchen), eine versteckte Klage, und indem sie ihres Mannes Urteil über die Wichtigkeit der Hausarbeit bestätigt, doch ohne echtes Einverständnis. Statt dessen besteht sie auf ihren eigenen Maßstäben. Der Rückzug der Frau behindert ebenso wie ihre Gegenanklage die Kommunikation.

Der Mann: »Trotzdem, ich bin ganz ehrlich. Für mich ist Produktivität wichtiger als alles – sogar die Ehe. Hörst du zu?«

Der Mann antwortet, ignoriert die Äußerungen seiner Frau, die zu einem Quid-pro-Quo hätten führen können (in diesem Fall Vorschläge für die Verstärkung ihrer Selbstsicherheit). Statt dessen bestätigt er die Zweifel seiner Frau hinsichtlich der Ehe und sagt, daß ihm Arbeit

Dialog	*Interpretation*
Frau: »Ich weiß das, habe es immer gewußt.«	und Produktivität wichtiger sind. Die Frau bestätigt den Empfang der Botschaft.
Der Mann: »... und wenn ich produktiv bin und kann schöne und praktische Dinge schaffen, kann man gut mit mir zu Rande kommen, und dann bin ich, glaube ich, kein ganz unausstehlicher Mensch. Ach, komm, laß uns nicht ergründen, weshalb. Ich möchte nur, daß dies klar ist. Ich wollte, du würdest mir sagen, was ich für dein Selbstgefühl tun kann, was auch immer du darunter verstehst.«	Der Mann warnt seine Frau davor, daß er recht unleidlich sein könne, wenn er in der Ehe nicht die Möglichkeit habe, produktiv zu sein (oder es vielleicht nicht kann?). Dann wechselt er das Thema, bringt eine Frage an, die die Tür für eine Quid-pro-Quo-Diskussion öffnet.
Die Frau: »Du weißt natürlich, was es heißt. Wenn wir mit anderen Leuten beisammen sind, machst du anderen Frauen Komplimente über die Küche oder so – ich kriege immer nur Klagen zu hören.«	Die Frau beantwortet nicht die Frage ihres Gatten und benutzt seine Äußerung, um auf eine weitere schmerzende Stelle zu deuten, betreibt damit die Eskalation. Sie ist wieder in die Defensive gegangen, weil ihr Mann ihren Wunsch nach mehr Selbstgefühl als unbestimmt und dumm abqualifiziert.
Der Mann: »Lassen wir diese Dinge. Ich möchte über unsere Probleme sprechen. Das erste ist, daß ich dir nicht vertrauen kann. Ich weiß nicht, ob du das, was du sagst, auch wirklich so meinst. So, wenn du vor der Ehe und auch jetzt sagst: ›Ich will dich nie wieder sehen.‹ Wie meinst du das?	Der Mann vermeidet wieder die Eskalation; er macht eine provokative Äußerung, und dann wechselt er das Thema. Damit kann er seine Frau provozieren und herausfordern und sie davon abhalten, ihn wegen seiner eigenen Fehler anzugreifen. Eine Folge dieses Guerilla-Krieges ist die, daß die Quid-pro-

Dialog	*Interpretation*
Ich gehe weg und später sagst du: ›Ich habe das nicht so gemeint; ich war nur eben schrecklich schlecht aufgelegt.‹ Es liegt mir nicht, dumme Kreuzworträtsel zu lösen, um herauszubringen, was du eigentlich meinst. So wie du es aussprichst, so glaube ich es. Von jetzt an werde ich alles, was du sagst, so nehmen, wie es kommt. Ich werde die Vergangenheit nicht erwähnen, obwohl man natürlich seine Schlüsse zieht und das Geschehene auf die Zukunft hin betrachtet. Jawohl, das will ich tun. Doch bisher konnte ich dir nicht immer trauen. Was sagst du nun dazu?«	Quo-Erstellung unmöglich wird; jede Basis für die Zusammenarbeit fällt weg. Die Frau muß sich dauernd selbst verteidigen, so daß sie nicht dazukommt, den Handel anzufangen, indem sie ihren Mann um ein Quid bittet – einen Gefallen, den er ihr tun, eine Erwartung, die er erfüllen könnte im Austausch eines Entgegenkommens von ihrer Seite. Dann kommt die Äußerung des Mannes, er vertraue ihr nicht. Er schließt daran offensichtlich den Versuch, ein Quid-pro-Quo vorzuschlagen, indem er alles, was sie sagt, so deuten will, wie es aus ihrem Munde kommt, was bedeutet, daß sie sich hierauf wirklich als vertrauenswürdig zeigen soll. Aber dies kann nicht der Fall sein, da die Frau niemals zugegeben hat, sie sei nicht vertrauenswürdig. Das vorgeschlagene Quid-pro-Quo kostet ihn wenig Anstrengung und geht von *ihm* aus, nicht von der Initiative seiner Frau.
Die Frau: »Ich glaube, es ist ein Irrtum, das einfach für bare Münze zu nehmen, was einer so sagt. Die Leute machen sich Vorstellungen von anderen, weil sie deren Charakter beurteilen, nicht	Anstatt sich auf spezifische Verhaltensformen zu beziehen, die jeder annehmen könnte, um das Problem des Vertrauensmangels zu beheben, reagiert die Frau wieder defensiv. Sie eskaliert damit

Dialog

deren Äußerungen. Wenn ich sagte: ›Mir ist es völlig egal, wie das Haus aussieht!‹ solltest du, weil du mich kennst, wissen, daß ich das Haus in Ordnung halte, gleich, was ich sage. Im Ärger sagt man manches, was man nicht so meint. Das ist nur menschlich. Ich stimme dir vollkommen bei, daß es im Idealfall schön wäre, wenn Wort und Tat völlig kongruent wären, aber ich bin nicht perfekt und du auch nicht, und ich kenne auch keinen anderen, der ein Muster an Perfektion wäre.«

Der Mann: »Ich glaube, du willst sagen, ich solle nicht darauf achten, was du sprichst, und auf irgendeine geheimnisvolle Art und Weise deine Person als ehrlich, vertrauenswürdig, loyal einschätzen, ganz gleich, was du sagst. Jetzt frage ich dich, kann ich dir wirklich vertrauen?«

Die Frau: »Ich glaube, du kannst es, und ich glaube, du hast – halsstarrig wie du bist – das, was ich gesagt habe, verdreht. Es ist meine Aufgabe, meine Aktionen mit meinen Worten so weit wie möglich zur Deckung zu bringen, aber das kann ich eben nicht immer, wenn ich schlecht gelaunt bin, und dies

Interpretation

nur den Streit, so lange, bis der Mann das Thema fallenläßt und ein neues anfängt, das wiederum die Frau in die Defensive rücken läßt, und immer so fort.

Dialog	*Interpretation*
solltest du, wie ich meine, bedenken.«	
Der Mann: »Bitte, sei jetzt nicht böse und ärgere dich nicht über die nächste Frage – sie ist rein interessehalber. Ehe wir heirateten, warst du mit Mike verlobt, doch dann gingst du mit mir nach Mexiko, ohne daß er davon erfuhr, und du schriebst ihm einen Brief, in dem du sagtest, wie sehr du ihn liebtest und vermißtest. Ich sah zufällig diesen Brief. Wie kann ich wissen, ob du so etwas nicht auch mir antust?«	Beide Partner beginnen immer mehr, die Vergangenheit ins Spiel zu bringen. und brechen damit eine Kardinalregel. Das Muster wiederholt sich. Die Äußerung des Gatten muß trotz seiner Bemerkung, sie geschehe aus purem Interesse, wieder Abwehr, Eskalation und so weiter provozieren.
Die Frau: »Ach – und wie war das, als du dein Skiwochenende mit Joannie absagtest, angeblich weil deine Mutter krank geworden war, während du in Wirklichkeit die ganze Zeit mit mir verbrachtest?«	Die Frau schlägt zurück. Wieder geht es los.
Der Mann: »Ich könnte jetzt natürlich mit dir über die Sache mit Joannie streiten. Aber ich will nicht. Reden wir lieber von ...«	Der Mann weicht aus, rekognosziert, greift erneut an. Dies kann endlos weitergehen. Bei diesem Paar war das beinahe der Fall.

Wie die Kommentare, die diese Diskussion interpretieren, schmerzlich klarmachen, sind die alten Interaktionsmuster schwer auszurotten. Es genügt nicht, nur den Wunsch zu hegen, daß die Dinge doch anders sein möchten, um die alten, über Jahre gemeinsamen Lebens hinweg eingefahrenen Muster zu beseitigen. Dazu gehört auch harte Arbeit, Entschlossenheit und der Wille, sich zu ändern, sich aufzuschließen, indem man zeitweise oder für immer einige destruktive Barrieren einreißt, die die Veränderung unmöglich machen. Dazu gehört die Bereitschaft, alte Wunden ohne Groll beiseite zu lassen in der Bemühung, zukünftige zu verhindern.

Die hier beschriebene Diskussion fand tatsächlich statt – zwischen zwei sehr intelligenten, gebildeten, fähigen Leuten, die das Bedürfnis hatten, ihre Ehe zu verbessern. Sie hatten die Natur der Quid-pro-Quo-Übung vorher durchgesprochen, hatten sich darüber geeinigt, bewußt den schweren Versuch zu unternehmen. Sie dachten, sie hätten verstanden, um was es ging. Doch blieb ihr Bemühen ohne Erfolg. Hier einige Gründe, weshalb das Unternehmen von Anfang an zum Scheitern verurteilt war. Zunächst konnten sich die beiden nicht einigen, wer als erster seine Vorstellungen von einem funktionierenden Quid-pro-Quo zum Ausdruck bringen sollte.

Ein Münzwurf hätte diese Frage besser geregelt, denn Spannungen ziehen weitere Spannungen nach sich; da bereits zu Beginn eine Konfliktsituation bestand, war der Versuch von vornherein zum Scheitern verurteilt. Zweitens fehlte jede Spur von Zusammenarbeit.

Jeder benutzte die Diskussion als Gelegenheit, alte Wunden aufzuzeigen, neue Klagen anzubringen, Botschaften zu melden, die er vorher nicht offen zu sagen gewagt hatte. Wir sahen hier ein gutes Beispiel für zwei »geschlossene Systeme«, zwei »verbarrikadierte Leute«, die für den eigenen Gewinn kämpfen und sich gegen Veränderungen, die ihnen der andere abverlangt, abschirmen, die sich um die Position streiten, als letzter »etwas für etwas« zu geben. Jeder will zuerst etwas bekommen, ehe er etwas hergibt. Eine erfolgreiche Quid-pro-Quo-Diskussion erfordert als Teilnehmer »offene Systeme«, Leute, die sich den Veränderungen nicht verschließen, die auf der Suche nach Lösungen zusammenarbeiten. An keinem Punkt dieses Dialoges gab es ein Gefühl des Teamworks oder Äußerungen wie: »Laß doch sehen, was wir beide in gemeinsamer Arbeit tun können, um die Verwirklichung unserer gemeinsamen Ziele zu garantieren.« Keiner wollte die privaten Wunden der Vergangenheit aus dem Spiel lassen, und so endete das Ganze schließlich mit dem Streit darüber, wessen Wunden die schlimmeren seien. Das Ergebnis: Jeder gewann die Schlacht, verlor aber den Krieg.

Ferner war diese Diskussion ein anschauliches Beispiel für das Fehlen einer spezifischen Verhaltensdefinition. Das Paar begann den Dialog breit angelegt und vage, und kaum jemals kam eine bestimmte Äußerung über die Erwartungen an das zukünftige Verhalten. Wir hörten so etwas wie »... Kann ich dir wirklich vertrauen?« und »Ich möchte mehr bedeuten« anstatt »Was kann ich *tun,* wie kann ich mich anders *verhalten,* um meine Vertrauenswürdigkeit zu beweisen?«. Wir hörten: »Ich habe den großen Wunsch, Kunstgeschichte zu studieren ... nähen zu lernen« und »Ich möchte gerne schöpferisch produktiv in meiner Arbeit sein« ohne die konsequente Weiterführung mit der Frage: »Was kann ich tun, was kannst du *tun,* um diese Wünsche Wirklichkeit werden zu lassen?«

Schließlich gehört zu jeder Quid-pro-Quo-Diskussion ein *Gegenwarts-* und ein *Zukunftsaspekt.* Dieses Paar aber beharrte fast ausschließlich auf der Vergangenheit, auf vergangenen Verletzungen, vergangenen Kämpfen, vergangenen Niederlagen. Ein funktionierendes Quid-pro-Quo erfordert die Einführung *neuer* Verhaltenstechniken und Interaktionsmuster, neuer Vereinbarungen und Lösungen.

Unser Paar machte einen zweiten Versuch. Beide waren entschlossen und mutig genug, nach der Diskussion ihres ersten Versagens es noch einmal zu wagen. Im folgenden Kapitel beschreiben wir den zweiten Start.

10. Ein zweiter Quid-pro-Quo-Versuch, der misslang

Nach dem Scheitern der ersten Quid-pro-Quo-Sitzung, die wir im letzten Kapitel geschildert haben, kam der zweite Versuch. Auch er ging schief, obwohl er schon wesentliche Verbesserungen zeigte. Eine Anzahl der vorher begangenen Irrtümer tauchen auch jetzt wieder auf. Besonders gefährlich ist die Tendenz des einen Partners, den anderen belehren zu wollen. Wenn dies der Fall ist – und kein Dritter Einhalt gebieten kann –, geht die Unterhaltung womöglich nicht mehr von diesem Geleise ab. Wie vorher gibt es keinen Bezug auf die Vorzüge der Ehe; statt dessen werden die Fehler des anderen anvisiert. Die Frage des Vertrauens stellt sich, besonders, da ein Partner die erstaunliche Äußerung tut, er selbst sei vertrauenswürdig, der andere könne leider nicht als solcher gelten. Es besteht die Tendenz, daß der eine Partner in Abwehrhaltung bleibt, weil der andere etwas von ihm will, und auf den Wunsch so antwortet, als sei es ein Kommando, dem es zu gehorchen gelte. Man beobachte vor allem wieder, wie die Diskussion gegenwärtige spezifische Brennpunkte zugunsten von Verallgemeinerungen über die Vergangenheit vernachlässigt.

Der Mann: »Nun, versuchen wir, eine Einigung zu erzielen über bestimmte Dinge, die uns meist als Zankapfel dienen. Ich fange an. Ich versichere dir, daß du, solange wir verheiratet sind, dich auf meine Treue verlassen kannst. Egal, wie schlecht unsere Beziehung sein mag, ich werde nicht mit einer anderen Frau ins Bett gehen. Du kannst dich auch darauf verlassen, daß ich, solange wir verheiratet sind, nicht wissentlich mit einer andern flirte, und wenn es der Fall ist und du mich darauf hinweist, entschuldige ich mich und höre auf. Stimmst du mir zu?«

Die Frau: »Ob ich zustimme, daß du dies tun sollst?«

Der Mann: »Ja.«

Die Frau: »Ich akzeptiere das und glaube, was du sagst.«

Der Mann: »Nun, jetzt frage ich dich, ob ich mich ebenso auf dich verlassen kann.«

Die Frau: »Ich glaube sehr wohl, daß dies ein Gebiet ist, wo wir Einigung erzielen können. (Sie lacht.) Meiner Meinung nach ist die Frage der Treue etwas, worüber wir gleich denken, und auch ich werde nicht mit einem anderen Mann schlafen, solange wir verheiratet sind. Und dieses Flirten – nun, ich weiß, das hast du erwähnt, weil ich in Gesellschaft anderer besonders fröhlich und aufgeschlossen bin, weil ich nie dachte, dies sei ungehörig oder ein Anzeichen von Treulosigkeit. Aber ich will dir versprechen, das Flirten zu lassen, um so eine größere Harmonie herzustellen. Ist das recht?«

Der Mann: »Hm, es scheint einiger Zweifel bei dir zu bestehen, daß wir grundsätzlich über das Flirten einig sind. Doch glaube ich, daß dies ein Gebiet ist, worauf wir später eingehen können; deshalb stimme ich trotz deines Zögerns zu.«

Die Frau: »Nein, ich zögerte nicht wegen der körperlichen Treue, und dies ist sehr wichtig, und ich stimme mit dir völlig überein. Doch da gab es Zeiten in der Vergangenheit, als du sagtest, ich flirtete, und dabei hatte ich gar nicht das Gefühl, es zu tun. Ich war mir des Flirt-Musters nicht bewußt, doch im Prinzip sind wir einer Meinung.«
Der Mann: »Nun haben wir also über eines Einigung erzielt. Jetzt möchte ich die Führung übernehmen und als nächsten Schritt ein anderes Thema anschneiden. Ich bin der Meinung, daß in den meisten Ehen und den meisten Freundschaften – in jeder Aktion oder Reaktion menschlicher Wesen, ehe sie verheiratet sind oder eine Gemeinschaft bilden – jeder, zu Recht oder zu Unrecht, annimmt, es bestünden bestimmte Kontrakte. Vielleicht gibt es da Mißverständnisse, aber jeder glaubte, da gebe es bestimmte Angelegenheiten, deren Beachtung ihm der andere für die Zeit nach der Verheiratung versprochen habe. Was dich angeht – wenn ich nicht recht haben sollte, so sage es –, so dachtest du, daß ich dir versprochen hatte, dein Selbstgefühl zu steigern, dir das Gefühl zu geben, geliebt zu sein, dich merken zu lassen, daß du wirklich gebraucht wirst.«
Die Frau: »Daß ich von dir gebraucht und geschätzt werde.«
Der Mann: »Ja, von mir. Ob du diesen Eindruck zu Recht oder zu Unrecht hattest, ob ich es ausgesprochen oder beabsichtigt habe, steht nicht zur Debatte – du hattest jedenfalls das Gefühl dieses Versprechens. Und ich glaube, daß du heute meinst, ich habe meine Zusage nicht eingehalten.«
Die Frau: »Ja, das stimmt.«
Der Mann: »Du stimmst mir zu, daß ich es getan habe – ich meine, du hast das Gefühl, daß das so ist?«
Die Frau: »Ja.«
Der Mann: »Ich gebe dir recht, daß ich in dieser Beziehung keine sehr glückliche Hand habe. Deshalb bin ich mit dir der Meinung, daß du – zu Recht oder zu Unrecht – das Gefühl haben mußt, ich hätte dich enttäuscht. Dann hast du, glaube ich, weiterhin angenommen, nach unserer Verheiratung würde ich ›dich versorgen‹; du würdest finanziell gesichert sein, jetzt und nach meinem Tod, und ich will nun nicht darüber streiten, ob dies zugesagt war oder nicht. Wichtig ist, daß es, glaube ich, in deinem Kopf als Fixpunkt galt und daß es für dich Teil des Kontraktes darstellte, und im jetzigen Stadium

unserer Ehe fühlst du dich unsicher und hast Bedenken bezüglich deiner finanziellen Sicherheit.«

Die Frau: »Ich würde das gerne etwas näher ausführen. Richtiger wäre wohl zu sagen, daß ich erwartete, wir würden teilen, und – egal, wie die finanzielle Situation sich auch entwickelt – daß es sich immer um eine geteilte Situation handeln würde. In schlechten Zeiten, so dachte ich, würden wir diese Zeiten teilen und in guten Zeiten desgleichen, und ich habe das Gefühl, ich wollte nicht so versorgt werden, wie du sagst. Ich glaube nicht, daß ich einen hohen Lebensstandard oder Freifahrten durchs Leben erwartete, aber, ich muß es noch einmal sagen, ich glaubte, wir würden teilen, wir seien Gleichberechtigte, was die Finanzen und den Lebensstandard angeht. Ich glaube, du hast mich auf dem finanziellen Sektor nicht gerecht . . .«

Der Mann (unterbricht sie): »Ich glaube, du bist nicht glücklich darüber, daß ich Geld für meine beruflichen Bedürfnisse ausgebe und daß ich dies für wichtiger halte als neue Kleider.«

Die Frau: »Nun, sei es der Beruf oder nicht, genau gesagt glaube ich in diesem Punkt, daß es zu einer einseitigen Handhabung der finanziellen Regelung gekommen ist, die mir nicht viel Raum läßt.«

Der Mann: »Gut. Kannst du nun andere Gebiete anführen, auf denen ich dich deiner Meinung nach enttäuscht habe?«

Die Frau: »Das meiste, was mir einfällt, gehört in die beiden schon erwähnten Kategorien. Auf dem Sektor der Loyalität, glaube ich, bin ich schlecht behandelt worden, bin in meiner Erwartung enttäuscht worden, daß wir vertraut und loyal zueinanderstehen. Aber wenn du unsere intimen Probleme nach außen trägst, kann ich dich nicht für loyal halten. Du läßt mich hier im Stich. Doch glaube ich, für dich trifft das gleiche zu. Du glaubtest, so habe ich den Eindruck, daß ich dir bei deiner Arbeit behilflich sein würde. Zwar hattest du nicht das Haus und die Frau in allen Einzelheiten vor dir, aber ich glaube, du hattest die allgemeine Erwartung, Hilfe und Beistand von mir zu erhalten, gleich ob sie mehr psychologischer Natur oder praktischer Art seien; nach unserer Verheiratung, glaubtest du, würde ich irgendwie als ein Werkzeug dienen können, um deine Produktivität zu erhöhen und dir bei der Arbeit zu assistieren, und jetzt bist du, wie ich meine, überzeugt, daß dies nicht geschehen ist. Die Erwartung auf deiner Seite hat sich nicht erfüllt. Liege ich mit dieser Einschätzung richtig?«

Der Mann: »Ja.«

Die Frau: »Darin, daß ich glaube, deine Erwartung habe sich nicht erfüllt?«

Der Mann: »Ja, das stimmt. Nun haben wir also die Bereiche definiert, in denen sich jeder vom anderen im Stich gelassen glaubt. Nur geraten wir hier leicht ins Blaue und müssen sehr vorsichtig sein, um objektiv zu bleiben. Du bist enttäuscht worden, weil du nicht das Gefühl hast, ich liebe dich, ersehne dich, brauche dich, möchte, daß du dich selbst als wichtig empfindest – und ...«

Die Frau: »Vergiß nicht die Loyalität.«

Der Mann: »Ja, die Loyalität. Nun, jetzt spreche ich, dann bist du dran, also keinen Ärger. Jetzt zu deinen Enttäuschungen. Ich glaube, du hast mit Nummer eins recht, mit der Sache von der Liebe und dem Gebrauchtwerden. Was die Finanzen angeht – da bin ich anderer Meinung. Das mit der Loyalität, darüber läßt sich streiten. Ich meine, *meiner* Meinung nach. Nicht, was deine Ansicht von der Sache betrifft. So, damit haben wir also einen Bereich der vollkommenen Übereinstimmung, einen, mit dem ich nicht übereinstimme, und einen, der strittig ist; ein natürlicher Schritt für später ist es, darüber zu reden.«

Die Frau: »Jetzt interessiert es mich, wie mein Verhalten Anlaß zu deiner Enttäuschung gegeben hat. Nehmen wir den Bereich der Arbeit. Ich weiß, daß du glaubtest, ich würde deine Produktivität erhöhen. Aber ich weiß nicht recht, wie ich es mir klarmachen soll, daß mein Verhalten an sich ein Störfaktor für deine Produktivität war. Ich weiß, daß ich vor unserer Heirat ein zu rosiges Bild unserer Ehe und unseres ewigen Glücks gemalt habe. Ich sprach darüber, gut zu sein, dich glücklich zu machen und all das andere romantische Zeug, das ich jetzt als lächerlich betrachte. Aber hat dieses Verhalten den Verlust deiner Erwartungen erzeugt?«

Der Mann: »Ja, so ist es, ganz recht.«

Die Frau: »Weil ich in der Tat glaubte, daß alles viel besser würde, als es tatsächlich ist. Und weil ich immer nur an unsere Heirat dachte. Wir kannten uns seit über einem Jahr, und ich wollte immer heiraten und aus dieser unstabilen Beziehung etwas Normaleres, Festeres machen; und so hielt ich es einfach für *die* große Sache, wenn wir so weit kommen würden, und als es dann tatsächlich der Fall war, glaubte ich es weiterhin. Das war unrealistisch und dumm, aber meine Gefühle waren ehrlich.«

Der Mann: »Ich übernehme nun die Rolle des Psychologen, nicht des Mannes oder des Diskussionspartners. Patty, wenn du diese Idee im Kopf hattest und wenn du den Eindruck hattest, Bud sei enttäuscht worden, dann muß es für seine Enttäuschung einen Grund geben. Vielleicht ist es dein Verhalten. Vielleicht auch etwas anderes. Vielleicht hat sich ein Faktor eingeschlichen, den du nicht gesehen, nicht erwartet hast, aber du mußt zugeben, daß da ein Unterschied ist zwischen seiner Erwartung und dem, was, seiner Meinung nach geschah – ich betone, seiner Meinung nach; da muß irgendein Anlaß gewesen sein.«

Die Frau: »Ja, das ist richtig.«

Der Mann: » ›Denk darüber nach, du wirst draufkommen.‹ So, nun bin ich nicht mehr der Psychologe.«

Die Frau: »Ich denke nach. Ich glaube, ich habe mich – mag das nun ein Verhaltens- oder ein Persönlichkeitsmuster oder sonst etwas sein – nicht ganz oder nicht genügend in deine Arbeit vertieft, und wenn du mich um Hilfe batest, habe ich mich nicht hundertprozentig eingesetzt. Ich – oh, ich bin schrecklich in Versuchung, rückwärts zu schauen und zu sagen, daß ich niemals – ich war niemals – ich dachte auch vor unserer Ehe nicht daran, dir in deiner Arbeit behilflich zu sein. Ich dachte, dir als menschliches Wesen zu helfen, und so kann ich nicht das spezifische Verhalten definieren, mit dem ich dich in deiner Erwartung enttäuschte, deine Arbeit werde sich durch mich verbessern. Ich wollte *nicht* dein Arbeitspartner sein. Nun, das sind also Verhaltensweisen, die ich *nicht* angewendet habe, vielleicht rührt daher ein Gefühl – ein Mangel an Gefühl, an Einfühlungsvermögen für deine Arbeit?«

Der Mann: »Nun spricht wieder der Psychologe.«

Die Frau: »Kannst du nicht selbst sprechen?«

Der Mann: »Auch recht. Ich spreche als ich selbst, doch damit besteht die Gefahr der Abwehrhaltung. Aber ich tu's. Der Schlüssel liegt in dem, was du bereits sagtest: Ich erwartete, daß sich der ganze Haushalt um mich und meine Arbeit drehen würde, statt dessen machtest du alles mögliche, Malen, Nähen oder Dinge, die *du* wolltest.«

Die Frau: »Nun, hm, mein Verhalten – wie kam es dazu?«

Der Mann: »Bitte, geh nicht in die Defensive. Sag, was du willst. Ich werde auch versuchen, nicht defensiv zu sein.«

Die Frau: »Ich will darüber nachdenken, was ich hätte tun können und nicht getan habe, und wahrscheinlich mußt du dabei helfen. Die eine Erwartung vor allen anderen, die ich so sehr ersehnte und in der ich enttäuscht wurde, war meiner Meinung nach so leicht zu erfüllen, denn sie bestand nur darin, daß du sanft und zärtlich und liebevoll zu mir sein würdest. Doch, nein, diesen Weg halte ich nicht für sehr gut, Bud. Ich möchte vorschlagen, daß wir eine Grundregel aufstellen oder zu einer Einigung für die Zukunft kommen, daß wir nicht mehr in der Vergangenheit hängenbleiben. Das führt immer in die Defensive. Ich tat das, weil du das tatest, und du tatest das, weil ich das tat, und da wollen wir immer, daß der andere sagt: Ja, du hast recht, ich war im Unrecht. Und dann ist jeder mehr daran interessiert, seine Position zu verteidigen und nichts Konstruktives kommt heraus. Wir verstehen unsere großen Erwartungen nun und wissen, daß sie nicht erfüllt worden sind. Ich glaube also, es wäre viel besser, wenn wir von da aus, mit der gleichen Technik, an die Möglichkeiten herangingen, wie unsere Erwartungen zu erfüllen sind, und wenn wir dann eine Diskussion eröffneten – ein Geben und Nehmen –, nur auf diesen Punkt konzentriert und ohne irgendwelche Bezüge auf Versäumnisse der Vergangenheit. Ich meine, es war nicht nötig, über diese Versäumnisse zu reden. Können wir da zu einer Einigung kommen? Können wir von jetzt aus in die Zukunft gehen und sagen: ›Was könnte ich tun, nachdem die Erwartungen nun klar sind und ich erkannt habe, daß ich sie nicht erfüllen konnte, und nachdem auch du dem zugestimmt hast?‹ Dann könnte ich sagen, ich werde das und das und das tun. Glaubst du, das hilft? Und du könntest sagen: ›Ich möchte aber, daß du A und B und C tust‹ oder: ›Ja, so wie du es zuerst vorgeschlagen hast, fände ich es großartig.‹ Nun, jetzt bist du dran!«

Der Mann: »Dazu bin ich heute abend nicht in der Laune. Was ich aus deinen Äußerungen herauslese, ist folgendes:

›Das, was du mir vor unserer Ehe als deine Bedürfnisse hinstelltest, Bud, kann ich unmöglich erfüllen, aber meine Bedürfnisse sind sehr leicht zu erfüllen. Keiner hat das für den anderen erreicht; doch wir wollen die Tafel auswischen, Kumpel, und, ohne das Warum zu verstehen, wieder neu anfangen. Was ich will, ist leicht, und du kannst es; aber nun müssen wir darüber verhandeln, wie wir *deine* Erwartungen herunterschrauben; kurz gesagt – du mußt dich ändern.‹ So interpretiere ich deine Äußerung.«
Die Frau: »Oh, das ist schlimm, das wollte ich überhaupt nicht sagen. Ich versuchte lediglich, Verbesserungsvorschläge für die Diskussion anzubringen. Denn ich glaube, du verstehst das ganze Quid-pro-Quo-Geschäft nicht richtig – und du verkennst meinen Vorschlag. Aber, weil es nun im Raum steht: Ich bin der Meinung, eines der Probleme dieser Beziehung besteht darin, daß es noch viel mehr Punkte gibt, die ich ausradieren möchte, aber ich bin schrecklich realistisch geworden und weiß, was möglich ist und was nicht möglich ist, und viele meiner alten Träume ... Nun, jedenfalls war es vielleicht mein Fehler, nicht zurückzuschauen und nicht mehr deine Fehler zu erwähnen. Aber was ich am meisten brauche, ist, wozu ich dich für fähig halte und was du bisher nicht gemacht hast. Nun wirst du wütend. Ich sage doch nur, daß ich gar nicht auf die Gebiete eingehe, von denen ich weiß, daß da einfach nichts für mich drin ist – das hat ja keinen Sinn. Natürlich können wir uns zu erinnern versuchen, wer der bessere Realist war, als wir heirateten. Und als wir diesen Test machten, mit dem –«
Der Mann: »Mit dem Psychologen?«
Die Frau: »Er deutete an, daß ich bezüglich deines Wesens viel realistischer sei als du in bezug auf meines. Aber –«
Der Mann: »Was sagte er!?«
Die Frau: »Nun, darüber, wie wichtig deine Arbeit für dich sei. So, jetzt wollen wir konstruktiv sein. Wie möchtest du gerne, daß ich mich verhalte, um zu deiner Produktivität beizutragen?«
Der Mann: »Ich bewundere in höchstem Maße deine Fähigkeit, eine solche Frage zu stellen, und die Antwort darauf lautet, daß du wahrscheinlich in Anbetracht deiner egoistischen Natur gar nichts tun kannst. Wahrscheinlich hätten wir gar nicht erst heiraten sollen!«

Die Frau: »Du wolltest also nicht heiraten?«
Der Mann: »Nein, ich wollte nicht. Ich wollte weiterhin unverheiratet mit dir leben.«
Die Frau: »Nun sehe ich nicht, wie wir da weiterkommen sollen. Du hattest ja die Wahl, mich zu heiraten oder es bleiben zu lassen.«
Der Mann: »Das stimmt.«
Die Frau: »Du trafst also die Wahl, mich zu heiraten. Nun halte ich es keineswegs für fair zu sagen: ›Ich hatte vorher viel mehr, was ich jetzt nicht mehr habe.‹ Womit gesagt werden soll, daß dies wegen Beschränkungen meinerseits der Fall ist.«
Der Mann: »Nein, ich traf meine Wahl freiwillig, das stimmt. Aber andererseits war ich verliebt in dich, und in diesem Zustand steuertest du mich – ich gebrauche das Wort ›steuern‹ –, du steuertest mich auf die Überzeugung hin, daß –«
(Hier dreht die Frau klugerweise das Tonbandgerät ab und weigert sich, weiterzumachen.) So beharrte also das Ehepaar wieder auf seinem Stolz, und die Quid-pro-Quo-Sitzung scheiterte.

11. Ein Quid-pro-Quo-Versuch, der Erfolg hatte

Wir haben zwei Beispiele für Quid-pro-Quo-Diskussionen angeführt, die nicht glückten. Jetzt folgt ein positives Beispiel. Es ist nicht ganz typisch insofern, als es sich zwischen einem Mann und einer Frau abspielt, die verlobt sind, und nicht zwischen zwei lange verheirateten Ehepaaren, die sich mit verhärteten Verhaltensmustern abzuplagen haben. Aber beide Teilnehmer stammen aus gescheiterten Ehen. Der Mann ist ein Professor für Spanisch aus Vermont, die Frau eine Anthropologin aus Los Angeles. Wir verwenden das Beispiel, weil beide Beteiligte mit dem Quid-pro-Quo-Prozeß vertraut sind. Sie erkennen, daß jeder einige Unterschiede in Herkunft und Milieu und in den Bedürfnissen aufweist. Im Lauf des vergangenen Jahres sind beide nach der Trennung von ihren bisherigen Partnern nach Denver gezogen und arbeiten hier. Der Mann hat aus seiner letzten Ehe vier Kinder, die mit ihrer Mutter ungefähr 150 Kilometer von Denver entfernt leben.

Unsere zwei Partner, John und Mary, gehen sehr viel miteinander aus, seit sie in Denver leben. Sie wohnen in verschiedenen Appartements, pflegen aber häufig sexuellen Verkehr. Sie glauben, einander wirklich zu lieben, und möchten heiraten, doch ihre beruflichen Ambitionen und ihre schmerzlichen ehelichen Erfahrungen lassen sie zögern. Deshalb beschließen sie, für die Dauer ihrer jetzigen Bindung – das heißt ungefähr für das nächste Jahr, bis die Scheidung genehmigt ist – ein Quid-pro-Quo zu erstellen. Sie nehmen ihre Sitzungen auf Tonband auf, und wir geben sie hier mit ihrer Erlaubnis wieder. Man sollte beachten, daß in diesen Quid-pro-Quo-Diskussionen von Heirat kaum die Rede ist. Damit ist genau die Diskussion gegeben, die (auch wenn die Probleme anders liegen können) *vor* der geplanten Ehe stattfinden sollte.

John: »Die Frage, die ich zunächst einmal stellen möchte, ist, ob wir die Dauer unserer jetzigen Beziehung bis zum nächsten Herbst festsetzen. Bis dahin ist es unwahrscheinlich, daß wir für eine Ehe schon wieder frei sind, auch wenn wir natürlich daran denken können, wenn wir Orte wie Reno ins Auge fassen. Ich hätte gerne sechs Monate lehrfreie Zeit, um die Arbeit über Guatemala fertig zu schreiben, was bedeuten würde, daß ich mindestens drei bis vier Monate in Mittelamerika leben müßte. Und ich bin überzeugt, von vergangenen Erfahrungen her, daß ich das nicht allein schaffen würde, denn ich kann mich nicht irgendwo in ein Loch verkriechen und Tag und Nacht schreiben. Diese Situation bringt Probleme für dich, denn du hast deine eigenen beruflichen Lebensinteressen zu bedenken, und da ist auch unser gesetzlicher Status, der gesellschaftlich da und dort hinderlich ist. Ich frage dich zunächst nach deiner Reaktion auf diese allgemeine Darlegung der Dinge.«

Mary: »Die Annahme ist doch, daß wir ein Schema ausarbeiten, das es uns erlaubt, gemeinsam tätig zu sein?«

John: »Nun, Zusammenarbeit ist nicht unbedingt nötig, aber es wäre natürlich wunderschön!«

Mary: »Das Planen?«

John: »Das Zusammensein, darüber sprach ich eigentlich.«
Mary: »Nun, das muß nicht unbedingt meinen Interessen entgegenstehen. Nehmen wir einmal an, es gibt ein Institut für Anthropologie in Guatemala, dann könnte ich weiterstudieren und dir trotzdem helfen, und du könntest mir dann bei der Doktorarbeit helfen.«
John: »Wenn nun aber kein Institut für Anthropologie existiert? Glaubst du, unsere Beziehung wäre dir so viel wert, daß du während dieser Zeit andere Kurse besuchst, die deiner Ausbildung indirekt auch dienen könnten?«
Mary: »Das einzige Problem ist, daß sich damit der Brennpunkt unserer Betrachtung verlagert. Wir kommen wieder auf die Beziehung zu sprechen. Wir haben nicht den Vorteil von Tom und Paule, wir sind nicht verheiratet; wir *müssen* uns nicht unbedingt über solche Fragen unterhalten. Unsere Beziehung hat mehr Versuchscharakter. Doch nehmen wir an, daß die Beziehung so weitergeht, wie wir es erwarten, dann glaube ich wäre es für mich möglich, andere Kurse zu besuchen. Ich möchte gerne meine Dissertation fertig machen, aber ich weiß auch, daß er nicht die einzige oder beste Voraussetzung für meine künftigen Pläne ist. Ich habe viele Interessen, und so könnte ich durchaus nach Guatemala gehen und andere Vorlesungen hören und die Doktorarbeit vertagen.«
John: »Was siehst du als vernünftiges Quo im Vergleich zu dem Quid, daß du deine Ausbildung verschiebst? Es bedeutet etwas für dich, daß du dich dazu entschließt!«
Mary: »Ja, das stimmt, und ein gutes Quo wäre einfach, daß du und ich einen Weg finden, der garantiert, daß ich beruflich auf einem anderen Gleis weiterkomme. Wenn wir dafür sorgen könnten, daß, während du schreibst und studierst, ich auch dabei bin, weil ich auch schreiben möchte. Das wäre dann ein Teil des Quo: meine Hilfe für dich. Ich könnte gemeinsam mit dir arbeiten und dabei etwas lernen. Außerdem könnten wir Verbindungen anknüpfen und unter die Leute kommen, die einem den richtigen Eindruck über gesellschaftliche Verhaltensweisen geben. Ich müßte dann auch die Möglichkeit haben, anthropologische Studien zu betreiben und zum Beispiel – auch ein paar Tage zusammenhängend – zu Ausgrabungen fahren können; soviel Toleranz müßtest du aufbringen. Und außerdem hielte ich es für wichtig, unabhängig von dir einige Verbindungen zu haben und

umgekehrt, denn ich glaube, das brauche ich für mein Selbstwertgefühl und die Bestätigung meiner Identität, und auch das, daß ich unabhängig von dir Vorlesungen höre und eigene Freunde habe, die dir vielleicht nicht so zusagen. Ich brauche etwas Freiheit, etwas ›Auslauf‹, besonders, da wir noch nicht in der Lage sind, zu heiraten.«
John: »Wieviel Garantie bräuchtest du, um zu wissen, daß deine Doktorarbeit nicht für unbestimmte Zeit aufgeschoben ist, daß du weißt, deinen Erfordernissen wird exakt Rechnung getragen?«
Mary: »Du meinst, wie lange ich sie verschieben könnte? Nun, da ist ein praktisches Problem zu beachten: Ich werde älter und muß den Doktor bald machen oder mich wissenschaftlich mit einer geringeren Stellung zufriedengeben. Ich glaube, zwei Jahre könnte ich warten, ohne schweren Schaden für meine Karriere zu riskieren. Dann könnte ich also einen Zwei-Jahres-Urlaub machen, wenn du möchtest, und wir könnten danach an einen Ort ziehen, wo ich meine Ausbildung beenden kann. Oder, wenn du dann nicht wegkannst, könnte ich immer – möglichst in deiner Nähe – fertig machen und dann zu dir zurückkommen. Noch eine Möglichkeit: Innerhalb der nächsten zwei Jahre ändern sich meine Berufsziele, so daß ich den Grad vielleicht überhaupt nicht mehr will. Das ist alles nicht so starr. Ich muß nur das Gefühl haben, daß ich beruflich nicht lahmgelegt bin.«
John: »Nun, ich glaube, wir haben noch eine dritte Möglichkeit. Die zweite finde ich indiskutabel. Es würde bedeuten, daß wir ein Schuljahr oder ein ganzes Jahr getrennt leben. Doch eine andere ernsthafte Überlegung ist: Was wäre, wenn ich beruflich in Guatemala bleiben müßte? Ich kann mir nicht vorstellen, daß das der Fall ist, denn bisher sieht es so aus, daß ich die Arbeit beende und dann wieder nach Denver gehe.«
Mary: »Ich dachte noch an etwas anderes. Nachdem du deine Arbeit beendet hast, könnten wir vielleicht an einen anderen Ort ziehen, zum Beispiel nach Los Angeles. Da ist sehr viel los, was dich interessieren würde, du könntest dort lehren, und ich könnte meinen Doktor dort fertig machen. Ich habe sicherlich nicht unbedingt Lust, wieder nach Denver zu gehen.«
John: »Ja, nun, das ist auch eine Möglichkeit; aber mich

würde interessieren, wie du dich, wenn wir wieder nach Los Angeles gehen, mit deiner Familie arrangierst. Was würde sie in Hinblick auf mich erwarten, vorausgesetzt, daß ich keine zu engen Beziehungen zu ihr halten möchte, was ich nicht weiß, weil ich sie nicht kenne. Vielleicht würden wir uns auch sehr gut verstehen?«
Mary: »In diesem Punkt bin ich optimistisch. Erstens brauche ich keine enge Verbindung mit meiner Familie. Sie lebt bisher schon in einer getrennten Wohnung, und ich lebte mit Wayne ziemlich weit weg und sah sie höchstens ein- bis zweimal in vierzehn Tagen. Da besuchte ich sie dann ein paar Stunden. Und ich rufe sie nicht einmal regelmäßig an. Nehmen wir an, du möchtest nicht viel mit ihr zu tun haben, dann könnte ich sie sehr gut allein besuchen, aber ich würde erwarten, daß du, wenn du mit ihnen einmal innerhalb von ein paar Monaten beisammen bist, dich anstrengen würdest, nett zu sein und mir keine unbehaglichen Gefühle bereiten würdest. Ich würde etwa eine bereitwillige Kooperation erwarten und Höflichkeit und keine künstlichen Barrieren. Was sagst du dazu?«
John: »Ich finde, das klingt ganz vernünftig. Es ist die Art von Angelegenheit, an die ich gewohnt bin, denn ich stand mit Kims Familie auch nicht in einem sehr engen Verhältnis, und wir besuchten meine und ihre Familie meist getrennt. Zwei andere Bereiche erscheinen mir wichtig. Der eine: Es kann eine Zeit geben, in der du auch ohne den legalen Status die Rolle der Ehefrau spielen müßtest. Der andere: Aus Gründen meiner Selbstachtung ist es unbedingt nötig, etwas für die Kinder zu tun. Damit habe ich zwei kritische Punkte angesprochen; es kommt nun darauf an, wie man sie klärt.«
Mary: »Was war das erste?«
John: »Der Status außerhalb des Gesetzes.«
Mary: »Richtig. Was das angeht, muß ich wahrscheinlich, wenn wir aus Denver weggehen, einige Quids verlangen. Das eine ist, daß ich bis zur Heirat eine eigene Wohnung haben möchte, um mein Freiheitsgefühl, meine gesellschaftliche Stellung und so weiter zu erhalten. Und dann brauche ich wahrscheinlich auch finanzielle Unterstützung, das Gefühl, versorgt zu sein, und daß es nicht nur ab und zu Geld gibt. Das würde heißen, daß du vielleicht die Wohnung bezahlst und das gemeinsame Ausgehen. Ich würde auch ein

Quid anbieten und möchte wissen, was du dazu meinst. Ich würde nicht alle Vorteile einer Ehefrau für mich buchen, das heißt, dich Rechnungen bezahlen lassen und so weiter. Zuallererst ist ein Sinn für Unabhängigkeit nötig, um sich in unserer Situation wohl zu fühlen, und deshalb würde ich selbstverständlich meine Schulgebühren, mein Essen und ähnliches bezahlen. Aber andererseits hätte ich höchst ungern das Gefühl, daß du dir als Gönner erscheinst und dich als ausgenützt betrachtest. Ich glaube, das ist ein Gebiet, das viel Zartgefühl erfordert, und wir müßten in der Lage sein, einander zu geben, ohne daß einer davon immer einen Vorteil hat.«

John: »Nun, ohne die Ehe in Betracht zu ziehen, hätte ich den Vorschlag mit Guatemala nicht gemacht. Die finanzielle Seite erscheint mir so sehr vernünftig geregelt, und du hast Anrecht auf meine Hilfe, nachdem ich das Projekt vorgeschlagen habe. Die schwierigere Angelegenheit ist die Unabhängigkeit. Ich glaube nicht, daß ich getrennte Verabredungen gern sehen würde, da wir ja schließlich unsere Verbindung für den ganz bestimmten Zweck getroffen haben, nämlich herauszufinden, ob die Ehe für uns in Frage kommt. Wieviel Unabhängigkeit erwartest du dir?«

Mary: »Ich bin mit dir einer Meinung über die Verabredungen. Wenn wir nach Guatemala gehen in der festen Absicht, zu einer Einigung zu kommen, würde ich mich nicht von anderen ausführen lassen. Wäre das aber der Fall, so würde ich für eine vollkommene finanzielle Unabhängigkeit plädieren. Ich würde mich dann selbständig fühlen und nach eigenem Gutdünken ausgehen. Doch wenn wir es so, wie du eben gesagt hast, machen wollen, treffe ich keine anderen Verabredungen. Wenn ich von Unabhängigkeit spreche, so meine ich damit, ein wenig Selbständigkeit für mein eigenes Leben zu haben, ein paar Freunde, männlich oder weiblich, aber streng auf das berufliche Gebiet beschränkt. Ich kann nicht ganz abhängig von dir werden; wenn du der einzige Lehrer wärst, der einzige Ernährer, der Mann, dessen Freunde auch die meinen sind, glaube ich nicht, daß dies meinem Selbstrespekt förderlich wäre, denn ich bin ziemlich unabhängig. Und ich brauche ein Gefühl für die Sicherheit meiner Zukunft – ich muß wissen, daß ich teilweise selbständig sein kann, um im Fall des Falles nicht absolut hilflos zu sein und nicht ganz von vorne anfangen zu müssen. Ist das verständlich?«

John: »Durchaus, und ich glaube, daß ich die Unabhängigkeit, von der du sprichst, sehr wohl akzeptieren kann, denn es gibt Zeiten, in denen ich mich gerne zu Hause mit einem Buch beschäftige und kein Bedürfnis nach Gesellschaft habe.«

Mary: »Und gleichzeitig ließe dir mein Bedürfnis nach Selbständigkeit auch deine eigene Freiheit, denn ich weiß, daß auch du Interessen und Freunde hast, die mich nicht immer etwas angehen. So ist auch dir damit gedient.«

John: »Wie steht es nun mit den Kindern? Was meinst du dazu?«

Mary: »Ich weiß, daß du in diesem Punkt recht hast. Mir fällt es vielleicht schwer, das zu verstehen, aber theoretisch sehe ich es ein und weiß, daß ich ebenso handeln würde wie du. Ich weiß, wieviel die Kinder für dich bedeuten, und außerdem ist es für die Kinder selbst wichtig zu wissen, daß du dich um sie kümmerst. Und wenn ich sie auch nicht gut kenne, so fühle ich doch so etwas wie Zuneigung und Verantwortung für sie. Ich hätte also vielleicht nicht viel Verständnis in einer Extremsituation; sagen wir, du fährst für drei Wochen auf Besuch zu ihnen. Darauf würde ich wohl etwas empfindlich reagieren, aber zumindest glaube ich, grundsätzlich Verständnis für die Kinder aufbringen zu können und keine Einwände größerer Art zu haben. Vielleicht würde ich mich sogar noch recht gut verstehen mit ihnen, wenn ich sie näher kennenlernte. Außer, daß die Kinder durch die gesetzliche Situation vielleicht in Verlegenheit kämen.«

John: »Zu Anfang zumindest.«

Mary: »Ich könnte ihnen wohl nicht die Mutter vorspielen, aber, wenn sie wollten, könnten wir durchaus gute Freunde werden.«

John: »Ja, sie haben eine Mutter, aber mit ihr ist ihre Beziehung auch anders. Sind da noch andere Gebiete – oh, ja, ein anderes fällt mir noch ein. Mein Einkommen wird weniger werden, weil ich für meine Frau und meine Kinder bezahlen muß. Aber so weit ich sehe, sind deine bisherigen Möglichkeiten auch nicht so groß gewesen, so daß es immer noch etwas mehr als früher wäre. Wie denkst du über Geld und über die monatlichen Schecks, die nach Denver gehen?«

Mary: »Ich möchte noch etwas zu den Kindern sagen, wenn es um spezielle Ereignisse geht, meine ich, wenn du sie abends besuchen willst oder so. Ich wäre sicher so verständnisvoll wie möglich und würde dir viel Freiheit lassen. Doch als Quo würde ich dann erwarten, daß sie nicht immer an erster Stelle kommen. Ich weiß nicht, ob ich in diesem Sinn ein Opferlamm sein könnte und den Kindern immer den Vorrang gäbe. Ich hielte eine Abwechslung für richtig, einmal die Kinder, einmal ich, und würde gerne das Gefühl haben, gleichberechtigt mit ihnen zu sein.«

John: »Nun, schon die Tatsache, daß ich mich nicht für sie aufgeopfert habe, indem ich bei Kim geblieben bin, deutet darauf hin, daß ich auch kein Opferlamm bin, und eines der ermutigenden Zeichen sehe ich darin, daß ich sie fair und gerecht behandeln kann, auch wenn ich nur zu bestimmten Zeiten und bei wichtigen Gelegenheiten zu ihnen komme, so zum Beispiel, wenn Tony schwanger wird und in eine Krise gerät.«

Mary: »Das ist gut. Ich möchte nur nicht in das Licht geraten, selbstsüchtig zu sein, wenn ich einmal Einwände erhebe. Ich weiß, daß die Kinder sehr wichtig sind, und will sie auch gar nicht ersetzen. Das halte ich nicht für nötig, denn meine und ihre Rolle sind ja wirklich zweierlei. So würde ich wohl nicht in Wettstreit mit ihnen treten, aber manchmal kommt vielleicht doch ein solches Gefühl auf. Es ist wohl viel Verständnis von beiden Seiten nötig.

Was die finanzielle Seite angeht, würde ich natürlich den Idealfall vorziehen, daß du keine Schecks nach Denver schikken mußt, aber ich habe Verständnis dafür. Sogar, wenn es finanziell nicht nötig wäre, würde es den Kindern innere Sicherheit geben, wenn du dich so um sie kümmerst. Außerdem glaube ich nicht, daß ich sehr materialistisch bin. Ich genieße zwar schöne Dinge, bin aber nicht habgierig; solange ich sonst glücklich bin, bedeutet mir Geld nicht viel. Zur Panik oder zu einer genauen obligatorischen Buchführung eigne ich mich auch nicht, und wann nun der nächste Scheck kommt, darüber rege ich mich nicht allzusehr auf. Krisensituationen sind im Gegenteil ein Genuß für mich; sie stellen eine Herausforderung dar. Ich könnte also, weil ich auf dich und deine Fähigkeiten vertraue, leicht mit einem beschränkten Einkommen zufrieden sein. Daß ich mich um das Fleisch für die nächste Mahlzeit sorgen muß, glaube ich nicht. Ist das einleuchtend?«

John: »Ja, sehr. Ich glaube, die einzige Sache, die wir hier nicht durchbesprochen haben, vielleicht weil sie erst in einigen Monaten spruchreif wird, sind die getrennten Wohnungen. Das wäre mir nicht so recht, teilweise, weil ich es nicht für eine gesellschaftliche Unmöglichkeit halte, daß zwei Unverheiratete zusammenleben, wenn die Leute die Situation verstehen; doch kann ich mir vorstellen, daß die Frau hierüber etwas anders denkt als der Mann, so, wie unsere Gesellschaft beschaffen ist. Und deshalb besteht hier wohl noch ein Fragezeichen, das sich aber vielleicht leichter beseitigen läßt, als ich bisher annehme. Denn wenn ich lerne, mich auf dich zu verlassen, ist es vielleicht nicht mehr notwendig, daß ich dich so viel bei mir habe wie jetzt, um sicher zu sein, daß du noch da bist und daß du mich heiraten willst.«

Mary: »Nun, die getrennten Wohnungen wären mir schon äußerst wichtig, und ich könnte nur höchst ungern unverheiratet mit dir zusammenleben und dabei nur schwerlich glücklich sein. Ich glaube, die Beziehung würde darunter leiden, weil ich so verkrampft wäre, wenn wir keine getrennten Wohnungen hätten, aber sie müßten ja nicht weit auseinanderliegen, und wie du mich kennst, ist das alles nur halb so streng gemeint. Aber trotzdem brauche ich diese Rückversicherung; die eigene Wohnung ist wichtig.«

John: »Somit haben wir doch eine ganze Reihe von Dingen erörtert, die mir in den vergangenen Wochen eingefallen sind, und nun muß ich zurück in die Universität, weil ich um zwei Uhr eine Vorlesung habe. Du hast das letzte Wort.«

Mary: »Nein, Schluß für heute, wir sind im Vorankommen.«

12. Der Einsatz eines Dritten im Ehedialog

Wenn Partner bei der Dialogführung Schwierigkeiten haben, ist die Anwesenheit einer dritten objektiven Partei wünschenswert. Doch auch mit den besten Absichten mag der Hinzugezogene nicht immer helfen können. Im folgenden Beispiel tragen Bill und Mary Parson einen heftigen Streit aus. Das Problem, um das es sich ihrer Meinung nach handelt, heißt Geld. Seit Wochen schreien sie einander an, klagen sich der Selbstsucht und Dummheit an. Jetzt haben sie sich entschlossen, einen Dritten hinzuzuziehen, um vielleicht so leichter aus ihrer Misere herauszukommen.

Sie kennen John True seit einigen Jahren. Mary wie Bill respektieren ihn, und sie sind sich einig, daß er der einzige ist, mit dem sie ihr Problem diskutieren möchten. Sie hoffen, daß er ihnen helfen kann. Der folgende Dialog findet in John Trues Wohnzimmer statt. Man beachte, daß John zwar als dritte Partei agiert und daß er Mary und Bill Gelegenheit gibt, ab und zu Wind aus den Segeln zu lassen, indem er schlichtet und beruhigt; doch kommt keine Hilfe von seiner Seite, was die Beilegung der grundsätzlichen Streitfrage angeht. Er erkennt nicht, daß das debattierte Problem nicht das eigentliche ist und daß es im Grund um den Statuskampf geht; die Geldfrage ist nur eine momentane Manifestation dieses Kampfes. (Später konsultieren die Parsons einen Fachmann, Dr. Smith. Der Dialog, der mit ihm geführt wird, zeigt den Kontrast zwischen dem einen und dem anderen Vermittler.)

Bill: »Also, wir haben heute morgen mit dem Streiten begonnen, und die Sache geriet uns schnell aus den Händen, und ich glaube, wir waren darüber schockiert. Da dachten wir, weshalb sollten wir nicht den Vorteil wahrnehmen und dich samt deinen Erfahrungen zu Rate ziehen. Du warst doch mit deiner verstorbenen Frau sehr glücklich verheiratet. Und vielleicht könntest du uns hier etwas weiterhelfen, denn wenn wir nicht bald mit dem Streit aufhören, sieht es schlecht aus.«
Dritte Partei: »Um was ging denn der Streit?«
Bill: »Nun –«

Mary: »Womit wir anfingen, darüber reden wir jetzt gar nicht mehr.«
Dritte Partei: »Anscheinend geht es schon wieder los. Wird mir nun einer, bitte, die Frage beantworten!«
Bill: »Es ging wohl ums Geld.«
Dritte Partei: »So, darum also. Ich weiß, daß ihr recht gut verdient und nur ein Kind habt. Was ist also?«
Bill: »Ich habe gerade eben ein paar gute Kunden bekommen und bin dafür, meinen Arbeitsraum besser auszustatten; er ist ziemlich schäbig.«
Mary: »Was ich durchaus verstehen kann! Aber weshalb kann er nicht fünf Minuten von etwas anderem reden und mir nicht vom Leib rücken, bis er das Geld hat, und wir haben es im Moment nicht! Unser Kind ist –«
Bill: »Ja, es hat einen Darmkatarrh.«
Mary: ». . . hat seit der letzten Woche einen furchtbaren Grippeanfall, und wir haben überdurchschnittliche Arztrechnungen, und ich kaufe mir seit zwei Jahren schon nichts mehr zum Anziehen, und mein Kleiderschrank ist absolut leer, weil er vor einem Jahr unbedingt das Segelboot haben mußte, und weil ich dafür auf meine gesamten Einkäufe verzichtete. Also –«
Bill: »Ich habe mir in letzter Zeit auch nichts mehr gekauft.«
Dritte Partei: »Darf ich mich hier einmischen. Ruhe! Ihr seid hergekommen, und deshalb macht ihr jetzt gefälligst einen Punkt, wenn ich es sage. Mary, glaubt du, daß Bill sein Büro gut leitet?«
Mary: »Ja, natürlich.«
Dritte Partei: »Glaubst du, er schätzt richtig ein, was er an Ausstattung braucht?«
Mary: »Bill, ich streite mit dir überhaupt nicht über deine neue Ausstattung. Ich dachte selbst daran. Wenn du nur noch etwas damit warten kannst – ich habe wirklich nichts mehr anzuziehen. Mehr als drei Kleider und zwei Hosen habe ich für die Jahreszeit nicht mehr. Und nackt kann ich leider auch nicht herumlaufen. Wenn du nur zwei Monate wartest, mehr will ich gar nicht.«
Bill: »Ich halte das für eine verdammte Dummheit; im Geschäftsleben heißt die Devise: Geldausgeben bedeutet Geldverdienen. Wir sprechen nicht über ein paar alte Kleider.«

Mary: »Ich sehe schon, wenn du beschließt, daß du etwas haben mußt, dann muß es gleich sein. Das ist genauso wie bei dem Segelboot.«
Bill: »Halt. Das Boot hat nichts damit zu tun!!!«
Dritte Partei: »Ich will nicht den Anschein erwecken, als stünde ich auf der Seite deines Mannes, aber mir scheint, ihr schreit euch deshalb an, weil er das Geld gleich ausgeben will und du das Geld *auch* gleich ausgeben willst.«
Mary: »Das Boot hat eben doch etwas damit zu tun, denn ich habe mir letztes Jahr nichts Neues gekauft und dachte, daß das –«
Dritte Partei: »Mary, so kommen wir nicht weiter. Ich würde vorschlagen, ihr setzt euch hin, schreibt auf, wieviel Geld da ist, und wieviel ihr jede Woche wofür ausgebt.«
Mary: »Unser Budget ist klar. Da gibt es keine Schwierigkeiten. Nur haben wir für die nächsten paar Monate eben das Geld nicht. Für beide nicht.«
Dritte Partei: »Mary erklärt, ihr hättet ein Budget. Bitte schreibt es auf und laßt es mich sehen. Ich komme dann wieder.«
Bill: »Ist gut.«
(Nach einer halben Stunde kommt Mr. True zurück.)
Dritte Partei: »Nun, seid ihr fertig?«
Bill: »Hier haben wir's. Unser Nettoeinkommen beträgt nach Abzug der Steuern soviel – damit kann sie sich nicht die Kleider kaufen, die sie eigentlich möchte. Nun, mit den Zahlungen und so weiter bleibt ihr für den Haushalt so viel. Hier sind die Kosten für das Auto, für die Arztrechnungen aufgeführt. Dann ist noch die Lebensversicherung, und dies und jenes und der Rest bleibt uns. Das sind ungefähr sechshundert Dollar.«
Dritte Partei: »Gut. Was wird die Büroausstattung kosten?«
Bill: »Ich habe mich nicht genau informiert, weil ich nicht anfangen wollte, ohne Mary zu fragen.«
Mary: »Was glaubst du, was würdest du brauchen?«
Bill: »Na, so um die zweihundert Dollar für die Maler und zweihundertfünfzig bis dreihundert für eine neue Diktiermaschine.«
Dritte Partei: »Und was sollen deine Kleider kosten, Mary?«
Mary: »Nun, wenn ich mich beschränke – nun, ich brauche

nichts Besonderes, nur etwas für den Sommer. Vielleicht vierhundert Dollar insgesamt.«
Dritte Partei: »Nun, dann kannst du zweihundert Dollar für deine Kleider haben, und seine Ausgaben betragen ungefähr vierhundert –«
Mary: »Nein, das stimmt nicht. Es sind fünfhundert, das heißt, mir bleiben lausige hundert Dollar.«
Bill: »Vielleicht reichen auch vierhundertfünfzig. Ich gehe herunter.«
Dritte Partei: »Warum sollte das nicht möglich sein?«
Bill: »Das ist eben eine höchst wichtige Investition. Ich verstehe nicht, daß sie das nicht einsieht!«
Mary: »Das leuchtet mir ja ein!!«
Dritte Partei: »Egal. Es ist ein kleiner Betrag – fünfzig Dollar hin oder her. Warum kann sie nicht zweihundertfünfzig für Kleider haben und du hast noch dreihundertfünfzig fürs Büro?«
Bill: »Dann haben wir das gleiche später wieder. Es geht hier ums Prinzip. Ich gebe für Kleider überhaupt nichts aus. Fünfzig Dollar sind kein Pappenstiel.«
Mary: »Du brauchst ja jetzt nichts zum Anziehen.«
Bill: »Ja, ich schon! Dieser Anzug ist schließlich nur zwei Jahre alt. Oder?«
Dritte Partei: »Jetzt seht mal, Leute. Ihr seid hergekommen, und ich will euch endlich zum Schlußmachen bewegen. Zwei Drittel des Geldes fürs Büro, ein Drittel für Mary. Das ist mein Rat. Bitte, streitet nicht, entweder ja oder nein. Und wenn ihr noch eine Tasse Kaffee wollt, die könnt ihr haben.«
Bill: »Ist recht.«
Mary: »Wo wäre das Ende? Nein, zum Teufel, ich wäre wieder im Nachteil, wie immer!«

Ein paar Wochen später besuchen die Parsons einen Therapeuten, Dr. Smith. Beachten Sie, wie er die Ratsuchenden immer wieder auf ein Minimum an Übereinstimmung hinleitet.

Therapeut: »Guten Tag, kommen Sie herein und setzen Sie sich, bitte.«
Mary: »Guten Tag.«

Therapeut: »Weshalb sind Sie gekommen?«
Bill: »Nun, meine Frau und ich sind in Streit geraten. Wir haben schon mit einem Nachbarn gesprochen und ihn als Mittelsmann benutzt. Er hat Sie uns empfohlen.«
Therapeut: »Gut. Er rief mich kurz an, erzählte mir, daß Sie mit ihm über Geld sprachen, aber er hatte nicht den Eindruck, sie kämen zu Rande.«
Mary: »Er war wirklich sehr nett, und er tat mir leid, weil alles nichts nutzte, und wir gingen heim und stritten um so heftiger.«
Bill: »So ist es.«
Therapeut: »Und Sie streiten immer noch?«
Mary: »Ja.«
Therapeut: »Jetzt scheinen Sie nicht zu streiten. Ist manchmal Ruhe?«
Mary (lacht): »Wir überfallen Sie nicht gern mit allem auf einmal. Wir müssen uns erst ein wenig aufwärmen.«
Bill: »Wir stritten am Weg zu Ihnen und dampfen sozusagen noch. Und ich dachte, es wäre gut, wenn Sie die Führung übernähmen, denn Sie sind der Arzt – jedesmal, wenn einer den Mund öffnet, schreit der andere los.«
Therapeut: »Hm, hm. Nun, worum geht es also?«
Mary: »Ums Geld, wie gewöhnlich.«
Therapeut: »Geld – wofür?«
Bill: »Das ist –«
Mary: »Weshalb läßt du mich nicht?«
Bill: »Gut.«
Mary: »Mein Mann wird manchmal furchtbar ärgerlich mit mir, weil ich viel Geld ausgebe, wenn ich mit meinen Eltern Ferngespräche führe.«
Therapeut: »Hm, hm.«
Bill (platzt heraus): »Sechzig Dollar waren es im letzten Monat!«
Mary: »Dies ist ein vollendetes Beispiel. Er läßt mich nie ausreden. Zuerst –«
Therapeut: »Wußten Sie, daß die Rechnung sechzig Dollar betrug?«
Mary: »Ja. Aber schließlich verdient mein Mann pro Jahr fünfunddreißigtausend.«
Bill: »Ich gebe das nicht aus, um meine Familie anzurufen.«
Mary: »Ich führe schließlich Ferngespräche. Und wenn er

ruhig ist, erzähle ich Ihnen, weshalb ich das so ohne weiteres tue. Erstens verdient er gut, zweitens ist er ein begeisterter Golfspieler und Sportfan und verbraucht mindestens – ja mindestens – zweihundert pro Monat im Sportverein, beim Golfspielen, für Getränke und was weiß ich. Dies ist seine Form der Erholung. Ich habe nichts dergleichen. Ich gebe nicht so viel aus.«

Bill: »Ja, verdammt noch mal, so kann man es nennen – Entspannung. Ich hasse das Golfspielen, aber mein bester Kunde spielt Golf!«

Mary: »Nun, das Telefonieren bedeutet mir viel. Ich habe guten Grund, meine Familie anzurufen: Sie steckt lange schon in Schwierigkeiten und erwartet meine Anrufe.«

Bill: »Keiner hat etwas dagegen, wenn sie einmal in der Woche anrufen würde und sich auf fünf Minuten beschränkte. Aber nein, sechzig Dollar, und sie ruft morgens und nachmittags an, spricht eine Stunde lang.«

Therapeut: »Ihre Frau erwähnte, daß Sie zweihundert Dollar beim Golf ausgeben. Das erscheint mir phantastisch.«

Mary: »Plus Getränke!«

Therapeut: »Ich verstehe – aber das bringt mich auf etwas anderes. Wie regeln Sie, wer was pro Monat ausgeben darf?«

Mary: »Das regeln wir nie. Das ist der springende Punkt. Wir enden immer im Kampf und –«

Bill: »Ich arbeite in einem Büro, das schäbig ist. Ich will es herrichten lassen, und meine Frau verbraucht zu viel Geld. Deshalb kann ich es nicht. Um Geld zu machen, meine ich, muß man es erst anlegen – fürs Geschäft!«

Therapeut: »Sie reden wie Ihre Frau – klagen in einem Ton der Selbstrechtfertigung! Ich finde, daß jemand, der seine Eltern anrufen will, recht hat. Viele wollen nichts mit ihnen zu tun haben.«

Bill: »Doktor, Sie fragten mich etwas – wie festzustellen sei, wieviel Geld auf einmal ausgegeben werden könne –, und ich versuchte, darauf zu antworten.«

Therapeut: »Aber Sie wissen doch, daß ich weiß, daß Geld nötig ist, um Geld zu machen.«

Bill: »Das verstehe ich nicht.«

Mary: »Er meint, warum sollten wir uns entschuldigen, wenn wir das Geld haben? Meist haben wir das Geld, und das allein zählt.«

Therapeut: »Sie wollen sagen, Sie essen gut und reichlich, und das Telefon macht keinen Unterschied?«
Mary: »Ja, und trotzdem kritisiert er mich, weil ich mit meiner Mutter spreche.«
Therapeut: »Sind Sie hierin einer Meinung?«
Bill: »Keineswegs. Um ein Geschäft aufzubauen, muß man immerzu weiterbauen und das ganze Geld wieder hineinstecken. Sechzig Dollar ist eine Menge Geld – und dann, jedesmal, wenn sie sich einsam fühlt, greift sie zum Hörer. Das hat nichts mit dem Geld zu tun; und außerdem ist es nicht nötig, die Familie so oft anzurufen.«
Therapeut: »Weshalb sind Sie der Meinung, daß das Familienleben Ihrer Frau besser ist als das Ihre?«
Bill: »Ich habe keine Familie, ich bin Waise.«
Therapeut: »So ist also eigentlich jede Familie besser als die Ihre?«
Bill: »Ich verachte die Familie meiner Frau. Schauen Sie nur einmal der Mutter beim Essen zu. Schlimm!«
Mary: »Ich mag sie. Und das einzige Mal, wenn ich meine Mutter anrufe, ist dann, wenn du beim Golfspielen bist. Aber du nimmst alles Extrageld und willst es anlegen und kritisierst mich, wenn ich es nehme. Geschäft ist alles!«
Therapeut: »Was tut er noch?«
Mary: »Er ist niemals zu Hause. Er kümmert sich vor lauter Verdienen nicht einmal um die Kinder. Sie brauchen viel mehr den Vater als ein neues Fahrrad. Und er mag meine Familie nicht. Er ist immer grob zu ihr.«
Therapeut: »Wie oft muß er sie sehen?«
Mary: »Höchstens alle fünf bis sechs Monate. Deshalb rufe ich oft an. Wir treffen uns nicht häufig.«
Therapeut: »So ist er also nur am Geld interessiert und widmet sich den Kindern nicht. Was noch? Das Geschäft hält ihn von der Familie ab.«
Mary: »Nun, es ist schwer, etwas zu sagen, weil ich ihn so wenig sehe. Ja, hier ist etwas. Wenn er *einmal* zu Hause ist, dann ist er im Grund doch nicht zu Hause. Er sitzt und liest und vergräbt sich hinter Bilanzen und Fachzeitungen und spricht nicht einmal beim Frühstück. Er könnte ebenso im Büro sein.«
Therapeut: »Geben Sie ihm Gelegenheit zum Gespräch?«
Mary: »Ja, ich *versuche* es. Ich rede über Bücher oder über

das Büro oder über meine eigenen Tätigkeiten, aber er interessiert sich überhaupt nicht dafür.«

Bill: »Jetzt geht mir ein Licht auf: Wenn ich neue Geschäfte abschließen will, muß ich manchmal mit der Kundschaft Golf spielen. Und jedesmal, wenn ich zur Tür hereinkomme, sagt sie: ›Ich hatte gerade ein höchst interessantes Gespräch mit Papa und Mama.‹ Ich glaube, sie telefoniert nur, um mir einen Tritt zu geben, weil sie weiß, daß sie mich damit ärgert.«

Therapeut: »Keiner von Ihnen hat viel Erfahrung beim Diskutieren?«

Bill: »Erfahrung? Sie redet doch dauernd!«

Mary: »Nein, er hat recht. Wir kommen auf keinen grünen Zweig.«

Therapeut: »Ich habe das falsche Wort gebraucht. Ich meine ›Training‹. Es gelingt Ihnen nicht, miteinander zu Rande zu kommen.«

Bill: »Es ist kein Zufall, daß ihr Vater Schallplatten verkauft.«

Mary: »Zu Hause streiten wir nie. Meine Eltern kommen gut miteinander aus; wir können die Dinge wie intelligente Menschen ausreden und können uns nett unterhalten – Bill und ich keineswegs!«

Bill: »Was willst du von mir, Mary?«

Mary: »Ja, das weiß ich einfach nicht. Aber etwas will ich, vom Golfspielen reden. Hier ist ein schönes Beispiel. Ich versuchte, mit ihm Golf zu spielen.«

Bill (schreit): »Drei Trainingsstunden.«

Mary: »Und er brachte so deutlich zum Ausdruck, daß er nicht wollte –«

Bill: »Verdammt richtig!«

Mary: »Er war so grob, und er will nicht, daß ich ihm helfe. Er behandelt mich wie überflüssiges Gepäck.«

Therapeut: »Ich glaube, ich komme ziemlich deutlich an eines Ihrer Probleme heran. Sie versuchen beide sehr ernsthaft, Ihre Ehe zu retten, und Ihr Streit geht nicht ums Geld, sondern darum, wer die meisten Anstrengungen für diese Ehe unternimmt. Ich glaube, Sie bleiben von zu Hause länger fort, um mehr zu verdienen – damit bleiben Sie fort von Ihrer Frau und beruhigen Sie mit mehr Geld. Und Sie, Mary, versuchen Ihre Ehe zu retten, indem Sie Ihre seelischen Pro-

bleme bei Ihren Eltern anstatt bei Ihrem Mann abladen und wahrscheinlich bei den Kindern Trost suchen.«
Mary: »Zu ihm kann ich nicht kommen. Jedesmal, wenn ich ihn nur anspreche, gibt es Streit.«
Therapeut: »Da Sie also beide sich so anstrengen, die Ehe durch Ausweichen voreinander zu retten, geht es darum, dies einzugestehen. Weichen Sie sich aus, weil keiner zugeben will, wie schlecht die Sache steht? Nicht, wie schlecht der andere ist, sondern wie schlecht die Ehe ist?«
Mary: »Sie ist schlecht. Seit zehn Jahren haben wir keinen harmonischen Tag verbracht.«
Bill: »Das stimmt. Tatsache ist, daß ich mich zu Hause langweile.«
Mary: »Wenn du nicht redest –«
Bill: »Einen Moment mal ...«
Therapeut: »Es war richtig zuzugeben, daß die Ehe schlecht ist, aber wenn Sie sagen, daß Sie sich zu Hause langweilen, schieben Sie den Schwarzen Peter Ihrer Frau zu. Zu Hause sind aber zwei Leute.«
Bill: »Ich habe nie Schwierigkeiten, mit mir etwas anzufangen, bis ich sie zu Hause treffe.«
Therapeut: »Ich glaube, das ist ein Märchen. Wie viel Zeit bleibt zu Hause, wenn Sie Ihr Essen und Schlafen abrechnen?«
Bill: »Viel zuwenig.«
Mary: »Darum geht es nicht. Ich bin auch beschäftigt. Vielleicht will der Doktor sagen, daß wir unser Bißchen an Freizeit nicht richtig organisieren.«
Therapeut: »Eben. Daran liegt es. Sie beschuldigen sich gegenseitig einer zu großen Geschäftigkeit, anstatt die verbleibende Freizeit auszunutzen. Glauben Sie, der Geldstreit könnte eine Art Vorwurf wegen zu viel Arbeit sein?«
Bill: »Kann schon sein. Deshalb werde ich vielleicht so zornig, wenn sie sich über meine Büroausstattung beschwert. Ich versuche, alles zeitsparender zu gestalten.«
Mary: »Wissen Sie, wir stehen nicht so schlecht, daß wir uns nicht eine Haushaltshilfe leisten könnten. Vielleicht habe ich nur Angst, daß Bill sich dadurch zu Mehrausgaben angespornt sieht.«
Therapeut: »Ehe wir wieder zusammenkommen, möchte ich, daß Sie sich getrennt damit befassen, den Zeitplan einer ge-

wöhnlichen Woche festzulegen. Vielleicht gibt es da einige Umschweife, weil keiner gerne den ersten Schritt zur Begradigung der Situation unternehmen will. Diskutieren Sie Ihre Zeitpläne nicht, ehe Sie wieder bei mir bestellt sind. Und wenn in der Zwischenzeit der eine sich über den anderen ärgert, gehen Sie weg. Tun Sie, wozu Sie gerade Lust haben – ums Haus gehen, ein Buch lesen, ins Kino gehen –, aber Sie dürfen auf keinen Fall streiten um nichts und wieder nichts, bis wir zu einem besseren Verständnis der Zusammenhänge gekommen sind. Ja?«
Mary: »Ja.«
Bill: »Ich werd's versuchen. Wann sollen wir wieder kommen?«

In dieser Sitzung hat der Therapeut versucht, einen Punkt der Gemeinsamkeit zu finden, und dies gelingt ihm auch: Er hat die Beteiligten dazu gebracht, daß sie sich über den schlechten Stand ihrer Ehe *einig* sind. Natürlich klagt dabei jeder den anderen an. Aber gleichzeitig stimmt man überein, *daß die Ehe schlecht ist* – keiner hat bisher für möglich gehalten, daß sich noch irgendeine Übereinstimmung finden läßt.
Deshalb wird nun die Übereinstimmung in einem Punkt einen Prozeß in Gang setzen, bei dem jeder versucht, zu beweisen, daß er noch mehr dieser Meinung ist als der andere – es handelt sich bei diesem Paar um Statuskämpfer. Jeder wird den anderen dabei auszustechen versuchen, wie ernst er die Vorstellung von der schlechten Ehe nimmt. In der Erkenntnis dieses Wettbewerbsmusters weiß der Therapeut, wenn er Instruktionen gibt, daß jeder die Handlungen des anderen mit den eigenen vergleichen wird. In der nächsten Sitzung sind die Anweisungen deshalb so gehalten, daß sich die beiden für einige Wochen möglichst wenig sehen. Das haben sie bisher auch getan, aber jetzt nimmt der Therapeut die Sache in die Hand und macht eine Anordnung daraus. Er weiß, daß beide Parsons gern selbst bestimmen, was sie tun, und die gleiche Taktik, die sie gegeneinander anwenden, werden sie auch gegen ihn anwenden, um die Kontrolle zu übernehmen. Aber damit bilden sie unbewußt eine Koalition – handeln gemeinsam –, und sie werden einige ihrer bisherigen Taktiken aufgeben müssen, um gegen den Therapeuten anzu-

kommen. Außerdem werden sie beide an der Tatsache herumrätseln, daß der Therapeut, nachdem er die Mißstände in ihrer Ehe festgestellt hat, sie getrennt halten will. Schlecht verheiratete Ehepaare erwarten den Rat, sie sollten sich möglichst viel gemeinsam amüsieren oder auf eine Reise gehen, um die Stimmung der Flitterwochen wieder einzufangen und so fort. Aber durch die Trennung stimuliert der Therapeut den Kampf ums Zusammenfinden. Und während sie eine Reihe von Kämpfen mit ihm durchmachen, wird ihnen eines immer deutlicher bewußt: Die Kosten der Büroeinrichtung und die Telefonrechnung sind nicht die wahren Motive des Kampfes, doch hat sich im Lauf der Jahre in jedem so viel verletzter Stolz angesammelt, daß er nicht zugeben will, wie sehr er *den anderen* verletzt und getroffen hat.

13. Die Notwendigkeit von Ehe-Inspektionen

Gewöhnlich unterzieht man seine Ehe nicht einer Untersuchung, ehe nicht großes Unbehagen und die Gefahr des Scheiterns im Raum steht. Wenn das Verhalten der Gatten ganz offensichtlich destruktiv wird und die Beteiligten zutiefst unglücklich sind, dann erst empfinden sie die Notwendigkeit, etwas zu tun. Zwar bringen sie ein defektes Auto in die Garage zur Inspektion, oder sie heben selbst die Kühlerhaube hoch und schauen nach, was der Grund sein könnte, aber für die Ehe unternehmen sie nichts. Und wenn sie eine Ehe führen, die auf stille Art und Weise zum immer Negativeren hin tendiert, übersehen sie die Umstände und verleugnen sie vor sich selbst.

Die gleiche Abwehr der Selbsttäuschung gibt es häufig auch im Hinblick auf körperliche Krankheiten. Manch einer zeigt Symptome eines schweren Leidens – aber er weigert sich, oft aus Angst, den Arzt aufzusuchen. Statt dessen erklärt er sich und anderen, es sei nur eine schlimme Erkältung oder »Magenweh«. Erst seit wenigen Jahren betrachtet man Vorsorgeuntersuchungen für Erwachsene als höchst notwendig. Es geht dabei darum, Erscheinungen zu entdecken, solange sie noch zu behandeln sind. So wird zu hoher Blutdruck, rechtzeitig entdeckt und behandelt, reguliert, ehe man nichts mehr dagegen unternehmen kann. Wir sind der Ansicht, daß Ehen die gleiche Vorsorge und Behandlung erfahren sollten, die wir unserem Körper und unseren Autos zukommen lassen. Wir halten Eheinspektionen für nützlich. Zum ersten erlauben sie Mann und Frau Identifikation und Einschätzung von Schwächen und Fehlern sowie deren Beseitigung mittels einer Therapie. Dann machen sie die Partner aufmerksam auf vorhandene Pluspunkte, die als selbstverständlich gelten, und weisen sie auf Methoden hin, wie solche Pluspunkte stabil gehalten und vermehrt werden können.

Ein Mann, der sich bei guter Gesundheit befindet, kann ein Alter erreichen, in dem Diät, körperliche Betätigung, Rauchen und ähnliche Lebensgewohnheiten seinen Bedingungen so angepaßt werden, daß sie seine Gesundheit weiter erhalten helfen. Ebenso hat die Ehe Phasen, denen durch Veränderung oder Verschiebung der ehelichen Interaktionen und mancher Gepflogenheiten Rechnung getragen werden kann. Die Partner mögen vielleicht den Wandlungsprozeß nicht erkennen, aber ein erfahrener »Ehedoktor« kann sie durchaus darauf hinweisen.

Es gibt viel Gründe dafür, weshalb ein *kompetenter* Dritter therapeutischen Einfluß auf eine kranke Ehe ausüben kann. Neuere Statistiken weisen darauf hin, daß Vermittlungsinstanzen, wenn ihre Angestellten die richtige Ausbildung und die geeigneten Fähigkeiten haben, recht erfolgreich sind. Das Vermittlungsgericht von Los Angeles berichtet, daß sechzig bis siebzig Prozent der ersten fünfhundert betroffenen Ehen ihre Forderung nach Scheidung fallenließen. In Australien ist ein Vermittlungsversuch gesetzlich vorgeschrieben, und auch hier ist ein großer Prozentsatz eingereichter Scheidungen wieder rückgängig gemacht worden, dank der Bemühungen qualifizierter Berater, die den Partnern halfen, ihre Ehe zu verstehen und weiterzuführen. Das entsprechende Gesetz besteht erst seit 1959, und deshalb läßt sich noch nicht bindend beurteilen, ob die Auswirkungen der Vermittlung dauerhaft oder nur vorübergehend sind. Jedenfalls weisen alle Anzeichen darauf hin, daß die Paare verheiratet bleiben und daß ihre Ehen besser funktionieren als früher.

Die Ratgeber dieser Instanz helfen den uneinigen Partnern, folgende Dinge zu verstehen:

1. Was sind, aufs Ganze gesehen, die Pluspunkte, was die Minuspunkte der Ehe? Diese objektive Beurteilung nimmt das Gefühl, *die Ehe sei ganz zerstört*.
2. Die Partner sind Teil eines Verbundsystems. Keiner ist ganz »gut« oder »schlecht«, und die Ehe selbst bringt große Veränderungen in den Verhaltensmustern der Beteiligten mit sich. Jede Handlung von Mary zieht eine Reaktion von John nach sich und umgekehrt. Die Beziehung ist nicht einseitig.
3. Bewußt oder unbewußt ist eine Hauptfunktion der Verhaltensmuster die, Rache zu nehmen für erlittene Unannehmlichkeiten oder zu beweisen, daß der eine gleich, wenn nicht besser ist als der andere. Die Motivationen solchen Verhaltens kann der Therapeut erkennen.
4. Unterschiede in Geschmack und Auftreten bedeuten nicht unbedingt Über- oder Unterlegenheit.
5. Das Kommunikationssystem zwischen den Partnern kann zusammengebrochen sein, so daß die abgesandten Botschaften nicht mehr die gleichen sind wie die angekommenen.

Die Ratgeber können den zerstrittenen Gatten ausführlich und bewußt helfen, sich zu entscheiden, ob sie verheiratet bleiben wollen und ob sie aller Vernunft nach erwarten können, daß aus ihrer Ehe etwas zu machen ist. Wenn die Partner, wie es meist der Fall ist, ja sagen und sich für den Fortbestand der Ehe entscheiden, bieten ihnen die Berater verschiedenste Hilfsmittel. Sie zeigen ihnen Kommunikationsmöglichkeiten, stellen fest, wie die Ehe am besten funktioniert, helfen mit, ein Quid-pro-Quo zu schaffen – die Grundregeln für eine funktionierende Ehe, ganz ausgerichtet auf die Bedürfnisse der Beteiligten. (Einer der Fehler der gängigen Schnellkuren, die in Artikeln propagiert werden, besteht in der Vereinfachung der Rollen von Mann und Frau, die als fixiert und überall gleich gelten.)

Wenn die Partner nach der Erwägung der Plus- und Minuspunkte glauben, eine Scheidung wäre besser, assistiert ihnen der Berater dabei, hilft, sie so glatt und schmerzlos wie möglich über die Bühne zu bringen, zeigt den beiden, wie sie dem anderen beim neuen Start helfen können mit einem Minimum an Schwierigkeit oder Bitterkeit.

Wir glauben, daß jährliche Eheinspektionen, durchgeführt

von geschulten Kräften, der Mehrzahl unserer Ehen gut täten und daß damit eine bemerkenswerte Zunahme an körperlicher und seelischer Gesundheit, Zufriedenheit und Produktivität verbunden wäre. Doch sind die Chancen für eine solche Einrichtung großen Ausmaßes gering. Einmal haben manche Eheleute ein natürliches Widerstreben, eher als unbedingt nötig Hilfe zu suchen. Auch sind die Psychologen, Psychiater und Eheberater solchen Inspektionen gegenüber oft skeptisch. Fast ihre gesamte Ausbildung beschränkte sich auf die pathologische Seite. Es gibt wenig Literatur, wenig Schulen und keine Erfahrungsstütze für den Fachmann. Außerdem ist es leichter und einträglicher, sich mit den Katastrophen zu befassen. Die Erfolgschancen sind größer und besser sichtbar.

Da also eine allgemeine Vorsorgeuntersuchungspflicht für die Ehe wahrscheinlich für die kommenden Jahre nicht möglich sein wird, ist es unserer Meinung nach eine vernünftige Idee, wenn die Partner sich selbst darum kümmern. Solche Inspektionen sind aus verschiedenen Gründen wünschenswert. Zum ersten gibt es keine Ehe ohne Probleme. Wir haben nie etwas von einer problemlosen Ehe gehört, geschweige denn eine gesehen. Entsprechend kann man annehmen, daß so ziemlich jede Ehe von einer solchen Untersuchung profitieren könnte.

Zum zweiten gibt es in der Ehe eine Tendenz: Eine in eine bestimmte Richtung geleitete Entwicklung wächst geometrisch. Die nichtreziproken Verhaltensmuster von Eheleuten in sich verschlechternden Beziehungen nehmen zu, und die Beteiligten schieben sich gegenseitig die Schuld zu für die Verschlechterung und die Verhärtung. Allmählich wird das Verhältnis starr und einseitig auf jene Richtung hin orientiert, die es einmal eingeschlagen hat. Normalerweise erkennen die Beteiligten eines solchen Systems nicht die vorhandenen Möglichkeiten, die negative Tendenz einzuschränken und oft auch ganz zu beseitigen. Zum dritten gibt es in fast jeder Ehe natürliche und unvermeidliche Gefahren. Kinder kommen zur Welt, wachsen heran, verlassen später das Haus, wirtschaftliche Veränderungen können eintreten, die Partner bekommen mehr Freizeit oder mehr Verantwortung oder beides, sie nehmen öffentliche Ämter an, neue starke Belastungen wirken sich aus. Es ist schwierig (aber nicht unmöglich), daß ein Partner diese natürlichen Veränderungen und ihren Effekt

berechnen kann: welches Ergebnis die Verlagerung der Interaktionen für die Ehe hat.
Den Zustand der Ehe einzuschätzen und diagnostizieren zu lernen ist, so scheint uns, sehr wesentlich für die Aufrechterhaltung einer funktionierenden Beziehung. Wir wünschen allen unseren Lesern gut ausgebildete und erfahrene Experten als Helfer und Berater solcher Inspektionen und wir wünschen ihnen das Geld, sich solche Leute leisten zu können. Da aber der Durchschnitt der Ehepaare heute nicht den Vorteil fachlicher Institutionen genießen kann, ist das nächste Kapitel der Darstellung von Methoden vorbehalten, wie man eine Vorsorge-Untersuchung für die eigene Ehe treffen kann.

14. Inspektionsprogramm für die eigene Ehe

Dieses Kapitel bringt Methoden, die für die Untersuchung der eigenen Ehe nützlich sind, keine Mittel, um die Ehe zu verbessern. Wir wollen hier entdecken, wie gut die Ehemaschinerie funktioniert. Wenn die Partner entscheiden, daß die Ehe fortgeführt und verbessert werden soll, wird der nächste Schritt sein, ihre Minuspunkte zu diskutieren. Dann kommt der dritte Schritt: Möglichkeiten zur Reduzierung oder Beseitigung zu finden. Wir diskutieren ihn später.
Hier die drei empfohlenen Methoden für die Bewertung der Ehe:
Methode A. Die Gatten ziehen sich zurück; jeder versucht, die Beurteilung allein vorzunehmen. Diese Methode ist die am wenigsten effektive, aber unter bestimmten Bedingungen die einzig mögliche. Später werden wir beschreiben, wie sie am besten durchgeführt wird.
Methode B. Die zwei Partner setzen sich unter später beschriebenen Umständen zusammen und unternehmen eine gemeinsame Bewertung der Ehe.
Methode C. Die beiden treffen sich in Gegenwart eines dritten, eines Laien. Die Funktion dieses Mittelsmannes ist es, abzuhören und wiederzugeben, was er »hört«. Oft ist die abgesandte Botschaft nicht die, die »gehört« wurde; der Dritte kann dann häufig klären, was gemeint war. Vielfach werden

die Botschaften zumindest teilweise durch wortloses Verhalten vermittelt, was der Sender nicht weiß. Der Dritte kann den Partnern beschreiben, was sie dabei tun und wie sie sich verhalten. Der Laie sollte nicht verwandt mit einem der Partner sein – es muß eine Person sein, die zuverlässig nicht Partei ergreift und schweigen kann über das, was sie hört. Auch sollte es sich um jemanden handeln, der keine Bitterkeit fühlt hinsichtlich der Ehe, selbst wenn er geschieden ist.

Gelegentlich wird auch eine vierte Methode angewandt. Zwei Paare (also vier Leute insgesamt) treffen sich im gemeinsamen Bemühen, sich in die Aufgabe der Bewertung und Beurteilung der ehelichen Interaktionen zu teilen. Es ist schwierig, dafür zwei Männer und zwei Frauen zu finden, aber es ist möglich und ist schon geschehen. Wir haben auch manche größere Gruppen beobachten können, vier bis sechs Paare, die sich unter kirchlicher Führung oder in einer bestimmten Gemeinschaft zusammenfanden, um ohne Teilnahme eines Fachmannes über die Ehe zu reden. Manche dieser uns bekannten Diskussionen wurden schnell durch Streit zunichte gemacht, andere erreichten bis zu zehn Sitzungen. Wir kennen niemand, der länger als zehn Sitzungen weitergemacht hat und bei dem ohne Einsatz eines Fachmannes noch viel herausgekommen ist. Wir empfehlen hier diese Methode nicht. Die Anwesenheit anderer Paare bringt zu viele Störfaktoren.

Methode A: Ehebewertung durch jeweils einen Partner

Jeder Partner sollte einen Platz wählen, an dem er ohne Störung und in Ruhe ungefähr zwei Stunden sitzen bleiben kann, und sollte die Zeit seiner besten Leistungsfähigkeit dafür bestimmen. Am besten sollte der Test dann gemacht werden, wenn sich die Partner einige Stunden lang nicht gesehen haben, damit sie nach Streitereien die Möglichkeit zur Beruhigung haben. Die einzige erforderliche Ausstattung ist Bleistift oder Feder und liniertes Papier. Der erste Schritt besteht darin, die Plus- und Minuspunkte schriftlich festzuhalten.

In einer Spalte werden die Charakteristika notiert, die der Schreiber für gut hält, in die andere die, die ihm mißfallen.

Der nächste Schritt sieht die Beantwortung der Fragen vor,

die auf den kommenden Seiten dieses Buches angegeben sind, und, wenn nötig, die Angabe von Erläuterungen. Es ist wichtig, daß derjenige, der den Test macht, die Antworten schriftlich festhält. Jede Frage muß beantwortet werden. Bezieht sich eine Frage auf den Partner, soll sie der Schreibende nach bestem Wissen beantworten. So sollte die Frau bei Frage 15 bis 17 angeben, ob sie der Meinung sei, ihr Mann habe seit der Heirat mehr oder weniger Erfolg im Beruf, und die Gründe dafür notieren.

Hier die Fragen:

1. Freuen Sie sich, nach der Arbeit des Tages den Partner abends wiederzusehen? Antwort: Ja oder Nein.

2. Wenn die Antwort auf Frage 1 »Nein« lautet, nennen Sie den Hauptgrund, weshalb Sie sich nicht auf Ihren Partner freuen. Seien Sie exakt; schreiben Sie zum Beispiel: »Mein Mann beklagt sich immer gleich darüber, wie das Haus aussieht« oder »Ich komme müde vom Büro heim, mache die Tür auf, und da finde ich Lärm, der Fernsehapparat läuft, Freunde unterhalten sich in der Küche, und es sieht aus wie im Schweinestall.«

3. Wenn die Antwort auf Frage 1 »Nein« lautet, schreiben Sie weitere fünf Gründe nieder (zusätzlich zu den in Nummer 2 angegebenen Gründen), weshalb das abendliche Wiedersehen unerfreulich ist. Dies mag schwierig sein und viel Objektivität erfordern, denn man schämt sich oft der eigenen Reaktion auf Eigenschaften des Partners. Ein Mann gab hier beispielsweise an: »Ich kann einfach nicht den hohen, weinerlichen Ton in der Stimme meiner Frau ausstehen!« Der Gatte hatte die Stimme seiner Frau schon vor der Ehe gekannt, und deshalb fand er es unangenehm zuzugeben, daß ihre Art zu sprechen störend auf ihn wirkte. Eine Frau schrieb: »Tom kommt so fröhlich heim und erzählt alles mögliche Interessante. Ich bin erschöpft von der Hausarbeit und den drei Kindern und kann mit seiner lärmenden Fröhlichkeit einfach nichts anfangen. Weshalb kann er nicht ruhig sein und mir helfen?« Es ist wichtig, daß mindestens fünf Gründe gefunden werden. Wenn es keine wesentlichen sind, dürfen unwesentliche hinzukommen.

4. Verglichen mit Harry Stack Sullivans Definition der Liebe: Wie lieben Sie Ihren Partner? Ist die Sicherheit und das

Wohlergehen Ihres Mannes oder Ihrer Frau für Sie ebenso wichtig wie Ihr eigenes? Antworten Sie mit Ja oder Nein.
5. Liebt Ihr Partner Sie im Hinblick auf die obige Definition? Antworten Sie mit Ja oder Nein.
6. Führen Sie kurz fünf Beispiele für liebevolles Verhalten Ihrem Gatten gegenüber im letzten Monat an.
7. Führen Sie fünf Beispiele für liebevolles Verhalten an, das Ihr Partner Ihnen im Lauf des letzten Monats entgegengebracht hat.
8. Führen Sie fünf Beispiele an, mit denen Sie Ihren Partner absichtlich oder unabsichtlich im Lauf des letzten Monats getroffen haben.
9. Führen Sie fünf Beispiele an, mit denen Sie Ihr Partner absichtlich oder unabsichtlich im Lauf des letzten Monats getroffen hat.
10. Führen Sie fünf Dinge an, um deren Veränderung Sie Ihren Partner vergeblich gebeten oder zu der Sie ihn gedrängt haben.
11. Führen Sie ebenso fünf Punkte an, in denen Ihr Partner von Ihnen eine Umstellung wünschte, die aber nicht erfolgte.
12. Welche der in Ihrer Antwort auf Frage 11 angeführten Bereiche hätten Sie, wenn Sie wirklich gewollt hätten, ändern können? Welchen Bereich hätten Sie beispielsweise während der Werbungszeit korrigiert?
13. Geben Sie für jeden in Frage 12 beantworteten Bereich detaillierte Gründe an, weshalb die gewünschten Änderungen nicht erfolgt sind.
14. Geben Sie für jeden in Frage 10 genannten Bereich Gründe an, weshalb, Ihrer Meinung nach, Ihr Gatte die gewünschten Veränderungen Ihnen zuliebe nicht ausgeführt hat.
15. (Für den Mann) Sind Sie in Ihrer Berufsarbeit seit Ihrer Eheschließung besser oder schlechter vorangekommen? Antworten Sie mit »besser« oder »schlechter«.
16. Wenn Sie besser vorankommen, beschreiben Sie, weshalb das Ihrer Ehe zuzuschreiben ist.
17. Wenn Sie schlechter weiterkommen, geben Sie auch dafür die Gründe an, die Sie Ihrer Ehe zuschreiben.
18. (Für die Frau) Sind Ihre Tage seit der Eheschließung ebenso ausgefüllt und interessant gewesen wie vorher? Antworten Sie mit Ja oder Nein.
19. Wenn Sie keine Veränderung zum Negativen hin festge-

stellt haben, beantworten Sie die Frage, weshalb Ihre Ehe darauf Einfluß hatte.

20. Wenn Sie eine Veränderung zum Schlechteren festgestellt haben, beantworten Sie die Frage, weshalb Ihre Ehe darauf Einfluß hatte.

21. Geben Sie fünf Bereiche an, in denen Ihr Partner Ihrer Meinung nach besonders selbstsüchtig ist.

22. Glauben Sie, daß bei Ihnen oder bei Ihrem Partner die größeren Anstrengungen geschehen, um die Ehe zum Erfolg zu führen? Nennen Sie Gründe für Ihre Antwort.

23. Haben Sie die Möglichkeit der Scheidung, wenn auch nur flüchtig, ins Auge gefaßt? Antwort: Ja oder Nein.

24. Wie oft haben Sie in den letzten sechs Monaten an Scheidung gedacht?

25. Kennen Sie ein Paar, dessen Ehe Ihnen besser erscheint als die Ihre? Antwort: Ja oder Nein.

26. Wenn Sie ein solches Paar kennen, weshalb finden Sie dessen Ehe besser?

27. Vor Ihrer Ehe waren Sie doch wohl der Ansicht (außer es handelte sich um einen überstürzten Entschluß), daß Sie glücklich werden würden. Geben Sie fünf Gründe für diese Ansicht an.

28. So wie Sie Ihre Ehe jetzt sehen, würden Sie – wenn Sie allein wären – immer noch den gleichen Partner wählen? Antwort: Ja oder Nein.

29. Wenn Sie von Ihrem jetzigen Partner ohne irgendeine Unannehmlichkeit, ohne größere Kosten oder bittere Erfahrungen, ohne Aufsehen, ohne negative Auswirkungen für die Kinder geschieden werden könnten, würden Sie es tun? Antwort: Ja oder Nein.

30. Waren Sie während Ihrer Verlobungszeit glücklicher als jetzt? Antwort: Ja oder Nein.

31. Wenn Sie glücklicher waren, nennen Sie dafür mindestens drei Gründe.

32. Nennen Sie fünf negative Eigenschaften (solche, die Sie nicht mögen) Ihres Partners, die Sie erst in der Vertrautheit der Ehe kennenlernten.

33. Geben Sie zehn geschmackliche Unterschiede zwischen Ihnen und Ihrem Partner an. Zum Beispiel: Er mag Jazz, ich mag Oper; sie räumt morgens nicht gern auf, ich hasse Unordnung am Morgen.

34. Ist Ihr Sexualleben glücklich? Antwort: Ja oder Nein.
35. Welches Verhalten, welche Techniken von seiten Ihres Partners würden Ihr Sexualleben befriedigender gestalten?
36. Wenn Sie Kinder haben: Helfen oder behindern sie Sie in Ihrer Arbeit? Wenn Sie Ihre Ehe neu beginnen könnten, würden Sie dann wieder Kinder haben wollen?
37. Wenn Sie keine Kinder haben: Glauben Sie, deren Anwesenheit würde die Beziehung verbessern?
38. Mögen Sie die Verwandten Ihres Partners? Wenn es welche gibt, die Sie nicht mögen, sagen Sie, weshalb.
39. (Für die Frau) Wäre Ihre Ehe besser, wenn Ihr Mann besser verdiente?
40. Gibt es Möglichkeiten, wie Sie Ihrem Mann helfen könnten, mehr zu verdienen?
41. Wäre Ihre Ehe besser, wenn Ihr Partner ein besonderes Geschick hätte, was er Ihrer Meinung nach jetzt nicht hat?
42. Weshalb besitzt er dieses Geschick nicht?
43. Können Sie ihm helfen, es zu erlangen?
44. Geben Sie fünf Gründe an, weshalb Sie Ihre Ehe für sich als vorteilhaft (oder zufriedenstellend) betrachten.
45. Geben Sie zehn nachteilige (oder unbefriedigende) Aspekte Ihrer Ehe an.

Wenn Sie alle diese Fragen ehrlich beantwortet haben, wird eine Überprüfung der Antworten ganz klar zeigen, ob Ihre Ehe Ihrer Meinung nach so funktioniert, daß sie zufrieden sein können, ob sie größere Überholungsarbeiten braucht oder ob die Instandsetzungsarbeiten ihr Engagement so übertreffen würden, daß es besser wäre, mit einer Scheidung einen Schlußstrich zu ziehen.

Keiner der Partner sollte dem anderen die Antworten zeigen. Denn wenn einer weiß, daß die Möglichkeit dazu besteht, wird er seine Antworten nicht so objektiv wie sonst notieren.

Nachdem beide den Test beendet haben, sollte jeder dem andern die folgende Frage stellen: »Glaubst du, daß unsere Ehe sehr viel schlechter ist, als wir es möchten?« Wenn einer der beiden diese Frage mit Ja beantwortet, dann sollten beide, auch wenn der andere ihre Heirat für einen großen Erfolg hält, sich der folgenden Frage widmen: »Sollen wir

zu entdecken versuchen, was an der Ehe schlecht ist, und die nötigen Instandsetzungsarbeiten beginnen?«
Wenn beide mit »Ja« antworten, sollten sie sich dem Kapitel über den »Interpersonalen Vergleichstest« zuwenden.

Methode B: Gemeinsame Beurteilung der Ehe

In dieser zweiten Methode werden die in Methode A benutzten Fragen noch einmal herangezogen. Doch anstatt die Antworten aufzuschreiben, beantworten sie beide abwechselnd laut. Die Antworten müssen kurz sein, und jeder muß ohne Kommentar zuhören. Es ist nicht erlaubt, den anderen herauszufordern oder zu streiten oder Erklärungen über Handlungen und Motive zu geben oder in irgendeiner Weise die Äußerungen des Partners zu ergänzen oder zu negieren – auch wenn man es noch so sehr möchte. Auch muß der Test auf einmal beendet werden, gleich, wie ärgerlich einer oder beide dabei werden, und er muß an einem ruhigen Ort durchgeführt werden, wo es zu keinerlei Störungen kommen kann.
Wenn beide alle Fragen beantwortet haben, sollten sie kommentarlos an ihre Geschäfte zurückkehren. Nach einer 24-stündigen Denkpause sollte jeder dem anderen die Frage stellen: »Ist unsere Ehe sehr mangelhaft und unbefriedigend?«
Wenn beide glauben, die Ehe sei so gut, daß sie nicht verbessert werden könne, ist alles in Ordnung. Wenn einer oder beide der Ansicht sind, es funktioniere nicht oder ihre Beziehung sei verbesserungsfähig, müssen sie einander die Frage stellen: »Sollten wir unsere Ehe einer Analyse unterziehen, um zu sehen, wie man sie verbessern könnte?« Hier kann das Kapitel »Interpersonale Vergleichstests« von Nutzen sein.

Methode C: Beurteilung der Ehe mit Hilfe eines nichtprofessionellen Dritten

Wie bereits erwähnt, sollte eine dritte Partei das Vertrauen beider Partner genießen, sie sollte objektiv und verläßlich und außerdem verschwiegen sein. (Es wäre wünschenswert, wenn sie das ganze Buch gelesen hätte, damit sie und die beiden betroffenen Partner mit denselben Denkmustern und der gleichen Terminologie arbeiten könnten.)

Diese Methode erfordert viel mehr Zeit als die anderen – mindestens fünf Stunden ohne Unterbrechung.

Wieder werden die in Methode A verwendeten Fragen benutzt und, wie in Methode B, mündlich beantwortet, nicht schriftlich. Aber diesmal besteht nach jeder Antwort die Möglichkeit der Debatte. Man kann streiten, erklären, angreifen, alles sagen, was man will, wenn es nur einen Bezug hat. Die Funktion des Dritten besteht darin, den Redner beim Thema zu halten.

Im Lauf der Diskussion kann es zu Temperamentsausbrüchen, Tränen oder Wortwechsel kommen. Dann sollte der Dritte die Partner ruhig daran erinnern, daß sie nicht zum Streiten, sondern zur Beurteilung ihrer Ehe zusammengetroffen sind. Oft kommt es zu offener Feindseligkeit zwischen den beiden Betroffenen. Da geschieht es häufig, daß die angekommene Botschaft nicht mehr der abgeschickten entspricht. Der Dritte muß auf die Situation gefaßt sein und als Dolmetscher zu fungieren versuchen, sich vergewissern, daß die abgeschickten Botschaften den angekommenen entsprechen. Beispielsweise kann er eine Diskussion unterbrechen und sagen: »Mary, ich versuche zu umschreiben, wie ich deine Worte verstanden habe.«

Nachher fragt er: »Ist es so, wie ich es verstanden habe?«

Wenn Mary bejaht, fragt er den Partner, ob auch er ihre Äußerung so verstanden habe.

Am Ende der Diskussion fragt der Dritte, ob die Ehe nach Meinung der beiden Betroffenen verbessert werden könne und ob sie es wollten.

Wenn sie »Ja« dazu sagen, können sie sich dem Kapitel über den »Interpersonalen Vergleichstest« zuwenden.

15. Wie man sich einen Partner erwählt

Die Wahrscheinlichkeit für eine funktionierende Ehe ist am größten, wenn man den Partner wählt, mit dem man am besten zusammenarbeiten kann. Obwohl dies ein ganz einleuchtender Gedanke ist, wird er selten in die Tat umgesetzt. Es ist wenig wahrscheinlich, daß zwei Verliebte ihrem Urteilsvermögen nach besten Kräften vertrauen und es bei der Wahl des Partners richtig einsetzen. Es ist noch unwahrscheinlicher, daß sie sich auf die Erkenntnisse von Sozialwissenschaftlern stützen. Natur, Kultur und Tradition lenken uns ab, hindern uns daran, während der Werbungszeit die nötige Intelligenz walten zu lassen. Der Ehewillige galoppiert einfach los und verlobt sich mit jemanden, der »ihn anzieht«.

Doch auch so muß noch nicht alles verloren sein. Oft gibt es noch Zeit vor der Eheschließung, und dann kann der künftige Partner immer noch eine Liste aufstellen und gemeinsam mit dem anderen untersuchen, ob die künftige Beziehung die Chance hat, so lange zu dauern, »bis der Tod sie scheidet«, auch wenn die Zahl derer, die den Mut haben, eine bestehende Verlobung zu lösen, gering ist.

Ehe sie an die Beurteilungsliste herangehen, müssen die künftigen Partner auf das Märchen verzichten, daß es nur einen einzigen Menschen in der Welt gebe, der für den anderen bestimmt sei, und müssen versuchen, wenigstens einmal in ihrem Leben objektiv zu sein.

Die Idee, daß es nur einen einzigen gebe, der für den anderen bestimmt sei, hat ihren Ursprung meist in der Einstellung der Kirche, die die Ehe als von Gott geschaffen betrachtet. Die Haltung des Staates, wie sie sich in der gesetzlichen Zeremonie abzeichnet, besagt, daß die Ehe einfach ein gesetzlicher Kontrakt sei, aber trotzdem läßt sich der Mensch, auch wenn er nicht gläubig ist, gern durch das Ritual der kirchlichen Trauung beeindrucken.

Der Gedanke, daß Ehen »im Himmel geschlossen werden«, ist auf jeden Fall schädlich. Wenn man glaubt, daß jeder den anderen mit göttlicher Inspiration aus drei Billionen Menschen auf der Welt ausgewählt hat, wird man intolerant den Unzulänglichkeiten der Ehe gegenüber, die es immer gibt. Noch wichtiger, damit wird der Gedanke der persönlichen Verantwortung bei der Partnerwahl und in der Ehe selbst hinfällig.

Wahrscheinlich gibt es Hunderte von anderen Menschen, mit denen jeder der Ehepartner ebensogut oder noch besser gefahren wäre. Die Erkenntnis dieser Tatsache bringt in die Planung einer Ehe ein realistischeres Element. Manche Partner strengen sich zu sehr an, um die Illusion der vollkommenen Ehe aufrechtzuerhalten. Wenn man in dem Glauben beginnt, den perfekten Partner gewählt zu haben, wird man zu leicht desillusioniert, sobald sich die unvermeidliche Entdeckung seiner Mängel einstellt. Außerdem führt die unrealistische Idee, daß irgendwo auf dem weiten Erdenrund der Idealpartner warte, oft zu einer langwierigen und enttäuschenden Suche. Mancher Junggeselle, manche alte Jungfer »haben einfach niemals den Richtigen gefunden«. Und viele Eheleute engagieren sich niemals hundertprozentig, weil sie mit einem Auge immer noch nach dem vollkommeneren Gefährten schielen.

Es ist der Mühe wert, noch einmal zusammenzufassen, weshalb die meisten Leute in die Ehe hineingeraten:

1. Die geographische Nähe; zwei finden einfach deshalb zusammen, weil sie zufällig nahe beieinander arbeiten oder leben.

2. Sie teilen bestimmte kulturelle Ähnlichkeiten – beide gehören beispielsweise der oberen Mittelklasse an, sind protestantisch, haben die Universität besucht – oder der eine wird akzeptiert, weil er dem Wertsystem der Familie oder Freunde des anderen entspricht.

3. Einer oder beide werden durch Freunde, Familie oder kulturelle Normen gedrängt, die sagen, es sei an der Zeit zu heiraten und in geordnete Verhältnisse zu kommen.

4. Sie stehen unter sexuellen Zwängen, die sie nicht ohne die Ehe beseitigen können.

5. Sie sind einsam und glauben unrealistischerweise, daß ihre Einsamkeit durch die Ehe behoben werden könne.

6. Einer oder beide glauben, daß ein Kind automatisch ihr Leben bereichern würde.

7. Einer kann sich keine andere Möglichkeit als die Ehe vorstellen, um aus einer unerfreulichen Situation herauszukommen. Er mag zu Hause entzweite Eltern haben; eine Frau

mag aus ihrem verhaßten Job zu entkommen suchen; ein Mann mag fürchten, in homosexuelle Gesellschaft zu geraten. Oder man ist einfach in der momentanen Situation gelangweilt.

8. Einer oder beide suchen eine Lösung für ihre neurotischen Probleme.

Es ist nicht schmeichelhaft, wenn man erkennen muß, daß einen der Partner nicht nur deshalb gewählt hat, weil man die oder jene persönlichen Eigenschaften besitzt. Doch muß man diese unbequeme Wahrheit ein für allemal ohne Verlegenheit akzeptieren. Man beachte das plötzliche Emporschnellen der Heiratsquote, wenn steuerliche Vergünstigungen bis zu einem bestimmten Termin angekündigt werden. Wenn einer seinen Entschluß zu heiraten durch solche Daten mitbestimmen läßt, leugnet er meist diesen Anreiz und sagt: »Wir wollten ja sowieso heiraten, weil wir uns mögen«, oder »Wir hatten es sowieso vor, deshalb beeilten wir uns eben nur etwas.« Im Glauben an ihre Antworten heiraten sie auf einen unpersönlichen Anreiz hin, und oft gibt es dann Schwierigkeiten. Denn sie heiraten, ehe sie dafür bereit sind, ignorieren die Statistiken, die vor Frühehen warnen, die sagen, daß, je äußerlicher die Ehemotive (Wunsch nach materieller Sicherheit, nach Steuervergünstigung), desto höher die Scheidungsraten sind.

Vierzig Prozent der Ehen werden zwischen Zwanzigjährigen und Jüngeren geschlossen. Je eher man die Schule verläßt, desto niedriger sind die Erwartungen und die Anforderungen, die man an sich stellt, und desto eher heiratet man. Die unerkannten Zwänge, die Ehen schließen helfen, sind so stark, daß sogar Leute, die wirklich versuchen, die voraussichtlichen Erfolgschancen ihrer Heirat zu beurteilen, in Gefahr geraten, sich etwas vorzumachen. Sie möchten zu gerne im Glauben bleiben, daß der künftige Partner der Mann oder die Frau ihrer Träume sei. Aber nach und nach werden solche romantischen Träume durch die Erfahrung entlarvt. Nach einigen Ehejahren sagen manche: »Wenn ich das vorher gewußt hätte, wäre ich Junggeselle geblieben.« Unsinn! Man kann vor der Ehe über den künftigen Partner ebensoviel erfahren wie in zehn Ehejahren. Die unerfreuliche Tatsache besteht darin, daß dies die meisten Leute einfach nicht wollen.

Was man bei einem Partner suchen sollte

Eine »Persönlichkeit« setzt sich aus einem Repertoire an Verhaltensmustern zusammen. Die Muster ergänzen sich entweder mit denen des Partners, stehen in keiner Beziehung oder prallen aufeinander. Die Umgebung beeinflußt Wertvorstellungen und Verhaltensformen sehr stark. Ebenso wie jemand, der in einem Südstaat erzogen ist, einen südlichen Akzent entwickelt, gründet eine Person, die in einem bestimmten Landesteil erzogen wurde, ihr Verhalten auf die dort akzeptierten Wertvorstellungen. Ebenso beeinflußt der Charakter des Herkunftsmilieus die Verhaltensformen. Es entwickeln sich verschiedene Vorurteile in verschiedenen Milieus, andere in katholischen als in protestantischen, in reichen als in armen Familien.

Die Ehe ist schon schwierig genug, wenn die beiden Partner keine unvereinbaren oder aufeinanderprallenden Verhaltensmuster aufweisen. Wenn diese vermeidbaren Probleme noch dazukommen, steht sie gleich von Anfang an unter einem besonderen Handikap. Beispielsweise mag ein Mädchen, das aus einem wirtschaftlich und kulturell armen Haus stammt, wo man nur selten Musik hörte, so tun, als sei es sehr glücklich, wenn es seinen Verlobten ins Konzert begleitet, doch geht es in den meisten Fällen eben, weil er geht, und nicht, um die Musik zu hören. In bewegenden Geschichten (wie sie oft in Frauenzeitschriften veröffentlicht werden) lernt die Verlobte dann die Musik zu lieben, und nach der Eheschließung werden sie beide Mitglieder des örtlichen Geigenquartetts. Doch im wirklichen Leben geschieht dies nur selten. Nach ein paar Ehejahren empfinden die beiden die Musik eher als einen Gegenstand von Kontroverse und Ärger. Sie läßt das eine oder andere Konzert aus, weil sie sich langweilt und ihr die hochgestochenen Unterhaltungen in den Pausen nichts abgeben. Wenn sie auf Drängen ihres Gatten doch mitgeht, ärgert sie sich wahrscheinlich und wird sogar während des Konzertes von Müdigkeit übermannt. Dann ärgert *er* sich, daß sie das Vergnügen nicht gemeinsam genießen können. Aber wenn sie und ihr Mann zu Hause bleiben und fernsehen, was ihr am liebsten ist, fühlt er sich um eines seiner Hauptvergnügen betrogen. *Eine einjährige Verlobungszeit hätte das Problem klar herausgeschält.*

Junge verlobte Paare finden vielleicht Freude an politischen Diskussionen. Während der Werbungszeit sind sie höflich, aufmerksam zueinander, und ihre Argumente beinhalten keinerlei persönliche Beleidigungen. Nach der Heirat wird es wichtig, sich gegenseitig zu widerlegen. Wenn Kinder da sind, gibt es Kämpfe um deren Parteinahme. Die Dialektik, die einst so reizvoll erschien, wird zu oft nach der Verheiratung zur Botschaft von der Zurückweisung des anderen.

Natürlich gibt es Ausnahmen, Ehen, die gut zu gehen scheinen, trotz erheblicher Unterschiede zwischen den Partnern. Hierher gehört das Beispiel des berühmten Dirigenten und Komponisten, der mit dem Show-Star verheiratet ist. Neulich feierten sie ihre Silberhochzeit mit einem märchenhaften Fest. Doch weiß kaum jemand, daß er homosexuell und sie praktizierende Lesbierin ist. Der große Dirigent verbringt zwölf Stunden am Tag bei seiner Arbeit und benötigt seine Frau meist als charmante Gastgeberin und Repräsentantin. Sie genießt das Prestige und das gesellschaftliche Ansehen, ohne auf ihre sexuellen Neigungen verzichten zu müssen. Die Verbindung funktioniert in diesem speziellen Fall sehr gut.

Aber solche Ehen sind höchst ungewöhnlich. Im allgemeinen bestimmt der Grad an Übereinstimmung zwischen den Wertsystemen der Partner den Funktionsgrad der Ehe. Natürlich gibt es viele Paare, die in mancher Hinsicht anders sind – und doch eine gute Ehe führen. Aber die Unterschiede liegen normalerweise auf unwichtigeren Bereichen und sind deshalb ohne größere Bedeutung, ebenso wie es für Kreislaufstörungen oder eine Krebserkrankung nicht von größerer Bedeutung ist, ob man pro Tag sechs Zigaretten raucht oder weniger.

Man betrachte aber einmal das unterschiedliche Herkunftsmilieu von Mary und John Hawkins. Da haben wir ein Beispiel, wie unterschiedliche Wertsysteme Unheil verursachen können.

John stammte aus einer großen Stadt an der Ostküste. Seine Eltern waren irische Einwanderer. Ihr Sohn hatte eine hohe Arbeitsmoral, und er verdiente sich seine zwei Jahre Universitätsaufenthalt in Boston selbst, ehe er im Zweiten Weltkrieg eingezogen wurde. Er wurde schnell befördert.

Als er eines Abends bei einer Tanzveranstaltung in einer

Zeitung blätterte, kam eine junge Empfangsdame auf ihn zu und fragte ihn, ob er nicht tanzen wolle. So trafen sich John und Mary zum erstenmal. Nach ein paar Tänzen merkte sie, daß er schweigsam war; sie wurde ein wenig aggressiv, um ihn aus der Reserve zu locken.

Während der Verabredungen der folgenden Monate erfuhren sie mehr übereinander. Mary stammte aus einer wohlhabenden jüdischen Familie, die eine Ladenkette in Arizona besaß. Sie genoß eine gute Schulausbildung. Mit drei Jahren erlebte sie, wie sich ihr Vater scheiden ließ, und sie und ihre Mutter zogen in das Haus des Großvaters, das wohl ausgerüstet und mit einer beträchtlichen Dienerschar versehen war. Mary erinnerte sich, daß ihr Großvater tadellose Manieren verlangt hatte und sie während der Mahlzeiten vorlesen ließ. Er tyrannisierte sie während ihrer ganzen Kindheit.

Mary fühlte sich Jungen gegenüber unsicher, obwohl sie lebhaft und attraktiv war; und sie betrachtete es als einen Standpunkt der Vernunft, daß gute schulische Leistungen wichtig seien. Während der Schulferien blieb sie, soweit es möglich war, in der Schule, um der Tyrannei und Bevormundung ihres Großvaters zu entkommen.

Obwohl sich John zu Mary hingezogen fühlte, war er manchmal unsicher ihr gegenüber. Zuerst meinte er, das habe etwas mit ihrer jüdischen Abstammung zu tun. Aber den Gedanken verwarf er, denn er hatte sich niemals als intolerant eingestuft. Was Mary anging, so gab es in der Beziehung zu einem Christen – ihrer Ansicht nach – nie Schwierigkeiten, denn ihr Großvater hatte darauf bestanden, daß sie sich Clubs und Vereinigungen anschloß, in denen jüdische Mitglieder nicht hundertprozentig gern gesehen waren.

John und Mary diskutierten ihre religiösen Unterschiede vor der Ehe nicht. (Allein diese Tatsache zeigt, daß sie sich auf diesem Gebiet unsicher fühlten.)

Das Problem der Finanzen wurde auch nicht aufs Tapet gebracht. John lebte bei den unverheirateten Offizieren, und für Marys Schulausbildung war bezahlt worden. John brauchte Geld lediglich für seine Wochenendverabredungen mit Mary. Er bemerkte wohl ihre teuren Kleider und Gewohnheiten, da er aber in Uniform war, gab es keine Diskrepanz zwischen seiner und ihrer äußeren Erscheinung. Wohl aber fühlte er sich trotz aller Freude über manche teure Geschenke, die sie ihm machte, verlegen; sie schenkte ihm zum Beispiel ein goldenes Taschenmesser, mit dem er nichts anfangen konnte.

Bald verbrachten sie die Wochenenden in einem Appartement, das einem von Marys Freunden gehörte. Sie waren beide bisher sexuell noch unerfahren und empfanden große Begeisterung über ihre Harmonie auf dem Bereich der Sexualität.

Im Juni wurde John ins militärische Hauptquartier nach London versetzt. Mary blieb in Philadelphia, brach aber die Collegeausbildung ab und begann, fürs Rote Kreuz zu arbeiten. Sie korrespondierten häufig miteinander. Als John ein Jahr später zurückkam, heirateten sie. Das Ganze geschah heimlich und ohne offizielle Feierlichkeiten, wodurch ihre beiden Familien ausgeschlossen und isoliert wurden. Damals dachte weder John noch Mary darüber nach, aber Jahre später beklagte sich Mary (sie wußte nicht genau, was sie eigentlich quälte) darüber, daß sie keine richtige Heirat gehabt habe und schob John dafür den Schwarzen Peter zu. (Ein Psychiater hätte gesagt, daß sie ihre Familien ausgeschlossen hatten aus Angst, die Verwandten könnten die Heirat als nicht wünschenswert betrachten und auf Aufschub oder Aufgabe der Heiratspläne drängen.)

Sie zogen nach Cambridge, Massachusetts, wo John auf Kosten des Heeres seine Collegeausbildung abschloß und als Ingenieur seine Berufslaufbahn begann. Diese drei Jahre waren für Mary die Hölle. In ihrer kleinen Behausung gab es keinen separaten Winkel. Mit neunzig Dollar pro Monat auskommen zu müssen, war fast unmöglich, und Mary nahm ab und zu auf ihr Privatkonto Anleihen auf. John sah das nicht gern, denn er fühlte sich dadurch in die Rolle des schlechten Versorgers gedrängt. Mary hatte zuwenig zu tun. Sie konnte sich aber nicht entschließen, eine der üblichen Tätigkeiten anzunehmen, das heißt, als Kontoristin oder Sekretärin zu arbeiten, und für andere Berufe fehlten ihr die Voraussetzungen. Sie bestand darauf, daß sie später wieder ihr Musikstudium aufnehmen werde, aber das geschah nie. Denn immer gab es etwas, das sie davon »abhielt«.

Mary konnte das kalte Wetter New Englands nicht ausstehen. Bisher hatte sie die Winter immer in bequemen, gutgeheizten Häusern verbracht, aber in Cambridge mußte sie

morgens ins kalte Badezimmer gehen. Außerdem zwang sie das rauhe Klima, zu Hause zu bleiben, und da John meist in der Bibliothek oder im Labor war, hatte sie nur wenig Gesellschaft und Aussprache.
Sie überzeugte John davon, daß es für beide eine gute Idee sei, von ihrem Geld einen Winterurlaub in Arizona zu machen. Es wurden zwei erbärmliche Ferienwochen. John stritt dauernd mit ihrem Großvater. Sie hatten fast überhaupt keine gemeinsamen Berührungspunkte – angefangen von der Religion bis zur Politik, von Geldangelegenheiten bis zu Etikettefragen. Zum erstenmal sah sich Mary in Übereinstimmung mit ihrem Großvater.
In Cambridge sagte John, daß er einen Posten als Dozent in Yale angenommen habe. Mary wurde zänkisch. Niemals hatten sie darüber gesprochen, wo sie leben würden, und sie hatte immer damit gerechnet, daß es der Westen oder der Südwesten sein würde. Sie stritten eine geschlagene Woche miteinander, und – das trieb die Sache noch auf die Spitze –: Mary erfuhr, daß sie schwanger war. Ihr Ärger verwandelte sich in Angst, als sie erkannte, wie ihr gespannter Zustand durch diese Schwangerschaft noch kritischer werden würde.
John wollte kein Kind, aber er versuchte, so gut er konnte, seinen Unwillen zu verbergen. Statt dessen gab er sich aufmerksam und hilfreich, aber Mary interpretierte sein Schweigen als weitere Zurückweisung und Kritik.
Im Lauf der Schwangerschaft bekam es Mary mit der Angst zu tun, sie werde während der Geburt sterben. Weder John noch der Arzt konnten sie von dieser Furcht befreien. Als Ergebnis ihrer Angst und ihrer allgemeinen Nervosität wurde Mary physisch immer schwächer, und nach sieben Wochen befand der Arzt ihren Zustand als so kritisch, daß er vorschlug, sie solle nach Arizona fahren und das Kind dort zur Welt bringen.
Das Kind wurde in Arizona geboren, und John konnte erst nach mehreren Monaten zum erstenmal hinkommen. Mary nahm ihm seine Abwesenheit übel, und als John dann endlich da war, kämpften sie um den Namen des Jungen. Mary wollte ihn nach ihrem Großvater »Isadore« nennen. John wollte, daß er »Patrick« hieß. Als Kompromiß einigten sie sich auf »John jr.«, einen Namen, den keiner der beiden besonders mochte.

In dem – wenn auch sehr unwilligen – Bemühen, Mary entgegenzukommen, gab John seine Arbeit in Yale auf und nahm eine Dozentenstelle an einem kleinen College in Kalifornien an. Er hielt sich mit dieser Entscheidung für sehr großzügig, denn er schätzte das Milieu und den Ruf von Yale.

Als Mary John nach Kalifornien nachkam – in eine kleine, heiße Collegestadt –, hatte er den Eindruck, sie anerkannte sein Opfer zu wenig. Und ihr schien es, er verstehe nichts von den Problemen einer Mutter – besonders, wenn man nur ein kleines Einkommen hatte und ohne Hilfe in einer winzigen Wohnung in einer schäbigen Stadt leben mußte.

Zum erstenmal kam es zu gewalttätigen Streitereien. Einmal schlug John seine Frau und schrie sie voller Wut an: »Du verdammtes Schwein!«

Beide wußten, daß die Ehe in die Brüche gehen mußte. *Sie hatten nichts gemeinsam.* Mary kehrte nach Arizona zurück, und die Scheidung wurde ausgesprochen.

Einige Jahre später (inzwischen hatten beide wieder geheiratet) trafen sich Mary und John, um Probleme zu diskutieren, die ihren Sohn betrafen. Sie besprachen ihre eheliche Misere und kamen zum Schluß, daß sie in Anbetracht der sie trennenden kulturellen, wirtschaftlichen, religiösen und geographischen Unterschiede keine Chance gehabt hätten. Sie kamen auch zur Einsicht, daß sie mit ihren jugendlichen Kräften und Reserven eine ungeheure Energieverschwendung betrieben hatten.

Wenn Mary und John eine Möglichkeit gehabt hätten, die Kluft zwischen ihrer Herkunft und ihren Wertsystemen zu erkennen, und wenn sie gewußt hätten, welche Bedeutung ihr zukommt, hätten sie sich vielleicht gar nicht zur Ehe entschlossen. Psychologen können diese Einschätzung mittels interpersonaler Vergleichstests und Gesprächen vornehmen. Aber es gibt dafür nicht genügend Fachleute, und deren Hilfe kostet viel Geld. Deshalb haben wir eine Reihe von Tests entworfen, die Paare selbst machen können. Natürlich werden diese Tests nicht die gleiche präzise Information vermitteln wie eine sechsstündige Beratung bei einem Psychologen, der persönlich die Interaktionen der Beteiligten prüfen kann. Doch zeigen die Tests jenen Paaren, die wirklich auf der Suche nach einer funktionierenden und befriedigenden Ver-

bindung sind, auf jeden Fall charakteristische Züge an.
Für bereits Verheiratete kann die Identifikation einer Kluft zwischen den Wertsystemen und der Herkunft auf eine bisher nicht erkannte Quelle der Zwietracht hinweisen. Einmal erkannt, mag dann die zerstörerische Wirkung der Kluft so und so oft beseitigt werden.

16. Interpersonale Vergleichstests

In diesem Abschnitt bringen wir drei Tests, die bei der Bestimmung helfen sollen, wieweit die Ehepartner sich in ihren Wertmaßstäben unterscheiden. Der Grad der Unterschiedlichkeit zeigt die Wahrscheinlichkeit an, mit der sie zu einer funktionierenden Verbindung kommen können. Später werden wir erklären, wie die Tests zu beurteilen sind.
Die Tests sollten getrennt und in absoluter Abgeschlossenheit gemacht werden. Für den ersten Test benutzen Sie ein Durchschlagpapier, das Sie auf die erste Testseite des Buches legen, und zwar so, daß oberer Seitenrand und Blattrand miteinander abschließen. Dann beantworten Sie die Fragen, indem Sie an die entsprechende im Buch angegebene Linie ein X setzen. Geben Sie für jede Frage nur eine Antwort an, wählen Sie die, die Ihnen am ehrlichsten erscheint. Für jede Seite sollten Sie bei Test A und B ein neues Blatt verwenden. Für Test C geben wir getrennte Instruktionen. Markieren Sie Ihre Blätter, indem Sie sie mit der entsprechenden Seitenzahl des Buches versehen.
Machen Sie keine Anmerkungen im Buch. Der andere könnte dadurch beeinflußt werden.

Test A

1. Ich bin geboren

a) im Osten ______

b) im Westen ______

c) im mittleren Teil des Landes ______

d) im Küstengebiet ______

e) im Süden ______

f) außerhalb des Landes ______

2. Meine Kindheit verbrachte ich

a) in der Großstadt ______

b) in einem Vorort ______

c) in einer mittelgroßen Stadt ______

d) in einer Kleinstadt ______

e) in einer Landstadt ______

3. Meine Religion

a) katholisch ______

b) protestantisch ______

c) jüdisch ______

d) moslemisch ______

e) kein Bekenntnis ______

f) ein anderes Bekenntnis ______

4. Meine Eltern sind

a) Deutsche in der ersten Generation ______

b) Deutsche in der zweiten Generation ______

c) Deutsche in der dritten Generation (oder noch länger) ______

d) keine deutschen Staatsbürger ______

5. Das höchste Jahreseinkommen meines Vaters betrug

a) mehr als 120 000 Mark ______

b) mehr als 80 000 Mark ______

c) mehr als 60 000 Mark ______

d) mehr als 40 000 Mark ______

e) mehr als 20 000 Mark ______

f) 20 000 Mark oder weniger ______

6. Der Schulabschluß meines Vaters war

a) Universitätsexamen ______

b) Fachschulexamen ______

c) Abitur ______

d) Realschulabschluß ______

e) Hauptschulabschluß ______

7. Der Schulabschluß meiner Mutter war

a) Universitätsexamen ______

b) Fachschulexamen ______

c) Abitur ______

d) Realschulabschluß ______

e) Hauptschulabschluß ______

8. In unserer Familie bin ich unter den Kindern

a) der (die) Älteste ______

b) der (die) Mittlere ______

c) der (die) Jüngste ______

d) der (die) einzige ______

e) einer (eine) unter den Mittleren ______

9. Die Zahl der Kinder in unserer Familie beträgt

a) sieben oder mehr ______

b) fünf oder sechs ______

c) drei oder vier ______

d) zwei ______

e) nur ein Kind ______

10. Meine Eltern sind

a) altersmäßig sehr nahe beieinander ______

b) weniger als fünf Jahre auseinander ______

c) weniger als zehn Jahre auseinander ______

d) weniger als fünfzehn Jahre auseinander ______

e) fünfzehn oder mehr Jahre auseinander ______

11. Meine Eltern und die Scheidung

a) sie wurden beide nie geschieden ______

b) ein Teil war vorher geschieden ______

c) beide waren vorher geschieden ______

d) sie wurden geschieden, als ich ein Kind war (12 oder jünger) ______

e) sie wurden geschieden, als ich 13 oder älter war ______

12. In der Familie meiner Eltern (einschließlich Großeltern und Verwandte der Eltern)

a) gab es keine Scheidungen ______

b) gab es eine Scheidung ______

c) gab es zwei Scheidungen ______

d) gab es drei oder mehr Scheidungen ______

13. Bei meiner Erziehung war der maßgebliche Teil

a) meine Mutter ______

b) mein Vater ______

c) keiner von beiden ______

d) darüber habe ich nie nachgedacht ______

14. In unserer Gemeinde galten meine Eltern

a) als wichtige Leute ______

b) als Leute von Stand ______

c) als gesellschaftlicher Durchschnitt ______

d) als unter dem Durchschnitt ______

e) als Außenseiter ______

Test B

I. Erfahrungen aus der Vergangenheit ______

1. Meine familiäre Situation ______

a) ich lebte mit meinen beiden leiblichen Eltern ______

b) ich lebte nur bei meiner Mutter ______

c) ich lebte nur bei meinem Vater ______

d) ich lebte in Erziehungsheimen oder bei Stiefeltern ______

e) ich lebte mit meiner leiblichen Mutter und einem Stiefvater ______

f) ich lebte bei meinem leiblichen Vater und einer Stiefmutter ______

2. Meine Erinnerungen an meine Familie sind

a) erfreulich und gut ______

b) erfreulich, aber nicht sehr herzlich ______

c) nicht bestimmt zu definieren, da keine besonderen Erinnerungen vorhanden ______

d) unerfreulich ______

3. Soweit ich mich erinnern kann, war meine frühe Kindheit

a) außergewöhnlich erfreulich ______

b) weder erfreulich noch unerfreulich ______

c) erfreulich, obwohl ich ängstlich war ______

d) unerfreulich ______

4. Die angenehmsten Aspekte meiner Kindheit verbinden sich mit Erfahrungen, die

a) beide Eltern angehen ______

b) den Elternteil gleichen Geschlechts betreffen ______

c) den Elternteil des anderen Geschlechts betreffen ______

d) meine Verwandten angehen ______

e) keinen Zusammenhang mit den engsten Familienmitgliedern haben ______

f) ich erinnere mich überhaupt nicht an angenehme Aspekte ______

5. Als Kind interessierte ich mich für

a) Lesen, Tagträumen und meine ganz persönlichen Hobbies ______

b) Sport und Spielen im Freien ______

c) soviel Geselligkeit wie möglich ______

d) ich kann mich an keine besonderen Interessen erinnern ______

6. Während der Zeit meines Heranwachsens

a) hatte ich viele gute Freunde ______

b) hatte ich nur ein oder zwei gute Freunde

c) hatte ich keine speziellen Freunde ______

d) war ich ein Einzelgänger ______

7. In meiner Familie konnte ich meine Verabredungen

a) ohne weiteres mit meinen Eltern besprechen ______

b) sprach man nur selten darüber, und wenn, dann in scherzhaftem Ton ______

c) wollte ich nicht darüber sprechen ______

d) gab es deswegen beträchtliche Konflikte ______

8. Auf der Oberschule

a) galt mein Hauptinteresse guten Leistungen und vielen Freunden ______

b) war ich mehr an vielen Freundschaften und am Sport als an schulischer Bestleistung interessiert ______

c) ich wollte nicht mehr in die Schule gehen, sondern Geld verdienen ______

d) ich wußte nicht genau, was ich wollte, und war unsicher ______

II. Erfahrungen meines jetzigen Lebens

1. Finanziell und gesellschaftlich glaube ich, daß die nächsten fünf Jahre

a) angemessenen Erfolg bringen ______

b) zwei Schritte vorwärts und einen zurück führen ______

c) nicht vorhersehbar sind ______

d) ich habe Angst vor der Zukunft ______

2. Über meinen Gesundheitszustand würde ich sagen,

a) daß ich immer vollkommen gesund war und es auch zu bleiben glaube ______

b) daß ich in den letzten paar Jahren schlechter dran war, aber glaube, bald wieder ganz gesund zu sein ______

c) daß ich seit einiger Zeit unter einer chronischen Krankheit leide und wenig Chancen für eine Besserung sehe ______

d) daß ich mir nicht sicher bin. Ich glaube, ich bin so gesund, wie man sich nur denken kann, aber ich habe mich seit Jahren nicht durchuntersuchen lassen ______

3. Was meinen seelischen Zustand angeht, würde ich sagen,

a) daß ich mich seelisch recht wohl fühle ______

b) daß ich am glücklichsten darüber bin, daß ich nicht allein leben muß ______

c) daß ich wohl am besten allein leben würde ______

d) daß ich nicht über meine Gefühle nachdenke ______

4. Wie viele andere bin ich

a) manchmal unsicher, wenn ich allein bin ______

b) manchmal beengt, wenn ich in einer Menge stecke ______

c) manchmal beunruhigt über den Tod ______

d) kaum jemals mit solchen Gedanken belastet ______

5. Was Kinder angeht,

a) habe ich Zweifel darüber, ob ich ein guter Vater (eine gute Mutter) wäre ______

b) wünsche ich mir sehnlichst (bin ich sehr froh, daß ich) ein Kind gleichen Geschlechts wie das meine (habe) ______

c) weiß ich nicht sicher, ob ich Kinder möchte (ob ich meine Kinder sehr gern mag) ______

d) kümmert mich nicht, welchen Geschlechtes das Kind ist, aber ich möchte eines haben (vielleicht auch zwei oder drei) ______

e) ich hätte am liebsten mindestens vier oder fünf Kinder ______

f) was mich betrifft, wäre meine Ehe ohne Kinder am erfolgreichsten ______

6. Im Hinblick auf eine mögliche Ehe (meine bestehende Ehe) denke ich zur Zeit, daß

a) ich auch gerne verheiratet wäre, weil meine Freunde fast alle verheiratet sind (bin ich froh, daß ich verheiratet bin) ______

b) die Ehe ein wichtiger stabilisierender Faktor in meinem Leben sein könnte (ist) ______

c) die Person, die ich heiraten möchte (heiraten wollte), nicht warten wird, wenn wir nicht gleich heiraten (nicht gewartet hätte, wenn wir nicht gleich geheiratet hätten) ______

d) es keinen besonderen Grund gibt (gab), jetzt (damals) zu heiraten, aber ich tue (tat) es, um meine Freunde und Verwandten nicht zu enttäuschen ______

e) mein Hochzeitstag ein ebenso guter Heiratstermin ist (war) wie andere auch ______

III. Die Person, die ich heiraten werde (mit der ich verheiratet bin)

1. Mein künftiger Partner (mein Ehepartner)

a) ist äußerlich ungewöhnlich attraktiv ______

b) ist nicht sehr attraktiv, aber liebenswert ______

c) ist ein Mensch, den ich nicht nach den Gesichtspunkten äußerer Schönheit beurteile ______

d) macht mich wegen seines (ihres) Aussehens verlegen ______

2. Mein künftiger Gefährte (mein Ehepartner)

a) stammt aus einer Familie, die ich sehr bewundere ______

b) stammt aus einer Familie, der ich mich sehr verbunden fühle ______

c) hat so wenig familiären Kontakt, daß er (sie) mir leid tut ______

d) hat sehr unangenehme Eltern; aber ich kann sie übersehen ______

3. Im Hinblick auf die Familie meines künftigen Partners (meines Ehepartners)

a) befürchte ich, daß sie ihrer Mutter (oder er seinem Vater) zu ähnlich werden wird ______

b) befürchte ich, daß sie ihrem Vater (oder er seiner Mutter) zu ähnlich werden wird ______

c) befürchte ich nicht, daß seine (ihre) Eltern eine irgendwie bedeutsame Rolle in unserer Ehe spielen (werden) ______

d) glaube ich nicht, daß er (sie) einem seiner (ihrer) Eltern ähnelt ______

4. Ich glaube, daß die Eltern meines künftigen Gefährten (meines Ehepartners)

a) besser gebildet sind als meine Eltern ______

b) wesentlich wohlhabender sind als meine Familie ______

c) gesellschaftlich nicht so hochstehend sind wie meine Familie ______

d) in dieser Beziehung denke ich nicht über sie nach ______

5. In der Beziehung zu meinem künftigen Gefährten (meinem Ehepartner) glaube ich, daß

a) er (sie) mehr zu sagen hat als ich ______

b) wir beide gleichviel zu sagen haben ______

c) ich mehr zu sagen habe als er (sie) ______

d) keiner von uns viel zu sagen hat ______

6. Im Hinblick auf die Partnerschaft in meiner (künftigen) Ehe haben mein (künftiger) Partner und ich

a) viele gemeinsame Interessen ______

b) unabhängige Interessen, aber Toleranz und Verständnis für die des anderen ______

c) wollen wir gemeinsame Interessen entwickeln ______

d) gibt es wohl wenig Gemeinsamkeit, abgesehen von gesellschaftlichen Verpflichtungen ______

7. Im Hinblick auf die Problematik der Ehe haben mein (künftiger) Partner und ich

a) unsere Zweifel und Befürchtungen diskutiert ______

b) zwar Zweifel, diese aber nicht besprochen ______

c) Angst davor, die Gefühle des anderen und die eigenen zu verletzen, wenn wir die Frage nach heutigen und vergangenen Fehlern stellen ______

d) keinerlei Zweifel irgendwelcher Natur ______

e) einmal Zweifel gehabt, sie aber überwunden ______

8. Im Hinblick auf unsere beabsichtigte (bestehende) Ehe

a) würde ich gerne noch warten (meinen Partner verlassen), aber ich fürchte mich vor den Konsequenzen ______

b) mache ich trotz meiner Zweifel lieber weiter ______

c) glaube ich, Zweifel jedweder Art ausschalten zu können, weil meine Liebe für zwei reicht ______

d) hätte ich auf jeden Fall Zweifel, gleich um wen es sich handelt, und würde diese nicht beachten ______

9. Im Hinblick auf die Religion

a) haben wir das gleiche Bekenntnis und deshalb keine Schwierigkeiten ______

b) hat keiner von uns eine engere religiöse Bindung und wir planen auch nicht, eine einzugehen ______

c) haben wir verschiedene Bekenntnisse, uns für die Kindererziehung aber auf eines geeinigt ______

d) haben wir abweichende religiöse Ansichten, sind aber dem anderen gegenüber tolerant ______

e) hätten wir keine Probleme, wenn uns andere Leute damit in Frieden ließen ______

IV. Die Einstellung vor der Ehe (Test für Verlobte)

1. Meine Pläne für die Ehe umfassen

a) den Wunsch, sobald wie möglich Reisen zu unternehmen ______

b) den Wunsch, so schnell wie möglich die jetzige Gegend zu verlassen und anderswo ein Heim zu finden ______

c) das Bedürfnis, so schnell wie möglich am hiesigen Ort seßhaft zu werden ______

d) ich habe nur den einen Wunsch, mich zu verheiraten ______

2. Im Hinblick auf Reisen und Einrichtung

a) enthalten die Pläne meines Verlobten nichts, was den meinen entgegenstünde ______

b) haben wir das Thema noch nicht ganz ausdiskutiert ______

c) überlasse ich ihm (ihr) die Entscheidung ______

d) überläßt er (sie) mir die Entscheidung ______

3. Im Hinblick auf den sexuellen Bereich

a) ist mein Verlobter bewandert, ich bin Neuling ______

b) ich bin bewanderter als er (sie) ______

c) ist es für mich wichtig, daß er voreheliche Erfahrungen mitbringt ______

d) haben wir beide bereits Erfahrungen gesammelt ______

e) warten wir mit der sexuellen Aktivität bis nach der Heirat ______

f) haben wir noch keine Einigung über unsere Ansichten erzielt ______

4. Was Kinder angeht,

a) möchte ich so bald wie möglich welche ______

b) würde ich die Entscheidung über den Zeitpunkt meinem (meiner) Verlobten überlassen ______

c) ich würde lieber ein paar Jahre warten ______

d) glaube ich nicht, daß diese Überlegung wichtig ist ______

V. Die Ehe und die Zukunft

1. Was meine beruflichen und außerberuflichen Interessen angeht,

a) glaube ich, den Mut zu haben, Ehe und Interessen nebeneinander aufrechtzuerhalten, auch wenn es dabei Konflikte gibt ______

b) glaube ich, daß ich fast alles einer glücklichen Ehe opfern könnte ______

c) sehe ich keinen Grund für einen Konflikt zwischen der Ehe und meinen Interessen ______

d) mein künftiger Partner (mein Gatte) hat keine Pläne oder beruflichen Verpflichtungen, die unsere Ehe behindern würden ______

f) Das Engagement meines Verlobten (meines Ehepartners) für seinen Beruf hoffe ich besser zu verstehen, je besser ich ihn verstehe. ______

2. Im Hinblick auf die Zukunft mit meinem künftigen Partner (meinem Ehepartner)

a) glaube ich manchmal, daß er (sie) krank werden wird ______

b) fürchte ich, daß er (sie) krank werden wird ______

c) fürchte ich, daß er (sie) intellektuell überlegen oder bedeutender sein wird als ich ______

d) ich hatte niemals Zweifel im Hinblick auf die Zukunft ______

3. Im Hinblick auf die Zukunft unserer Ehe

a) bin ich über unsere finanzielle Sicherheit beunruhigt ______

b) bin ich über den Einfluß unserer Schwiegereltern beunruhigt ______

c) bin ich mir über die Zahl unserer künftigen Kinder im unklaren ______

d) scheint mir manchmal, als hätte mein Verlobter (mein Ehepartner) eine Affäre ______

e) ziehe ich vor, mich nicht zu beunruhigen, ehe es nötig ist ______

Test C

Nehmen Sie ein eigenes Blatt Papier und schreiben Sie aus der Zahl der hier aufgeführten Tätigkeiten die drei auf, die Sie am meisten bevorzugen, und die drei, die Ihnen am wenigsten liegen.
Beginnen Sie mit Ihrer Lieblingstätigkeit:

Kino
Leistungssport
Sport aus der Zuschauerperspektive
Tätigkeiten im Freien (Angeln, Wandern, Radfahren)
Zusammenkünfte mit Freunden
Lesen
Kunstbetrachtung (Musikhören, Museumsbesuche)
Politik
Hobbies (Schnitzen, Nähen, Briefmarkensammeln)
Mitgliedschaft bei Organisationen (Schulverein, Sportverein, Klubs)
Geschäfts- oder Berufsinteressen (über die eigentliche Arbeitszeit hinaus)
Kreative Anstrengungen (Schreiben, Zeichnen, Singen, Schauspielen, ein Instrument spielen)
Fernsehen
Autofahren
Theater
Nachtklubs und Bars
Tanzen
Debattierklubs
Bürgerinitiativen
Zusammenkünfte mit Gefährten des eigenen Geschlechts.

Wenn Sie und Ihr Partner die Blätter vergleichen, notieren Sie zuerst die Aktivitäten, die keiner angegeben hat, und fragen Sie sich, ob Sie ihnen wirklich gleichgültig gegenüberstehen. Vielleicht gibt es welche dabei, die Sie gemeinsam doch genießen könnten.

Wie man die Tests auswerten sollte

Für Test A und B legen Sie die angekreuzten Blätter jeder Buchseite so nebeneinander, daß die Reihen der Kreuze aneinander kommen. Vergewissern Sie sich, daß die oberen Ränder der Blätter eine exakte Linie bilden.

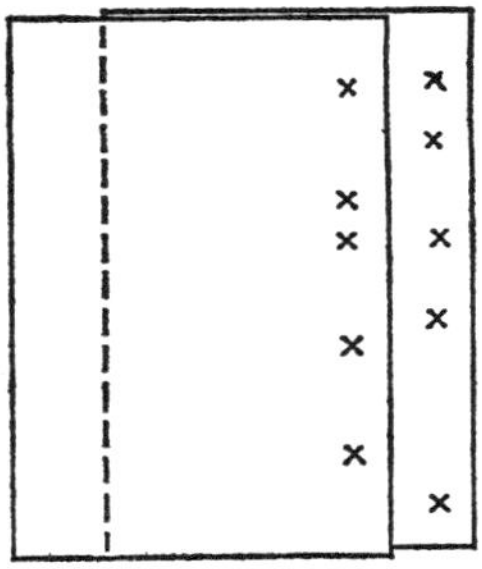

Die beiderseitigen Antworten für jede Frage sind so angeordnet, daß ihr Unterschiedlichkeitsgrad vertikal zunimmt. Deshalb zeigen die Strecken der vertikalen Distanz zwischen den Kreuzen den Unterschiedlichkeitsgrad im Hinblick auf kulturelle und ethnische Werte zwischen den beiden Teilnehmern an. Eine Beurteilung der Ergebnisse von Test C wird die Geschmacksunterschiede zwischen den beiden deutlich zum Ausdruck bringen.

Im *allgemeinen* gilt: Je größer die Kluft zwischen zwei Menschen im Hinblick auf Kultur und Geschmacksrichtung, desto größer auch die Wahrscheinlichkeit, daß sie nicht miteinander zurechtkommen und keine gut funktionierende Verbindung schaffen. Die Gründe dafür haben wir schon diskutiert.

Dies ist eine Faustregel, aber kein absolut gültiges Gesetz. Keine Verallgemeinerungen über die menschliche Natur kann absolut sein, denn es gibt eine unendliche Vielfalt unter den Menschen, und sie können in einer unendlichen Vielfalt der Beziehungen zueinanderstehen. Mann und Frau, die diese Tests beendet haben, sollten deshalb mehr tun als einfach die Unterschiede registrieren. Sie sollten sich gründlich erforschen, um so zu bestimmen, wie die »Gleichheiten« voll

eingesetzt werden können zum Nutzen der ehelichen Solidarität, und um so einige schwächende Unterschiede in Vorteile umzukehren oder wenigstens zu neutralisieren.
Eine Möglichkeit, diese Ziele zu erreichen, besteht darin, eine Quid-pro-Quo-Übungssitzung zu machen, die die Informationen der verschiedenen Tests als Grundlagenmaterial nutzt. Eine solche Sitzung wird den Partnern zumindest eine anfängliche Stütze sein, um Unterschiede zu beseitigen oder auszudiskutieren. Doch trotz ihrer Bemühungen um Objektivität werden sie leicht ins Argumentieren kommen, und deshalb ist die Hilfe eines Dritten für die Dialogführung und für objektive Schlußfolgerungen ein wertvolles Mittel.

17. Was man von einer Eheberatung erwarten kann

Wir haben bereits angedeutet, wie verschieden von Ausbildung und Einstellung her die verschiedenen Eheberater sein können. Ganz offensichtlich wird ein geistlicher Berater, der nur ein paar Wochen lang eine spezielle Ausbildung über Eheprobleme genossen hat, in seinen Ratschlägen mehr dazu tendieren, die Partner zum Gebet und zu gutem Mut aufzufordern anstatt ihre Verhaltensmuster zu ändern. Im anderen Extremfall wird ein Psychoanalytiker, der auf lange Jahre medizinischer und psychoanalytischer Ausbildung zurückblikken kann, nach den verborgenen und unbewußten Motiven forschen und versuchen, jeden Gatten einzeln zu heilen, wobei er glaubt, damit gleichermaßen die kranke Ehe heilen zu können.
Wir haben auch festgestellt – und dies kann nicht genug betont werden –, daß Elemente wie Persönlichkeit, persönliche Lebenserfahrungen, Wertvorstellungen und Überzeugungen des Therapeuten hinsichtlich seiner Methoden von äußerster Wichtigkeit sind und sogar seine spezielle Ausbildung oder die Heilverfahren, zu denen er sich bekennt, überlagern können.
Setzen wir also voraus, daß Sie und Ihr Mann in der Lage sind, sich eine Eheberatung leisten zu können, und daß es in Ihrer Umgebung fähige Leute dafür gibt. Was kann man

unter solchen idealen Umständen von der Beratung erwarten?
Um die Funktion eines Eheberaters verstehen zu können, muß man zuallererst die Natur der Verhaltens- oder Beziehungsregeln kennen, die zwischen Familienmitgliedern existieren. Sie sind in hohem Maß institutionalisiert. Das heißt, die Beteiligten sind sich der Interaktionsregeln nicht bewußt; sie funktionieren größtenteils unterbewußt oder unbemerkt.
Nehmen wir an, in einer Familie besteht das Gesetz, daß keiner den anderen kritisieren darf. Wegen dieser größtenteils unbewußten Regel bleiben in dieser Familie viele ungelöste Probleme und unausgesprochene Dissonanzen hängen. Nehmen wir nun an, daß jemand die Familie auf diese Regel hinweist und ihr klarmacht, daß sie die Ursache für viele ihrer Probleme darstellt. Dann wird Familienmitglied A schnell zu Familienmitglied B sagen: »Weshalb habe ich nicht das Recht, dich zu kritisieren? Du tust so vieles, was mir nicht paßt!« und B mag beleidigt antworten: »Nun, du verträgst ja auch keine Kritik, und ich habe auch viele Punkte, die mir an dir nicht passen. Du bist keineswegs vollkommen!« Und so weiter. Aber weil diese Personen nicht gelernt haben, ihre Kritik frei zu üben, hört das Gespräch an dieser Stelle schnell auf, und beide sind dann noch viel schlechter dran als vorher. Jeder weiß, daß der andere kritische Gedanken hegt, die er nicht laut ausspricht. Manchmal ergibt dieses Wissen höchst unangenehme Situationen, bis die beiden Parteien verstehen, wie die Regel funktioniert und wie sie beide sie unterstützen. Deshalb glauben wir, daß die primäre Funktion des Eheberaters darin besteht, den Verhaltensaustausch zwischen den Partnern zu beobachten, sie über die unbewußten Regeln zu informieren, die Spannung erzeugen, und ihnen neue Regeln entwickeln zu helfen, die besser funktionieren. Einsicht allein genügt nicht. Es reicht normalerweise nicht, den Partnern zu sagen, daß sie nach einer bestimmten Regel vorgegangen seien. Deshalb wissen sie noch lange nicht, was sie dagegen tun können. Es ist meist notwendig, sie auf Verhaltensformen hinzuweisen (und sie bewußt zu deren Ausübung anzuleiten), die solche Regeln einschließen oder nicht einschließen, und ihnen dann bei der Erstellung einer neuen Regel zu helfen.
Hier ein Beispiel. Ein Mann und seine Frau hatten ein heim-

liches Gesetz über ihre Rollen, das sich in folgendem Arrangement zeigte: Er war scheinbar der Erzieher der Kinder, tatsächlich war aber sie die treibende Kraft für ihre Disziplin und Ausbildung. Wenn der Vater nun am Abend heimkam, standen die Kinder unter Führung der Mutter für verschiedene Bestrafungen bereit. Der Vater jedoch war nur der ausführende Teil. Er pflegte sie anzuschreien, gelegentlich zu schlagen, während die Mutter immer heiter blieb. Der Berater bat die Mutter (um das Ganze auf diese seiner Meinung nach negative Regel zu konzentrieren), während der nächsten paar Wochen die Verantwortung für die Kindererziehung zu übernehmen, damit man die Auswirkungen dieser neuen Regel studieren könne. Er erklärte nicht, was er damit bezweckte. Sein Hauptziel bestand in der Demonstration dessen, daß eine Regel, die das Gegenteil der Wirklichkeit darstellte, für jedes Familienmitglied Schwierigkeiten brachte, und daß deshalb die Veränderung der Regel (nämlich die indirekte und die direkte Übertragung der Disziplin auf die Mutter) manche der Probleme beseitigen konnte.

Der Therapeut bat dann den Vater, bei diesem neuen Arrangement mitzumachen, sich nicht einzumischen, und, wenn er Kritik an seiner Frau zu üben hätte, sie ihr persönlich und nicht vor den Kindern zu überbringen. Im Lauf der Zeit brachte die neue Regelung dem Vater Erleichterung; indem er zugab, daß die Mutter ihre Sache gut machte, kam er nicht nur von seiner Rolle des »bösen Strafenden« los, sondern befriedigte seine Frau, indem er ihr das Gefühl gab, er anerkenne ihre Fähigkeiten und ihren Einsatz.

Auch die Kinder sprachen auf die neue Regelung positiv an – sie waren jetzt weniger im unklaren darüber, wer sie eigentlich bestrafte und wer der für sie Zuständige war. Sie respektierten Vater und Mutter mehr.

Eine weitere Funktion, die man mit Fug und Recht von der Eheberatung erwarten kann, ist die, daß das Paar Wertunterschiede nicht unwissentlich als gut oder schlecht, sondern lediglich als Unterschiede einstuft. Die meisten Ehepaare haben dabei große Schwierigkeiten. Beispielsweise hat ein Vater das Gefühl, seine Kinder sollten höflich und gut diszipliniert sein, während seine Frau meint, sie sollten lieber spontan und nicht am Gängelband gehalten werden, um sich unabhängig entwickeln zu können. Wenn diese Wertunterschiede diskutiert werden, geraten beide unvermeidlich in einen Streit darüber, wer recht hat. Sie sagt, er mache aus seinen Kindern unterdrückte Neurotiker; er glaubt, sie erziehe sie zu einem Haufen schlecht disziplinierter Libertinisten. Der Therapeut mag in der Lage sein zu erkennen, daß in Wirklichkeit das Ehepaar als Team arbeiten kann: Er hilft ihr, nicht zu nachsichtig zu sein; sie hilft ihm, nicht zu streng zu sein. So seltsam es scheint – beide haben vorher diese einfache Einsicht nicht erzielt; sie waren zu beschäftigt damit zu entscheiden, wer recht und wer unrecht habe. Vielleicht besteht aber eine der wichtigsten Funktionen des Eheberaters darin, den Gatten bei der Erstellung der positiven Ehebilanz zu helfen. Noch einmal: Es mutet seltsam an, daß sie ihre Aktiva nicht selbst entdecken, denn schließlich scheint es nur allzuleicht, einander zu beglückwünschen zu den Vorzügen, die man im Eheleben findet. Doch ist dies nur selten der Fall. Die Gatten sind meist in einigen Bereichen auf der Hut voreinander und gestehen deshalb dem anderen, besonders auf dem Gebiet des persönlichen Verhaltens, ungern Pluspunkte zu, aus Angst, damit ihre eigene Position im Hinblick auf die Bereiche der Uneinigkeit zu verschlechtern. So gratuliert vielleicht eine Frau ihrem Mann zu einem geschäftlichen Erfolg, und der Mann macht seiner Frau Komplimente über ein schmackhaftes Essen, aber sie sind nicht in der Lage, zueinander zu sagen: »Weißt du, wie du die Situation von gestern in bezug auf mich geregelt hast, das hat mir sehr gut gefallen.« Oder: »Ich mag die Art sehr gerne, die du hast, wenn du so hereinkommst und mich beruhigst, weil ich den Kindern gegenüber wieder einmal die Nerven verloren habe.« Ein neutraler Dritter wie der Ehetherapeut kann den beiden helfen, die Gründe für ihr Zusammenbleiben richtig einzuschätzen. Es ist nicht ungewöhnlich, daß ein Ehepaar alle möglichen Klagen an einen Therapeuten heranträgt, auch wenn es bereits jahrelang verheiratet ist und keineswegs die Absicht hat, sich scheiden zu lassen. Niemals hat sich dieses Paar bewußt gemacht, daß es trotz seiner Klagen eine hübsche Summe von erfreulichen Gründen hat für sein Zusammenbleiben. Wenn wir von »Gründen« sprechen, meinen wir nicht das billige Geschwätz, das manchmal in Frauenzeitschriften zu finden ist und das sich mit den Segnungen der Ehe befaßt. Mit solchen Gründen ist den Paaren meist herzlich wenig geholfen.

Was man von der Eheberatung nicht erwarten kann

Zuallererst dürfen Sie niemals in der Überzeugung zum Therapeuten gehen, daß er Ihre Haltung sich zueigen macht, weil er schließlich ein intelligenter Mensch ist. Wenn der Therapeut erfahren ist, wird er kaum eine so einseitige Stellung einnehmen. Damit würde er die vorhandenen Probleme nur vergrößern.

Auch dürfen Sie nicht erwarten, Ratschläge zu bekommen wie Hausaufgaben von einem Lehrer, und die Sprechstunde zu verlassen, wohl versehen mit Instruktionen für eine bessere Lebensführung. Natürlich kann der Berater manche Vorschläge machen, aber sie werden sich auf Ihre Beziehung und nicht auf Ihre Lebensführung richten. Wie wir dargelegt haben, sind Ehen sehr unterschiedlich – da verschiedene Menschen verschiedene Erwartungen und Bedürfnisse haben –, und es wäre für den Berater unmöglich, exakt zu wissen, was für Sie und Ihren Mann am besten ist.

Außerdem sollten Sie nicht mit einer *sofortigen* Besserung des Ehezustandes rechnen. Wir wissen, daß im Gegenteil die Ehe nach den ersten Besuchen beim Psychiater noch unbefriedigender wird. Veränderung ist nicht leicht, und Sie und Ihr Mann werden trotz bester Absichten kämpfen. Doch vermeiden manche Menschen die Eheberatung, weil sie Angst haben, dann gehe die Hölle los, und weil sie glauben, man solle die Dinge lieber auf sich beruhen lassen. Ihre Argumentation erinnert an einen, der nicht zum Doktor geht, nachdem er bei sich plötzlich einen krebsverdächtigen Knoten getastet hat. Diese Unterlassung kann sein Leben gefährden, und da er seine Furcht vor dem Krebs doch nicht vergessen kann, bringt ihm das Ausweichmanöver nicht einmal den erwünschten Seelenfrieden.

Wenn wir diese Krebs-Analogie fortsetzen, beobachten wir weiter, daß der Chirurg ein Gewebsstück entnehmen muß, wenn er die Geschwulst diagnostizieren und Heilmaßnahmen vorschlagen soll. Diese Biopsie, die das Ausmaß der Krankheit feststellen hilft, ist relativ schmerzlos. Wenn wirklich eine bösartige Geschwulst vorhanden ist, wird die folgende Operation schmerzlicher und zeitraubender sein. Es kann bereits zu spät sein, um die betroffenen Stellen zu entfernen – es kann aber auch noch genug Zeit sein. Wenn dies der Fall ist, kann der Patient als Ersatz für die Angst und den Schmerz auf ein Stadium besserer Gesundheit als Ausgleich hoffen. Entsprechend mag der Eheberater, in seiner Bemühung um eine Diagnose und Behandlung der kranken Ehe, Angelegenheiten zur Sprache bringen und Anmerkungen machen, die einem oder beiden Beteiligten nicht passen. Sie ziehen sich zurück, machen Einwände, protestieren, stellen sogar die Behandlung ein. Diese Reaktion bedeutet nicht, daß eine Therapie hoffnungslos sein muß oder daß der in seinem Irrtum befangene Partner ein hoffnungsloser Fall ist; er zeigt einfach die Reaktion, die häufig dem Streß entspricht – und Streß ist normal, wenn es sich um sehr anstrengende Lernvorgänge handelt. Nach einer Atempause oder einem Denkintervall kann der gemeinsame Versuch wiederaufgenommen werden.

Manche Leute betrachten die Ehetherapie als eine einseitige, fast gerichtsmäßige Prozedur, in der sie Weisheit und Segnungen des Therapeuten in Empfang nehmen können, ohne sich irgendwie anstrengen zu müssen. Sie weigern sich deshalb, ehrlich ihre Gedanken, Wünsche, Erwartungen und Motive zum Ausdruck zu bringen, und lenken von »kritischen« Themen ab. Wenn aber die Therapie wirklich erfolgreich sein soll, müssen die grundlegenden Streitfragen zur Diskussion gelangen. Der erfahrene Berater wird unangebrachte und nutzlose Argumentationen auf ein Minimum reduzieren; er mag sogar – wenn es in seltenen Fällen notwendig sein sollte – »physisch« intervenieren. Eine Reihe von Maßnahmen steht ihm zur Verfügung, um das Muster dauernden Aufeinanderlosgehens aufzubrechen. Er lädt Mann und Frau zu getrennten Sitzungen ein oder fordert andere wichtige Familienmitglieder zu einem Besuch auf.

Es gibt nichts Deprimierenderes als Sitzungen eines unfähigen Beraters, der zuläßt, daß sich die Beteiligten ein ums andere Mal in heftigem Streit verlieren, weil er irrtümlicherweise glaubt, sie könnten sich so Luft machen. Die Unfähigkeit der Partner, mit dem Streit aufzuhören, heißt keineswegs, daß sie von der Beratung nichts haben können. Es zeigt einfach, daß ihr Therapeut sie nicht richtig zu behandeln weiß. Als Freud die Psychoanalyse entwickelte, wurde ihm klar, daß die Methode für bestimmte Arten von psychiatrischen Problemen und für bestimmte Leute nicht paßte. Im Lauf der Zeit wurde seine Erkenntnis dahingehend interpretiert, daß manche Leute sich nicht analysieren lassen, daß folglich etwas »falsch« sein müsse mit ihnen, aber *nicht*, daß der Fehler bei der Methode liege. Ebenso mag ein unfähiger Ehetherapeut zwei Partnern, mit denen er nicht zurechtkommt, bedeuten, daß sie ein hoffnungsloser Fall seien. Aber es ist schlecht, wenn er sie wissen läßt, daß der Fehler bei ihnen liege. Es gibt in der Tat nicht so etwas wie ein unmögliches Paar, es gibt aber sehr wohl unmögliche Therapeuten. Die Verantwortlichkeit und ethische Pflicht eines Beraters besteht darin, ein Paar an einen anderen Therapeuten zu verweisen, wenn er nicht in der Lage ist, dessen Probleme in die Hand zu nehmen. Es ist nur allzu einfach für einen frustrierten Berater, seinen Klienten zu sagen, sie sollten die Scheidung einreichen. Andererseits muß guter Rat von seiten des Therapeuten nicht bedeuten, daß die Ehe unbedingt besser werden wird. Vielleicht kommen auch beide Partner zum Entschluß, daß eine Scheidung besser sei.

Wie lange sollte eine Therapie dauern?

Ehetherapeuten unterscheiden sich in ihren Empfehlungen hinsichtlich der Häufigkeit der Beratungsstunden und der Dauer der Therapie. Es gilt so ziemlich als Faustregel, daß ein Paar einmal wöchentlich zu Beratungsstunden kommt, auch wenn manchmal ein Partner dazwischen allein gehört wird. Doch gibt es auf diesem Gebiet keine magischen Zahlen.

Wenn Ehepartner ernste Probleme haben, werden sie wahrscheinlich die Beratung auf ein bis zwei Jahre ausdehnen. Dies heißt nicht, daß sie den Therapeuten nun unbedingt einmal wöchentlich aufsuchen müssen. Wenn sie im Lauf von sechs Monaten oder eines Jahres beträchtlichen Fortschritt erzielen, werden danach die Sitzungen nicht mehr so häufig stattfinden müssen. Andererseits können sich plötzlich neue und ganz andere Probleme ergeben, die kurze Perioden sehr

intensiver Therapie nötig machen. Auch wenn die Beseitigung ehelicher Probleme im Schneckentempo geschieht, kann der Erfolg beträchtlich sein.
Manche Leute, die glauben, daß sie sehr ernsthafte Probleme haben, können in verhältnismäßig kurzer Zeit zu praktikablen Kommunikationsmustern kommen und dann selbst weiterarbeiten. Wir kennen Ehepaare, für die schon zehn Sitzungen genügten, obwohl im großen und ganzen eine weit größere Zahl nötig ist. Die Zahl der notwendigen Sitzungen hängt auch von gewissen äußeren Umständen ab. Ein Paar geriet zum Beispiel in Schwierigkeiten, als der Mann mit dem Gedanken spielte, seinen Beruf zu wechseln. Beide suchten Hilfe durch eine Therapie, und der Ratgeber hielt es für ganz richtig, den Mann zu seiner Umstellung zu ermutigen, trotz der Ängste der Frau. Der Therapeut hielt die Pläne deshalb für sehr vernünftig, weil der Mann sich in seiner momentanen Stellung frustriert fühlte, und dieses Gefühl wirkte sich negativ auf die Ehe aus. Als er dann in der Tat erfolgreich in seinem neuen Job war, hatte auch die Ehe davon Nutzen. Insgesamt waren für die nötigen Erkenntnisse sechs Sitzungen erforderlich, die sich über ein Jahr hinzogen.

Probleme beim Übergang von der Einzel- zur gemeinsamen Therapie

Sehr oft meint nur ein Teil der Ehegemeinschaft, den Streß einer ehelichen Misere physisch oder seelisch nicht mehr ertragen zu können, und sucht nach therapeutischer Hilfe, um seine Not zu erleichtern. In vielen Fällen arbeitet der Therapeut einzeln mit dem Partner, der ihn aufgesucht hat, läßt den anderen aus dem Spiel. Später – vielleicht erst ein bis zwei Jahre nach Beginn der Einzelbehandlung – mag der Therapeut oder der behandelte Partner zum Entschluß kommen, den nichtanwesenden Teil hinzuziehen. Ganz offensichtlich bietet dem Neuankömmling die Situation einige Schwierigkeiten, denn er eignet sich leicht die Meinung an, daß der Partner, der zuerst den Therapeuten aufgesucht habe, der »kranke« Teil sei. Auch mag er argwöhnen, daß der Therapeut zugunsten des Behandelten einseitig beeinflußt sei. Deshalb wehren sich viele gegen eine gemeinsame Therapie, die einer Einzeltherapie folgen soll; wenn sie sie doch beginnen, sind sie oft so skeptisch und argwöhnen, daß sie mit der Fortsetzung der Behandlung Schwierigkeiten haben. Es gibt in diesem Dilemma mehrere Lösungen. Zunächst wäre es generell sehr viel empfehlenswerter gewesen, wenn der Therapeut beide Partner von Anfang an hinzugezogen hätte. Es bestehen wenig Gründe dafür, einen Teil des Zweierteams allein zu behandeln – gleich welcher Natur seine Klagen sind. Wie wir gezeigt haben, bestimmen die Motivationen beider den Beginn und die Fortführung der Ehe; deshalb ist es fruchtlos und manchmal sogar schädlich, nur einen allein zu behandeln. Zweitens kann man dem später Hinzugekommenen dadurch helfen, daß man ihm die Unparteilichkeit erfahrener Therapeuten beweist. Der Therapeut muß sich manchmal auf die Seite des bisher nicht Behandelten stellen, denn er hat inzwischen den bereits in Behandlung befindlichen Teil sehr gut kennengelernt. Auch kann der Neuankömmling, wenn er Zweifel und Argwohn hegt, den Therapeuten bitten, ein oder zwei Einzelsitzungen mit ihm abzuhalten, so mit ihm bekannt und vertraut werden oder vorschlagen, daß ein zweiter Therapeut die Eheberatung übernimmt, damit beide Partner einen neuen Anfang machen können.

Schlußfolgerungen

Wir glauben, daß im Lauf der Zeit die Eheprobleme unserer Zivilisation immer mehr Beachtung von seiten der verschiedenen Therapeuten finden werden und daß die Möglichkeiten für deren Ausbildung sich verbessern und vermehren werden. Heute wäre es irreführend, wollte man Leute, vor allem außerhalb großer Ballungsgebiete, glauben machen, sie könnten ganz leicht einen guten Therapeuten finden. Auch wenn sie das Geld dafür haben, ist das keineswegs der Fall.

Wir sind davon überzeugt, daß die Informationen dieses Buches ein Ehepaar befähigen, mit etwas mehr Unterscheidungsvermögen die vorhandenen Typen von Eheberatern einzuschätzen als andere Paare, die unwissend, aber mit den größten Erwartungen die Sprechzimmer der Eheberater betreten.

18. Die möglichen Gefahren einer Einzeltherapie

Bis in die fünfziger Jahre galt es für einen Psychotherapeuten als generell akzeptierte Praxis, nur einen der in eine eheliche Misere verwickelten Partner zu behandeln. Wenn der zweite Beteiligte eine Therapie brauchte, wünschte oder für diese Idee gewonnen werden konnte, ging er zu einem anderen Therapeuten. Manchmal beschäftigte der Psychiater einige Sozialarbeiter und überließ ihnen den einen Beteiligten, wobei der »kränkere« Teil ihm selbst blieb. Dieses Vorgehen hatte bestimmte finanzielle Vorteile und war ziemlich sicher; unterstützte es doch den Irrtum des Paares, daß der eine Partner »krank«, der andere »gesund« sei. Wir wissen heute, daß diese Krank-Gesund-Dichotomie eine Illusion ist. Ein Liebender heiratet nicht einen Hassenswerten, und der »gesunde« Partner bleibt oft auf Kosten des anscheinend neurotischen oder psychotischen Gatten im Vorteil.
Gegenwärtig wird die unilaterale Therapie, die sich nur mit einem Partner befaßt, mit Ausnahme orthodoxer analytischer Kreise, zunehmend durch die Technik der gemeinsamen Ehetherapie ersetzt. Bei dieser Methode treffen sich die beteiligten Ehegatten gemeinsam bei ein und demselben Therapeuten; damit können ihre gebräuchlichsten Interaktionsmuster direkt beobachtet werden, und der Therapeut kann beiden als Vorbild dafür dienen, wie er mit den an ihn herangetragenen Mustern umgeht.
Eine weitere Ausdehnung dieser Methode (die allerdings noch nichtgängige Praxis ist) besteht für den Therapeuten darin, das Ehepaar zu Hause zu behandeln. Unter diesen Umständen kann er schnell Einblick gewinnen in die Art und die Ausstattung der Wohnung, er sieht, wo das Schlafzimmer liegt, welcher Raum den einzelnen Familienmitgliedern zur Verfügung steht, und erlebt oft Verhaltensweisen (beispielsweise Ausbrüche von Ärger oder Wut), wie er sie in seinem Behandlungszimmer nie zu Gesicht bekäme. Es scheint, daß viele Paare sich zu Hause weniger zusammennehmen, weil sie sich hier in ihrer ureigensten Umgebung befinden.
Wenn die gemeinsame Therapie, so wie sie heute immer mehr an Boden gewinnt, den Autoren besser erscheint als jede in der Vergangenheit angewendete, ist es nur zu angemessen, die

Vorbehalte gegenüber der Einzeltherapie darzulegen.

Zum ersten: Leute, die miteinander Krieg führen, suchen nach Bundesgenossen. Also ist es ganz natürlich, daß der Patient den Therapeuten auf seine Seite ziehen möchte. Er erzählt ihm in erster Linie über die Fehler des anderen, zitiert dessen Lügen und Verirrungen. Wenn der Therapeut dies nicht hören will und immer wieder unterbricht, fühlt sich der Patient meist unverstanden oder verletzt. Andererseits kann der Therapeut, der ja gar nichts über den zweiten Partner weiß, keine der gefallenen Äußerungen in Frage stellen oder auf ihre Richtigkeit prüfen. Sogar wenn es sich um derart extreme Behauptungen handelt, daß ihr Wahrheitsgehalt höchst gering erscheint, besteht doch die Möglichkeit, daß der Patient recht hat. Einer der Autoren erinnert sich gut an eine Gelegenheit, bei der eine junge Frau angab, ihr Mann versuche, ihr ein Bein zu brechen. Dies erschien als eine solch absurde Art zerstörerischen Verhaltens, daß der Therapeut die Möglichkeit ausschloß. Einige Abende später rief ihn ein Orthopäde an und teilte ihm mit, daß seine Patientin mit gebrochenem Schienbein im Krankenhaus liege. Der Ehemann hatte für die Tat einen Betthocker benutzt. – Der Patient wird versuchen, jeden nur erdenklichen Trick anzuwenden, um den Therapeuten als Bundesgenossen zu gewinnen. Um ihn von der Wahrheit seiner eigenen Vorurteile seinem Gatten gegenüber zu überzeugen, wird er lügen oder unbewußt die Erfahrungen verzerren, die er beschreibt.

Nehmen wir folgenden Fall: Der Therapeut zieht aus dem Wirrwarr an Äußerungen den Schluß, der nichtanwesende Ehepartner spiele für den Anwesenden die Vater- oder Mutterrolle und dieser sei dadurch in der Beziehung in die Rolle des Kindes versetzt.

Wenn man *erfährt*, daß man seinen Partner *vermutlich* mit den Gefühlen betrachtet, die man als Fünfjähriger seinem Vater oder seiner Mutter gegenüber hegte, so ändert man deshalb nicht automatisch sein Verhalten. Es ist ganz unwahrscheinlich, daß der Partner genauso ist wie der Vater oder die Mutter oder daß der Patient sich genau daran erinnert, was er mit fünf Jahren fühlte. Die Wurzel ehelichen Übels bilden *aktuelle* Probleme, und mit ihnen muß sich der Therapeut auseinandersetzen. Es geht darum, zu handeln, nicht nur zu verstehen.

Ein anderer Nachteil der Einzeltherapie besteht darin, daß der nicht in Behandlung befindliche Teil sich ausgeschlossen fühlt, auch wenn dieses Gefühl zu einem Teil durch seinen Stolz gemildert wird, der »Gesündere« zu sein. Außerdem bedeutet sein Abseitsstehen, daß er sich weniger mit den Problemen befaßt, und allmählich verachtet oder verabscheut er die therapeutischen Bemühungen, wird dem Therapeuten gegenüber mißtrauisch und zieht sich noch weiter von dem in Behandlung befindlichen Partner zurück.

Gelegentlich, allerdings weniger oft, reagiert der ausgeschlossene Partner auch damit, daß er den in Behandlung Befindlichen mit Fragen durchlöchert mit der Bitte um Information und Interpretation, bis er stellvertretend jede Sitzung zu Hause mitmacht. Das Ergebnis: eine unhaltbare Situation, in der der Patient schließlich zwei Therapeuten hat, die fast immer verschiedener Meinung sind, denn der ausgeschlossene Partner stimmt meist nur dann mit dem Therapeuten überein, wenn dieser den Behandelten kritisiert. Wenn aber der Patient einen Kommentar zitiert, den der Therapeut über den Nichtbeteiligten gab, so wird dieser mit berechtigtem Ärger antworten: »Dieser Kerl kennt mich nicht einmal! Wie kommt er dazu, so etwas zu behaupten?!«

Es wäre unrichtig, wollte man sagen, daß die Einzeltherapie niemals gute Resultate habe. Sie ist jedoch die weniger wünschenswerte Form psychotherapeutischer Behandlung. Von unseren Klinik- und Sprechstundenbesuchen überall im Land haben wir den Eindruck gewonnen, daß auch zwei Therapeuten, die die Partner im gleichen Haus behandeln und versuchen, ihre Bemühungen zu koordinieren, selten Übereinstimmung finden. Und wenn sie doch auf einen gemeinsamen Nenner kommen, so sehen sie sich dem Problem gegenüber, daß das Zusammenfügen zweier Einzelbilder nicht die gleiche Art der Information ergibt wie die Beobachtung der gesamten ehelichen Beziehung zweier Menschen.

Die Einzeltherapie mag segensreich insofern sein, als sie einem Partner Erleichterung im Hinblick auf verletzte Gefühle bietet, ihn von angestautem Ärger befreit, ihm einigen Aufschluß darüber gibt, wie er selbst zur Verursachung der Schwierigkeiten beigetragen hat. Dies alles mag den unmittelbaren Druck lindern und den anderen ermutigen, liebevoller und toleranter zu sein. Doch immer bleibt die Gefahr, daß bei länger fortgesetzter Einzeltherapie die zwei Beteiligten sich noch weiter entfremden, entweder weil der »Gesunde« den anderen für zu »krank« hält oder weil der behandelte Teil seinen Ehepartner auf einmal anders sieht, von dem Bild höchst erschreckt ist und ausbrechen will.

Es gibt nur wenig Zahlen und Tatsachen über die Ergebnisse der Psychoanalyse und der individuellen oder Einzel-Psychotherapie. Sie geben an, daß die Scheidung auch nach längerer Einzelbehandlung eines jeden Gatten nicht ungewöhnlich ist. Fast alle uns bekannten Psychiater und Analytiker – und hierbei handelt es sich um Leute, die persönlich lange und intensive Analysen hinter sich haben – sind mindestens zum zweitenmal verheiratet. Außerdem erheben die Analytiker selbst gar nicht den Anspruch, daß ihre Methode eine Lösung für Eheprobleme darstelle; verhältnismäßig wenig einschlägige Erfahrungsberichte erscheinen in den Fachzeitschriften.

Inhalt